DICTIONNAIRE

de la justice internationale, de la paix et du développement durable

Principaux termes et expressions

Collection
JUSTICE INTERNATIONALE
Dirigée par Joseph Bemba

La collection "Justice internationale" des Editions L'Harmattan se fixe avant tout pour but d'être un témoin privilégié de l'évolution de la justice internationale et les sujets connexes dans un monde marqué par le passage presque inespéré de la mondialisation des injustices à l'émergence d'une mondialisation de la justice. Elle est une contribution au devoir de mémoire auquel est tenue l'humanité entière, singulièrement depuis l'entrée en fonction de la Cour pénale internationale, le 1er juillet 2002.

Pour la première fois dans l'histoire de l'humanité, un nouveau système juridictionnel permet d'appliquer le droit international à des personnes physiques incluant les plus hauts responsables politiques et militaires qui se sont rendus coupables des crimes les plus graves (crimes de guerre, crimes contre l'humanité, crime de génocide, crime d'agression, autres violations graves du droit international humanitaire) et ce, indépendamment du bon vouloir des Etats concernés. On mesure le chemin parcouru depuis Nuremberg et Tokyo et celui qui reste à parcourir pour promouvoir la démocratie, les droits de l'homme et les libertés fondamentales, les droits de ces victimes qui doivent enfin pouvoir obtenir justice et laisser à nos enfants et petits-enfants un monde nouveau où s'appliquera la règle du droit et de la justice. Ainsi le 21ème siècle sera le siècle de la Justice internationale.

Dans cette perspective, la collection "Justice internationale", qui concerne l'ensemble des juridictions internationales pénales et non pénales, y compris les juridictions régionales et les tribunaux spéciaux établis ou parrainés par les Nations Unies, est ouverte à toutes les approches du droit. Tout en publiant aussi des ouvrages à vocation professionnelle ou pédagogique, elle est susceptible de rassembler des recherches originales tirées notamment des travaux de doctorat, des ouvrages collectifs et entend faire une place importante au commentaire des décisions de la justice internationale, au règlement des différends par l'arbitrage international ainsi qu'aux contributions mettant l'accent sur l'apport de la Francophonie dans la lutte contre l'impunité.

Le but fondamental de la collection est d'informer sur l'évolution de la Justice internationale et les sujets connexes et de contribuer, par ses publications, à ce que la Justice internationale devienne une justice au quotidien.

Déjà parus

La paix au Congo-Brazzaville : Diagnostic et remèdes, Dieudonné Antoine-Ganga. Préface d'Albert K. Ekue, 2017

Le procès de Laurent Gbagbo devant la Cour pénale internationale, Joseph Bemba, 2016

Joseph BEMBA

DICTIONNAIRE
de la justice internationale, de la paix et du développement durable

Principaux termes et expressions

Troisième édition

L'Harmattan

Statistiques(s) et génocide au Rwanda – La genèse d'un système de catégorisation « génocidaire », Facil Tesfaye, 2014. Prix "Faculty Research Award for Junior Tenure Track Professoriate Staff" de la faculté des Arts de l'Université de Hong Kong, 2015

Le procureur de la Cour pénale internationale : Une évaluation de son indépendance, Fanfan Guerilus, 2013

L'effectivité du droit à l'éducation au Sénégal : Le cas des enfants talibés dans les écoles coraniques, Sophie D'Aoust, Préface de Patrice Meyer-Bisch, 2012

La protection des droits de l'accusé devant la Cour pénale internationale, Séraphine Tergalise Nga Essomba, Préface d'Annie Beziz-Ayache, 2012. Prix de l'Association des consultants internationaux en Droits de l'homme, CID, mai 2012. Prix de la thèse Droits de l'homme 2013, Edition Robert Badinter

L'outrage aux tribunaux pénaux internationaux, Julie Pétré, Préface du professeur Hervé Ascensio, 2012

Côte d'Ivoire : Quelques réflexions d'ordre juridique, Joseph Bemba, 2011

Le recours à l'arbitrage par les organisations internationales, Stéphanie Bellier, Avant-propos d'Ahmed Mahiou, 2011

La convention des Nations Unies sur le droit de la mer : Instrument de régulation des relations internationales par le droit, Leslie-Anne Duvic-Paoli, Préface de Guillaume Devin, 2011

Dictionnaire de la justice internationale, de la paix et du développement durable : Principaux termes et expressions (2ème édition revue et complétée), Joseph Bemba, 2011

Le Canada face au terrorisme international, Emilie Grenier, Préface du Professeur Bernard Duhaime, 2011

Vers la création d'une prison internationale : L'exécution des peines prononcées par les juridictions pénales internationales, Evelise Plénet, Préface du professeur Jean-Charles Froment, Avant-propos de Koffi Kumelio A. Afande, 2010

La Cour pénale internationale et les Etats-Unis : Une analyse juridique du différend, Mayeul Hiéramente, 2008

Justice internationale et liberté d'expression : Les médias face aux crimes internationaux, Joseph Bemba, Préface de Loïc Hervouët, 2008

Monnaie africaine : La question de la zone franc en Afrique centrale, Dominique Kounkou, Préface du professeur Edmond Jouve, 2008

Dictionnaire de la justice internationale, de la paix et du développement, 1ère édition, Joseph Bemba, 2004

La profession d'avocat dans l'espace francophone : Principaux textes et documents, Joseph Bemba, 2004

5-7, rue de l'Ecole-Polytechnique, 75005 Paris

http://www.editions-harmattan.fr

ISBN : 978-2-343- 11538-2
EAN : 9782343115382

SOMMAIRE

AVERTISSEMENT

Pour appréhender la justice internationale, il faut d'abord en comprendre le langage, le vocabulaire, la terminologie. Ouvrant la Collection Justice internationale des Editions L'Harmattan, ce dictionnaire rassemble, conformément aux textes internationaux et régionaux en vigueur, les principaux termes et expressions utilisés dans le cadre de la justice internationale : crimes de guerre, crimes contre l'humanité, crime de génocide, crime d'agression et déclenchement de la compétence de la Cour pénale internationale à l'égard de ce crime à compter du 17 juillet 2018, autres violations graves du droit international humanitaire. Ces termes et expressions sont généralement éparpillés dans les textes et la jurisprudence relatifs à cette matière. D'où l'intérêt de les rassembler en un seul volume.

Outil juridique et pédagogique, ce livre a pour ambition de rendre accessible au plus grand nombre, juristes et non juristes, praticiens et non praticiens du droit, simples particuliers, le vocabulaire parfois « fermé » de la justice internationale pour une meilleure compréhension de son action, de ses enjeux et de ses perspectives. Les affaires jugées ou pendantes devant la Cour pénale internationale, comme l'affaire *Jean-Pierre Bemba Gombo* ou l'affaire *Laurent Gbagbo et Charles Blé Goudé*, le fait que les crimes les plus graves continuent d'être perpétrés en plusieurs endroits du monde soulignent l'intérêt qu'il y a à connaître ce vocabulaire.

Outre la justice internationale stricto sensu, l'ouvrage aborde également les notions de paix, de développement durable et les notions connexes telles que démocratie, droits de l'homme et libertés fondamentales, Etat de droit, bonne gouvernance, protection de l'environnement, qui sont interdépendantes, indivisibles et indissociables de la notion de justice internationale.

Sont exposés les définitions et éléments de définition conformes à l'état du droit en vigueur, l'énoncé des principaux articles, préambules et extraits significatifs des textes fondamentaux. Les données jurisprudentielles et doctrinales seront progressivement insérées à l'ouvrage en vue de réaliser, à terme, y compris par les générations futures, un outil complet. Le lecteur trouvera en fin d'ouvrage une liste alphabétique de termes et expressions, avec leurs sources textuelles, ainsi qu'une liste de textes de référence.

La justice internationale, la paix et le développement durable aboutiront lorsqu'ils deviendront accessibles au quotidien. Cela passe par la compréhension de leur langage à laquelle ce dictionnaire entend contribuer.

Ce dictionnaire est transversal et complémentaire de tous les ouvrages publiés dans la Collection Justice internationale. La 3ème édition est enrichie de la notion de COP21 sur les changements climatiques et de l'Accord de Paris qui en est issu. Compte tenu de son importance pour l'avenir de la planète, le texte intégral de l'Accord de Paris est annexé à cet ouvrage.

ABREVIATIONS

CIJ : Cour internationale de justice

CPI : Cour pénale internationale

ONU : Organisation des Nations Unies

NU : Nations Unies

RPP : Règlement de procédure et de preuve

RPP – CPI : Règlement de procédure et de preuve de la Cour pénale internationale

RPP – TPIR : Règlement de procédure et de preuve du Tribunal pénal international pour le Rwanda

RPP - TPIY : Règlement de procédure et de preuve du Tribunal pénal international pour l'ex-Yougoslavie

Statut CIJ : Statut de la Cour internationale de justice

Statut de Rome CPI : Statut de Rome de la Cour pénale internationale

Statut TPIR : Statut du Tribunal pénal international pour le Rwanda

Statut TPIY : Statut du Tribunal pénal international pour l'ex-Yougoslavie

TPIR : Tribunal pénal international pour le Rwanda

TPIY : Tribunal pénal international pour l'ex-Yougoslavie

A

Accord de Copenhague (Changements climatiques). 18 Décembre 2009. Traduction française non officielle. Source : www.oecd.org/dataoecd/29/61/44365385.pdf. Version préliminaire non éditée. Décision -/CP.15. La Conférence des Parties,
Prend note de l'Accord de Copenhague du 18 Décembre 2009.
Accord de Copenhague
Les chefs d'État, chefs de gouvernement, ministres et autres chefs des délégations suivants présents à la Conférence des Nations Unies sur les Changements Climatiques de 2009 à Copenhague : [Liste des Parties]
Dans la poursuite de l'objectif ultime de la Convention tel qu'énoncé dans son Article 2,
En étant guidé par les principes et dispositions de la Convention,
Notant les résultats du travail accompli par les deux Groupes de Travail spéciaux,
Approuvant la décision x/CP.15 sur le Groupe de Travail spécial sur l'action coopérative à long terme et la décision x/CMP.5 qui demande que le Groupe de Travail spécial sur les nouveaux engagements des Parties de l'Annexe 1 au titre du Protocole de Kyoto poursuive ses travaux,
Se sont entendus sur cet Accord de Copenhague, qui est immédiatement opérationnel.

1. Nous soulignons que le changement climatique est l'un des plus grands défis de notre temps. Nous soulignons notre forte volonté politique pour combattre de toute urgence les changements climatiques conformément au principe des responsabilités communes mais différenciées selon les responsabilités et capacités respectives. Pour atteindre l'objectif ultime de la Convention de stabiliser la concentration des gaz à effet de serre dans l'atmosphère à un niveau qui empêcherait une interférence anthropique dangereuse avec le système climatique, nous allons renforcer notre action concertée de longue durée pour lutter contre les changements climatiques, en reconnaissant l'estimation scientifique que l'augmentation de la température mondiale devrait être inférieure à 2 degrés Celsius, sur la base de l'équité et dans le contexte du développement durable. Nous reconnaissons l'impact critique des changements climatiques et les impacts potentiels des mesures de riposte sur les pays particulièrement vulnérables à ses effets négatifs, et soulignons la nécessité d'établir un programme d'adaptation global incluant l'appui international.

2. Nous convenons que des réductions importantes des émissions mondiales sont requises en accord avec la science, comme le démontre le Quatrième rapport d'évaluation du GIEC, avec l'objectif de réduire les émissions mondiales de manière à maintenir l'augmentation de la température mondiale à moins de 2 degrés Celsius, et prendre des mesures pour atteindre cet objectif, compatibles avec la science et sur la base de l'équité. Nous devrions coopérer pour atteindre le pic des émissions mondiales et nationales dès que possible, compte tenu que le délai pour atteindre un pic sera plus long pour les pays en développement et en gardant à l'esprit que le développement social et économique et l'éradication de la pauvreté sont les priorités premières et absolues des pays en développement et qu'une stratégie de faible développement des émissions est indispensable au développement durable.

3. L'adaptation aux effets néfastes des changements climatiques et les impacts potentiels des mesures de riposte est un défi à relever par tous les pays. Une action renforcée et la coopération internationale en matière d'adaptation est requise d'urgence pour assurer la mise en œuvre de la Convention en permettant et en appuyant la mise en œuvre d'actions d'adaptation visant à réduire la vulnérabilité et renforcer la résilience des pays en développement, particulièrement dans ceux qui sont particulièrement vulnérables, notamment les pays les moins avancés, les petits États insulaires en développement et l'Afrique. Nous convenons que les pays développés devraient fournir des ressources financières, des technologies et un renforcement des capacités adéquats, prévisibles et durables pour soutenir la mise en œuvre de mesures d'adaptation dans les pays en développement.

4. Les parties de l'Annexe 1 s'engagent à mettre en œuvre individuellement ou conjointement les objectifs quantifiés d'émissions pour l'ensemble de l'économie pour 2020, qui seront présentés dans le format donné en annexe (1) 1 *(Les annexes à l'Accord de Copenhague seront indiquées en minuscule et avec le chiffre entre parenthèse, pour les distinguer de l'Annexe 1 de la Convention climat. En anglais deux termes sont employés : respectivement Appendix et Annex)* par les Parties de l'Annexe 1, au secrétariat d'ici le 31 Janvier 2010 pour la compilation dans un document INF. Les Parties de l'Annexe 1 qui sont Parties au Protocole de Kyoto renforceront ainsi encore les réductions d'émission initiées par le Protocole de Kyoto. Les résultats des réductions et de financement par les pays développés seront mesurés, déclarés et vérifiés conformément aux lignes directrices actuelles et nouvelles qui seraient adoptées par la Conférence des Parties, qui veillera à ce que le compte-rendu de ces objectifs et des financements soit rigoureux, solide et transparent.

5. Les Parties à la Convention non-Annexe 1 mettront en œuvre des actions d'atténuation, incluant celles qui doivent être soumises au secrétariat par les Parties non-Annexe 1 dans le format donné en annexe (2) pour le 31 Janvier 2010, pour compilation dans un document INF, en conformité avec

l'article 4.1 et l'article 4.7 et dans le contexte du développement durable. Les pays les moins avancés et les petits États insulaires en développement peuvent entreprendre des actions volontaires et sur la base d'un soutien. Les actions d'atténuation prises par la suite et envisagées par les Parties non-Annexe 1, y compris les rapports d'inventaire nationaux, doivent être communiquées dans les communications nationales compatibles avec l'Article 12.1 (b) et ce tous les deux ans sur la base des orientations qui seront adoptées par la Conférence des Parties. Ces actions d'atténuation communiquées dans les communications nationales ou par ailleurs au Secrétariat seront ajoutées à la liste de l'annexe (2). Les mesures d'atténuation prises par les Parties non-Annexe 1 seront soumises à leur évaluation nationale, leurs rapports et vérification seront présentés tous les deux ans dans leurs communications nationales. Les Parties non-Annexe 1 communiqueront des informations sur la mise en œuvre de leurs actions par le biais des communications nationales, avec des dispositions pour les consultations internationales et l'analyse sur la base de lignes directrices clairement définies qui garantiront le respect de la souveraineté nationale. À l'échelle nationale les mesures d'atténuation appropriées recherchant un soutien international seront inscrites dans un registre ainsi que les technologies pertinentes, les finances et l'appui au renforcement des capacités. Ces actions soutenues seront ajoutées à la liste de l'annexe (2). Ces actions d'atténuation soutenues, adaptées au contexte national, seront soumises à un contrôle international, la déclaration et la vérification conformément aux orientations adoptées par la Conférence des Parties.

6. Nous reconnaissons le rôle crucial de la réduction des émissions provenant de la déforestation et de la dégradation des forêts et la nécessité de renforcer l'absorption des émissions de gaz à effet de serre par les forêts et convenons de la nécessité de fournir des incitations positives à de telles actions grâce à la mise en place immédiate d'un mécanisme comprenant REDD-plus, pour permettre la mobilisation de ressources financières provenant des pays développés.

7. Nous décidons d'adopter des approches variées, y compris les possibilités d'utiliser le marché, pour améliorer leur rapport coût-efficacité, et à promouvoir des actions d'atténuation. Les pays en développement, en particulier ceux dont l'économie est à faible émission, devraient recevoir des incitations pour continuer à se développer sur une voie à faible émission.

8. Le renforcement, les fonds nouveaux et supplémentaires, prévisibles et suffisants, ainsi que l'amélioration de leur accès doivent être fournis aux pays en développement, conformément aux dispositions pertinentes de la Convention, afin de permettre et soutenir l'action renforcée en matière d'atténuation, y compris les moyens financiers importants pour réduire les émissions résultant du déboisement et de la dégradation de la forêt (REDD-plus), l'adaptation, le développement et le transfert technologique et le renforcement de capacité, pour renforcer la mise en œuvre de la Convention.

L'engagement collectif des pays développés est de fournir des ressources nouvelles et supplémentaires, y compris la foresterie et des investissements via les institutions internationales, approchant 30 milliards de dollars pour la période 2010-2012, avec une répartition équilibrée entre l'adaptation et l'atténuation. Le financement de l'adaptation sera prioritaire pour les pays en développement les plus vulnérables, tels que les pays les moins avancés, les petits Etats insulaires et l'Afrique. Dans le cadre d'actions significatives d'atténuation et la transparence sur leur mise en œuvre, les pays développés s'engagent à mobiliser conjointement un objectif de 100 milliards de dollars par an d'ici 2020 pour répondre aux besoins des pays en développement. Ce financement proviendra d'une grande variété de sources, publiques et privées, bilatérales et multilatérales, y compris les sources alternatives de financement. Un nouveau financement multilatéral pour l'adaptation sera mis à disposition par le biais d'arrangements financiers efficaces et efficients, avec une structure de gouvernance permettant une représentation égale des pays développés et en développement. Une partie importante de ces financements devrait passer à travers le Fond climatique vert de Copenhague.

9. À cette fin, un panel de haut niveau sera établi sous la direction de, et rendant compte à la Conférence des Parties chargée d'étudier la contribution des sources potentielles des recettes, y compris les sources de financement alternatives, en vue de satisfaire cet objectif.

10. Nous décidons que le Fond climatique vert de Copenhague est établi comme une entité opérationnelle chargée du mécanisme financier de la Convention en vue d'appuyer les projets, programmes, politiques et autres activités dans les pays en développement portant sur l'atténuation, y compris REDD-plus, l'adaptation, le renforcement des capacités, le développement et le transfert de technologie.

11. Afin d'améliorer l'action sur le développement et le transfert de technologie nous décidons d'établir un Mécanisme pour la Technologie pour accélérer le développement et le transfert de technologie à l'appui des mesures d'adaptation et d'atténuation qui seront guidées par une approche nationale et tenant compte des particularités et des priorités nationales.

12. Nous appelons à une évaluation de l'exécution du présent Accord qui devrait être achevée d'ici 2015, y compris à la lumière des objectifs ultimes de la convention. Cela inclura l'examen du renforcement des objectifs à long terme en référence à divers éléments présentés par la science, notamment en rapport à des hausses de température de 1,5 degré Celsius. (…).

Accord de Paris (Changements climatiques). Nations Unies. FCCC/CP/2015/L.9. Convention-cadre sur les changements climatiques. Distr. Limitée. 12 décembre 2015. Français. Original : anglais.

Conférence des Parties. Vingt et unième session. Paris, 30 novembre-11 décembre 2015. Point 4 b) de l'ordre du jour. Plateforme de Durban pour une action renforcée (décision 1/CP.17). Adoption d'un protocole, d'un autre instrument juridique ou d'un texte convenu d'un commun accord ayant force juridique, élaboré au titre de la Convention et applicable à toutes les Parties. *Adoption de l'Accord de Paris.* Proposition du Président. Projet de décision -/CP.21.

La Conférence des Parties,

Rappelant la décision 1/CP.17 relative à la création du Groupe de travail spécial de la plateforme de Durban pour une action renforcée,

Rappelant également les articles 2, 3 et 4 de la Convention,

Rappelant en outre les décisions *pertinentes* de la Conférence des Parties, notamment ses décisions 1/CP.16, 2/CP.18, 1/CP.19 et 1/CP.20,

Saluant l'adoption de la résolution A/RES/70/1 de l'Assemblée générale des Nations Unies, intitulée « Transformer notre monde : le Programme de développement durable à l'horizon 2030 », en particulier de son objectif 13, ainsi que l'adoption du Programme d'action d'Addis-Abeba par la troisième Conférence internationale sur le financement du développement et l'adoption du Cadre de Sendai pour la réduction des risques de catastrophe,

Reconnaissant que les changements climatiques représentent une menace immédiate et potentiellement irréversible pour les sociétés humaines et la planète et qu'ils nécessitent donc la coopération la plus large possible de tous les pays ainsi que leur participation dans le cadre d'une riposte internationale efficace et appropriée, en vue d'accélérer la réduction des émissions mondiales de gaz à effet de serre,

Reconnaissant également qu'il faudra fortement réduire les émissions mondiales pour atteindre l'objectif ultime de la Convention et *soulignant* qu'il est urgent de faire face aux changements climatiques,

Considérant que les changements climatiques sont un sujet de préoccupation pour l'humanité tout entière, les Parties devraient, lorsqu'elles prennent des mesures pour faire face à ces changements, respecter, promouvoir et prendre en considération leurs obligations respectives concernant les droits de l'homme, le droit à la santé, les droits des peuples autochtones, des communautés locales, des migrants, des enfants, des personnes handicapées et des personnes en situation vulnérable, et le droit au développement, ainsi que l'égalité des sexes, l'autonomisation des femmes et l'équité entre les générations,

Considérant également les besoins et les préoccupations spécifiques des pays en développement parties résultant de l'impact des mesures de riposte mises en œuvre et, à cet égard, les décisions 5/CP.7, 1/CP.10, 1/CP.16 et 8/CP.17,

Insistant avec une vive préoccupation sur l'urgence de combler l'écart significatif entre l'effet global des engagements d'atténuation pris par les Parties en termes d'émissions annuelles mondiales de gaz à effet de serre jusqu'à 2020 et les profils d'évolution des émissions globales compatibles avec la perspective de contenir l'élévation de la température moyenne de la planète nettement en dessous de 2 °C par rapport aux niveaux préindustriels et de poursuivre l'action menée pour limiter l'élévation des températures à 1,5 °C,

Soulignant également que le relèvement du niveau d'ambition avant 2020 peut jeter les bases d'un relèvement de l'ambition après 2020,

Insistant sur l'urgence d'accélérer la mise en œuvre de la Convention et de son Protocole de Kyoto en vue de relever l'ambition après 2020,

Reconnaissant qu'il est urgent d'accroître l'appui fourni par les pays développés parties sous la forme de ressources financières, de technologies et d'un renforcement des capacités, de manière prévisible, afin de permettre une action renforcée avant 2020 par les pays en développement parties,

Soulignant les effets bénéfiques durables de mesures ambitieuses et précoces, notamment sous la forme de réductions importantes du coût des efforts futurs d'atténuation et d'adaptation,

Considérant la nécessité de promouvoir l'accès universel à l'énergie durable dans les pays en développement, en particulier en Afrique, en renforçant le déploiement d'énergies renouvelables,

Convenant de soutenir et de promouvoir la coopération régionale et internationale afin de mobiliser une action climatique plus forte et plus ambitieuse de la part de toutes les Parties et des autres acteurs, y compris de la société civile, du secteur privé, des institutions financières, des villes et autres autorités infranationales, des communautés locales et des peuples autochtones,

I. Adoption

1. *Décide* d'adopter l'Accord de Paris en vertu de la Convention-cadre des Nations Unies sur les changements climatiques (ci-après dénommé « l'Accord ») figurant dans l'annexe ;

2. *Prie* le Secrétaire général de l'Organisation des Nations Unies d'être le Dépositaire de l'Accord et de l'ouvrir à la signature à New York (États-Unis d'Amérique), du 22 avril 2016 au 21 avril 2017 ;

3. *Invite* le Secrétaire général à organiser une cérémonie de haut niveau pour la signature de l'Accord le 22 avril 2016 ;

4. *Invite également* toutes les Parties à la Convention à signer l'Accord à l'occasion de la cérémonie devant être organisée par le Secrétaire général, ou au moment qui leur semblera le plus opportun, ainsi qu'à déposer dans les meilleurs délais leurs instruments respectifs de ratification, d'acceptation, d'approbation ou d'adhésion, selon le cas ;

5. *Reconnaît* que les Parties à la Convention peuvent provisoirement appliquer toutes les dispositions de l'Accord en attendant son entrée en vigueur, et *demande* aux Parties d'informer le Dépositaire de toute application provisoire ainsi décidée ;

6. *Note* que le Groupe de travail spécial de la plateforme de Durban pour une action renforcée a mené à bien ses travaux, conformément au paragraphe 4 de la décision 1/CP.17 ;

7. *Décide* de créer le Groupe de travail spécial de l'Accord de Paris auquel s'appliquent, *mutatis mutandis*, les mêmes dispositions que celles régissant l'élection des membres du Bureau du Groupe de travail spécial de la plateforme de Durban pour une action renforcée (1) ; (1) Dispositions approuvées au paragraphe 2 de la décision 2/CP.18.

8. *Décide également* que le Groupe de travail spécial de l'Accord de Paris préparera l'entrée en vigueur de l'Accord et la convocation de la première session de la Conférence des Parties agissant comme réunion des Parties à l'Accord de Paris ;

9. *Décide en outre* de superviser la mise en œuvre du programme de travail découlant des demandes pertinentes figurant dans la présente décision ;

10. *Demande* au Groupe de travail spécial de l'Accord de Paris de rendre compte régulièrement à la Conférence des Parties de l'avancement de ses travaux et de mener à bien ses travaux avant la première session de la Conférence des Parties agissant comme réunion des Parties à l'Accord de Paris ;

11. *Décide* que le Groupe de travail spécial de l'Accord de Paris tiendra ses sessions à partir de 2016 parallèlement aux sessions des organes subsidiaires de la Convention et élaborera des projets de décision que la Conférence des Parties recommandera à la Conférence des Parties agissant comme réunion des Parties à l'Accord de Paris pour examen et adoption à sa première session ; (...).

Suivant l'article 2 de l'annexe à l'Accord de Paris :

1. Le présent Accord, en contribuant à la mise en œuvre de la Convention, notamment de son objectif, vise à renforcer la riposte mondiale à la menace des changements climatiques, dans le contexte du développement durable et de la lutte contre la pauvreté, notamment en :

a) Contenant l'élévation de la température moyenne de la planète nettement en dessous de 2 °C par rapport aux niveaux préindustriels et en poursuivant l'action menée pour limiter l'élévation des températures à 1,5 °C par rapport aux niveaux préindustriels, étant entendu que cela réduirait sensiblement les risques et les effets des changements climatiques ;

b) Renforçant les capacités d'adaptation aux effets néfastes des changements climatiques et en promouvant la résilience à ces changements et un développement à faible émission de gaz à effet de serre, d'une manière qui ne menace pas la production alimentaire ;

c) Rendant les flux financiers compatibles avec un profil d'évolution vers un développement à faible émission de gaz à effet de serre et résilient aux changements climatiques.

2. Le présent Accord sera appliqué conformément à l'équité et au principe des responsabilités communes mais différenciées et des capacités respectives, eu égard aux contextes nationaux différents. (...) L'Accord de Paris « 2. *Prie* le Secrétaire général de l'Organisation des Nations Unies d'être le Dépositaire de l'Accord et de l'ouvrir à la signature à New York (États-Unis d'Amérique), du 22 avril 2016 au 21 avril 2017 ; 3. *Invite* le Secrétaire général à organiser une cérémonie de haut niveau pour la signature de l'Accord le 22 avril 2016 ». Le vendredi 22 avril 2016, au siège des Nations Unies, à New York, 175 pays ont signé l'Accord de Paris sur le climat. Parmi ces pays figurent la Chine et les Etats-Unis sous la présidence de Barack Obama. Symboliquement, le président français, François Hollande, a été le premier à signer l'Accord. Il l'a ratifié le mercredi 15 juin 2016 à l'Elysée, ce texte ayant été définitivement adopté par le Parlement français le 8 juin 2016. La Chine et les Etats Unis d'Amérique ont ratifié l'Accord le samedi 3 septembre 2016. L'Accord de Paris est entré en vigueur le vendredi 4 novembre 2016 après sa ratification par 97 Etats représentant plus de 67,5 % des émissions de gaz à effet de serre mondiales. Cette entrée en vigueur est intervenue moins d'un an après l'adoption de l'Accord par 195 pays, le 12 décembre 2015 au Bourget (France). En direct de la Maison Blanche, le président américain Donald Trump a annoncé, le jeudi 1er juin 2017, le retrait des Etats-Unis de l'Accord de Paris sur le climat. Cette annonce a été faite quelques jours après le sommet du G7 qui s'est tenu les 26 et 27 mai 2017 à Taormine (ME), Sicile en Italie. Moins de deux heures après, depuis le Palais de L'Elysée, le président français Emmanuel Macron a répliqué à Donald Trump, en français puis en anglais, affirmant notamment que l'Accord de Paris était irréversible. Il a détourné le slogan de campagne de Donald Trump « *Make America Great Again* » (Rendre sa grandeur à l'Amérique) en « *Make Our Planet Great Again* » (Rendre sa grandeur à notre planète). Ces mots ont été largement repris et commentés en France et dans le monde.. Le texte intégral de l'Accord de Paris est joint en fin d'ouvrage. Voir aussi : COP21/CMP11/ « Paris 2015 », Conférence de Paris sur les changements climatiques.

Acte d'accusation (*Statut TPIY, art. 18. Information et établissement de l'acte d'accusation ; art. 19. Examen de l'acte d'accusation ; art. 20. Ouverture et conduite du procès (Voir : RPP – TPIY, Chapitre 5ème, Mise en accusation, Section 1 : L'acte d'accusation. Art. 47. Présentation de l'acte d'accusation par le Procureur ; Art. 48. Jonction d'instances ; Art. 49. Jonction de chefs d'accusation ; Art. 50. Modifications de l'acte d'accusation ; Art. 51. Retrait d'un acte d'accusation ; Art. 52. Publicité de l'acte d'accusation ; Art. 53. Non-divulgation ; Art. 53 bis. Signification de l'acte d'accusation) - Statut TPIR, art. 17. Information et établissement de l'Acte d'accusation ; art. 18. Examen de l'Acte d'accusation ; Art. 19.*

Ouverture et conduite du procès (Voir aussi : RPP – TPIR, Chapitre V. Mise en accusation, Section 1. Les actes d'accusation : Art. 47. Présentation de l'acte d'accusation par le Procureur ; Art. 48. Jonction d'instances ; Art. 48 bis. Jonction de procès ; Art. 49. Jonction de chefs d'accusation ; Art. 50. Modification de l'acte d'accusation ; Art. 51. Retrait de l'acte d'accusation ; Art. 52. Caractère public de l'acte d'accusation ; Art. 53. Non-divulgation au public ; Art. 53 bis. Signification de l'acte d'accusation).

Statut TPIY, art. 18. Information et établissement de l'acte d'accusation. 1. Le Procureur ouvre une information d'office ou sur la foi des renseignements obtenus de toutes sources, notamment des gouvernements, des organes de l'Organisation des Nations Unies, des organisations intergouvernementales et non gouvernementales. Il évalue les renseignements reçus ou obtenus et se prononce sur l'opportunité ou non d'engager les poursuites.

2. Le Procureur est habilité à interroger les suspects, les victimes et les témoins, à réunir des preuves et à procéder sur place à des mesures d'instruction. Dans l'exécution de ces tâches, le Procureur peut, selon que de besoin, solliciter le concours des autorités de l'Etat concerné.

3. Tout suspect interrogé a le droit d'être assisté d'un conseil de son choix, y compris celui de se voir attribuer d'office un défenseur, sans frais, s'il n'a pas les moyens de le rémunérer et de bénéficier, si nécessaire, de services de traduction dans une langue qu'il parle et comprend et à partir de cette langue.

4. S'il décide qu'au vu des présomptions, il y a lieu d'engager des poursuites, le Procureur établit un acte d'accusation dans lequel il expose succinctement les faits et le crime ou les crimes qui sont reprochés à l'accusé en vertu du statut. L'acte d'accusation est transmis à un juge de la Chambre de première instance.

Art. 19. Examen de l'acte d'accusation. 1. Le juge de la Chambre de première instance saisi de l'acte d'accusation examine celui-ci. S'il estime que le Procureur a établi qu'au vu des présomptions, il y a lieu d'engager des poursuites, il confirme l'acte d'accusation. A défaut, il le rejette.

2. S'il confirme l'acte d'accusation, le juge saisi, sur réquisition du Procureur, décerne les ordonnances et mandats d'arrêt, de détention, d'amener ou de remise de personnes et toutes autres ordonnances nécessaires pour la conduite du procès.

Art. 20. Ouverture et conduite du procès. 1. La Chambre de première instance veille à ce que le procès soit équitable et rapide et à ce que l'instance se déroule conformément aux règles de procédure et de preuve, les droits de l'accusé étant pleinement respectés et la protection des victimes et des témoins dûment assurée.

2. Toute personne contre laquelle un acte d'accusation a été confirmé est, conformément à une ordonnance ou un mandat d'arrêt décerné par le

Tribunal international, placée en état d'arrestation, immédiatement informée des chefs d'accusation portés contre elle et déférée au Tribunal international.
3. La Chambre de première instance donne lecture de l'acte d'accusation, s'assure que les droits de l'accusé sont respectés, confirme que l'accusé a compris le contenu de l'acte d'accusation et lui ordonne de plaider coupable ou non coupable. La Chambre de première instance fixe alors la date du procès.
4. Les audiences sont publiques à moins que la Chambre de première instance décide de les tenir à huis clos conformément à ses règles de procédure et de preuve.
***Voir : RPP – TPIY**, Chapitre 5ème, Mise en accusation, Section 1 : L'acte d'accusation. Art. 47. Présentation de l'acte d'accusation par le Procureur ; Art. 48. Jonction d'instances ; Art. 49. Jonction de chefs d'accusation ; Art. 50. Modifications de l'acte d'accusation ; Art. 51. Retrait d'un acte d'accusation ; Art. 52. Publicité de l'acte d'accusation ; Art. 53. Non-divulgation ; Art. 53 bis. Signification de l'acte d'accusation.*
Statut TPIR, Art. 17. Information et établissement de l'Acte d'accusation. 1. Le Procureur ouvre une information d'office ou sur la foi des renseignements obtenus de toutes sources, notamment des gouvernements, des organes de l'Organisation des Nations Unies, et des organisations intergouvernementales et non gouvernementales. Il évalue les renseignements reçus ou obtenus et décide s'il y a lieu de poursuivre.
2. Le Procureur est habilité à interroger les suspects, les victimes et les témoins, à réunir des preuves et à procéder sur place à des mesures d'instruction. Dans l'exécution de ces tâches, le Procureur peut, selon que de besoin, solliciter le concours des autorités de l'État concerné.
3. Tout suspect interrogé a le droit d'être assisté d'un conseil de son choix, y compris celui de se voir attribuer d'office un défenseur, sans frais, s'il n'a pas les moyens de le rémunérer, et de bénéficier, si nécessaire, de services de traduction dans une langue qu'il parle et comprend et à partir de cette langue.
4. S'il décide qu'au vu des présomptions, il y a lieu d'engager des poursuites, le Procureur établit un Acte d'accusation dans lequel il expose succinctement les faits et le crime ou les crimes qui sont reprochés à l'Accusé en vertu du Statut. L'Acte d'accusation est transmis à un juge de la Chambre de première instance.
Art. 18. Examen de l'Acte d'accusation. 1. Le juge de la Chambre de première instance saisi de l'Acte d'accusation examine celui-ci. S'il estime que le Procureur a établi qu'au vu des présomptions il y a lieu d'engager des poursuites, il confirme l'Acte d'accusation. A défaut, il le rejette.
2. S'il confirme l'Acte d'accusation, le juge saisi décerne, sur réquisition du Procureur, les ordonnances et mandats d'arrêt, de dépôt, d'amener ou de remise et toutes autres ordonnances nécessaires pour la conduite du procès.

Art. 19. Ouverture et conduite du procès. 1. La Chambre de première instance veille à ce que le procès soit équitable et rapide et à ce que l'instance se déroule conformément au Règlement de procédure et de preuve, les droits de l'Accusé étant pleinement respectés et la protection des victimes et des témoins dûment assurée.
2. Toute personne contre laquelle un acte d'accusation a été confirmé est, conformément à une ordonnance ou un mandat d'arrêt décerné par le Tribunal international pour le Rwanda, placée en état d'arrestation, immédiatement informée des chefs d'accusation portés contre elle et déférée au Tribunal international pour le Rwanda.
3. La Chambre de première instance donne lecture de l'Acte d'accusation, s'assure que les droits de l'accusé sont respectés, confirme que l'Accusé a compris le contenu de l'acte d'accusation et l'invite à faire valoir ses moyens de défense. La Chambre de première instance fixe alors la date du procès.
4. Les audiences sont publiques, à moins que la Chambre de première instance décide de les tenir à huis clos conformément à son Règlement de procédure et de preuve.
Voir : RPP – TPIR*, Chapitre V. Mise en accusation, Section 1. Les actes d'accusation : Art. 47. Présentation de l'acte d'accusation par le Procureur ; Art. 48. Jonction d'instances ; Art. 48 bis. Jonction de procès ; Art. 49. Jonction de chefs d'accusation ; Art. 50. Modification de l'acte d'accusation ; Art. 51. Retrait de l'acte d'accusation ; Art. 52. Caractère public de l'acte d'accusation ; Art. 53. Non-divulgation au public ; Art. 53 bis. Signification de l'acte d'accusation.*
Voir aussi : Statut de Rome CPI, Chapitre V. Enquête et poursuites : *Art. 53 Ouverture d'une enquête ; Art. 54 Devoirs et pouvoirs du Procureur en matière d'enquêtes ; Art. 55 Droits des personnes dans le cadre d'une enquête ; Art. 56 Rôle de la Chambre préliminaire dans le cas où l'occasion d'obtenir des renseignements ne se présentera plus ; Art. 57 Fonctions et pouvoirs de la Chambre préliminaire ; Art. 58 Délivrance par la Chambre préliminaire d'un mandat d'arrêt ou d'une citation à comparaître ; Art. 59 Procédure d'arrestation dans l'État de détention ; Art. 60 Procédure initiale devant la Cour ; Art. 61 Confirmation des charges avant le procès ;* ***RPP – CPI, Chapitre 5. Enquête et poursuites****.*

Action 21 (Agenda 21) et développement durable. Nations Unies. Assemblée Générale. Conférence des Nations Unies sur l'environnement et le développement (dite aussi Sommet de la Terre). Rio de

Janeiro, 3-14 juin 1992. Plan d'action pour le XXIe siècle. *Chapitre 1. Préambule*

(*Le terme "gouvernements" utilisé ici est réputé inclure la Communauté économique européenne dans ses domaines de compétence. Dans tout le texte d'Action 21, l'expression "écologiquement rationnel(le)(s)" signifie "écologiquement sûr(e)(s) et rationnel(le)(s)", en particulier lorsqu'elle s'applique aux expressions "sources d'énergie", "approvisionnement en énergie", "systèmes énergétiques" ou "technologie/technologies").*

1.1 L'humanité se trouve à un moment crucial de son histoire. Nous assistons actuellement à la perpétuation des disparités entre les nations et à l'intérieur des nations, à une aggravation de la pauvreté, de la faim, de l'état de santé et de l'analphabétisme, et à la détérioration continue des écosystèmes dont nous sommes tributaires pour notre bien-être. Mais si nous intégrons les questions d'environnement et de développement et si nous accordons une plus grande attention à ces questions, nous pourrons satisfaire les besoins fondamentaux, améliorer le niveau de vie pour tous, mieux protéger et mieux gérer les écosystèmes et assurer un avenir plus sûr et plus prospère. Aucun pays ne saurait réaliser tout cela à lui seul, mais la tâche est possible si nous œuvrons tous ensemble dans le cadre d'un partenariat mondial pour le développement durable.

1.2 Ce partenariat mondial doit se fonder sur les prémisses de la résolution 44/228 de l'Assemblée générale, en date du 22 décembre 1989, qui a été adoptée lorsque les nations du monde ont demandé la convocation de la Conférence des Nations Unies sur l'environnement et le développement, et sur la nécessité acceptée d'une approche équilibrée et intégrée aux problèmes de l'environnement et du développement.

1.3 Action 21 aborde les problèmes urgents d'aujourd'hui et cherche aussi à préparer le monde aux tâches qui l'attendent au cours du siècle prochain. C'est un programme qui reflète un consensus mondial et un engagement politique au niveau le plus élevé sur la coopération en matière de développement et d'environnement. La bonne application d'Action 21 est la première et la plus importante des responsabilités des gouvernements. Les stratégies, plans, politiques et processus nationaux sont vitaux pour ce faire. La coopération internationale doit venir appuyer et compléter les efforts nationaux. Dans ce contexte, le système des Nations Unies a un rôle essentiel à jouer. D'autres organisations internationales, régionales et sous-régionales devront également contribuer à cet effort. Il faudrait de même encourager la participation du public la plus large possible et la contribution active des organisations non gouvernementales et d'autres groupes.

1.4 Les objectifs d'Action 21 en matière de développement et d'environnement nécessiteront un apport substantiel de ressources financières nouvelles et additionnelles aux pays en développement, afin de couvrir le surcroît de dépenses entraîné par les mesures qu'ils devront prendre pour résoudre des problèmes écologiques de dimension mondiale et accélérer le développement durable. Des ressources financières sont également nécessaires aux fins de renforcer la capacité des institutions internationales pour la mise en œuvre d'Action 21. A titre indicatif, on donne une évaluation de l'ordre de grandeur des coûts pour chacun des domaines d'activité. Cette évaluation devra être examinée et affinée par les institutions et organisations d'exécution intéressées.

1.5 En mettant en œuvre des domaines d'activité pertinents définis dans Action 21, il y a lieu d'accorder une attention spéciale à la situation particulière des pays dont l'économie est en transition. Il faut également reconnaître qu'en transformant leur économie, ces pays doivent faire face à d'énormes difficultés parfois dans un climat de très forte tension sociale et politique.

1.6 La description des domaines d'action qui constituent Action 21 est présentée selon les rubriques suivantes : principes d'action, objectifs, activités et moyens d'exécution. Action 21 est un programme dynamique. Il sera mené par les divers acteurs selon les situations, les capacités et les priorités différentes des pays et des régions, dans le strict respect de tous les principes énoncés dans la Déclaration de Rio sur l'environnement et le développement. Il peut évoluer avec le temps, en fonction des besoins et des circonstances. Ce processus marque la naissance d'un nouveau partenariat mondial pour le développement durable. (...).

Section I. Dimensions sociales et économiques. *Chapitre 2.* Coopération internationale visant à accélérer un développement durable dans les pays en développement, et politiques nationales connexes ; *Chapitre 3.* Lutte contre la pauvreté ; *Chapitre 4.* Modification des modes de consommation ; *Chapitre 5.* Dynamique démographique et durabilité ; *Chapitre 6.* Protection et promotion de la santé ; *Chapitre 7.* Promotion d'un modèle viable d'établissements humains ; *Chapitre 8.* Intégration du processus de prise de décisions sur l'environnement et le développement.

Section II. Conservation et gestion des ressources aux fins du développement. *Chapitre 9.* Protection de l'atmosphère ; *Chapitre 10.* Conception intégrée de la planification et de la gestion des terres ; *Chapitre 11.* Lutte contre le déboisement ; *Chapitre 12.* Gestion des écosystèmes fragiles : lutte contre la désertification et la sécheresse ; *Chapitre 13.* Gestion des écosystèmes fragiles : mise en valeur durable des montagnes ; *Chapitre 14.* Promotion d'un développement agricole et rural durable ; *Chapitre 15.* Préservation de la diversité biologique ; *Chapitre 16.* Gestion écologiquement rationnelle des biotechniques ; *Chapitre 17.* Protection des océans et de toutes les mers – y compris les mers fermées et semi-fermées – et des zones côtières, et protection, utilisation rationnelle et mise en valeur de leurs ressources biologiques ; *Chapitre 18.* Protection des ressources en eau douce et de leur qualité : application d'approches intégrées de la mise en valeur, de la gestion et de l'utilisation des ressources en eau ; *Chapitre 19.* Gestion écologiquement rationnelle des substances chimiques toxiques - y

compris la prévention du trafic international illicite des produits toxiques et dangereux ; *Chapitre 20.* Gestion écologiquement rationnelle des déchets dangereux - y compris la prévention du trafic international illicite de déchets dangereux ; *Chapitre 21.* Gestion écologiquement rationnelle des déchets solides et questions relatives aux eaux usées ; *Chapitre 22.* Gestion sûre et écologiquement rationnelle des déchets radioactifs.
Section III. Renforcement du rôle des principaux groupes. *Chapitre 23.* Préambule ; *Chapitre 24.* Action mondiale en faveur de la participation des femmes à un développement durable et équitable ; *Chapitre 25.* Rôle des enfants et des jeunes dans la promotion d'un développement durable ; *Chapitre 26.* Reconnaissance et renforcement du rôle des populations autochtones et de leurs communautés ; *Chapitre 27.* Renforcement du rôle des organisations non gouvernementales : partenaires pour un développement durable ; *Chapitre 28.* Initiatives des collectivités locales à l'appui d'Action 21 ; *Chapitre 29.* Renforcement du rôle des travailleurs et de leurs syndicats ; *Chapitre 30.* Renforcement du rôle du commerce et de l'industrie ; *Chapitre 31.* Communauté scientifique et technique ; *Chapitre 32.* Renforcement du rôle des agriculteurs.
Section IV. Moyens d'exécution. *Chapitre 33.* Ressources et mécanismes financiers ; *Chapitre 34.* Transfert de techniques écologiquement rationnelles, coopération et création de capacités ; *Chapitre 35.* La science au service d'un développement durable ; *Chapitre 36.* Promotion de l'éducation, de la sensibilisation du public et de la formation ; *Chapitre 37.* Mécanismes nationaux et coopération internationale pour le renforcement des capacités dans les pays en développement ; *Chapitre 38.* Arrangements institutionnels internationaux ; *Chapitre 39.* Instruments et mécanismes juridiques internationaux ; *Chapitre 40.* L'information pour la prise de décisions.

Aéronef sanitaire *(Protocole additionnel aux Conventions de Genève du 12 août 1949 relatif à la protection des victimes des conflits armés internationaux (Protocole I), 8 juin 1977. Titre II. Blessés, malades et naufragés. Section I. Protection générale, art. 8. Terminologie).* Aux fins du présent Protocole : (...) j) l'expression « aéronef sanitaire» s'entend de tout moyen de transport sanitaire par air.

Aménagement raisonnable *(Convention relative aux droits des personnes handicapées du 13 décembre 2006, Art. 2, Définitions).* Aux fins de la présente Convention : On entend par « aménagement raisonnable » les modifications et ajustements nécessaires et appropriés n'imposant pas de charge disproportionnée ou indue apportés, en fonction des besoins dans une situation donnée, pour assurer aux personnes handicapées la jouissance ou l'exercice, sur la base de l'égalité avec les autres, de tous les droits de l'homme et de toutes les libertés fondamentales.

Amicus curiae *(RPP – CPI, Règle 103. Amicus curiae et autres formes de déposition ; RPP – TPIY, art. 74. Amicus Curiae ; RPP – TPIR, art. 74. Amicus curiae). RPP – CPI, Règle 103. Amicus curiae et autres formes de déposition.*

1. À n'importe quelle phase de la procédure, toute chambre de la Cour peut, si elle le juge souhaitable en l'espèce pour la bonne administration de la justice, inviter ou autoriser tout État, toute organisation ou toute personne à présenter par écrit ou oralement des observations sur toute question qu'elle estime appropriée.

2. Le Procureur et la défense ont la possibilité de répondre aux observations présentées en vertu de la disposition 1 ci-dessus.

3. Les observations présentées par écrit en vertu de la disposition 1 ci-dessus sont déposées au Greffe, qui en fournit copie au Procureur et à la défense. La Chambre fixe le délai de dépôt des observations.

RPP – TPIY, art. 74. Amicus Curiae. Une Chambre peut, si elle le juge souhaitable dans l'intérêt d'une bonne administration de la justice, inviter ou autoriser tout Etat, toute organisation ou toute personne à faire un exposé sur toute question qu'elle juge utile.

RPP – TPIR, art. 74. Amicus curiae. Une Chambre peut, si elle le juge souhaitable dans l'intérêt d'une bonne administration de la justice, inviter ou autoriser tout Etat, toute organisation ou toute personne à comparaître devant elle et lui présenter toute question spécifiée par la Chambre.

Apartheid. Voir : *Crimes contre l'humanité, Eléments des crimes.*

Assemblée des Etats Parties *(Statut de Rome CPI. Chapitre XI. Assemblée des Etats Parties, art. 112. Assemblée des Etats parties).*

1. Il est constitué une Assemblée des États Parties au présent Statut. Chaque État Partie y dispose d'un représentant, qui peut être secondé par des suppléants et des conseillers. Les autres États qui ont signé le présent Statut ou l'Acte final peuvent y siéger à titre d'observateurs.

2. L'Assemblée :

a) Examine et adopte, s'il y a lieu, les recommandations de la Commission préparatoire ;

b) Donne à la Présidence, au Procureur et au Greffier des orientations générales pour l'administration de la Cour ;

c) Examine les rapports et les activités du Bureau établi en vertu du paragraphe 3 et prend les mesures qu'ils appellent ;

d) Examine et arrête le budget de la Cour ;

e) Décide s'il y a lieu, conformément à l'article 36, de modifier le nombre des juges ;
f) Examine, conformément à l'article 87, paragraphes 5 et 7, toute question relative à la non-coopération des États ;
g) S'acquitte de toute autre fonction compatible avec les dispositions du présent Statut et du Règlement de procédure et de preuve.

3. a) L'Assemblée est dotée d'un bureau, composé d'un président, de deux vice-présidents et de 18 membres élus par elle pour trois ans.
b) Le Bureau a un caractère représentatif, eu égard, en particulier, au principe de la répartition géographique équitable et à la nécessité d'assurer une représentation adéquate des principaux systèmes juridiques du monde.
c) Le Bureau se réunit aussi souvent que nécessaire, mais au moins une fois par an. Il aide l'Assemblée à s'acquitter de ses responsabilités.

4. L'Assemblée crée les autres organes subsidiaires qu'elle juge nécessaires, notamment un mécanisme de contrôle indépendant qui procède à des inspections, évaluations et enquêtes afin que la Cour soit administrée de la manière la plus efficace et la plus économique possible.

5. Le Président de la Cour, le Procureur et le Greffier ou leurs représentants participent, selon qu'il convient, aux réunions de l'Assemblée et du Bureau.

6. L'Assemblée se réunit une fois par an et, lorsque les circonstances l'y engagent, elle tient des sessions extraordinaires, au siège de la Cour ou au Siège de l'Organisation des Nations Unies. À moins que le présent Statut n'en dispose autrement, les sessions extraordinaires sont convoquées par le Bureau soit d'office soit à la demande du tiers des États Parties.

7. Chaque État Partie dispose d'une voix. L'Assemblée et le Bureau s'efforcent dans toute la mesure possible d'adopter leurs décisions par consensus. Si le consensus n'est pas possible, et à moins que le Statut n'en dispose autrement :
a) Les décisions sur les questions de fond sont prises à la majorité des deux tiers des présents et votants, la majorité absolue des États Parties constituant le quorum pour le scrutin ;
b) Les décisions sur les questions de procédure sont prises à la majorité simple des États Parties présents et votants.

8. Un État Partie en retard dans le paiement de sa contribution aux dépenses de la Cour ne peut participer au vote ni à l'Assemblée ni au Bureau si le montant de ses arriérés est égal ou supérieur à la contribution dont il est redevable pour les deux années complètes écoulées. L'Assemblée peut néanmoins autoriser cet État à participer au vote à l'Assemblée et au Bureau si elle constate que son manquement est dû à des circonstances indépendantes de sa volonté.

9. L'Assemblée adopte son propre règlement intérieur.

10. Les langues officielles et les langues de travail de l'Assemblée des États Parties sont celles de l'Assemblée générale des Nations Unies.

Attaque causant incidemment des pertes en vies humaines, des blessures et des dommages excessifs. Voir : *Crimes de guerre, Eléments des crimes.*

Attaque contre des biens de caractère civil. Voir : *Crimes de guerre, Eléments des crimes.*

Attaque contre des biens ou des personnes utilisant les signes distinctifs prévus par les Conventions de Genève. Voir : *Crimes de guerre, Eléments des crimes.*

Attaque contre des biens protégés. Voir : *Crimes de guerre, Eléments des crimes.*

Attaque contre des localités non défendues. Voir : *Crimes de guerre, Eléments des crimes.*

Attaque contre des personnes civiles. Voir : *Crimes de guerre, Eléments des crimes.*

Attaque contre le personnel ou des biens employés dans le cadre d'une mission d'aide humanitaire ou de maintien de la paix. Voir : *Crimes de guerre, Eléments des crimes.*

Attaque lancée contre une population civile. Voir : *Crimes contre l'humanité, Eléments des crimes.*

Attaques *(Protocole additionnel aux Conventions de Genève du 12 août 1949 relatif à la protection des victimes des conflits armés internationaux (Protocole I), 8 juin 1977. Titre IV. Population civile. Section I. Protection générale contre les effets des hostilités. Chapitre I. Règle fondamentale et champ d'application. Art. 49. Définition des attaques et champ d'application ; Chapitre IV. Mesures de protection. Art. 57. Précautions dans l'attaque ; Art. 58. Précautions contre les effets des attaques). Art. 49. Définition des attaques et champ d'application.*

1. L'expression « attaques » s'entend des actes de violence contre l'adversaire, que ces actes soient offensifs ou défensifs.

2. Les dispositions du présent Protocole concernant les attaques s'appliquent à toutes les attaques, quel que soit le territoire où elles ont lieu,

y compris le territoire national appartenant à une Partie au conflit mais se trouvant sous le contrôle d'une Partie adverse.

3. Les dispositions de la présente Section s'appliquent à toute opération terrestre, aérienne ou navale pouvant affecter, sur terre, la population civile, les personnes civiles et les biens de caractère civil. Elles s'appliquent en outre à toutes les attaques navales ou aériennes dirigées contre des objectifs sur terre, mais n'affectent pas autrement les règles du droit international applicable dans les conflits armés sur mer ou dans les airs.

4. Les dispositions de la présente Section complètent les règles relatives à la protection humanitaire énoncées dans la IVe Convention, en particulier au Titre II, et dans les autres accords internationaux qui lient les Hautes Parties contractantes, ainsi que les autres règles du droit international relatives à la protection des civils et des biens de caractère civil contre les effets des hostilités sur terre, sur mer et dans les airs.

Art. 57. Précautions dans l'attaque. 1. Les opérations militaires doivent être conduites en veillant constamment à épargner la population civile, les personnes civiles et les biens de caractère civil.

2. En ce qui concerne les attaques, les précautions suivantes doivent être prises :

a) ceux qui préparent ou décident une attaque doivent :

i) faire tout ce qui est pratiquement possible pour vérifier que les objectifs à attaquer ne sont ni des personnes civiles, ni des biens de caractère civil, et ne bénéficient pas d'une protection spéciale, mais qu'ils sont des objectifs militaires au sens du paragraphe 2 de l'article 52, et que les dispositions du présent Protocole n'en interdisent pas l'attaque ;

ii) prendre toutes les précautions pratiquement possibles quant au choix des moyens et méthodes d'attaque en vue d'éviter et, en tout cas, de réduire au minimum les pertes en vies humaines dans la population civile, les blessures aux personnes civiles et les dommages aux biens de caractère civil qui pourraient être causés incidemment ;

iii) s'abstenir de lancer une attaque dont on peut attendre qu'elle cause incidemment des pertes en vies humaines dans la population civile, des blessures aux personnes civiles, des dommages aux biens de caractère civil, ou une combinaison de ces pertes et dommages, qui seraient excessifs par rapport à l'avantage militaire concret et direct attendu ;

b) une attaque doit être annulée ou interrompue lorsqu'il apparaît que son objectif n'est pas militaire ou qu'il bénéficie d'une protection spéciale ou que l'on peut attendre qu'elle cause incidemment des pertes en vies humaines dans la population civile, des blessures aux personnes civiles, des dommages aux biens de caractère civil, ou une combinaison de ces pertes et dommages, qui seraient excessifs par rapport à l'avantage militaire concret et direct attendu ;

c) dans le cas d'attaques pouvant affecter la population civile, un avertissement doit être donné en temps utile et par des moyens efficaces, à moins que les circonstances ne le permettent pas.

3. Lorsque le choix est possible entre plusieurs objectifs militaires pour obtenir un avantage militaire équivalent, ce choix doit porter sur l'objectif dont on peut penser que l'attaque présente le moins de danger pour les personnes civiles ou pour les biens de caractère civil.

4. Dans la conduite des opérations militaires sur mer ou dans les airs, chaque Partie au conflit doit prendre, conformément aux droits et aux devoirs qui découlent pour elle des règles du droit international applicable dans les conflits armés, toutes les précautions raisonnables pour éviter des pertes en vies humaines dans la population civile et des dommages aux biens de caractère civil.

5. Aucune disposition du présent article ne peut être interprétée comme autorisant des attaques contre la population civile, les personnes civiles ou les biens de caractère civil.

Art. 58. Précautions contre les effets des attaques. Dans toute la mesure de ce qui est pratiquement possible, les Parties au conflit :

a) s'efforceront, sans préjudice de l'article 49 de la IVe Convention, d'éloigner du voisinage des objectifs militaires la population civile, les personnes civiles et les biens de caractère civil soumis à leur autorité ;

b) éviteront de placer des objectifs militaires à l'intérieur ou à proximité des zones fortement peuplées ;

c) prendront les autres précautions nécessaires pour protéger contre les dangers résultant des opérations militaires la population civile, les personnes civiles et les biens de caractère civil soumis à leur autorité.

Attaques sans discrimination *(Protocole additionnel aux Conventions de Genève du 12 août 1949 relatif à la protection des victimes des conflits armés internationaux (Protocole I), 8 juin 1977. Titre IV. Population civile. Section I. Protection générale contre les effets des hostilités. Chapitre II. Personnes civiles et population civile. Art. 51. Protection de la population civile).* (…) 4. Les attaques sans discrimination sont interdites. L'expression « attaques sans discrimination » s'entend :

a) des attaques qui ne sont pas dirigées contre un objectif militaire déterminé ;

b) des attaques dans lesquelles on utilise des méthodes ou moyens de combat qui ne peuvent pas être dirigés contre un objectif militaire déterminé ; ou

c) des attaques dans lesquelles on utilise des méthodes ou moyens de combat dont les effets ne peuvent pas être limités comme le prescrit le présent Protocole ; et qui sont, en conséquence, dans chacun de ces cas, propres à frapper indistinctement des objectifs militaires et des personnes civiles ou des biens de caractère civil.

5. Seront, entre autres, considérés comme effectués sans discrimination les types d'attaques suivants :
a) les attaques par bombardement, quels que soient les méthodes ou moyens utilisés, qui traitent comme un objectif militaire unique un certain nombre d'objectifs militaires nettement espacés et distincts situés dans une ville, un village ou toute autre zone contenant une concentration analogue de personnes civiles ou de biens de caractère civil ;
b) les attaques dont on peut attendre qu'elles causent incidemment des pertes en vies humaines dans la population civile, des blessures aux personnes civiles, des dommages aux biens de caractère civil, ou une combinaison de ces pertes et dommages, qui seraient excessifs par rapport à l'avantage militaire concret et direct attendu.

6. Sont interdites les attaques dirigées à titre de représailles contre la population civile ou des personnes civiles.

7. La présence ou les mouvements de la population civile ou de personnes civiles ne doivent pas être utilisés pour mettre certains points ou certaines zones à l'abri d'opérations militaires, notamment pour tenter de mettre des objectifs militaires à l'abri d'attaques ou de couvrir, favoriser ou gêner des opérations militaires. Les Parties au conflit ne doivent pas diriger les mouvements de la population civile ou des personnes civiles pour tenter de mettre des objectifs militaires à l'abri des attaques ou de couvrir des opérations militaires.

8. Aucune violation de ces interdictions ne dispense les Parties au conflit de leurs obligations juridiques à l'égard de la population civile et des personnes civiles, y compris l'obligation de prendre les mesures de précaution prévues par l'article 57.

Atteintes à la dignité de la personne. Voir : *Crimes de guerre, Eléments des crimes.*

Autres actes inhumains. Voir : *Crimes contre l'humanité, Eléments des crimes.*

Autres formes de violences sexuelles. Voir : *Crimes contre l'humanité, Crimes de guerre, Eléments des crimes.*

Aveu de culpabilité - Plaidoyer de culpabilité *(Statut de Rome CPI, Chapitre 6. Le procès (...), art. 64. Fonctions et pouvoirs de la chambre de première instance (...), paragraphe 8. a) ; Statut de Rome CPI, art. 65. Procédure en cas d'aveu de culpabilité ; RPP – CPI, Règle 139. Décision en cas d'aveu de culpabilité - RPP – TPIY, art. 62. Comparution initiale de l'accusé ; art. 62 bis. Plaidoyers de culpabilité ; art. 62 ter.*

Procédure en cas d'accord sur le plaidoyer - RPP – TPIR, art. 62. Comparution initiale de l'accusé et plaidoyer ; Art. 62 bis. Procédure en cas d'accord sur le plaidoyer).

***Statut de Rome CPI, Chapitre 6. Le procès (...), art. 64. Fonctions et pouvoirs de la chambre de première instance* (...)** 8. a) À l'ouverture du procès, la Chambre de première instance fait donner lecture à l'accusé des charges préalablement confirmées par la Chambre préliminaire. La Chambre de première instance s'assure que l'accusé comprend la nature des charges. Elle donne à l'accusé la possibilité de plaider coupable selon ce qui est prévu à l'article 65, ou de plaider non coupable ; (...).

Statut de Rome CPI, art. 65. Procédure en cas d'aveu de culpabilité.

1. Lorsque l'accusé reconnaît sa culpabilité comme le prévoit l'article 64, paragraphe 8, alinéa a), la Chambre de première instance détermine :

a) Si l'accusé comprend la nature et les conséquences de son aveu de culpabilité ;

b) Si l'aveu de culpabilité a été fait volontairement après consultation suffisante avec le défenseur de l'accusé ; et

c) Si l'aveu de culpabilité est étayé par les faits de la cause tels qu'ils ressortent :

i) Des charges présentées par le Procureur et admises par l'accusé ;

ii) De toutes pièces présentées par le Procureur qui accompagnent les charges et que l'accusé accepte ; et

iii) De tous autres éléments de preuve, tels que les témoignages, présentés par le Procureur ou l'accusé.

2. Si la Chambre de première instance est convaincue que les conditions visées au paragraphe 1 sont réunies, elle considère que l'aveu de culpabilité, accompagné de toutes les preuves complémentaires présentées, établit tous les éléments constitutifs du crime sur lequel il porte, et elle peut reconnaître l'accusé coupable de ce crime.

3. Si la Chambre de première instance n'est pas convaincue que les conditions visées au paragraphe 1 sont réunies, elle considère qu'il n'y a pas eu aveu de culpabilité, auquel cas elle ordonne que le procès se poursuive selon les procédures normales prévues par le présent Statut et peut renvoyer l'affaire à une autre chambre de première instance.

4. Si la Chambre de première instance est convaincue qu'une présentation plus complète des faits de la cause serait dans l'intérêt de la justice, en particulier dans l'intérêt des victimes, elle peut :

a) Demander au Procureur de présenter des éléments de preuve supplémentaires, y compris des dépositions de témoins ; ou

b) Ordonner que le procès se poursuive selon les procédures normales prévues par le présent Statut, auquel cas elle considère qu'il n'y a pas eu aveu de culpabilité et peut renvoyer l'affaire à une autre chambre de première instance.

5. Toute discussion entre le Procureur et la défense relative à la modification des chefs d'accusation, à l'aveu de culpabilité ou à la peine à prononcer n'engage pas la Cour.

RPP – CPI, Règle 139. Décision en cas d'aveu de culpabilité.

1. Après avoir procédé conformément au paragraphe 1 de l'article 65, la Chambre de première instance peut, pour déterminer s'il convient de procéder conformément au paragraphe 4 de l'article 65, solliciter l'avis du Procureur et de la défense.

2. La Chambre de première instance statue ensuite sur l'aveu de culpabilité ; elle indique les motifs de sa décision, qui sont consignés au procès-verbal.

RPP – TPIY, art. 62. Comparution initiale de l'accusé. A) Après le transfert d'un accusé au siège du Tribunal, le Président attribue immédiatement l'affaire à une Chambre de première instance. L'accusé comparaît sans délai devant la Chambre ou un Juge de celle-ci, et y est mis formellement en accusation. La Chambre de première instance ou le Juge :

i) s'assure que le droit de l'accusé à l'assistance d'un conseil est respecté,

ii) donne lecture ou fait donner lecture de l'acte d'accusation à l'accusé dans une langue qu'il comprend, et s'assure que l'intéressé comprend l'acte d'accusation,

iii) informe l'accusé que, dans les trente jours suivant sa comparution initiale, il lui sera demandé de plaider coupable ou non coupable pour chaque chef d'accusation, mais qu'il peut, s'il le demande, plaider immédiatement coupable ou non coupable pour un ou plusieurs chefs d'accusation,

iv) si l'accusé ne plaide ni dans un sens ni dans l'autre lors de la comparution initiale ou lors d'une comparution ultérieure, prend note en son nom d'un plaidoyer de non-culpabilité,

v) si l'accusé plaide non coupable, donne instruction au Greffier de fixer la date du procès,

vi) si l'accusé plaide coupable :

a) devant la Chambre de première instance, agit conformément à l'article 62 *bis*, ou

b) devant un Juge, renvoie le plaidoyer à la Chambre de première instance pour qu'elle agisse en conformité avec l'article 62 *bis*,

vii) donne instruction au Greffier de fixer toute autre date appropriée.

B) Lorsque l'intérêt de la justice l'exige, le Greffier peut désigner un conseil de permanence, tel que visé à l'article 45 C), pour représenter un accusé lors de sa comparution initiale. Il procède à cette désignation en conformité avec les dispositions pertinentes de la Directive mentionnée à l'article 45 A).

Art. 62 bis. Plaidoyers de culpabilité. Si un accusé plaide coupable conformément au paragraphe vi) de l'article 62 ou demande à revenir sur son

plaidoyer de non-culpabilité et si la Chambre de première instance estime que :
i) le plaidoyer de culpabilité a été fait délibérément,
ii) il est fait en connaissance de cause,
iii) il n'est pas équivoque et
iv) qu'il existe des faits suffisants pour établir le crime et la participation de l'accusé à celui-ci, compte tenu soit d'indices indépendants soit de l'absence de tout désaccord déterminant entre les parties sur les faits de l'affaire, la Chambre de première instance peut déclarer l'accusé coupable et donne instruction au Greffier de fixer la date de l'audience consacrée au prononcé de la sentence.

Art. 62 ter. Procédure en cas d'accord sur le plaidoyer. A) Le Procureur et la Défense peuvent convenir que, après que l'accusé aura plaidé coupable de l'ensemble des chefs d'accusation, de l'un ou de plusieurs de ces chefs, le Procureur prendra tout ou partie des dispositions suivantes devant la Chambre de première instance :
i) demandera l'autorisation de modifier l'acte d'accusation en conséquence,
ii) proposera une peine déterminée ou une fourchette de peines qu'il estime appropriées,
iii) ne s'opposera pas à la demande par l'accusé d'une peine déterminée ou d'une fourchette de peines.
B) La Chambre de première instance n'est pas tenue par l'accord visé au paragraphe A).
C) Si les parties ont conclu un accord sur le plaidoyer, la Chambre de première instance demande la divulgation de l'accord en question, soit en audience publique soit, si des motifs convaincants ont été présentés, à huis clos, au moment où l'accusé plaide coupable conformément à l'article 62 vi), ou demande à revenir sur son plaidoyer de non-culpabilité.

RPP – TPIR, art. 62. Comparution initiale de l'accusé et plaidoyer.
A) Après son transfert au Tribunal, l'accusé comparaît sans délai devant une Chambre de première instance ou devant un juge désigné parmi ses membres et est officiellement mis en accusation. La Chambre de première instance ou le juge désigné :
i) s'assure que le droit de l'accusé à l'assistance d'un conseil est respecté,
ii) donne lecture ou fait donner lecture de l'acte d'accusation à l'accusé, dans une langue qu'il comprend, et s'assure qu'il comprend cet acte d'accusation,
iii) invite l'accusé à plaider coupable ou non coupable sur chaque chef d'accusation et, à défaut pour l'accusé de plaider, inscrit en son nom au dossier qu'il a plaidé non coupable,
iv) donne instruction au Greffier de fixer la date du procès au cas où l'accusé plaide non coupable,
v) lorsque l'accusé plaide coupable,

a) devant un juge, communique cet aveu de culpabilité à la Chambre de première instance,
b) une Chambre de première instance agit conformément au paragraphe (B).
B) Si un accusé plaide coupable conformément au paragraphe (A) (v) ou demande à revenir sur son plaidoyer de non culpabilité, la Chambre doit s'assurer que l'aveu de culpabilité :
i) est fait librement et volontairement,
ii) est fait en connaissance de cause,
iii) est sans équivoque, et
iv) repose sur des faits suffisants pour établir le crime et la participation de l'accusé à sa commission, compte tenu soit d'indices objectifs, soit de l'absence de tout sérieux désaccord entre le Procureur et l'accusé sur les faits de la cause, la Chambre peut déclarer l'accusé coupable et donner instruction au Greffier de fixer la date de l'audience pour le prononcé de la peine.
Art. 62 bis. Procédure en cas d'accord sur le plaidoyer. A) Le Procureur et la Défense peuvent convenir que, après que l'accusé aura plaidé coupable de l'ensemble des chefs d'accusation, de l'un ou de plusieurs de ces chefs, le Procureur prendra tout ou partie des dispositions suivantes devant la Chambre de première instance :
i) demandera l'autorisation de modifier l'acte d'accusation en conséquence ;
ii) proposera une peine déterminée ou une fourchette de peines qu'il estime appropriées ;
iii) ne s'opposera pas à la demande par l'accusé d'une peine déterminée ou d'une fourchette de peines.
B) La Chambre de première instance n'est pas tenue par l'accord visé au paragraphe A).
C) Si les parties ont conclu un accord sur le plaidoyer, la Chambre de première instance demande la divulgation de l'accord en question, soit en audience publique soit, si des motifs convaincants ont été présentés, à huis clos, au moment où l'accusé plaide coupable conformément à l'Article 62 A) v), ou demande à revenir sur son plaidoyer de non-culpabilité.

B

Biens de caractère civil *(Protocole additionnel aux Conventions de Genève du 12 août 1949 relatif à la protection des victimes des conflits armés internationaux (Protocole I), 8 juin 1977. Titre IV. Population civile. Section I. Protection générale contre les effets des hostilités. Chapitre III. Biens de caractère civil. Art. 52. Protection générale des biens de caractère civil).*

1. Les biens de caractère civil ne doivent être l'objet ni d'attaques ni de représailles. Sont biens de caractère civil tous les biens qui ne sont pas des objectifs militaires au sens du paragraphe 2.

2. Les attaques doivent être strictement limitées aux objectifs militaires. En ce qui concerne les biens, les objectifs militaires sont limités aux biens qui, par leur nature, leur emplacement, leur destination ou leur utilisation apportent une contribution effective à l'action militaire et dont la destruction totale ou partielle, la capture ou la neutralisation offre en l'occurrence un avantage militaire précis.

3. En cas de doute, un bien qui est normalement affecté à un usage civil, tel qu'un lieu de culte, une maison, un autre type d'habitation ou une école, est présumé ne pas être utilisé en vue d'apporter une contribution effective à l'action militaire.

Biens indispensables à la survie de la population civile *(Protocole additionnel aux Conventions de Genève du 12 août 1949 relatif à la protection des victimes des conflits armés internationaux (Protocole I), 8 juin 1977. Titre IV. Population civile. Section I. Protection générale contre les effets des hostilités. Chapitre III. Biens de caractère civil. Art. 54. Protection des biens indispensables à la survie de la population civile).*

1. Il est interdit d'utiliser contre les civils la famine comme méthode de guerre.

2. Il est interdit d'attaquer, de détruire, d'enlever ou de mettre hors d'usage des biens indispensables à la survie de la population civile, tels que des denrées alimentaires et les zones agricoles qui les produisent, les récoltes, le bétail, les installations et réserves d'eau potable et les ouvrages d'irrigation, en vue d'en priver, à raison de leur valeur de subsistance, la population civile ou la Partie adverse, quel que soit le motif dont on s'inspire, que ce soit pour

affamer des personnes civiles, provoquer leur déplacement ou pour toute autre raison.

3. Les interdictions prévues au paragraphe 2 ne s'appliquent pas si les biens énumérés sont utilisés par une Partie adverse :

a) pour la subsistance des seuls membres de ses forces armées ;

b) à d'autres fins que cet approvisionnement, mais comme appui direct d'une action militaire, à condition toutefois de n'engager en aucun cas, contre ces biens, des actions dont on pourrait attendre qu'elles laissent à la population civile si peu de nourriture ou d'eau qu'elle serait réduite à la famine ou forcée de se déplacer.

4. Ces biens ne devront pas être l'objet de représailles.

5. Compte tenu des exigences vitales de toute Partie au conflit pour la défense de son territoire national contre l'invasion, des dérogations aux interdictions prévues au paragraphe 2 sont permises à une Partie au conflit sur un tel territoire se trouvant sous son contrôle si des nécessités militaires impérieuses l'exigent.

Blessés et malades *(Protocole additionnel aux Conventions de Genève du 12 août 1949 relatif à la protection des victimes des conflits armés internationaux (Protocole I), 8 juin 1977. Titre II. Blessés, malades et naufragés. Section I. Protection générale, art. 8. Terminologie).* Aux fins du présent Protocole : a) les termes «blessés » et « malades » s'entendent des personnes, militaires ou civiles, qui, en raison d'un traumatisme, d'une maladie ou d'autres incapacités ou troubles physiques ou mentaux, ont besoin de soins médicaux et qui s'abstiennent de tout acte d'hostilité. Ces termes visent aussi les femmes en couches, les nouveau-nés et les autres personnes qui pourraient avoir besoin de soins médicaux immédiats, telles que les infirmes et les femmes enceintes, et qui s'abstiennent de tout acte d'hostilité.

C

Chambres *(Statut de Rome CPI, art. 39. Les chambres ; Voir aussi RPP – CPI, Chapitre 2. Composition et administration de la Cour. Section 1ère. Dispositions générales relatives à la composition et à l'administration de la Cour. Règles 4, 5, 6, 7, 8 ; Statut TPIY, art. 12. Composition des Chambres ; Voir aussi RPP – TPIY, Chapitre 3. Organisation du Tribunal. Section 1. Les juges ; Section 4. Les Chambres ; Statut TPIR, art. 11. Composition des Chambres ; Voir aussi RPP – TPIR, Chapitre 3. Organisation du Tribunal. Section 1. Les juges ; Section 4. Les Chambres).*

Statut de Rome CPI, art. 39. Les chambres.

1. Dès que possible après l'élection des juges, la Cour s'organise en sections comme le prévoit l'article 34, paragraphe b). La Section des appels est composée du Président et de quatre autres juges ; la Section de première instance et la Section préliminaire sont composées chacune de six juges au moins. L'affectation des juges aux sections est fondée sur la nature des fonctions assignées à chacune d'elles et sur les compétences et l'expérience des juges élus à la Cour, de telle sorte que chaque section comporte la proportion voulue de spécialistes du droit pénal et de la procédure pénale et de spécialistes du droit international. La Section préliminaire et la Section de première instance sont principalement composées de juges ayant l'expérience des procès pénaux.

2. a) Les fonctions judiciaires de la Cour sont exercées dans chaque section par des Chambres.

b) i) La Chambre d'appel est composée de tous les juges de la Section des appels ;

ii) Les fonctions de la Chambre de première instance sont exercées par trois juges de la Section de première instance ;

iii) Les fonctions de la Chambre préliminaire sont exercées soit par trois juges de la Section préliminaire soit par un seul juge de cette Section conformément au présent Statut et au Règlement de procédure et de preuve ;

c) Aucune disposition du présent paragraphe n'interdit la constitution simultanée de plus d'une chambre de première instance ou chambre préliminaire lorsque le travail de la Cour l'exige.

3. a) Les juges affectés à la Section préliminaire et à la Section de première instance y siègent pendant trois ans ; ils continuent d'y siéger au-

delà de ce terme, jusqu'au règlement de toute affaire dont ils ont eu à connaître dans ces sections.
b) Les juges affectés à la Section des appels y siègent pendant toute la durée de leur mandat.

4. Les juges affectés à la Section des appels siègent exclusivement dans cette Section. Aucune disposition du présent article n'interdit toutefois l'affectation provisoire de juges de la Section de première instance à la Section préliminaire, ou inversement, si la Présidence estime que le travail de la Cour l'exige, étant entendu qu'un juge qui a participé à la phase préliminaire d'une affaire n'est en aucun cas autorisé à siéger à la Chambre de première instance saisie de cette affaire. (...) ***Voir aussi*** *: RPP – CPI, Chapitre 2. Composition et administration de la Cour. Section 1ère. Dispositions générales relatives à la composition et à l'administration de la Cour. Règles 4, 5, 6, 7, 8.*

Statut TPIY, art. 12. Composition des Chambres.

1. Les Chambres sont composées, au maximum, de seize juges permanents indépendants, tous ressortissants d'États différents, et, au maximum au même moment, de douze juges *ad litem* indépendants, tous ressortissants d'États différents, désignés conformément à l'article 13 *ter* du paragraphe 2, du Statut.

2. Trois juges permanents et six juges *ad litem* sont membres, au maximum et au même moment, de chacune des Chambres de première instance. Chaque Chambre de première instance à laquelle ont été désignés des juges *ad litem* peut être subdivisée en sections de trois juges chacune, composées à la fois de juges permanents et *ad litem*, sauf dans les cas visés au paragraphe 5 ci-après. Les sections des Chambres de première instance ont les mêmes pouvoirs et responsabilités que ceux conférés à une Chambre de première instance par le Statut et rendent leurs jugements suivant les mêmes règles.

3. Sept des juges permanents sont membres de la Chambre d'appel, laquelle est, pour chaque appel, composée de cinq de ses membres.

4. Une personne qui, aux fins de la composition des Chambres du Tribunal pénal international, pourrait être considérée comme ressortissante de plus d'un État, est réputée ressortissante de l'État dans lequel elle exerce ordinairement ses droits civils et politiques.

5. Le Secrétaire général peut, à la demande du Président du Tribunal pénal international, désigner parmi les juges *ad litem* élus conformément à l'article 13 *ter* des juges de réserve qui assisteront à toutes les phases du procès auquel ils auront été affectés et qui remplaceront un juge qui serait dans l'incapacité de continuer à siéger.

6. Sans préjudice du paragraphe 2 ci-dessus, si, en raison de circonstances exceptionnelles, un juge permanent d'une section d'une Chambre de première instance doit être remplacé et qu'une section se trouve dès lors composée exclusivement de juges *ad litem*, cette section pourra continuer à

connaître de l'affaire nonobstant le fait qu'elle ne comprend plus de juge permanent. (...) ***Voir aussi*** *: RPP – TPIY, Chapitre 3. Organisation du Tribunal. Section 1. Les juges ; Section 4. Les Chambres.*

Statut TPIR, art. 11. Composition des Chambres.

1. Les Chambres sont composées de 16 juges permanents indépendants, ressortissants d'États différents et, au maximum au même moment, de neuf juges *ad litem* indépendants, tous ressortissants d'États différents, désignés conformément à l'article 12 *ter*, paragraphe 2 du présent Statut.

2. Trois juges permanents et, au maximum au même moment, six juges *ad litem* sont membres de chacune des Chambres de première instance. Chaque Chambre de première instance à laquelle ont été affectés des juges *ad litem* peut être subdivisée en sections de trois juges chacune, composées à la fois de juges permanents et *ad litem.* Les sections des Chambres de première instance ont les mêmes pouvoirs et responsabilités que ceux conférés à une Chambre de première instance par le présent Statut et rendent leurs jugements suivant les mêmes règles.

3. Sept des juges permanents siègent à la Chambre d'appel, laquelle est, pour chaque appel, composée de cinq de ses membres.

4. Aux fins de la composition des Chambres du Tribunal pénal international pour le Rwanda, quiconque pourrait être considéré comme le ressortissant de plus d'un État est réputé être ressortissant de l'État où il exerce habituellement ses droits civils et politiques.(...). ***Voir aussi*** *: RPP – TPIR, Chapitre 3. Organisation du Tribunal. Section 1. Les juges ; Section 4. Les Chambres.*

Charte Africaine des droits de l'Homme et des Peuples.

Adoptée le 27 juin 1981 à Nairobi, Kenya, lors de la 18e Conférence de l'Organisation de l'Unité Africaine (OUA). Entrée en vigueur le 21 octobre 1986. *Préambule.* Les Etats africains membres de L'OUA, parties à la présente Charte qui porte le titre de *"Charte Africaine des Droits de l'Homme et des Peuples"* ;

Rappelant la décision 115 (XVI) de la Conférence des Chefs d'Etat et de Gouvernement, en sa Seizième Session Ordinaire tenue à MONROVIA (Liberia) du 17 au 20 Juillet 1979, relative à l'élaboration d'un avant-projet de Charte Africaine des Droits de l'Homme et des Peuples, prévoyant notamment l'institution d'organes de promotion et de protection des Droits de l'Homme et des Peuples ;

Considérant la Charte de l'Organisation de l'Unité Africaine, aux termes de laquelle, "la liberté, l'égalité, la justice et la dignité sont des objectifs essentiels à la réalisation des aspirations légitimes des peuples africains" ;

Réaffirmant l'engagement qu'ils ont solennellement pris à l'Article 2 de ladite Charte, d'éliminer sous toutes ses formes le colonialisme de l'Afrique, de coordonner et d'intensifier leur coopération et leurs efforts pour offrir de

meilleures conditions d'existence aux peuples d'Afrique, de favoriser la coopération internationale en tenant dûment compte de la Charte des Nations Unies et de la Déclaration Universelle des Droits de l'Homme ;
Tenant compte des vertus de leurs traditions historiques et des valeurs de civilisation africaine qui doivent inspirer et caractériser leurs réflexions sur la conception des droits de l'homme et des peuples ;
Reconnaissant que d'une part, les droits fondamentaux de l'être humain sont fondés sur les attributs de la personne humaine, ce qui justifie leur protection internationale et que d'autre part, la réalité et le respect des droits du peuple doivent nécessairement garantir les droits de l'homme ;
Considérant que la jouissance des droits et libertés implique l'accomplissement des devoirs de chacun ;
Convaincus qu'il est essentiel d'accorder désormais une attention particulière au droit au développement ; que les droits civils et politiques sont indissociables des droits économiques, sociaux et culturels, tant dans leur conception que dans leur universalité, et que la satisfaction des droits économiques, sociaux et culturels garantit la jouissance des droits civils et politiques ;
Conscients de leur devoir de libérer totalement l'Afrique dont les peuples continuent à lutter pour leur indépendance véritable et leur dignité et s'engageant à éliminer le colonialisme, le néocolonialisme, l'apartheid, le sionisme, les bases militaires étrangères d'agression et toutes formes de discrimination, notamment celles fondées sur la race, l'ethnie, la couleur, le sexe, la langue, la religion ou l'opinion politique;
Réaffirmant leur attachement aux libertés et aux droits de l'homme et des peuples contenus dans les déclarations, conventions et autres instruments adoptés dans le cadre de l'Organisation de l'Unité Africaine, du Mouvement des Pays Non-Alignés et de l'Organisation des Nations Unies ;
Fermement convaincus de leur devoir d'assurer la promotion et la protection des droits et libertés de l'homme et des peuples, compte dûment tenu de l'importance primordiale traditionnellement attachée en Afrique à ces droits et libertés,
Sont convenus de ce qui suit : (…).

Charte arabe des droits de l'Homme. Adoptée le 22 mai 2004, à Tunis (Tunisie), lors du 16ème Sommet de la Ligue des Etats arabes, entrée en vigueur le 15 mars 2008. *Préambule.*
Procédant de la foi de la Nation arabe dans la dignité de l'homme que Dieu a honoré depuis la création du monde et dans le fait que la patrie arabe est le berceau des religions et des civilisations dont les nobles valeurs ont consacré le droit de l'homme à une vie digne fondée sur la liberté, la justice et l'égalité,

Afin de concrétiser les principes éternels de fraternité, d'égalité et de tolérance entre les êtres humains consacrés par l'Islam et les autres religions révélées,
Fiers des valeurs et des principes humanitaires que la Nation arabe a établis au cours de sa longue histoire, lesquels ont contribué, dans une large mesure, à la diffusion de la science entre l'Orient et l'Occident, faisant de la région le point de mire du monde entier et la destination privilégiée des personnes en quête de savoir et de sagesse,
Ayant foi dans l'unité de la patrie arabe, qui lutte pour sa liberté et défend le droit des nations à disposer d'elles-mêmes, à préserver leurs richesses et à se développer ; ayant foi également dans la primauté du droit et dans sa contribution à la protection des droits de l'homme envisagés dans leur universalité et leur complémentarité et convaincue que la jouissance par l'être humain de la liberté, de la justice et de l'égalité des chances est l'aune à laquelle se mesure la valeur de toute société,
Rejetant toutes les formes de racisme et le sionisme qui constituent une violation des droits de l'homme et une menace pour la paix et la sécurité internationales, conscients du lien étroit existant entre les droits de l'homme et la paix et la sécurité internationales, réaffirmant les principes de la Charte des Nations Unies, de la Déclaration universelle des droits de l'homme et les dispositions du Pacte international relatif aux droits civils et politiques et du Pacte international relatif aux droits économiques, sociaux et culturels et tenant compte de la Déclaration du Caire sur les droits de l'homme en Islam,
Les Etats parties à la Charte conviennent de ce qui suit : (…).

Charte des droits fondamentaux de l'Union européenne

(2000/C 364/01) - Journal officiel des Communautés européennes, 18.12.2000). *Préambule.* Les peuples de l'Europe, en établissant entre eux une union sans cesse plus étroite, ont décidé de partager un avenir pacifique fondé sur des valeurs communes.
Consciente de son patrimoine spirituel et moral, l'Union se fonde sur les valeurs indivisibles et universelles de dignité humaine, de liberté, d'égalité et de solidarité ; elle repose sur le principe de la démocratie et le principe de l'État de droit. Elle place la personne au cœur de son action en instituant la citoyenneté de l'Union et en créant un espace de liberté, de sécurité et de justice.
L'Union contribue à la préservation et au développement de ces valeurs communes dans le respect de la diversité des cultures et des traditions des peuples de l'Europe, ainsi que de l'identité nationale des États membres et de l'organisation de leurs pouvoirs publics au niveau national, régional et local ; elle cherche à promouvoir un développement équilibré et durable et assure la libre circulation des personnes, des biens, des services et des capitaux, ainsi que la liberté d'établissement.

A cette fin, il est nécessaire, en les rendant plus visibles dans une Charte, de renforcer la protection des droits fondamentaux à la lumière de l'évolution de la société, du progrès social et des développements scientifiques et technologiques.
La présente Charte réaffirme, dans le respect des compétences et des tâches de la Communauté et de l'Union, ainsi que du principe de subsidiarité, les droits qui résultent notamment des traditions constitutionnelles et des obligations internationales communes aux États membres, du traité sur l'Union européenne et des traités communautaires, de la Convention européenne de sauvegarde des droits de l'homme et des libertés fondamentales, des Chartes sociales adoptées par la Communauté et par le Conseil de l'Europe, ainsi que de la jurisprudence de la Cour de justice des Communautés européennes (actuellement Cour de justice de l'Union Européenne) et de la Cour européenne des droits de l'homme.
La jouissance de ces droits entraîne des responsabilités et des devoirs tant à l'égard d'autrui qu'à l'égard de la communauté humaine et des générations futures.
En conséquence, l'Union reconnaît les droits, les libertés et les principes énoncés ci-après. (…).

Charte des Nations Unies, San Francisco, 26 juin 1945 *(Préambule ; Chapitre I. Buts et principes, Art. 1, Art. 2 ; Chapitre II. Membres, Art. 3, Art. 4, Art. 5, Art. 6 ; Chapitre III. Organes, Art. 7, Art. 8 ; Chapitre XIV. Cour internationale de justice, Art. 92).*
Préambule. Nous, peuples des Nations Unies,*Résolus*
A préserver les générations futures du fléau de la guerre qui deux fois en l'espace d'une vie humaine a infligé à l'humanité d'indicibles souffrances,
A proclamer à nouveau notre foi dans les droits fondamentaux de l'homme, dans la dignité et la valeur de la personne humaine, dans l'égalité de droits des hommes et des femmes, ainsi que des nations, grandes et petites,
A créer les conditions nécessaires au maintien de la justice et du respect des obligations nées des traités et autres sources du droit international,
A favoriser le progrès social et instaurer de meilleures conditions de vie dans une liberté plus grande,
Et à ces fins
A pratiquer la tolérance, à vivre en paix l'un avec l'autre dans un esprit de bon voisinage,
A unir nos forces pour maintenir la paix et la sécurité internationales,
A accepter des principes et instituer des méthodes garantissant qu'il ne sera pas fait usage de la force des armes, sauf dans l'intérêt commun,
A recourir aux institutions internationales pour favoriser le progrès économique et social de tous les peuples,
Avons décidé d'associer nos efforts pour réaliser ces desseins,

En conséquence, nos gouvernements respectifs, par l'intermédiaire de leurs représentants, réunis en la ville de San Francisco, et munis de pleins pouvoirs reconnus en bonne et due forme, ont adopté la présente Charte des Nations Unies et établissent par les présentes une organisation internationale qui prendra le nom de Nations Unies.

Chapitre I. Buts et principes. Art. 1. Les buts des Nations Unies sont les suivants :

1. Maintenir la paix et la sécurité internationales et à cette fin : prendre des mesures collectives efficaces en vue de prévenir et d'écarter les menaces à la paix et de réprimer tout acte d'agression ou autre rupture de la paix, et réaliser, par des moyens pacifiques, conformément aux principes de la justice et du droit international, l'ajustement ou le règlement de différends ou de situations, de caractère international, susceptibles de mener à une rupture de la paix ;

2. Développer entre les nations des relations amicales fondées sur le respect du principe de l'égalité de droits des peuples et de leur droit à disposer d'eux-mêmes, et prendre toutes autres mesures propres à consolider la paix du monde ;

3. Réaliser la coopération internationale en résolvant les problèmes internationaux d'ordre économique, social, intellectuel ou humanitaire, en développant et en encourageant le respect des droits de l'homme et des libertés fondamentales pour tous, sans distinctions de race, de sexe, de langue ou de religion ;

4. Etre un centre où s'harmonisent les efforts des nations vers ces fins communes.

Art. 2. L'Organisation des Nations Unies et ses Membres, dans la poursuite des buts énoncés à l'Article 1, doivent agir conformément aux principes suivants :

1. L'Organisation est fondée sur le principe de l'égalité souveraine de tous ses Membres.

2. Les Membres de l'Organisation, afin d'assurer à tous la jouissance des droits et avantages résultant de leur qualité de Membre, doivent remplir de bonne foi les obligations qu'ils ont assumées aux termes de la présente Charte.

3. Les Membres de l'Organisation règlent leurs différends internationaux par des moyens pacifiques, de telle manière que la paix et la sécurité internationales ainsi que la justice ne soient pas mises en danger.

4. Les Membres de l'Organisation s'abstiennent, dans leurs relations internationales, de recourir à la menace ou à l'emploi de la force, soit contre l'intégrité territoriale ou l'indépendance politique de tout Etat, soit de toute autre manière incompatible avec les buts des Nations Unies.

5. Les Membres de l'Organisation donnent à celle-ci pleine assistance dans toute action entreprise par elle conformément aux dispositions de la

présente Charte et s'abstiennent de prêter assistance à un Etat contre lequel l'Organisation entreprend une action préventive ou coercitive.

6. L'Organisation fait en sorte que les Etats qui ne sont pas Membres des Nations Unies agissent conformément à ces principes dans la mesure nécessaire au maintien de la paix et de la sécurité internationales.

7. Aucune disposition de la présente Charte n'autorise les Nations Unies à intervenir dans des affaires qui relèvent essentiellement de la compétence nationale d'un Etat ni n'oblige les Membres à soumettre des affaires de ce genre à une procédure de règlement aux termes de la présente Charte ; toutefois, ce principe ne porte en rien atteinte à l'application des mesures de coercition prévues au Chapitre VII.

Chapitre II. Membres. Art. 3. Sont Membres originaires des Nations Unies les Etats qui, ayant participé à la Conférence des Nations Unies pour l'Organisation internationale à San Francisco ou ayant antérieurement signé la Déclaration des Nations Unies, en date du 1er janvier 1942, signent la présente Charte et la ratifient conformément à l'Article 110.

Art. 4. 1. Peuvent devenir Membres des Nations Unies tous autres Etats pacifiques qui acceptent les obligations de la présente Charte et, au jugement de l'Organisation, sont capables de les remplir et disposés à le faire.

2. L'admission comme Membres des Nations Unies de tout Etat remplissant ces conditions se fait par décision de l'Assemblée générale sur recommandation du Conseil de sécurité.

Art. 5. Un Membre de l'Organisation contre lequel une action préventive ou coercitive a été entreprise par le Conseil de sécurité peut être suspendu par l'Assemblée générale, sur recommandation du Conseil de sécurité, de l'exercice des droits et privilèges inhérents à la qualité de Membre. L'exercice de ces droits et privilèges peut être rétabli par le Conseil de sécurité.

Art. 6. Si un Membre de l'Organisation enfreint de manière persistante les principes énoncés dans la présente Charte, il peut être exclu de l'Organisation par l'Assemblée générale sur recommandation du Conseil de sécurité.

Chapitre III. Organes. Art. 7. 1. Il est créé comme organes principaux de l'Organisation des Nations Unies : une Assemblée générale, un Conseil de sécurité, un Conseil économique et social, un Conseil de tutelle, une Cour internationale de Justice et un Secrétariat.

2. Les organes subsidiaires qui se révéleraient nécessaires pourront être créés conformément à la présente Charte.

Art. 8. Aucune restriction ne sera imposée par l'Organisation à l'accès des hommes et des femmes, dans des conditions égales, à toutes les fonctions, dans ses organes principaux et subsidiaires. (...).

Chapitre XIV. Cour internationale de justice. Art. 92. La Cour internationale de Justice constitue l'organe judiciaire principal des Nations Unies. Elle fonctionne conformément à un Statut établi sur la base du Statut de la Cour permanente de Justice internationale et annexé à la présente Charte dont il fait partie intégrante. (…).

Combattants et prisonniers de guerre *(Protocole additionnel aux Conventions de Genève du 12 août 1949 relatif à la protection des victimes des conflits armés internationaux (Protocole I), 8 juin 1977. Titre III. Méthodes et moyens de guerre. Statut de combattant et de prisonnier de guerre. Section II. Statut de combattant et de prisonnier de guerre. Art. 44. Combattants et prisonniers de guerre).*

1. Tout combattant, au sens de l'article 43, qui tombe au pouvoir d'une partie adverse est prisonnier de guerre.

2. Bien que tous les combattants soient tenus de respecter les règles du droit international applicable dans les conflits armés, les violations de ces règles ne privent pas un combattant de son droit d'être considéré comme combattant ou, s'il tombe au pouvoir d'une Partie adverse, de son droit d'être considéré comme prisonnier de guerre, sauf dans les cas prévus aux paragraphes 3 et 4.

3. Pour que la protection de la population civile contre les effets des hostilités soit renforcée, les combattants sont tenus de se distinguer de la population civile lorsqu'ils prennent part à une attaque ou à une opération militaire préparatoire d'une attaque. Etant donné, toutefois, qu'il y a des situations dans les conflits armés où, en raison de la nature des hostilités, un combattant armé ne peut se distinguer de la population civile, il conserve son statut de combattant à condition que, dans de telles situations, il porte ses armes ouvertement :

a) pendant chaque engagement militaire ; et

b) pendant le temps où il est exposé à la vue de l'adversaire alors qu'il prend part à un déploiement militaire qui précède le lancement d'une attaque à laquelle il doit participer. Les actes qui répondent aux conditions prévues par le présent paragraphe ne sont pas considérés comme perfides au sens de l'article 37, paragraphe 1 c.

4. Tout combattant qui tombe au pouvoir d'une Partie adverse, alors qu'il ne remplit pas les conditions prévues à la deuxième phrase du paragraphe 3, perd son droit à être considéré comme prisonnier de guerre, mais bénéficie néanmoins de protections équivalentes à tous égards à celles qui sont accordées aux prisonniers de guerre par la IIIe Convention et par le présent Protocole. Cette protection comprend des protections équivalentes à celles qui sont accordées aux prisonniers de guerre par la IIIe Convention dans le cas où une telle personne est jugée et condamnée pour toutes infractions qu'elle aura commises.

5. Le combattant qui tombe au pouvoir d'une Partie adverse alors qu'il ne participe pas à une attaque ou à une opération militaire préparatoire d'une

attaque ne perd pas, en raison de ses activités antérieures, le droit d'être considéré comme combattant et prisonnier de guerre.

6. Le présent article ne prive personne du droit d'être considéré comme prisonnier de guerre aux termes de l'article 4 de la IIIe Convention.

7. Le présent article n'a pas pour objet de modifier la pratique des Etats, généralement acceptée, concernant le port de l'uniforme par des combattants affectés aux unités armées régulières en uniforme d'une Partie au conflit.

8. Outre les catégories de personnes visées à l'article 13 des Ire et IIe Conventions, tous les membres des forces armées d'une Partie au conflit, tels qu'ils sont définis à l'article 43 du présent Protocole, ont droit à la protection accordée par lesdites Conventions s'ils sont blessés ou malades, ou dans le cas de la IIe Convention, s'ils sont naufragés en mer ou en d'autres eaux.

Condamnations ou exécutions en dehors de toute procédure régulière. Voir : *Crimes de guerre, Eléments des crimes.*

Conseil de sécurité *(Charte des Nations Unies, San Francisco, 26 juin 1945, Chapitre V. Conseil de sécurité. Composition, Art. 23 ; Fonctions et pouvoirs, Art. 24, Art. 25, Art. 26 ; Vote, Art. 27 (...)).*

Composition, Art. 23. 1. Le Conseil de sécurité se compose de quinze Membres de l'Organisation. La République de Chine, la France, l'Union des Républiques socialistes soviétiques, le Royaume-Uni de Grande-Bretagne et d'Irlande du Nord, et les Etats-Unis d'Amérique sont membres permanents du Conseil de sécurité. Dix autres Membres de l'Organisation sont élus, à titre de membres non permanents du Conseil de sécurité, par l'Assemblée générale qui tient spécialement compte, en premier lieu, de la contribution des Membres de l'Organisation au maintien de la paix et de la sécurité internationales et aux autres fins de l'Organisation, et aussi d'une répartition géographique équitable.

2. Les membres non permanents du Conseil de sécurité sont élus pour une période de deux ans. Lors de la première élection des membres non permanents après que le nombre des membres du Conseil de sécurité aura été porté de onze à quinze, deux des quatre membres supplémentaires seront élus pour une période d'un an. Les membres sortants ne sont pas immédiatement rééligibles.

3. Chaque membre du Conseil de sécurité a un représentant au Conseil.

Fonctions et pouvoirs. Art. 24. 1. Afin d'assurer l'action rapide et efficace de l'Organisation, ses Membres confèrent au Conseil de sécurité la responsabilité principale du maintien de la paix et de la sécurité internationales et reconnaissent qu'en s'acquittant des devoirs que lui impose cette responsabilité le Conseil de sécurité agit en leur nom.

2. Dans l'accomplissement de ces devoirs, le Conseil de sécurité agit conformément aux buts et principes des Nations Unies. Les pouvoirs

spécifiques accordés au Conseil de sécurité pour lui permettre d'accomplir lesdits devoirs sont définis aux Chapitres VI, VII, VIII et XII.

3. Le Conseil de sécurité soumet pour examen des rapports annuels et, le cas échéant, des rapports spéciaux à l'Assemblée générale.

Art. 25. Les Membres de l'Organisation conviennent d'accepter et d'appliquer les décisions du Conseil de sécurité conformément à la présente Charte.

Art. 26. Afin de favoriser l'établissement et le maintien de la paix et de la sécurité internationales en ne détournant vers les armements que le minimum des ressources humaines et économiques du monde, le Conseil de sécurité est chargé, avec l'assistance du Comité d'état-major prévu à l'Article 47, d'élaborer des plans qui seront soumis aux Membres de l'Organisation en vue d'établir un système de réglementation des armements.

Vote. Art. 27. 1. Chaque membre du Conseil de sécurité dispose d'une voix.

2. Les décisions du Conseil de sécurité sur des questions de procédure sont prises par un vote affirmatif de neuf membres.

3. Les décisions du Conseil de sécurité sur toutes autres questions sont prises par un vote affirmatif de neuf de ses membres dans lequel sont comprises les voix de tous les membres permanents, étant entendu que, dans les décisions prises aux termes du Chapitre VI et du paragraphe 3 de l'Article 52, une partie à un différend s'abstient de voter.

Contrainte de servir dans les forces d'une puissance ennemie. Voir : *Crimes de guerre, Eléments des crimes.*

Convention américaine relative aux droits de l'Homme (Adoptée à San José, Costa Rica, le 22 novembre 1969). *Préambule.* Les Etats Américains signataires de la présente Convention,

Réaffirmant leur propos de consolider sur ce continent, dans le cadre des institutions démocratiques, un régime de liberté individuelle et de justice sociale, fondé sur le respect des droits fondamentaux de l'homme ;

Reconnaissant que les droits fondamentaux de l'homme ne découlent pas de son appartenance à un Etat donné, mais reposent sur les attributs de la personne humaine, ce qui leur justifie une protection internationale, d'ordre conventionnel, secondant ou complétant celle que procure le droit interne des Etats Américains ;

Considérant que ces principes ont été consacrés dans la Charte de l'Organisation des Etats Américains, dans la Déclaration américaine des droits et devoirs de l'homme, et dans la Déclaration universelle des droits de l'homme, et qu'ils ont été réaffirmés et développés par d'autres instruments internationaux, de portée tant universelle que régionale ;

Réitérant que, aux termes de la Déclaration universelle des droits de l'homme, l'idéal de l'homme libre, à l'abri de la peur et de misère, ne peut se réaliser que

grâce à la création de conditions qui permettent à chaque personne de jouir de ses droits économiques, sociaux et culturels aussi bien que de ses droits civils et politiques ;
Considérant que la Troisième Conférence interaméricaine extraordinaire (Buenos Aires, 1967) a voté l'insertion dans la Charte de l'Organisation de règles plus amples sur les droits économiques, sociaux et culturels, et a décidé qu'une convention interaméricaine relative aux droits de l'homme déterminera la structure, la compétence des organes chargés de cette question ainsi que la procédure y relative,
Sont convenus des articles suivants : (…).

Convention-cadre des Nations Unies sur les changements climatiques. New York, 9 mai 1992 *(Préambule ; Art. 1. Définitions : « Effets néfastes des changements climatiques », «Changements climatiques », « Système climatique », « Emissions », «Gaz à effet de serre », « Organisation régionale d'intégration économique », « Réservoir », « Puits », « Source » ; Art. 2. Objectif). Préambule. Les Parties à la présente Convention,*
Conscientes que les changements du climat de la planète et leurs effets néfastes sont un sujet de préoccupation pour l'humanité tout entière,
Préoccupées par le fait que l'activité humaine a augmenté sensiblement les concentrations de gaz à effet de serre dans l'atmosphère, que cette augmentation renforce l'effet de serre naturel et qu'il en résultera en moyenne un réchauffement supplémentaire de la surface terrestre et de l'atmosphère, ce dont risquent de souffrir les écosystèmes naturels et l'humanité,
Notant que la majeure partie des gaz à effet de serre émis dans le monde par le passé et à l'heure actuelle ont leur origine dans les pays développés, que les émissions par habitant dans les pays en développement sont encore relativement faibles et que la part des émissions totales imputable aux pays en développement ira en augmentant pour leur permettre de satisfaire leurs besoins sociaux et leurs besoins de développement,
Conscientes du rôle et de l'importance des puits et réservoirs de gaz à effet de serre dans les écosystèmes terrestres et marins,
Notant que la prévision des changements climatiques recèle un grand nombre d'incertitudes, notamment en ce qui concerne leur déroulement dans le temps, leur ampleur et leurs caractéristiques régionales,
Conscientes que le caractère planétaire des changements climatiques requiert de tous les pays qu'ils coopèrent le plus possible et participent à une action internationale, efficace et appropriée, selon leurs responsabilités communes mais différenciées, leurs capacités respectives et leur situation sociale et économique,

Rappelant les dispositions pertinentes de la Déclaration de la Conférence des Nations Unies sur l'environnement adoptée à Stockholm le 16 juin 1972,

Rappelant que, conformément à la Charte des Nations Unies et aux principes du droit international, les États ont le droit souverain d'exploiter leurs propres ressources selon leur propre politique d'environnement et de développement, et ont le devoir de faire en sorte que les activités exercées dans les limites de leur juridiction ou sous leur contrôle ne causent pas de dommage à l'environnement dans d'autres États ou dans des régions ne relevant d'aucune juridiction nationale,

Réaffirmant que le principe de la souveraineté des États doit présider à la coopération internationale destinée à faire face aux changements climatiques,

Considérant qu'il appartient aux États d'adopter une législation efficace en matière d'environnement, que les normes, objectifs de gestion et priorités écologiques doivent refléter les conditions d'environnement et de développement dans lesquelles ils s'inscrivent et que les normes appliquées par certains pays risquent d'être inappropriées et par trop coûteuses sur les plans économique et social pour d'autres pays, en particulier les pays en développement,

Rappelant les dispositions de la résolution 44/228 de l'Assemblée générale, en date du 22 décembre 1989, relative à la Conférence des Nations Unies sur l'environnement et le développement, et de ses résolutions 43/53 du 6 décembre 1988, 44/207 du 22 décembre 1989, 45/212 du 21 décembre 1990 et 46/169 du 19 décembre 1991 sur la protection du climat mondial pour les générations présentes et futures,

Rappelant également les dispositions de la résolution 44/206 de l'Assemblée générale, en date du 22 décembre 1989, sur les effets néfastes éventuels d'une hausse du niveau des mers sur les îles et les zones côtières, en particulier les zones côtières de faible élévation, ainsi que les dispositions pertinentes de sa résolution 44/172 du 19 décembre 1989 sur l'application du Plan d'action pour lutter contre la désertification,

Rappelant en outre la Convention de Vienne de 1985 pour la protection de la couche d'ozone et le Protocole de Montréal de 1987 relatif à des substances qui appauvrissent la couche d'ozone, ajusté et modifié le 29 juin 1990,

Prenant note de la Déclaration ministérielle de la deuxième Conférence mondiale sur le climat, adoptée le 7 novembre 1990,

Conscientes des utiles travaux d'analyse menés par nombre d'États sur les changements climatiques et des contributions importantes apportées par l'Organisation météorologique mondiale, le Programme des Nations Unies pour l'environnement et d'autres organes, organisations et organismes des Nations Unies, ainsi que par d'autres organismes internationaux et intergouvernementaux, à l'échange des résultats de la recherche scientifique et à la coordination de la recherche,

Conscientes que les mesures permettant de comprendre les changements climatiques et d'y faire face auront une efficacité pour l'environnement et une efficacité sociale et économique maximales si elles se fondent sur les considérations scientifiques, techniques et économiques appropriées et si elles sont constamment réévaluées à la lumière des nouveaux progrès réalisés dans ces domaines,
Sachant que diverses mesures prises pour faire face aux changements climatiques peuvent trouver en elles-mêmes leur justification économique et peuvent aussi contribuer à résoudre d'autres problèmes d'environnement,
Sachant également que les pays développés doivent agir immédiatement et avec souplesse sur la base de priorités clairement définies, ce qui constituera une première étape vers des stratégies d'ensemble aux niveaux mondial, national et éventuellement régional, ces stratégies de riposte devant tenir compte de tous les gaz à effet de serre et prendre dûment en considération la part de chacun d'eux dans le renforcement de l'effet de serre,
Sachant en outre que les pays de faible élévation et autres petits pays insulaires, les pays ayant des zones côtières de faible élévation, des zones arides ou semi-arides ou des zones sujettes aux inondations, à la sécheresse et à la désertification, ainsi que les pays en développement ayant des écosystèmes montagneux fragiles, sont particulièrement vulnérables aux effets néfastes des changements climatiques,
Conscientes des difficultés particulières que connaîtront les pays, notamment les pays en développement, dont l'économie est particulièrement tributaire de la production, de l'utilisation et de l'exportation de combustibles fossiles, du fait des mesures prises pour limiter les émissions de gaz à effet de serre,
Affirmant que les mesures prises pour parer aux changements climatiques doivent être étroitement coordonnées avec le développement social et économique afin d'éviter toute incidence néfaste sur ce dernier, compte pleinement tenu des besoins prioritaires légitimes des pays en développement, à savoir une croissance économique durable et l'éradication de la pauvreté,
Conscientes que tous les pays, et plus particulièrement les pays en développement, doivent pouvoir accéder aux ressources nécessaires à un développement social et économique durable et que, pour progresser vers cet objectif, les pays en développement devront accroître leur consommation d'énergie en ne perdant pas de vue qu'il est possible de parvenir à un meilleur rendement énergétique et de maîtriser les émissions de gaz à effet de serre d'une manière générale et notamment en appliquant des technologies nouvelles dans des conditions avantageuses du point de vue économique et du point de vue social,
Résolues à préserver le système climatique pour les générations présentes et futures,
Sont convenues de ce qui suit :

Art. 1er. Définitions. Aux fins de la présente Convention :

1. On entend par « **effets néfastes des changements climatiques** » les modifications de l'environnement physique ou des biotes dues à des changements climatiques et qui exercent des effets nocifs significatifs sur la composition, la résistance ou la productivité des écosystèmes naturels et aménagés, sur le fonctionnement des systèmes socio-économiques ou sur la santé et le bien-être de l'homme.

2. On entend par « **changements climatiques** » des changements de climat qui sont attribués directement ou indirectement à une activité humaine altérant la composition de l'atmosphère mondiale et qui viennent s'ajouter à la variabilité naturelle du climat observée au cours de périodes comparables.

3. On entend par « **système climatique** » un ensemble englobant l'atmosphère, l'hydrosphère, la biosphère et la géosphère, ainsi que leurs interactions.

4. On entend par « **émissions** » la libération de gaz à effet de serre ou de précurseurs de tels gaz dans l'atmosphère au-dessus d'une zone et au cours d'une période données.

5. On entend par « **gaz à effet de serre** » les constituants gazeux de l'atmosphère, tant naturels qu'anthropiques, qui absorbent et réémettent le rayonnement infrarouge.

6. On entend par « **organisation régionale d'intégration économique** » une organisation constituée par des États souverains d'une région donnée qui a compétence dans des domaines régis par la présente Convention ou ses protocoles et a été dûment autorisée, selon ses procédures internes, à signer, à ratifier, à accepter ou à approuver lesdits instruments ou à y adhérer.

7. On entend par « **réservoir** » un ou plusieurs constituants du système climatique qui retiennent un gaz à effet de serre ou un précurseur de gaz à effet de serre.

8. On entend par « **puits** » tout processus, toute activité ou tout mécanisme, naturel ou artificiel, qui élimine de l'atmosphère un gaz à effet de serre, un aérosol ou un précurseur de gaz à effet de serre.

9. On entend par « **source** » tout processus ou activité qui libère dans l'atmosphère un gaz à effet de serre, un aérosol ou un précurseur de gaz à effet de serre.

Art. 2. Objectif. L'objectif ultime de la présente Convention et de tous instruments juridiques connexes que la Conférence des Parties pourrait adopter est de stabiliser, conformément aux dispositions pertinentes de la Convention, les concentrations de gaz à effet de serre dans l'atmosphère à un niveau qui empêche toute perturbation anthropique dangereuse du système climatique. Il conviendra d'atteindre ce niveau dans un délai suffisant pour que les écosystèmes puissent s'adapter naturellement aux changements climatiques, que la production alimentaire ne soit pas menacée et que le développement économique puisse se poursuivre d'une manière durable. (...).

Convention contre la torture et autres peines ou traitements cruels, inhumains ou dégradants. New York, 10 décembre 1984.

Préambule. Les Etats parties à la présente Convention,

Considérant que, conformément aux principes proclamés dans la Charte des Nations Unies, la reconnaissance des droits égaux et inaliénables de tous les membres de la famille humaine est le fondement de la liberté, de la justice et de la paix dans le monde,

Reconnaissant que ces droits procèdent de la dignité inhérente à la personne humaine,

Considérant que les Etats sont tenus, en vertu de la Charte, en particulier de l'article 55, d'encourager le respect universel et effectif des droits de l'homme et des libertés fondamentales,

Tenant compte de l'article 5 de la Déclaration universelle des droits de l'homme et de l'article 7 du Pacte international relatif aux droits civils et politiques qui prescrivent tous deux que nul ne sera soumis à la torture, ni à des peines ou traitements cruels, inhumains ou dégradants, *Tenant* compte également de la Déclaration sur la protection de toutes les personnes contre la torture et autres peines ou traitements cruels, inhumains ou dégradants, adoptée par l'Assemblée générale le 9 décembre 1975,

Désireux d'accroître l'efficacité de la lutte contre la torture et les autres peines ou traitements cruels, inhumains ou dégradants dans le monde entier,

Sont convenus de ce qui suit : (…).

Convention de sauvegarde des droits de l'homme et des libertés fondamentales *(telle qu'amendée par les Protocoles nos 11 et 14. Voir aussi le Protocole additionnel et les Protocoles nos 4, 6, 7, 12 et 13).* Rome, 4 novembre 1950.

Préambule. Les gouvernements signataires, membres du Conseil de l'Europe,

Considérant la Déclaration universelle des droits de l'homme, proclamée par l'Assemblée générale des Nations Unies le 10 décembre 1948 ;

Considérant que cette déclaration tend à assurer la reconnaissance et l'application universelles et effectives des droits qui y sont énoncés ;

Considérant que le but du Conseil de l'Europe est de réaliser une union plus étroite entre ses membres, et que l'un des moyens d'atteindre ce but est la sauvegarde et le développement des droits de l'homme et des libertés fondamentales ;

Réaffirmant leur profond attachement à ces libertés fondamentales qui constituent les assises mêmes de la justice et de la paix dans le monde et dont le maintien repose essentiellement sur un régime politique véritablement démocratique, d'une part, et, d'autre part, sur une conception

commune et un commun respect des droits de l'homme dont ils se réclament ;
Résolus, en tant que gouvernements d'Etats européens animés d'un même esprit et possédant un patrimoine commun d'idéal et de traditions politiques, de respect de la liberté et de prééminence du droit, à prendre les premières mesures propres à assurer la garantie collective de certains des droits énoncés dans la Déclaration universelle,
Sont convenus de ce qui suit : (...).

Convention des Nations Unies contre la criminalité transnationale organisée. New York, 15 novembre 2000 *(Art. 1 Objet ; Art. 2 Terminologie ; Art. 3 Champ d'application).*

Art. 1 Objet. L'objet de la présente Convention est de promouvoir la coopération afin de prévenir et de combattre plus efficacement la criminalité transnationale organisée.

Art. 2 Terminologie. Aux fins de la présente Convention :
a) L'expression **« groupe criminel organisé »** désigne un groupe structuré de trois personnes ou plus existant depuis un certain temps et agissant de concert dans le but de commettre une ou plusieurs infractions graves ou infractions établies conformément à la présente Convention, pour en tirer, directement ou indirectement, un avantage financier ou un autre avantage matériel ;
b) L'expression « **infraction grave** » désigne un acte constituant une infraction passible d'une peine privative de liberté dont le maximum ne doit pas être inférieur à quatre ans ou d'une peine plus lourde ;
c) L'expression « **groupe structuré** » désigne un groupe qui ne s'est pas constitué au hasard pour commettre immédiatement une infraction et qui n'a pas nécessairement de rôles formellement définis pour ses membres, de continuité dans sa composition ou de structure élaborée ;
d) Le terme « **biens** » désigne tous les types d'avoirs, corporels ou incorporels, meubles ou immeubles, tangibles ou intangibles, ainsi que les actes juridiques ou documents attestant la propriété de ces avoirs ou les droits y relatifs ;
e) L'expression « **produit du crime** » désigne tout bien provenant directement ou indirectement de la commission d'une infraction ou obtenu directement ou indirectement en la commettant ;
f) Les termes « **gel** » ou « **saisie** » désignent l'interdiction temporaire du transfert, de la conversion, de la disposition ou du mouvement de biens, ou le fait d'assumer temporairement la garde ou le contrôle de biens sur décision d'un tribunal ou d'une autre autorité compétente ;
g) Le terme « **confiscation** » désigne la dépossession permanente de biens sur décision d'un tribunal ou d'une autre autorité compétente ;

h) L'expression « **infraction principale** » désigne toute infraction à la suite de laquelle un produit est généré, qui est susceptible de devenir l'objet d'une infraction définie à l'article 6 de la présente Convention ;
i) L'expression « **livraison surveillée** » désigne la méthode consistant à permettre le passage par le territoire d'un ou de plusieurs Etats d'expéditions illicites ou suspectées de l'être, au su et sous le contrôle des autorités compétentes de ces Etats, en vue d'enquêter sur une infraction et d'identifier les personnes impliquées dans sa commission;
j) L'expression **«organisation régionale d'intégration économique»** désigne toute organisation constituée par des Etats souverains d'une région donnée, à laquelle ses Etats membres ont transféré des compétences en ce qui concerne les questions régies par la présente Convention et qui a été dûment mandatée, conformément à ses procédures internes, pour signer, ratifier, accepter, approuver ladite Convention ou y adhérer ; les références dans la présente Convention aux « **Etats parties** » sont applicables à ces organisations dans la limite de leur compétence.

Art. 3 Champ d'application

1. La présente Convention s'applique, sauf disposition contraire, à la prévention, aux enquêtes et aux poursuites concernant :
a) Les infractions établies conformément aux articles 5, 6, 8 et 23 de la présente Convention ; et
b) Les infractions graves telles que définies à l'article 2 de la présente Convention ; lorsque ces infractions sont de nature transnationale et qu'un groupe criminel organisé y est impliqué.

2. Aux fins du paragraphe 1 du présent article, une infraction est de nature transnationale si :
a) Elle est commise dans plus d'un Etat ;
b) Elle est commise dans un Etat mais qu'une partie substantielle de sa préparation, de sa planification, de sa conduite ou de son contrôle a lieu dans un autre Etat ;
c) Elle est commise dans un Etat mais implique un groupe criminel organisé qui se livre à des activités criminelles dans plus d'un Etat ; ou
d) Elle est commise dans un Etat mais a des effets substantiels dans un autre Etat.

Convention des Nations Unies sur la lutte contre la désertification dans les pays gravement touchés par la sécheresse et/ou la désertification, en particulier en Afrique. Paris, 17 juin 1994 (*Préambule. Première partie. Introduction. Art. 1. Emploi des termes : "désertification", "lutte contre la désertification", "sécheresse", "atténuation des effets de la sécheresse", "terres", "dégradation des terres", "zones arides, semi-arides et subhumides sèches",* *"zones touchées", "organisation d'intégration économique régionale", "pays développés Parties", Art. 2. Objectif. Art. 3. Principes).*

Les Parties à la présente Convention,

Affirmant que les êtres humains dans les zones touchées ou menacées sont au centre des préoccupations dans la lutte contre la désertification et pour l'atténuation des effets de la sécheresse,

Se faisant l'écho de la vive préoccupation que suscitent dans la communauté internationale, y compris les Etats et les organisations internationales, les conséquences néfastes de la désertification et de la sécheresse,

Conscientes que les zones arides, semi-arides et subhumides sèches prises ensemble constituent une part importante de la surface émergée du globe, ainsi que l'habitat et la source de subsistance d'une grande partie de la population mondiale,

Reconnaissant que la désertification et la sécheresse constituent un problème de dimension mondiale puisqu'elles touchent toutes les régions du monde, et qu'une action commune de la communauté internationale s'impose pour lutter contre la désertification et/ou atténuer les effets de la sécheresse,

Notant la forte proportion de pays en développement, notamment de pays les moins avancés, parmi ceux qui sont gravement touchés par la sécheresse et/ou la désertification, et les conséquences particulièrement tragiques de ces phénomènes en Afrique,

Notant aussi que la désertification est causée par des interactions complexes entre facteurs physiques, biologiques, politiques, sociaux, culturels et économiques,

Considérant les effets du commerce et de certains aspects pertinents des relations économiques internationales sur la capacité des pays affectés de lutter de façon adéquate contre la désertification,

Conscientes qu'une croissance économique durable, le développement social et l'élimination de la pauvreté constituent des priorités pour les pays en développement touchés, en particulier en Afrique, et sont indispensables pour atteindre les objectifs de durabilité,

Ayant à l'esprit que la désertification et la sécheresse compromettent le développement durable en raison de la corrélation qui existe entre ces phénomènes et d'importants problèmes sociaux comme la pauvreté, une mauvaise situation sanitaire et nutritionnelle et l'insécurité alimentaire, ainsi que ceux qui découlent des migrations, des déplacements de populations et de la dynamique démographique,

Appréciant l'importance des efforts que les Etats et les organisations internationales ont déployés par le passé pour lutter contre la désertification et atténuer les effets de la sécheresse, et de l'expérience qu'ils ont acquise en la matière, en particulier dans le cadre de la mise en œuvre du Plan d'action pour lutter contre la désertification qui a été adopté par la Conférence des Nations Unies sur la désertification en 1977,

Conscientes que, malgré les efforts déployés par le passé, les progrès enregistrés dans la lutte contre la désertification et pour l'atténuation des effets de la sécheresse ont été décevants et qu'une nouvelle approche plus efficace est nécessaire à tous les niveaux dans le cadre d'un développement durable,

Reconnaissant la validité et la pertinence des décisions adoptées à la Conférence des Nations Unies sur l'environnement et le développement, et en particulier du programme **Action 21** et de son chapitre 12, qui fournissent une base pour la lutte contre la désertification,

Réaffirmant dans ce contexte les engagements des pays développés tels qu'ils sont formulés au paragraphe 13 du chapitre 33 d'**Action 21**,

Rappelant la résolution 47/188 de l'Assemblée générale, et en particulier la priorité qu'elle a assignée à l'Afrique, et tous les autres résolutions, décisions et programmes pertinents des Nations Unies concernant la désertification et la sécheresse, ainsi que les déclarations pertinentes des pays africains et celles des pays d'autres régions,

Réaffirmant la Déclaration de Rio sur l'environnement et le développement qui énonce, dans son Principe 2, qu'en vertu de la Charte des Nations Unies et des principes du droit international les Etats ont le droit souverain d'exploiter leurs propres ressources selon leur politique en matière d'environnement et de développement et le devoir de faire en sorte que les activités exercées dans les limites de leur juridiction ou sous leur contrôle ne causent pas de dommages à l'environnement dans d'autres Etats ou dans des zones ne relevant d'aucune juridiction nationale,

Reconnaissant que les gouvernements nationaux jouent un rôle crucial dans la lutte contre la désertification et dans l'atténuation des effets de la sécheresse et que les progrès à cet égard dépendent de la mise en œuvre, dans les zones touchées, de programmes d'action au niveau local,

Reconnaissant également l'importance et la nécessité d'une coopération internationale et d'un partenariat dans la lutte contre la désertification et pour l'atténuation des effets de la sécheresse,

Reconnaissant en outre qu'il importe de fournir aux pays en développement touchés, en particulier en Afrique, des moyens efficaces, notamment des ressources financières importantes, y compris des fonds nouveaux et supplémentaires et un accès à la technologie, faute de quoi il leur sera difficile de s'acquitter pleinement des obligations que leur impose la présente Convention,

Préoccupées par les effets de la désertification et de la sécheresse sur les pays touchés d'Asie centrale et de Transcaucasie,

Soulignant le rôle important que jouent les femmes dans les régions touchées par la désertification et/ou la sécheresse, en particulier dans les zones rurales des pays en développement, et l'importance d'une pleine participation tant des hommes que des femmes à tous les niveaux aux programmes de lutte contre la désertification et d'atténuation des effets de la sécheresse,

Insistant sur le rôle spécial joué par les organisations non gouvernementales et autres grands groupements dans les programmes de lutte contre la désertification et d'atténuation des effets de la sécheresse,
Ayant présents à l'esprit les rapports entre la désertification et d'autres problèmes environnementaux de dimension mondiale avec lesquels la communauté internationale et les communautés nationales sont aux prises,
Ayant aussi présente à l'esprit la contribution que la lutte contre la désertification peut offrir pour atteindre les objectifs de la Convention-cadre des Nations Unies sur les changements climatiques, de la Convention sur la diversité biologique et d'autres conventions connexes relatives à l'environnement,
Estimant que les stratégies de lutte contre la désertification et pour l'atténuation des effets de la sécheresse seront des plus efficaces si elles reposent sur une observation systématique sérieuse et sur des connaissances scientifiques rigoureuses, et si elles sont continuellement réévaluées,
Reconnaissant le besoin urgent d'améliorer l'efficacité et la coordination de la coopération internationale pour faciliter la mise en œuvre des plans et priorités nationaux,
Résolues à prendre des mesures appropriées pour lutter contre la désertification et atténuer les effets de la sécheresse, dans l'intérêt des générations présentes et futures,
Sont convenues de ce qui suit :

Première partie

Introduction

Art. 1. ***Emploi des termes.*** Aux fins de la présente Convention :
(a) le terme "**désertification**" désigne la dégradation des terres dans les zones arides, semi-arides et subhumides sèches par suite de divers facteurs, parmi lesquels les variations climatiques et les activités humaines ;
(b) l'expression "**lutte contre la désertification**" désigne les activités qui relèvent de la mise en valeur intégrée des terres dans les zones arides, semi-arides et subhumides sèches, en vue d'un développement durable et qui visent à :
(i) prévenir et/ou réduire la dégradation des terres,
(ii) remettre en état les terres partiellement dégradées, et
(iii) restaurer les terres désertifiées ;
(c) le terme "**sécheresse**" désigne le phénomène naturel qui se produit lorsque les précipitations ont été sensiblement inférieures aux niveaux normalement enregistrés et qui entraîne de graves déséquilibres hydrologiques préjudiciables aux systèmes de production des ressources en terres ;
(d) l'expression "**atténuation des effets de la sécheresse**" désigne les activités liées à la prévision de la sécheresse et visant à réduire la vulnérabilité de la société et des systèmes naturels face à la sécheresse dans le cadre de la lutte contre la désertification ;

(e) le terme "**terres**" désigne le système bio-productif terrestre qui comprend le sol, les végétaux, les autres êtres vivants et les phénomènes écologiques et hydrologiques qui se produisent à l'intérieur de ce système ;
(f) l'expression "**dégradation des terres**" désigne la diminution ou la disparition, dans les zones arides, semi-arides et subhumides sèches, de la productivité biologique ou économique et de la complexité des terres cultivées non irriguées, des terres cultivées irriguées, des parcours, des pâturages, des forêts ou des surfaces boisées du fait de l'utilisation des terres ou d'un ou de plusieurs phénomènes, notamment de phénomènes dus à l'activité de l'homme et à ses modes de peuplement, tels que :
(i) l'érosion des sols causée par le vent et/ou l'eau,
(ii) la détérioration des propriétés physiques, chimiques et biologiques ou économiques des sols, et
(iii) la disparition à long terme de la végétation naturelle ;
(g) l'expression "**zones arides, semi-arides et subhumides sèches**" désigne les zones, à l'exclusion des zones arctiques et subarctiques, dans lesquelles le rapport entre les précipitations annuelles et l'évapotranspiration possible se situe dans une fourchette allant de 0,05 à 0,65 ;
h) l'expression "**zones touchées**" désigne les zones arides, semi-arides et/ou subhumides sèches touchées ou menacées par la désertification ;
(i) l'expression "**pays touchés**" désigne les pays dont la totalité ou une partie des terres sont touchées ;
(j) l'expression "**organisation d'intégration économique régionale**" désigne une organisation constituée par des Etats souverains d'une région donnée, qui a compétence à l'égard des questions régies par la présente Convention et qui a été dûment habilitée, selon ses procédures internes, à signer, ratifier, accepter ou approuver la Convention ou à y adhérer ;
(k) l'expression "**pays développés Parties**" désigne les pays développés Parties et les organisations d'intégration économique régionale composées de pays développés.

Art. 2. Objectif. 1. La présente Convention a pour objectif de lutter contre la désertification et d'atténuer les effets de la sécheresse dans les pays gravement touchés par la sécheresse et/ou la désertification, en particulier en Afrique, grâce à des mesures efficaces à tous les niveaux, appuyées par des arrangements internationaux de coopération et de partenariat, dans le cadre d'une approche intégrée compatible avec le programme **Action 21**, en vue de contribuer à l'instauration d'un développement durable dans les zones touchées.

2. Pour atteindre cet objectif, il faudra appliquer des stratégies intégrées à long terme axées simultanément, dans les zones touchées, sur l'amélioration de la productivité des terres ainsi que sur la remise en état, la conservation et une gestion durable des ressources en terres et en eau, et aboutissant à l'amélioration des conditions de vie, en particulier au niveau des collectivités.

Art.3. Principes. Pour atteindre les objectifs de la présente Convention et pour en appliquer les dispositions, les Parties sont guidées, entre autres, par les principes suivants :
(a) les Parties devraient s'assurer que les décisions concernant la conception et l'exécution des programmes de lutte contre la désertification et/ou d'atténuation des effets de la sécheresse soient prises avec la participation des populations et des collectivités locales, et qu'un environnement porteur soit créé aux échelons supérieurs pour faciliter l'action aux niveaux national et local ;
(b) les Parties devraient, dans un esprit de solidarité et de partenariat internationaux, améliorer la coopération et la coordination aux niveaux sous-régional, régional et international, et mieux concentrer les ressources financières, humaines, organisationnelles et techniques là où elles sont nécessaires ;
(c) les Parties devraient, dans un esprit de partenariat, instituer une coopération entre les pouvoirs publics à tous les niveaux, les collectivités, les organisations non gouvernementales et les exploitants des terres pour faire mieux comprendre, dans les zones touchées, la nature et la valeur de la terre et des rares ressources en eau, et pour promouvoir une utilisation durable de ces ressources ; et
(d) les Parties devraient prendre pleinement en considération la situation et les besoins particuliers des pays en développement touchés Parties, tout spécialement des moins avancés d'entre eux. (…).

Convention interaméricaine contre le terrorisme *(AG/RES. 1840 XXXII-O/02 - Résolution adoptée à la première séance plénière tenue le 3 juin 2002). Préambule.*
L'Assemblée générale,
Réaffirmant les principes et dispositions de la Charte de l'Organisation des États Américains et de la Charte des Nations Unies,
Reconnaissant que le terrorisme constitue une menace pour les valeurs démocratiques et pour la paix et la sécurité internationales et qu'il est devenu une source de préoccupation profonde pour tous les États membres,
Convaincue que la Charte de l'Organisation des États Américains et le droit international constituent le cadre approprié pour renforcer la coopération continentale pour prévenir, combattre et éliminer le terrorisme sous toutes ses formes et toutes ses manifestations,
Tenant compte de la résolution RC.23/RES. 1/01 rev. 1 corr. 1, "Renforcement de la coopération continentale pour prévenir, combattre et éliminer le terrorisme" adoptée lors de la Vingt-troisième Réunion de consultation des ministres des relations extérieures le 21 septembre 2001, qui charge le Conseil permanent d'élaborer un projet de Convention interaméricaine contre le terrorisme ;

Rappelant la Déclaration de Lima et le Plan d'action de coopération continentale pour prévenir, combattre et éliminer le terrorisme adoptés dans le cadre de la Première Conférence spécialisée interaméricaine sur le terrorisme qui s'est tenue à Lima (Pérou) en avril 1996, ainsi que l'Engagement de Mar del Plata adopté lors de la Deuxième Conférence spécialisée interaméricaine sur le terrorisme, ainsi que la tâche accomplie par le Comité interaméricain contre le terrorisme (CICTE) ;

Considérant que le terrorisme constitue un grave phénomène délictueux qui préoccupe profondément tous les États membres, porte atteinte à la démocratie, entrave la jouissance des droits de la personne et des libertés fondamentales, menace la sécurité des États, déstabilisant et sapant les fondements de toute la société, et qu'il affecte sérieusement le développement économique et social des États de la région ;

Ayant présent à l'esprit que la Charte démocratique interaméricaine reconnaît l'engagement des États membres de promouvoir et de défendre la démocratie représentative, et qu'aucun État démocratique ne peut rester indifférent à la menace évidente que le terrorisme représente pour les institutions et les libertés démocratiques ;

Réaffirmant que la lutte contre le terrorisme doit être menée dans le plein respect des lois nationales et du droit international, des droits de la personne et des institutions démocratiques, en vue de préserver la primauté du droit, les libertés et les valeurs démocratiques dans le Continent américain, éléments indispensables au succès de la lutte contre le terrorisme ;

Convaincue que l'adoption, la ratification et la mise en œuvre effective de la Convention interaméricaine contre le terrorisme contribuent au développement progressif et à la codification du droit international ;

Soulignant l'importance d'une action efficace menée en vue d'éliminer le financement du terrorisme, ainsi que de la mise en œuvre d'une action coordonnée avec les institutions internationales compétentes en matière de blanchiment de l'argent, particulièrement avec la Commission interaméricaine de lutte contre l'abus des drogues (CICAD) ;

Reconnaissant qu'il est urgent de renforcer et d'établir de nouvelles modalités de coopération régionale contre le terrorisme en vue de son élimination ;

Reconnaissant aussi l'importance et la validité du patrimoine juridique international actuel de lutte contre le terrorisme, tant à travers les dix instruments internationaux évoqués précisément dans le texte de la Convention interaméricaine contre le terrorisme que dans la Convention pour prévenir et sanctionner les actes de terrorisme qualifiés de délits contre les personnes et l'extorsion connexe quand ces actes ont des conséquences internationales, adoptée par l'Assemblée générale le 2 février 1971 ; la Convention relative aux infractions et à certains autres actes survenant à bord des aéronefs, adoptée à Tokyo le 14 septembre 1963, et la Convention sur le marquage des explosifs plastiques et en feuille aux fins de détection, adoptée à Montréal le 1er mars 1991,

Décide :

1. D'adopter la Convention interaméricaine contre le terrorisme qui est annexée à la présente résolution et de l'ouvrir à la signature des États membres en date de ce jour.

2. De prier instamment les États membres de ratifier la Convention dans les meilleurs délais conformément à leurs procédures constitutionnelles.

3. De demander au Secrétaire général de faire rapport à l'Assemblée générale lors de sa trente-troisième Session ordinaire sur les progrès accomplis en vue de la prise d'effet de la Convention.

Convention interaméricaine contre le terrorisme.

Les Etats parties à la présente convention,

Tenant compte des buts et principes énoncés dans la Charte de l'Organisation des États Américains et dans la Charte des Nations Unies,

Considérant que le terrorisme constitue une grave menace pour les valeurs démocratiques et pour la paix et la sécurité internationales, et qu'il est une cause de préoccupation profonde pour tous les États membres,

Réaffirmant la nécessité d'adopter au sein du Système interaméricain des mesures efficaces pour prévenir, sanctionner et éliminer le terrorisme aux termes de la coopération la plus large,

Reconnaissant que les graves dommages économiques causés aux États qui peuvent résulter d'actes terroristes représentent l'un des facteurs qui sous-tendent la nécessité de la coopération et l'urgence des efforts à déployer pour éliminer le terrorisme,

Réaffirmant l'engagement pris par les États de prévenir, de combattre, de sanctionner et d'éliminer le terrorisme,

Tenant compte de la résolution RC.23/RES. 1/01 rev. 1 corr. 1 "Renforcement de la coopération continentale pour prévenir, combattre et éliminer le terrorisme", adoptée à la vingt-troisième Réunion de Consultation des Ministres des relations extérieures,

Sont convenus de ce qui suit :

Art. 1. Objet et buts. La présente Convention a pour objet de prévenir, de sanctionner et d'éliminer le terrorisme. À cet effet, les États parties s'engagent à adopter les mesures nécessaires et à renforcer la coopération entre eux, conformément aux dispositions de la présente Convention. (…).

Convention internationale pour la protection de toutes les personnes contre les disparitions forcées. Adoptée le 20 décembre 2006 par l'Assemblée générale des nations Unies. *Préambule.* Les États parties à la présente Convention,

Considérant que la Charte des Nations Unies impose aux États l'obligation de promouvoir le respect universel et effectif des droits de l'homme et des libertés fondamentales,
S'appuyant sur la Déclaration universelle des droits de l'homme,
Rappelant le Pacte international relatif aux droits économiques, sociaux et culturels, le Pacte international relatif aux droits civils et politiques et les autres instruments internationaux pertinents dans les domaines des droits de l'homme, du droit humanitaire et du droit pénal international,
Rappelant également la Déclaration sur la protection de toutes les personnes contre les disparitions forcées, adoptée par l'Assemblée générale des Nations Unies dans sa résolution 47/133 du 18 décembre 1992,
Conscients de l'extrême gravité de la disparition forcée, qui constitue un crime et, dans certaines circonstances définies par le droit international, un crime contre l'humanité,
Déterminés à prévenir les disparitions forcées et à lutter contre l'impunité du crime de disparition forcée,
Ayant présents à l'esprit le droit de toute personne de ne pas être soumise à une disparition forcée et le droit des victimes à la justice et à réparation,
Affirmant le droit de toute victime de savoir la vérité sur les circonstances d'une disparition forcée et de connaître le sort de la personne disparue, ainsi que le droit à la liberté de recueillir, de recevoir et de diffuser des informations à cette fin,
Sont convenus des articles suivants : (…).

Convention internationale sur l'élimination de toutes les formes de discrimination raciale. New York, 21 décembre 1965.
Préambule. Les Etats parties à la présente Convention,
Considérant que la Charte des Nations Unies est fondée sur les principes de la dignité et de l'égalité de tous les êtres humains, et que tous les Etats Membres se sont engagés à agir, tant conjointement que séparément, en coopération avec l'Organisation, en vue d'atteindre l'un des buts des Nations Unies, à savoir : développer et encourager le respect universel et effectif des droits de l'homme et des libertés fondamentales pour tous, sans distinction de race, de sexe, de langue ou de religion,
Considérant que la Déclaration universelle des droits de l'homme proclame que tous les êtres humains naissent libres et égaux en dignité et en droits et que chacun peut se prévaloir de tous les droits et de toutes les libertés qui y sont énoncés, sans distinction aucune, notamment de race, de couleur ou d'origine nationale,
Considérant que tous les hommes sont égaux devant la loi et ont droit à une égale protection de la loi contre toute discrimination et contre toute incitation à la discrimination,

Considérant que les Nations Unies ont condamné le colonialisme et toutes les pratiques de ségrégation et de discrimination dont il s'accompagne, sous quelque forme et en quelque endroit qu'ils existent, et que la Déclaration sur l'octroi de l'indépendance aux pays et aux peuples coloniaux, du 14 décembre 1960 (résolution 1514 [XV] de l'Assemblée générale), a affirmé et solennellement proclamé la nécessité d'y mettre rapidement et inconditionnellement fin,
Considérant que la Déclaration des Nations Unies sur l'élimination de toutes les formes de discrimination raciale, du 20 novembre 1963 (résolution 1904 [XVIII] de l'Assemblée générale), affirme solennellement la nécessité d'éliminer rapidement toutes les formes et toutes les manifestations de discrimination raciale dans toutes les parties du monde et d'assurer la compréhension et le respect de la dignité de la personne humaine,
Convaincus que toute doctrine de supériorité fondée sur la différenciation entre les races est scientifiquement fausse, moralement condamnable et socialement injuste et dangereuse et que rien ne saurait justifier, où que ce soit, la discrimination raciale, ni en théorie ni en pratique, *Réaffirmant* que la discrimination entre les êtres humains pour des motifs fondés sur la race, la couleur ou l'origine ethnique est un obstacle aux relations amicales et pacifiques entre les nations et est susceptible de troubler la paix et la sécurité entre les peuples ainsi que la coexistence harmonieuse des personnes au sein d'un même Etat,
Convaincus que l'existence de barrières raciales est incompatible avec les idéaux de toute société humaine,
Alarmés par les manifestations de discrimination raciale qui existent encore dans certaines régions du monde et par les politiques gouvernementales fondées sur la supériorité ou la haine raciale, telles que les politiques d'apartheid, de ségrégation ou de séparation,
Résolus à adopter toutes les mesures nécessaires pour l'élimination rapide de toutes les formes et de toutes les manifestations de discrimination raciale et à prévenir et combattre les doctrines et pratiques racistes afin de favoriser la bonne entente entre les races et d'édifier une communauté internationale affranchie de toutes les formes de ségrégation et de discrimination raciales,
Ayant présentes à l'esprit la Convention concernant la discrimination en matière d'emploi et de profession adoptée par l'Organisation internationale du Travail en 1958 et la Convention concernant la lutte contre la discrimination dans le domaine de l'enseignement adoptée par l'Organisation des Nations Unies pour l'éducation, la science et la culture en 1960,
Désireux de donner effet aux principes énoncés dans la Déclaration des Nations Unies sur l'élimination de toutes les formes de discrimination raciale et d'assurer le plus rapidement possible l'adoption de mesures pratiques à cette fin,
Sont convenus de ce qui suit : (...).

Convention internationale sur la protection des droits de tous les travailleurs migrants et des membres de leur famille. Adoptée par l'Assemblée générale dans sa résolution 45/158 du 18 décembre 1990. *Préambule.* Les Etats parties à la présente Convention,

Tenant compte des principes consacrés par les instruments de base des Nations Unies relatifs aux droits de l'homme, en particulier la Déclaration universelle des droits de l'homme, le Pacte international relatif aux droits économiques, sociaux et culturels, le Pacte international relatif aux droits civils et politiques, la Convention internationale sur l'élimination de toutes les formes de discrimination raciale, la Convention sur l'élimination de toutes les formes de discrimination à l'égard des femmes et la Convention relative aux droits de l'enfant,

Tenant compte également des principes et normes reconnus dans les instruments pertinents élaborés sous les auspices de l'Organisation internationale du Travail, et particulièrement la Convention concernant les travailleurs migrants (N 97), la Convention concernant les migrations dans des conditions abusives et la promotion de l'égalité de chances et de traitement des travailleurs migrants (N 143), les Recommandations concernant les travailleurs migrants (N 86 et N 151), ainsi que la Convention concernant le travail forcé ou obligatoire (N 29) et la Convention concernant l'abolition du travail forcé (N 105),

Réaffirmant l'importance des principes énoncés dans la Convention concernant la lutte contre la discrimination dans le domaine de l'enseignement, de l'Organisation des Nations Unies pour l'éducation, la science et la culture,

Rappelant la Convention contre la torture et autres peines ou traitements cruels, inhumains ou dégradants, la Déclaration du quatrième Congrès des Nations Unies pour la prévention du crime et le traitement des délinquants, le Code de conduite pour les responsables de l'application des lois et les Conventions relatives à l'esclavage,

Rappelant que l'un des objectifs de l'Organisation internationale du Travail, tel que le prévoit sa constitution, est la protection des intérêts des travailleurs lorsqu'ils sont employés dans un pays autre que le leur, et ayant à l'esprit les connaissances spécialisées et l'expérience de ladite organisation pour les questions concernant les travailleurs migrants et les membres de leur famille,

Reconnaissant l'importance des travaux réalisés au sujet des travailleurs migrants et des membres de leur famille par divers organes de l'Organisation des Nations Unies, particulièrement la Commission des droits de l'homme et la Commission du développement social, ainsi que par l'Organisation des Nations Unies pour l'alimentation et l'agriculture, l'Organisation des Nations Unies pour l'éducation, la science et la culture et l'Organisation mondiale de la santé et d'autres organisations internationales,

Reconnaissant également les progrès accomplis par certains Etats sur une base régionale ou bilatérale en vue de la protection des droits des travailleurs migrants et des membres de leur famille, ainsi que l'importance et l'utilité des accords bilatéraux et multilatéraux dans ce domaine,

Conscients de l'importance et de l'ampleur du phénomène migratoire, qui met en cause des millions de personnes et affecte un grand nombre de pays de la communauté internationale,

Conscients de l'effet des migrations de travailleurs sur les Etats et les populations en cause et désireux de fixer des normes permettant aux Etats d'harmoniser leurs attitudes moyennant acceptation de certains principes fondamentaux pour ce qui est du traitement des travailleurs migrants et des membres de leur famille,

Considérant la situation de vulnérabilité dans laquelle se trouvent fréquemment les travailleurs migrants et les membres de leur famille du fait, entre autres, de leur éloignement de l'Etat d'origine et d'éventuelles difficultés tenant à leur présence dans l'Etat d'emploi,

Convaincus que, partout, les droits des travailleurs migrants et des membres de leur famille n'ont pas été suffisamment reconnus et qu'ils doivent donc bénéficier d'une protection internationale appropriée,

Tenant compte du fait que, dans de nombreux cas, les migrations sont la source de graves problèmes pour les membres de la famille des travailleurs migrants ainsi que pour les travailleurs migrants eux-mêmes, en particulier du fait de la dispersion de la famille,

Considérant que les problèmes humains que comportent les migrations sont encore plus graves dans le cas des migrations irrégulières et convaincus par conséquent qu'il convient d'encourager des mesures appropriées en vue de prévenir et d'éliminer les mouvements clandestins ainsi que le trafic de travailleurs migrants, tout en assurant en même temps la protection des droits fondamentaux de ceux-ci,

Considérant que les travailleurs dépourvus de documents ou en situation irrégulière sont fréquemment employés dans des conditions moins favorables que d'autres travailleurs et que certains employeurs sont ainsi amenés à rechercher une telle main-d'œuvre en vue de tirer un bénéfice d'une concurrence déloyale,

Considérant également que l'emploi de travailleurs migrants en situation irrégulière se trouvera découragé si les droits fondamentaux de tous les travailleurs migrants sont plus largement reconnus et, de surcroît, que l'octroi de certains droits supplémentaires aux travailleurs migrants et aux membres de leur famille en situation régulière encouragera tous les migrants et tous les employeurs à respecter les lois et procédures de l'Etat intéressé et à s'y conformer,

Convaincus pour cette raison de la nécessité d'instituer la protection internationale des droits de tous les travailleurs migrants et des membres de

leur famille en réaffirmant et en établissant des normes de base dans le cadre d'une convention générale susceptible d'être universellement appliquée,
Sont convenus de ce qui suit : (…).

Convention pour la prévention et la répression du crime du génocide. New York, 9 décembre 1948. *Préambule.* Les Parties contractantes,
Considérant que l'Assemblée générale de l'Organisation des Nations Unies, par sa résolution 96 (I) en date du 11 décembre 1946, a déclaré que le génocide est un crime du droit des gens, en contradiction avec l'esprit et les fins des Nations Unies et que le monde civilisé condamne,
Reconnaissant qu'à toutes les périodes de l'histoire le génocide a infligé de grandes pertes à l'humanité,
Convaincues que pour libérer l'humanité d'un fléau aussi odieux la coopération internationale est nécessaire,
Conviennent de ce qui suit : (…).

Convention relative au statut des réfugiés. Genève, 28 juillet 1951. *Préambule.* Les Hautes Parties Contractantes,
Considérant que la Charte des Nations Unies et la Déclaration universelle des droits de l'homme approuvée le 10 décembre 1948 par l'Assemblée générale ont affirmé ce principe que les êtres humains, sans distinction, doivent jouir des droits de l'homme et des libertés fondamentales,
Considérant que l'Organisation des Nations Unies a, à plusieurs reprises, manifesté la profonde sollicitude qu'elle éprouve pour les réfugiés et qu'elle s'est préoccupée d'assurer à ceux-ci l'exercice le plus large possible des droits de l'homme et des libertés fondamentales,
Considérant qu'il est désirable de réviser et de codifier les accords internationaux antérieurs relatifs au statut des réfugiés et d'étendre l'application de ces instruments et la protection qu'ils constituent pour les réfugiés au moyen d'un nouvel accord,
Considérant qu'il peut résulter de l'octroi du droit d'asile des charges exceptionnellement lourdes pour certains pays et que la solution satisfaisante des problèmes dont l'Organisation des Nations Unies a reconnu la portée et le caractère internationaux, ne saurait, dans cette hypothèse, être obtenue sans une solidarité internationale,
Exprimant le vœu que tous les Etats, reconnaissant le caractère social et humanitaire du problème des réfugiés, fassent tout ce qui est en leur pouvoir pour éviter que ce problème ne devienne une cause de tension entre Etats,
Prenant acte de ce que le Haut Commissaire des Nations Unies pour les réfugiés a pour tâche de veiller à l'application des conventions internationales qui assurent la protection des réfugiés, et reconnaissant que la

coordination effective des mesures prises pour résoudre ce problème dépendra de la coopération des Etats avec le Haut Commissaire,
Sont convenues des dispositions ci-après : (...).

Convention relative aux droits de l'enfant. New York, 20 novembre 1989. *Préambule ; Art. 1 ; Art. 3-1) Préambule.* Les Etats parties à la présente Convention,
Considérant que, conformément aux principes proclamés dans la Charte des Nations Unies, la reconnaissance de la dignité inhérente à tous les membres de la famille humaine ainsi que l'égalité et le caractère inaliénable de leurs droits sont le fondement de la liberté, de la justice et de la paix dans le monde,
Ayant présent à l'esprit le fait que les peuples des Nations Unies ont, dans la Charte, proclamé à nouveau leur foi dans les droits fondamentaux de l'homme et dans la dignité et la valeur de la personne humaine, et qu'ils ont résolu de favoriser le progrès social et d'instaurer de meilleures conditions de vie dans une liberté plus grande,
Reconnaissant que les Nations Unies, dans la Déclaration universelle des droits de l'homme et dans les Pactes internationaux relatifs aux droits de l'homme, ont proclamé et sont convenues que chacun peut se prévaloir de tous les droits et de toutes les libertés qui y sont énoncés, sans distinction aucune, notamment de race, de couleur, de sexe, de langue, de religion, d'opinion politique ou de toute autre opinion, d'origine nationale ou sociale, de fortune, de naissance ou de toute autre situation,
Rappelant que, dans la Déclaration universelle des droits de l'homme, les Nations Unies ont proclamé que l'enfance a droit à une aide et à une assistance spéciales,
Convaincus que la famille, unité fondamentale de la société et milieu naturel pour la croissance et le bien-être de tous ses membres, et en particulier des enfants, doit recevoir la protection et l'assistance dont elle a besoin pour pouvoir jouer pleinement son rôle dans la communauté,
Reconnaissant que l'enfant, pour l'épanouissement harmonieux de sa personnalité, doit grandir dans le milieu familial, dans un climat de bonheur, d'amour et de compréhension, *Considérant* qu'il importe de préparer pleinement l'enfant à avoir une vie individuelle dans la société, et de l'élever dans l'esprit des idéaux proclamés dans la Charte des Nations Unies, et en particulier dans un esprit de paix, de dignité, de tolérance, de liberté, d'égalité et de solidarité,
Ayant présent à l'esprit que la nécessité d'accorder une protection spéciale à l'enfant a été énoncée dans la Déclaration de Genève de 1924 sur les droits de l'enfant et dans la Déclaration des droits de l'enfant adoptée par l'Assemblée générale le 20 novembre 1959, et qu'elle a été reconnue dans la Déclaration universelle des droits de l'homme, dans le Pacte international

relatif aux droits civils et politiques (en particulier aux articles 23 et 24), dans le Pacte international relatif aux droits économiques, sociaux et culturels (en particulier à l'article 10) et dans les statuts et instruments pertinents des institutions spécialisées et des organisations internationales qui se préoccupent du bien-être de l'enfant,

Ayant présent à l'esprit que, comme indiqué dans la Déclaration des droits de l'enfant, « l'enfant, en raison de son manque de maturité physique et intellectuelle, a besoin d'une protection spéciale et de soins spéciaux, notamment d'une protection juridique appropriée, avant comme après la naissance »,

Rappelant les dispositions de la Déclaration sur les principes sociaux et juridiques applicables à la protection et au bien-être des enfants, envisagés surtout sous l'angle des pratiques en matière d'adoption et de placement familial sur les plans national et international, de l'Ensemble de règles minima des Nations Unies concernant l'administration de la justice pour mineurs (Règles de Beijing), et de la Déclaration sur la protection des femmes et des enfants en période d'urgence et de conflit armé,

Reconnaissant qu'il y a dans tous les pays du monde des enfants qui vivent dans des conditions particulièrement difficiles, et qu'il est nécessaire d'accorder à ces enfants une attention particulière,

Tenant dûment compte de l'importance des traditions et valeurs culturelles de chaque peuple dans la protection et le développement harmonieux de l'enfant,

Reconnaissant l'importance de la coopération internationale pour l'amélioration des conditions de vie des enfants dans tous les pays, et en particulier dans les pays en développement,

Sont convenus de ce qui suit :

Article 1. Au sens de la présente Convention, un **enfant** s'entend de tout être humain âgé de moins de dix-huit ans, sauf si la majorité est atteinte plus tôt en vertu de la législation qui lui est applicable. (…).

Article 3-1. Dans toutes les décisions qui concernent les enfants, qu'elles soient le fait des institutions publiques ou privées de protection sociale, des tribunaux, des autorités administratives ou des organes législatifs, l'intérêt supérieur de l'enfant doit être une considération primordiale. (…).

Convention sur l'élimination de toutes les formes de discrimination à l'égard des femmes. New York, 18 décembre 1979.

Préambule. Les Etats parties à la présente Convention,

Notant que la Charte des Nations Unies réaffirme la foi dans les droits fondamentaux de l'homme, dans la dignité et la valeur de la personne humaine et dans l'égalité des droits de l'homme et de la femme,

Notant que la Déclaration universelle des droits de l'homme affirme le principe de la non-discrimination et proclame que tous les êtres humains naissent libres et égaux en dignité et en droits et que chacun peut se prévaloir de tous les droits et de toutes les libertés qui y sont énoncés, sans distinction aucune, notamment de sexe,
Notant que les Etats parties aux Pactes internationaux relatifs aux droits de l'homme ont l'obligation d'assurer l'égalité des droits de l'homme et de la femme dans l'exercice de tous les droits économiques, sociaux, culturels, civils et politiques,
Considérant les conventions internationales conclues sous l'égide de l'Organisation des Nations Unies et des institutions spécialisées en vue de promouvoir l'égalité des droits de l'homme et de la femme,
Notant également les résolutions, déclarations et recommandations adoptées par l'Organisation des Nations Unies et les institutions spécialisées en vue de promouvoir l'égalité des droits de l'homme et de la femme,
Préoccupés toutefois de constater qu'en dépit de ces divers instruments les femmes continuent de faire l'objet d'importantes discriminations,
Rappelant que la discrimination à l'encontre des femmes viole les principes de l'égalité des droits et du respect de la dignité humaine, qu'elle entrave la participation des femmes, dans les mêmes conditions que les hommes, à la vie politique, sociale, économique et culturelle de leur pays, qu'elle fait obstacle à l'accroissement du bien-être de la société et de la famille et qu'elle empêche les femmes de servir leur pays et l'humanité dans toute la mesure de leurs possibilités,
Préoccupés par le fait que, dans les situations de pauvreté, les femmes ont un minimum d'accès à l'alimentation, aux services médicaux, à l'éducation, à la formation, ainsi qu'aux possibilités d'emploi et à la satisfaction d'autres besoins,
Convaincus que l'instauration du nouvel ordre économique international fondé sur l'équité et la justice contribuera de façon significative à promouvoir l'égalité entre l'homme et la femme,
Soulignant que l'élimination de l'apartheid, de toutes les formes de racisme, de discrimination raciale, de colonialisme, de néocolonialisme, d'agression, d'occupation et domination étrangères et d'ingérence dans les affaires intérieures des Etats est indispensable à la pleine jouissance par l'homme et la femme de leurs droits,
Affirmant que le renforcement de la paix et de la sécurité internationales, le relâchement de la tension internationale, la coopération entre tous les Etats quels que soient leurs systèmes sociaux et économiques, le désarmement général et complet et, en particulier, le désarmement nucléaire sous contrôle international strict et efficace, l'affirmation des principes de la justice, de l'égalité et de l'avantage mutuel dans les relations entre pays et la réalisation du droit des peuples assujettis à une domination étrangère et coloniale et à une occupation étrangère à l'autodétermination et à l'indépendance, ainsi

que le respect de la souveraineté nationale et de l'intégrité territoriale favoriseront le progrès social et le développement et contribueront par conséquent à la réalisation de la pleine égalité entre l'homme et la femme,
Convaincus que le développement complet d'un pays, le bien-être du monde et la cause de la paix demandent la participation maximale des femmes, à égalité avec les hommes, dans tous les domaines,
Ayant à l'esprit l'importance de la contribution des femmes au bien-être de la famille et au progrès de la société, qui jusqu'à présent n'a pas été pleinement reconnue, de l'importance sociale de la maternité et du rôle des parents dans la famille et dans l'éducation des enfants et conscients du fait que le rôle de la femme dans la procréation ne doit pas être une cause de discrimination et que l'éducation des enfants exige le partage des responsabilités entre les hommes, les femmes et la société dans son ensemble,
Conscients que le rôle traditionnel de l'homme dans la famille et dans la société doit évoluer autant que celui de la femme si on veut parvenir à une réelle égalité de l'homme et de la femme,
Résolus à mettre en œuvre les principes énoncés dans la Déclaration sur l'élimination de la discrimination à l'égard des femmes et, pour ce faire, à adopter les mesures nécessaires à la suppression de cette discrimination sous toutes ses formes et dans toutes ses manifestations,
Sont convenus de ce qui suit : (…).

Convention sur la diversité biologique. Rio de Janeiro, 5 juin 1992 *(Texte original. Préambule. Art. 1. Objectifs. Art. 2. Emploi des termes. Biotechnologie, Conditions in situ, Conservation ex situ, Conservation in situ, Diversité biologique, Ecosystème, Espèce domestiquée ou cultivée, Habitat, Matériel génétique, Organisation régionale d'intégration économique, Pays d'origine des ressources génétiques, Pays fournisseur de ressources génétiques, Ressources biologiques, Ressources génétiques, Technologie, Utilisation durable, Zone protégée. Art. 3. Principe. Art. 4. Champ d'application. Art. 5. Coopération*).
Préambule. Les Parties contractantes,
Conscientes de la valeur intrinsèque de la diversité biologique et de la valeur de la diversité et de ses éléments constitutifs sur les plans environnemental, génétique, social, économique, scientifique, éducatif, culturel, récréatif et esthétique,
Conscientes également de l'importance de la diversité biologique pour l'évolution et pour la préservation des systèmes qui entretiennent la biosphère,
Affirmant que la conservation de la diversité biologique est une préoccupation commune à l'humanité,

Réaffirmant que les Etats ont des droits souverains sur leurs ressources biologiques,
Réaffirmant également que les Etats sont responsables de la conservation de leur diversité biologique et de l'utilisation durable de leurs ressources biologiques,
Préoccupées par le fait que la diversité biologique s'appauvrit considérablement par suite de certaines des activités de l'homme,
Conscientes du fait que les renseignements et les connaissances sur la diversité biologique font généralement défaut et qu'il est nécessaire de développer d'urgence les moyens scientifiques, techniques et institutionnels propres à assurer le savoir fondamental nécessaire à la conception des mesures appropriées et à leur mise en œuvre,
Notant qu'il importe au plus haut point d'anticiper et de prévenir les causes de la réduction ou de la perte sensible de la diversité biologique à la source et de s'y attaquer,
*Notan*t également que lorsqu'il existe une menace de réduction sensible ou de perte de la diversité biologique, l'absence de certitudes scientifiques totales ne doit pas être invoquée comme raison pour différer les mesures qui permettraient d'en éviter le danger ou d'en atténuer les effets,
Notant en outre que des mesures *ex situ,* de préférence dans le pays d'origine, revêtent également une grande importance,
Reconnaissant qu'un grand nombre de communautés locales et de populations autochtones dépendent étroitement et traditionnellement des ressources biologiques sur lesquelles sont fondées leurs traditions et qu'il est souhaitable d'assurer le partage équitable des avantages découlant de l'utilisation des connaissances, innovations et pratiques traditionnelles intéressant la conservation de la diversité biologique et l'utilisation durable de ses éléments,
Reconnaissant également le rôle capital que jouent les femmes dans la conservation et l'utilisation durable de la diversité biologique et affirmant la nécessité d'assurer leur pleine participation à tous les niveaux aux décisions politiques concernant la conservation de la diversité biologique et à leur application,
Soulignant qu'il importe et qu'il est nécessaire de favoriser la coopération internationale, régionale et mondiale entre les Etats et les organisations intergouvernementales et le secteur non gouvernemental aux fins de conservation de la diversité biologique et de l'utilisation durable de ses éléments,
Reconnaissant que le fait d'assurer des ressources financières nouvelles et additionnelles ainsi qu'un accès satisfaisant aux techniques pertinentes devrait influer sensiblement sur la mesure dans laquelle le monde sera à même de s'attaquer à l'appauvrissement de la diversité biologique,
Reconnaissant en outre que des moyens spéciaux sont nécessaires pour satisfaire les besoins des pays en développement, notamment la fourniture de

ressources financières nouvelles et additionnelles ainsi qu'un accès approprié aux techniques pertinentes,
Notant à cet égard les conditions particulières des pays les moins avancés et des petits Etats insulaires,
Reconnaissant que des investissements importants sont nécessaires pour assurer la conservation de la diversité biologique, dont on peut escompter de nombreux avantages sur les plans environnemental, économique et social,
Reconnaissant que le développement économique et social et l'éradication de la pauvreté sont les premières priorités des pays en développement qui prennent le pas sur toutes les autres,
Conscientes du fait que la conservation et l'utilisation durable de la diversité biologique revêtent la plus haute importance pour la satisfaction des besoins alimentaires, sanitaires et autres de la population de la planète, qui ne cesse de croître, et que l'accès aux ressources génétiques et à la technologie ainsi que leur partage sont de ce fait indispensables,
Notant qu'à terme la conservation et l'utilisation durable de la diversité biologique renforceront les relations amicales entre Etats et contribueront à la paix de l'humanité,
Désireuses d'améliorer et de compléter les arrangements internationaux existant en matière de conservation de la diversité biologique et d'utilisation durable de ses éléments,
Déterminées à conserver et à utiliser durablement la diversité biologique au profit des générations présentes et futures,
Sont convenues de ce qui suit :

Art. 1. Objectifs. Les objectifs de la présente Convention, dont la réalisation sera conforme à ses dispositions pertinentes, sont la conservation de la diversité biologique, l'utilisation durable de ses éléments et le partage juste et équitable des avantages découlant de l'exploitation des ressources génétiques, notamment grâce à un accès satisfaisant aux ressources génétiques et à un transfert approprié des techniques pertinentes, compte tenu de tous les droits sur ces ressources et aux techniques, et grâce à un financement adéquat.

Art. 2. ***Emploi des termes.*** Aux fins de la présente Convention, on entend par :

Biotechnologie *:* toute application technologique qui utilise des systèmes biologiques, des organismes vivants, ou des dérivés de ceux-ci, pour réaliser ou modifier des produits ou des procédés à usage spécifique.

Conditions in situ : conditions caractérisées par l'existence de ressources génétiques au sein d'écosystèmes et d'habitats naturels et, dans le cas des espèces domestiquées et cultivées, dans le milieu où se sont développés leurs caractères distinctifs.

Conservation ex situ : la conservation d'éléments constitutifs de la diversité biologique en dehors de leur milieu naturel.

Conservation in situ : la conservation des écosystèmes et des habitats naturels et le maintien et la reconstitution de populations viables d'espèces dans leur milieu naturel et, dans le cas des espèces domestiquées et cultivées, dans le milieu où se sont développés leurs caractères distinctifs.

Diversité biologique : variabilité des organismes vivants de toute origine y compris, entre autres, les écosystèmes terrestres, marins et autres écosystèmes aquatiques et les complexes écologiques dont ils font partie ; cela comprend la diversité au sein des espèces et entre espèces ainsi que celle des écosystèmes.

Ecosystème : le complexe dynamique formé de communautés de plantes, d'animaux et de micro-organismes et de leur environnement non vivant qui, par leur interaction, forment une unité fonctionnelle.

Espèce domestiquée ou cultivée : toute espèce dont le processus d'évolution a été influencé par l'homme pour répondre à ses besoins.

Habitat : le lieu ou type de site dans lequel un organisme ou une population existe à l'état naturel.

Matériel génétique : le matériel d'origine végétale, animale, microbienne ou autre, contenant des unités fonctionnelles de l'hérédité.

Organisation régionale d'intégration économique : toute organisation constituée par des Etats souverains d'une région donnée, à laquelle ces Etats membres ont transféré des compétences en ce qui concerne les questions régies par la présente Convention et qui a été dûment mandatée, conformément à ses procédures internes, pour signer, ratifier, accepter, approuver ladite Convention ou y adhérer.

Pays d'origine des ressources génétiques : pays qui possède ces ressources génétiques dans des conditions *in situ.*

Pays fournisseur de ressources génétiques : tout pays qui fournit des ressources génétiques récoltées auprès de sources *in situ, y compris* les populations d'espèces sauvages ou domestiquées, ou prélevées auprès de sources ex *situ,* qu'elles soient ou non originaires de ce pays.

Ressources biologiques : les ressources génétiques, les organismes ou éléments de ceux-ci, les populations, ou tout autre élément biotique des écosystèmes ayant une utilisation ou une valeur effective ou potentielle pour l'humanité.

Ressources génétiques : le matériel génétique ayant une valeur effective ou potentielle.

Technologie : toute technologie y compris la biotechnologie.

Utilisation durable : l'utilisation des éléments constitutifs de la diversité biologique d'une manière et à un rythme qui n'entraînent pas leur appauvrissement à long terme, et sauvegardent ainsi leur potentiel pour satisfaire les besoins et les aspirations des générations présentes et futures.

Zone protégée : toute zone géographiquement délimitée qui est désignée, ou réglementée, et gérée en vue d'atteindre des objectifs spécifiques de conservation.

Art. 3. Principe. Conformément à la Charte des Nations Unies et aux principes du droit international, les Etats ont le droit souverain d'exploiter leurs propres ressources selon leur politique d'environnement et ils ont le devoir de faire en sorte que les activités exercées dans les limites de leur juridiction ou sous leur contrôle ne causent pas de dommage à l'environnement dans d'autres Etats ou dans des régions ne relevant d'aucune juridiction nationale.

Art. 4. Champ d'application. Sous réserve des droits des autres Etats et sauf disposition contraire expresse de la présente convention, les dispositions de la Convention s'appliquent à chacune des Parties contractantes :

a) Lorsqu'il s'agit des éléments de la diversité biologique de zones situées dans les limites de sa juridiction nationale ;

b) Lorsqu'il s'agit des processus et activités qui sont réalisés sous sa juridiction ou son contrôle, que ce soit à l'intérieur de la zone relevant de sa juridiction nationale ou en dehors des limites de sa juridiction nationale, indépendamment de l'endroit où ces processus et activités produisent leurs effets.

Art. 5. Coopération. Chaque Partie contractante, dans la mesure du possible et selon qu'il conviendra, coopère avec d'autres Parties contractantes, directement ou, le cas échéant, par l'intermédiaire d'organisations internationales compétentes, dans des domaines ne relevant pas de la juridiction nationale et dans d'autres domaines d'intérêt mutuel, pour la conservation et l'utilisation durable de la diversité biologique. (...).

Conventions de Genève du 12 août 1949 : Ire Convention, IIe Convention, IIIe Convention et IVe Convention *(Protocole additionnel aux Conventions de Genève du 12 août 1949 relatif à la protection des victimes des conflits armés internationaux (Protocole I), 8 juin 1977. Titre I. Dispositions générales. Art. 2. Définitions).* Aux fins du présent Protocole : a) les expressions « Ire Convention », « IIe Convention », « IIIe Convention » et « IVe Convention » s'entendent, respectivement, de la Convention de Genève pour l'amélioration du sort des blessés et des malades dans les forces armées en campagne, du 12 août 1949 ; de la Convention de Genève pour l'amélioration du sort des blessés, des malades et des naufragés des forces armées sur mer, du 12 août 1949 ; de la Convention de Genève relative au traitement des prisonniers de guerre, du 12 août 1949 ; de la Convention de Genève relative à la protection des personnes civiles en temps de guerre, du 12 août 1949 ; l'expression « les Conventions » s'entend des quatre Conventions de Genève du 12 août 1949 pour la protection des victimes de la guerre.

(Voir aussi les trois Protocoles additionnels : Protocole additionnel aux Conventions de Genève du 12 août 1949 relatif à la protection des victimes

des conflits armés internationaux (Protocole I), 8 juin 1977 ; Protocole additionnel aux Conventions de Genève du 12 août 1949 relatif à la protection des victimes des conflits armés non internationaux (Protocole II), 8 juin 1977 ; Protocole additionnel aux Conventions de Genève du 12 août 1949 relatif à l'adoption d'un signe distinctif additionnel (Protocole III), 8 décembre 2005).

COP21/CMP11/ « Paris 2015 », **Conférence de Paris sur les changements climatiques**, 30 novembre-11 décembre 2015 *(http://www.cop21.gouv.fr/fr/cop21-cmp11/quest-ce-que-la-cop21-cmp11).*
Voir, en annexe, le texte intégral de l'**Accord de Paris** *(http://unfccc.int/resource/docs/2015/cop21/fre/l09f.pdf).*
Qu'est-ce que la COP21/CMP11 ? La France a accueilli et présidé la 21ème Conférence des parties de la Convention-cadre des Nations Unies sur les changements climatiques de 2015 (COP21/CMP11), aussi appelée « Paris 2015 », du 30 novembre au 11 décembre 2015. C'était une échéance cruciale, puisqu'elle devait aboutir à un nouvel accord international sur le climat, applicable à tous les pays, dans l'objectif de maintenir le réchauffement mondial en deçà de 2°C. La France a joué un rôle de premier ordre sur le plan international, pour rapprocher les points de vue et faciliter la recherche d'un consensus au sein des Nations Unies et aussi au sein de l'Union européenne, qui occupe une place importante dans les négociations sur le climat.
Qu'est-ce qu'une COP ? Qu'est-ce qu'une CMP ? La Convention-cadre des Nations Unies sur les changements climatiques, dite « CCNUCC » (« UNFCCC » en anglais), a été adoptée au cours du Sommet de la Terre de Rio de Janeiro en 1992. Elle est entrée en vigueur le 21 mars 1994 et a été ratifiée par 196 « parties » prenantes à la Convention. Cette Convention-cadre est une convention universelle de principe, qui reconnaît l'existence d'un changement climatique d'origine humaine et donne aux pays industrialisés le primat de la responsabilité pour lutter contre ce phénomène. La Conférence des parties (COP), composée de tous les États « parties », constitue l'organe suprême de la Convention. Elle se réunit chaque année lors de conférences mondiales où sont prises des décisions pour respecter les objectifs de lutte contre les changements climatiques. Les décisions sont prises à l'unanimité ou par consensus. La COP, qui s'est tenue à Paris du 30 novembre au 11 décembre 2015, a été la 21ème, d'où le nom de « COP21 ». On parle aussi de « CMP » pour désigner les États de la réunion des parties au protocole de Kyoto. Paris a été la 11ème session, d'où l'abréviation « CMP11 ». La CMP veille à la mise en œuvre du protocole de Kyoto et prend des décisions pour promouvoir l'effectivité de celle-ci.
Enjeux de la COP21. La Conférence des parties à la Convention-cadre des Nations Unies sur les changements climatiques (CCNUCC), ou COP21, qui

s'est tenue sur le site de Paris-Le Bourget, a rassemblé près de 40 000 participants – délégués représentants chaque pays, observateurs, membres de la société civile... Il s'agit du plus grand événement diplomatique accueilli par la France et également de l'une des plus grandes conférences climatiques jamais organisées. La responsabilité de la France a été double. Comme pays hôte, la France a accueilli les participants dans les meilleures conditions de travail, de transports, d'hébergement. Occupant la présidence de la conférence, elle a facilité les débats entre pays et assuré un fonctionnement transparent et inclusif du processus de négociation. L'enjeu était de taille : il s'agissait d'aboutir, pour la première fois, à un accord universel et contraignant permettant de lutter efficacement contre le dérèglement climatique et d'impulser/d'accélérer la transition vers des sociétés et des économies résilientes et sobres en carbone. Pour cela, le futur accord devait traiter, de façon équilibrée, de l'atténuation – c'est-à-dire des efforts de baisse des émissions de gaz à effet de serre permettant de contenir le réchauffement global à 2°C – et de l'adaptation des sociétés aux dérèglements climatiques déjà existants. Ces efforts devaient prendre en compte les besoins et capacités de chaque pays. Enfin, l'accord devait entrer en vigueur à partir de 2020 et être durable pour permettre une transformation à long terme.
Autre objectif essentiel visé à Paris : la mobilisation de 100 milliards de dollars par an par les pays développés, de source publique et privée, à partir de 2020. Cet engagement, formulé lors de la conférence sur le climat de Copenhague en 2009, devait permettre aux pays en développement de lutter contre le dérèglement climatique tout en favorisant un développement durable et juste. Une partie de ces financements devait transiter par le Fonds vert pour le climat, dont la première capitalisation a atteint 10,2 milliards de dollars, dont près d'un milliard abondé par la France. Plus largement, la conférence de Paris devait adresser aux acteurs économiques et financiers les signaux nécessaires à la réorientation de leurs investissements, afin d'engager la transition vers des économies bas carbone.
Changements climatiques et décisions. Les négociations internationales sur les changements climatiques n'ont cessé de prendre de l'ampleur depuis Rio en 1992. Après l'entrée en vigueur du protocole de Kyoto en 2005, une vision à plus long terme s'est imposée avec le plan de Balien 2007, puis avec la validation à Copenhague en 2009 d'un objectif commun visant à contenir le réchauffement climatique à 2°C. Cancun en 2010 a ensuite permis la concrétisation de cet objectif par la création d'institutions dédiées sur des points clés, dont ceux de l'adaptation, le Fonds vert pour le climat ou le Mécanisme technologique. La volonté d'agir collectivement et de respecter l'objectif de +2°C s'est traduite par la création en 2011 de la plate-forme de Durban (dite « ADP ») ayant pour mission de rassembler autour de la table tous les pays, développés et en développement, afin de travailler à un « protocole, à un instrument juridique ou à un résultat ayant force de loi »

applicable à toutes les parties à la Convention climat de l'ONU. « Le nouvel instrument » devait être adopté en 2015 et mis en œuvre à partir de 2020 : c'est cela que visait Paris 2015.
La conférence de Doha en 2012 a entériné l'engagement de plusieurs pays industrialisés dans une seconde période d'engagement du protocole de Kyoto (2013/2020) et a mis fin au mandat de Bali. La conférence de Varsovie en 2013 a permis de franchir une étape indispensable pour parvenir à un accord universel sur le climat à Paris en 2015. La 22ème Conférence des parties à la convention-cadre des Nations Unies sur les changements climatiques (COP22) s'est tenue du 7 au 8 novembre 2016 à Marrakech au Maroc. Voir aussi : Accord de Paris.

Cour africaine de justice et des droits de l'homme

(Protocole portant Statut de la Cour africaine de justice et des droits de l'homme. Adopté par la onzième session ordinaire de la conférence tenue le 1er juillet 2008 à Sharm El-Sheikh, Egypte. Préambule ; Chapitre 1. Fusion de la Cour africaine des droits de l'homme et des peuples et de la Cour de justice de l'Union africaine. Art. 1. Abrogation des Protocoles de 1998 et de 2003 ; Art. 2. Création d'une cour unique ; Art. 3. Référence à la Cour unique dans l'Acte constitutif ; (...) Annexe – Statut de la Cour africaine de justice et des droits de l'homme. Art. 2. Fonctions de la Cour ; Art. 3. Composition ; Art. 4. Qualifications des juges ; (...) Art. 16. Sections de la Cour ; (...) Art. 25. Siège et sceau de la Cour ; (...) Chapitre 3. Compétence de la Cour. Art. 28. Compétence matérielle ; Art. 29. Entités admises à ester devant la Cour ; Art. 30. Autres entités admises à ester devant la Cour ; Art. 31. Droit applicable ; (...) Chapitre 5. Avis consultatifs. Art. 53. Requête pour avis consultatif ; (...)).
Préambule. Les Etats membres de l'Union africaine, parties au présent Protocole,
Rappelant les objectifs et les principes énoncés dans l'Acte constitutif de l'Union africaine, adopté le 11 juillet 2000 à Lomé (Togo) et notamment, l'engagement à régler les différends par des moyens pacifiques ;
Ayant à l'esprit leur engagement à promouvoir la paix, la sécurité et la stabilité sur le Continent, et à protéger les droits de l'homme et des peuples conformément à la Charte africaine des droits de l'homme et des peuples et aux autres instruments pertinents relatifs aux droits de l'homme ;
Considérant que l'Acte constitutif de l'Union africaine prévoit la création d'une Cour de justice chargée de connaître, entre autres, de toute question relative à l'interprétation ou à l'application dudit Acte ou de tout autre traité adopté dans le cadre de l'Union ;
Considérant en outre les décisions Assembly/AU/Dec.45 (III) et Assembly/AU/Dec.83 (V) de la Conférence de l'Union, adoptées respectivement à ses troisième (6-8 juillet 2004, Addis-Abeba (Ethiopie)) et

cinquième (4-5 juillet 2005, Syrte (Libye)) sessions ordinaires, de fusionner la Cour africaine des droits de l'homme et des peuples et la Cour de justice de l'Union africaine en une seule cour ;
Fermement convaincus que la création d'une Cour africaine de justice et des droits de l'homme permettra d'atteindre les buts poursuivis par l'Union africaine, et que la réalisation des objectifs de la Charte africaine des droits de l'homme et des peuples nécessite la création d'un organe judiciaire pour compléter et renforcer la mission de la Commission africaine des droits de l'homme et des peuples et du Comité africain d'experts sur les droits et le bien-être de l'enfant ;
Tenant dûment compte du Protocole relatif à la Charte africaine des droits de l'homme et des peuples portant création d'une Cour africaine des droits de l'homme et des peuples adopté par la Conférence des chefs d'Etat et de gouvernement de l'Organisation de l'Unité africaine le 10 juin 1998 à Ouagadougou (Burkina Faso) et entré en vigueur le 25 janvier 2004 ;
Tenant dûment compte également du Protocole de la Cour de justice de l'Union africaine, adopté par la Conférence de l'Union le 11 juillet 2003 à Maputo (Mozambique) ;
Rappelant leur engagement à prendre toutes les mesures nécessaires pour renforcer leurs institutions communes et à les doter des pouvoirs et des ressources nécessaires afin de leur permettre de remplir efficacement leurs missions ;
Reconnaissant le Protocole à la Charte africaine des droits de l'homme et des peuples relatif aux droits de la femme en Afrique et les engagements contenus dans la Déclaration solennelle sur l'égalité entre les hommes et les femmes en Afrique (Assembly/AU/Decl.12 (III)) adoptés par la Conférence de l'Union en ses deuxième et troisième sessions ordinaires tenues respectivement en juillet 2003 et 2004, à Maputo (Mozambique) et à Addis-Abeba (Ethiopie) ;
Convaincus que le présent Protocole est complémentaire du mandat des autres institutions créées par des traités régionaux et de celui des institutions nationales en matière de protection des droits de l'homme;
Sont convenus de ce qui suit :

Chapitre 1. Fusion de la Cour africaine des droits de l'homme et des peuples et de la Cour de justice de l'Union africaine.

Art. 1. Abrogation des Protocoles de 1998 et de 2003. Le Protocole relatif à la Charte africaine des droits de l'homme et des peuples portant création d'une Cour africaine des droits de l'homme et des peuples, adopté le 10 juin 1998 à Ouagadougou (Burkina Faso) et entré en vigueur le 25 janvier 2004, et le Protocole de la Cour de justice de l'Union africaine, adopté le 11 juillet 2003 à Maputo (Mozambique), sont remplacés par le présent Protocole et le Statut y annexé qui en fait partie intégrante, sous réserve des dispositions des articles 5, 7 et 9 du présent Protocole.

Art. 2. Création d'une cour unique. La Cour africaine des droits de l'homme et des peuples et la Cour de justice de l'Union africaine, créées respectivement par le Protocole relatif à la Charte africaine des droits de l'homme et des peuples portant création d'une Cour africaine des droits de l'homme et des peuples et l'Acte constitutif de l'Union africaine, sont fusionnées en une cour unique instituée et dénommée «*Cour africaine de justice et des droits de l'homme* ».

Art. 3. Référence à la Cour unique dans l'Acte constitutif. Les références faites à la « Cour de justice » dans l'Acte constitutif de l'Union africaine se lisent comme des références à la Cour africaine de justice et des droits de l'homme instituée par l'article 2 du présent Protocole. (...) *Annexe – Statut de la Cour africaine de justice et des droits de l'homme. (...)*

Art. 2. Fonctions de la Cour. 1. La Cour africaine de justice et des droits de l'homme est l'organe judiciaire principal de l'Union africaine.

2. La Cour sera constituée et fonctionnera conformément aux dispositions du présent Statut.

Art. 3. Composition. 1. La Cour se compose de seize (16) juges qui sont ressortissants des Etats parties. Sur recommandation de la Cour, la Conférence pourra réviser le nombre de juges.

2. La Cour ne peut, à aucun moment, comprendre plus d'un juge ressortissant d'un même Etat.

3. Chacune des régions géographiques de l'Afrique, telles que définies par les décisions de la Conférence, est représentée, dans les cas où cela est possible, par trois (3) juges, à l'exception de la région Ouest, qui est représentée par quatre (4) Juges.

Art. 4. Qualifications des juges. La Cour est composée de magistrats indépendants, élus parmi les personnes connues pour leur impartialité et leur intégrité, jouissant de la plus haute considération morale, et qui réunissent les conditions requises pour l'exercice, dans leurs pays respectifs, des plus hautes fonctions judiciaires, et/ou qui sont des jurisconsultes possédant une compétence notoire et une expérience en matière de droit international et/ou des droits de l'homme. (...).

Art. 16. Sections de la Cour. La Cour siège en deux (2) Sections : La Section des Affaires générales composée de huit (8) juges et la Section des droits de l'homme composée de huit (8) juges. (...).

Art. 25. Siège et sceau de la Cour. 1. Le siège de la Cour est celui de la Cour africaine des droits de l'homme et des peuples. La Cour peut cependant siéger dans tout autre Etat membre si les circonstances l'exigent et avec le consentement de l'Etat membre concerné. La Conférence peut changer le siège de la Cour après consultation de celle-ci.

2. La Cour dispose d'un sceau portant l'inscription « La Cour africaine de justice et des droits de l'homme ». (...).

Chapitre 3. Compétence de la Cour. Art. 28. Compétence matérielle. La compétence de la Cour s'étend à toutes les affaires et à tous les différends

d'ordre juridique qui lui seront soumis conformément au présent Statut et ayant pour objet :
a) l'interprétation et l'application de l'Acte Constitutif ;
b) l'interprétation, l'application ou la validité des autres traités de l'Union et de tous les instruments juridiques dérivés adoptés dans le cadre de l'Union ou de l'Organisation de l'unité africaine ;
c) l'interprétation et l'application de la Charte africaine des droits de l'homme et des peuples, de la Charte africaine des droits et du bien-être de l'enfant, du Protocole à la Charte africaine des droits de l'homme et des peuples relatif aux droits de la femme ou de tout autre instrument juridique relatif aux droits de l'homme, auxquels sont parties les Etats concernés ;
d) toute question de droit international ;
e) tous actes, décisions, règlements et directives des organes de l'Union ;
f) toutes questions prévues dans tout autre accord que les Etats parties pourraient conclure entre eux, ou avec l'Union et qui donne compétence à la Cour ;
g) l'existence de tout fait qui, s'il est établi, constituerait la violation d'une obligation envers un Etat partie ou l'Union ;
h) la nature ou l'étendue de la réparation due pour la rupture d'un engagement international.

Art. 29. Entités admises à ester devant la Cour. 1. Les entités suivantes ont qualité pour saisir la Cour de toute affaire ou tout différend visés à l'article 28 :
a) les Etats parties au présent Statut ;
b) la Conférence, le Parlement et les autres organes de l'Union autorisés par la Conférence ;
c) un membre du personnel de l'Union, sur recours, dans un litige et dans les limites et conditions définies dans les Statut et Règlement du Personnel de l'Union ;

2. La Cour n'est pas ouverte aux Etats non membres de l'Union. Elle n'a pas non plus compétence pour connaître d'un différend impliquant un Etat membre non partie au présent Statut.

Art. 30. Autres entités admises à ester devant la Cour. Les entités suivantes ont également qualité pour saisir la Cour de toute violation d'un droit garanti par la Charte africaine des droits de l'homme et des peuples, par la Charte africaine des droits et du bien-être de l'enfant, le Protocole à la Charte africaine des droits de l'homme et des peuples relatif aux droits de la femme en Afrique ou par tout autre instrument juridique pertinent relatif aux droits de l'homme, auxquels sont parties les Etats concernés :
a) les Etats parties au présent Protocole ;
b) la Commission africaine des droits de l'homme et des peuples ;
c) le Comité africain d'experts sur les droits et le bien-être de l'enfant ;
d) les organisations intergouvernementales africaines accréditées auprès de l'Union ou de ses organes ;

e) les institutions nationales des droits de l'homme ;
f) les personnes physiques et les organisations non-gouvernementales accréditées auprès de l'Union ou de ses organes ou institutions, sous réserve des dispositions de l'article 8 du protocole.

Art. 31. Droit applicable. 1. Dans l'exercice de ses fonctions, la Cour applique :
a) L'Acte constitutif ;
b) Les traités internationaux, généraux ou spéciaux, auxquels sont parties les Etats en litige ;
c) La coutume internationale, comme preuve d'une pratique générale, acceptée comme étant le droit ;
d) Les principes généraux de droit reconnus universellement ou par les Etats africains ;
e) Sous réserve des dispositions du paragraphe 1 de l'article 46 du présent Statut, les décisions judiciaires et la doctrine des publicistes les plus qualifiés des différentes nations ainsi que les règlements, directives et décisions de l'Union comme moyen auxiliaire de détermination des règles de droit.
f) Toute autre loi pertinente à la détermination de l'affaire.
2. Le présent article ne porte pas atteinte à la faculté pour la Cour, si les parties sont d'accord, de statuer *ex-aequo et bono*. (...).

Chapitre 5. Avis consultatifs. Art. 53. Requête pour avis consultatif. 1. La Cour peut donner un avis consultatif sur toute question juridique, à la demande de la Conférence, du Parlement, du Conseil exécutif, du Conseil de Paix et de Sécurité, du Conseil économique, social et culturel (ECOSOCC), des institutions financières ou de tout autre organe de l'Union autorisé par la Conférence.

2. Les questions sur lesquelles l'avis consultatif est demandé sont exposées à la Cour par une requête écrite, formulée en termes précis. Il est joint à la requête tout document pertinent.

3. La demande d'avis consultatif ne doit pas se rapporter à une requête pendante devant la Commission africaine ou le Comité africain d'experts. (...).

Siège : Arusha, Tanzanie. Voir l'Accord de siège entre la République Unie de Tanzanie et l'Union africaine relatif à l'installation du siège de la Cour africaine des droits de l'homme et des peuples à Arusha, Tanzanie.

Cour européenne des droits de l'homme *(Convention de sauvegarde des droits de l'homme et des libertés fondamentales. Rome, 4.XI.1950 (Convention européenne des droits de l'homme). Titre II. Cour européenne des droits de l'homme. Art. 19. Institution de la Cour ; Art. 20. Nombre de juges ; Art. 21. Conditions d'exercice des fonctions. (...) Art. 32. Compétence de la Cour ; Art. 33. Affaires interétatiques ; Art. 34. Requêtes* *individuelles ; Art. 35. Conditions de recevabilité ; Art. 36. Tierce intervention - Règlement de la Cour. Art. 19. Siège de la Cour).*

Convention de sauvegarde des droits de l'homme et des libertés fondamentales. *Rome, 4.XI.1950 (Convention européenne des droits de l'homme). Titre II. Cour européenne des droits de l'homme. Art. 19. Institution de la Cour.* Afin d'assurer le respect des engagements résultant pour les Hautes Parties contractantes de la présente Convention et de ses Protocoles, il est institué une Cour européenne des droits de l'homme, ci-dessous nommée « la Cour ». Elle fonctionne de façon permanente.

Art. 20. Nombre de juges. La Cour se compose d'un nombre de juges égal à celui des Hautes Parties contractantes.

Art. 21. Conditions d'exercice des fonctions. 1. Les juges doivent jouir de la plus haute considération morale et réunir les conditions requises pour l'exercice de hautes fonctions judiciaires ou être des jurisconsultes possédant une compétence notoire.

2. Les juges siègent à la Cour à titre individuel.

3. Pendant la durée de leur mandat, les juges ne peuvent exercer aucune activité incompatible avec les exigences d'indépendance, d'impartialité ou de disponibilité requise par une activité exercée à plein temps ; toute question soulevée en application de ce paragraphe est tranchée par la Cour. (…).

Art. 32. Compétence de la Cour. 1. La compétence de la Cour s'étend à toutes les questions concernant l'interprétation et l'application de la Convention et de ses Protocoles qui lui seront soumises dans les conditions prévues par les articles 33, 34, 46 et 47.

2. En cas de contestation sur le point de savoir si la Cour est compétente, la Cour décide.

Art. 33. Affaires interétatiques. Toute Haute Partie contractante peut saisir la Cour de tout manquement aux dispositions de la Convention et de ses Protocoles qu'elle croira pouvoir être imputé à une autre Haute Partie contractante.

Art. 34. Requêtes individuelles. La Cour peut être saisie d'une requête par toute personne physique, toute organisation non gouvernementale ou tout groupe de particuliers qui se prétend victime d'une violation par l'une des Hautes Parties contractantes des droits reconnus dans la Convention ou ses Protocoles. Les Hautes Parties contractantes s'engagent à n'entraver par aucune mesure l'exercice efficace de ce droit.

Art. 35. Conditions de recevabilité. 1. La Cour ne peut être saisie qu'après l'épuisement des voies de recours internes, tel qu'il est entendu selon les principes de droit international généralement reconnus, et dans un délai de six mois à partir de la date de la décision interne définitive.

2. La Cour ne retient aucune requête individuelle introduite en application de l'article 34, lorsque

a) elle est anonyme ; ou

b) elle est essentiellement la même qu'une requête précédemment examinée par la Cour ou déjà soumise à une autre instance internationale d'enquête ou de règlement, et si elle ne contient pas de faits nouveaux.

3. La Cour déclare irrecevable toute requête individuelle introduite en application de l'article 34 lorsqu'elle estime :
a) que la requête est incompatible avec les dispositions de la Convention ou de ses Protocoles, manifestement mal fondée ou abusive ; ou
b) que le requérant n'a subi aucun préjudice important, sauf si le respect des droits de l'homme garantis par la Convention et ses Protocoles exige un examen de la requête au fond et à condition de ne rejeter pour ce motif aucune affaire qui n'a pas été dûment examinée par un tribunal interne.

4. La Cour rejette toute requête qu'elle considère comme irrecevable par application du présent article. Elle peut procéder ainsi à tout stade de la procédure.

Art. 36. Tierce intervention. 1. Dans toute affaire devant une chambre ou la Grande Chambre, une Haute Partie contractante dont un ressortissant est requérant a le droit de présenter des observations écrites et de prendre part aux audiences.

2. Dans l'intérêt d'une bonne administration de la justice, le président de la Cour peut inviter toute Haute Partie contractante qui n'est pas partie à l'instance ou toute personne intéressée autre que le requérant à présenter des observations écrites ou à prendre part aux audiences.

3. Dans toute affaire devant une chambre ou la Grande Chambre, le Commissaire aux droits de l'homme du Conseil de l'Europe peut présenter des observations écrites et prendre part aux audiences. (…).

Règlement de la Cour*. Art. 19. Siège de la Cour.* 1. Le siège de la Cour est fixé à Strasbourg, siège du Conseil de l'Europe. La Cour peut toutefois, lorsqu'elle le juge utile, exercer ses fonctions en d'autres lieux du territoire des Etats membres du Conseil de l'Europe.

2. La Cour peut décider, en tout état d'instruction d'une requête, qu'il est nécessaire qu'elle-même ou l'un ou plusieurs de ses membres procèdent à une enquête ou accomplissent toute autre tâche en d'autres lieux.

Cour interaméricaine des droits de l'homme *(Statut de la Cour interaméricaine des droits de l'homme. Approuvé par la Résolution N1 448 adoptée par l'Assemblée générale de l'OEA à sa neuvième session ordinaire tenue à La Paz, Bolivie, en octobre 1979. Chapitre 1. Dispositions générales. Art. 1. Nature et régime juridique ; Art. 2. Compétence et Fonctions ; Art. 3. Siège ; Chapitre 2. Composition de la Cour. Art. 4. Formation ; Art. 5. Mandat des juges (...)).*

Chapitre 1. Dispositions générales. Art. 1. Nature et régime juridique. La Cour interaméricaine des Droits de l'Homme est une institution judiciaire autonome, dont l'objectif est d'interpréter et d'appliquer la Convention américaine relative aux Droits de l'Homme. La Cour exerce ses fonctions en conformité aux dispositions de la Convention précitée et du présent Statut.

Art. 2. Compétence et Fonctions. La Cour interaméricaine des Droits de l'Homme exerce une juridiction contentieuse et rend des avis consultatifs :

1. La juridiction contentieuse est régie par les dispositions des articles 61, 62 et 63 de la Convention américaine relative aux Droits de l'Homme.

2. Ses attributions en matière consultative sont régies par les dispositions de l'article 64 de ladite Convention.

Art. 3. Siège. 1. La Cour interaméricaine des Droits de l'Homme a son siège à San José, Costa Rica ; cependant, elle peut siéger sur le territoire de tout Etat membre de l'Organisation des Etats Américains (OEA) par décision de la majorité de ses membres et moyennant agrément de l'Etat en question.

2. Le siège de la Cour peut être changé, lors d'une session de l'Assemblée générale de l'OEA, par un vote pris à la majorité des deux tiers des Etats parties à la Convention.

Chapitre 2. Composition de la Cour. Art. 4. Formation. 1. La Cour interaméricaine des Droits de l'Homme se compose de sept juges, nationaux des Etats membres de l'OEA, élus à titre personnel, parmi les juristes jouissant d'une très haute autorité morale et d'une compétence reconnue en matière de droits de l'home, et réunissant les conditions requises pour l'exercice des plus hautes fonctions judiciaires au regard des législations des Etats dont ils sont respectivement les nationaux, ou de ceux qui les ont proposés comme candidats.

2. La Cour ne peut compter plus d'un juge de la même nationalité.

Art. 5. Mandat des juges. 1. Les juges de la Cour interaméricaine des Droits de l'Homme sont élus pour six ans et ne peuvent être réélus qu'une seule fois. Le juge élu pour remplacer un autre, dont le mandat n'était pas arrivé à expiration, achèvera le mandat de son prédécesseur.

2. La durée du mandat des juges s'étend du premier juillet de l'année de leur élection au trente juin de l'année finale de ce mandat. Cependant les juges sortants continueront à exercer leurs fonctions jusqu'à l'installation de leurs successeurs.

3. Les juges restent en fonction jusqu'à l'expiration de leurs mandats, sans préjudice des dispositions du paragraphe précédent. Toutefois, ils continueront de connaître des affaires dont ils ont été saisis et qui sont encore en instance ; à ces fins ils ne seront pas remplacés par les nouveaux juges élus. (…).

Cour internationale de justice - CIJ *(Charte des Nations Unies, San Francisco, 26 juin 1945, Chapitre XIV. Cour internationale de justice, Art. 92 ; Art. 93 ; Art. 94 ; Art. 95 ; Art. 96 – Statut CIJ, Art. 1 ; Chapitre 1. Organisation de la Cour. Art. 2. (...) ; Chapitre 2. Compétence de la Cour. Art. 34 ; Art. 35 ; Art. 36 ; Art. 37 ; Art. 38).*

Charte des Nations Unies, San Francisco, 26 juin 1945, Chapitre XIV. Cour internationale de justice, *Art. 92.* La Cour internationale de Justice constitue l'organe judiciaire principal des Nations Unies. Elle fonctionne conformément à un Statut établi sur la base du Statut de la Cour permanente de Justice internationale et annexé à la présente Charte dont il fait partie intégrante.

Art. 93. 1. Tous les Membres des Nations Unies sont *ipso facto* parties au Statut de la Cour internationale de Justice.

2. Les conditions dans lesquelles les Etats qui ne sont pas Membres de l'Organisation peuvent devenir parties au Statut de la Cour internationale de Justice sont déterminées, dans chaque cas, par l'Assemblée générale sur recommandation du Conseil de sécurité.

Art. 94. 1. Chaque Membre des Nations Unies s'engage à se conformer à la décision de la Cour internationale de Justice dans tout litige auquel il est partie.

2. Si une partie à un litige ne satisfait pas aux obligations qui lui incombent en vertu d'un arrêt rendu par la Cour, l'autre partie peut recourir au Conseil de sécurité et celui-ci, s'il le juge nécessaire, peut faire des recommandations ou décider des mesures à prendre pour faire exécuter l'arrêt.

Art. 95. Aucune disposition de la présente Charte n'empêche les Membres de l'Organisation de confier la solution de leurs différends à d'autres tribunaux en vertu d'accords déjà existants ou qui pourront être conclus à l'avenir.

Art. 96. 1. L'Assemblée générale ou le Conseil de sécurité peut demander à la Cour internationale de Justice un avis consultatif sur toute question juridique.

2. Tous autres organes de l'Organisation et institutions spécialisées qui peuvent, à un moment quelconque, recevoir de l'Assemblée générale une autorisation à cet effet ont également le droit de demander à la Cour des avis consultatifs sur des questions juridiques qui se poseraient dans le cadre de leur activité.

Statut CIJ*, Art. 1.* La Cour internationale de Justice instituée par la Charte des Nations Unies comme organe judiciaire principal de l'Organisation sera constituée et fonctionnera conformément aux dispositions du présent Statut.

Chapitre 1. Organisation de la Cour. Art. 2. La Cour est un corps de magistrats indépendants, élus, sans égard à leur nationalité, parmi les personnes jouissant de la plus haute considération morale, et qui réunissent les conditions requises pour l'exercice, dans leurs pays respectifs, des plus hautes fonctions judiciaires, ou qui sont des jurisconsultes possédant une compétence notoire en matière de droit international. (…).

Chapitre 2. Compétence de la Cour. Art. 34. 1. Seuls les Etats ont qualité pour se présenter devant la Cour.

2. La Cour, dans les conditions prescrites par son Règlement, pourra demander aux organisations internationales publiques des renseignements relatifs aux affaires portées devant elle, et recevra également lesdits renseignements qui lui seraient présentés par ces organisations de leur propre initiative.

3. Lorsque l'interprétation de l'acte constitutif d'une organisation internationale publique ou celle d'une convention internationale adoptée en vertu de cet acte est mise en question dans une affaire soumise à la Cour, le Greffier en avise cette organisation et lui communique toute la procédure écrite.

Art. 35. 1. La Cour est ouverte aux Etats parties au présent Statut.

2. Les conditions auxquelles elle est ouverte aux autres Etats sont, sous réserve des dispositions particulières des traités en vigueur, réglées par le Conseil de sécurité, et, dans tous les cas, sans qu'il puisse en résulter pour les parties aucune inégalité devant la Cour.

3. Lorsqu'un Etat, qui n'est pas Membre des Nations Unies, est partie en cause, la Cour fixera la contribution aux frais de la Cour que cette partie devra supporter. Toutefois, cette disposition ne s'appliquera pas, si cet Etat participe aux dépenses de la Cour.

Art. 36. 1. La compétence de la Cour s'étend à toutes les affaires que les parties lui soumettront, ainsi qu'à tous les cas spécialement prévus dans la Charte des Nations Unies ou dans les traités et conventions en vigueur.

2. Les Etats parties au présent Statut pourront, à n'importe quel moment, déclarer reconnaître comme obligatoire de plein droit et sans convention spéciale, à l'égard de tout autre Etat acceptant la même obligation, la juridiction de la Cour sur tous les différends d'ordre juridique ayant pour objet :

a. l'interprétation d'un traité ;

b. tout point de droit international ;

c. la réalité de tout fait qui, s'il était établi, constituerait la violation d'un engagement international ;

d. la nature ou l'étendue de la réparation due pour la rupture d'un engagement international.

3. Les déclarations ci-dessus visées pourront être faites purement et simplement ou sous condition de réciprocité de la part de plusieurs ou de certains Etats, ou pour un délai déterminé.

4. Ces déclarations seront remises au Secrétaire général des Nations Unies qui en transmettra copie aux parties au présent Statut ainsi qu'au Greffier de la Cour.

5. Les déclarations faites en application de l'Article 36 du Statut de la Cour permanente de Justice internationale pour une durée qui n'est pas encore expirée seront considérées, dans les rapports entre parties au présent Statut, comme comportant acceptation de la juridiction obligatoire de la

Cour internationale de Justice pour la durée restant à courir d'après ces déclarations et conformément à leurs termes.

6. En cas de contestation sur le point de savoir si la Cour est compétente, la Cour décide.

Art. 37. Lorsqu'un traité ou une convention en vigueur prévoit le renvoi à une juridiction que devait instituer la Société des Nations ou à la Cour permanente de Justice internationale, la Cour internationale de Justice constituera cette juridiction entre les parties au présent Statut.

Art. 38. 1. La Cour, dont la mission est de régler conformément au droit international les différends qui lui sont soumis, applique :

a. les conventions internationales, soit générales, soit spéciales, établissant des règles expressément reconnues par les Etats en litige ;

b. la coutume internationale comme preuve d'une pratique générale acceptée comme étant le droit ;

c. les principes généraux de droit reconnus par les nations civilisées ;

d. sous réserve de la disposition de l'Article 59, les décisions judiciaires et la doctrine des publicistes les plus qualifiés des différentes nations, comme moyen auxiliaire de détermination des règles de droit.

2. La présente disposition ne porte pas atteinte à la faculté pour la Cour, si les parties sont d'accord, de statuer ex aequo et bono.

Voir aussi : Charte des Nations Unies.

Cour pénale internationale – CPI. Statut de Rome de la Cour pénale internationale. Le texte du Statut de Rome est celui du document distribué sous la cote A/CONF.183/9, en date du 17 juillet 1998, et amendé par les procès verbaux en date des 10 novembre 1998, 12 juillet 1999, 30 novembre 1999, 8 mai 2000, 17 janvier 2001 et 16 janvier 2002. Les amendements à l'article 8 reproduisent le texte contenu dans la notification dépositaire C.N.651.2010 Traités-6, et les amendements concernant les articles 8 *bis*, 15 *bis* et 15 *ter* reprennent le texte contenu dans la notification dépositaire C.N.651.2010 Traités-8 ; toutes deux notifications sont datées du 29 novembre 2010. Cette table des matières ne fait pas partie du texte du Statut de la Cour pénale internationale adopté par la Conférence des plénipotentiaires des Nations Unies sur la création d'une cour criminelle internationale. Elle a été ajoutée à la présente publication pour en faciliter la consultation. Fait à Rome le 17 juillet 1998, en vigueur le 1er juillet 2002, Nations Unies, Recueil des Traités, vol. 2187, No. 38544, Dépositaire : Secrétaire général des Nations Unies,
http://treaties.un.org. Publication de la Cour pénale internationale. ISBN No. 92-9227-231-4. ICC-PIDS-LT-01-002/11_Fra. Copyright © Cour pénale internationale 2011. Tous droits réservés. Imprimé par Print Partners Ipskamp, Enschede. Couverture : Corps ontwerpers

Cour pénale internationale | Boite postale 19519 | 2500 CM | La Haye | Pays-Bas | www.icc-cpi.int. (Source : Site officiel de la CPI).

(Préambule ; Chapitre I. Institution de la Cour. Art. 1. La Cour ; Art. 2. Lien de la Cour avec les nations unies ; Art. 3. Siège de la Cour ; Art. 4. Régime et pouvoirs juridiques de la Cour ; Chapitre II. Compétence, recevabilité et droit applicable. Art. 5. Crimes relevant de la compétence de la Cour ; (...) Art. 11. Compétence ratione temporis ; (...) Art. 12 Conditions préalables à l'exercice de la compétence (...) Art. 15 bis (5) Exercice de la compétence à l'égard du crime d'agression (Renvoi par un État, de sa propre initiative) ; Art. 15 ter (6) Exercice de la compétence à l'égard du crime d'agression (Renvoi par le Conseil de sécurité) ; Art. 16. Sursis à enquêter ou à poursuivre (...) Art. 20 (7) Ne bis in idem ; Art. 21. Droit applicable. Chapitre III. Principes généraux du droit pénal. Art. 22. Nullum crimen sine lege ; Art. 23. Nulla poena sine lege ; Art. 24. Non-rétroactivité ratione personae ; Art. 25. Responsabilité pénale individuelle ; Art. 26. Incompétence à l'égard des personnes de moins de 18 ans ; Art. 27. Défaut de pertinence de la qualité officielle ; Art. 28. Responsabilité des chefs militaires et autres supérieurs hiérarchiques ; Art. 29. Imprescriptibilité. (...) Chapitre VII. Les peines. Art. 77. Peines applicables).

Préambule. Les États Parties au présent Statut,

Conscients que tous les peuples sont unis par des liens étroits et que leurs cultures forment un patrimoine commun, et soucieux du fait que cette mosaïque délicate puisse être brisée à tout moment,

Ayant à l'esprit qu'au cours de ce siècle, des millions d'enfants, de femmes et d'hommes ont été victimes d'atrocités qui défient l'imagination et heurtent profondément la conscience humaine,

Reconnaissant que des crimes d'une telle gravité menacent la paix, la sécurité et le bien-être du monde,

Affirmant que les crimes les plus graves qui touchent l'ensemble de la communauté internationale ne sauraient rester impunis et que leur répression doit être effectivement assurée par des mesures prises dans le cadre national et par le renforcement de la coopération internationale,

Déterminés à mettre un terme à l'impunité des auteurs de ces crimes et à concourir ainsi à la prévention de nouveaux crimes,

Rappelant qu'il est du devoir de chaque État de soumettre à sa juridiction criminelle les responsables de crimes internationaux,

Réaffirmant les buts et principes de la Charte des Nations Unies et, en particulier, que tous les États doivent s'abstenir de recourir à la menace ou à l'emploi de la force, soit contre l'intégrité territoriale ou l'indépendance politique de tout État, soit de toute autre manière incompatible avec les buts des Nations Unies,

Soulignant à cet égard que rien dans le présent Statut ne peut être interprété comme autorisant un État Partie à intervenir dans un conflit armé ou dans les affaires intérieures d'un autre État,

Déterminés, à ces fins et dans l'intérêt des générations présentes et futures, à créer une cour pénale internationale permanente et indépendante reliée au système des Nations Unies, ayant compétence à l'égard des crimes les plus graves qui touchent l'ensemble de la communauté internationale,
Soulignant que la cour pénale internationale dont le présent Statut porte création est complémentaire des juridictions pénales nationales,
Résolus à garantir durablement le respect de la justice internationale et sa mise en œuvre,
Sont convenus de ce qui suit :
Chapitre I. Institution de la Cour. Art. 1. La Cour. Il est créé une Cour pénale internationale (« la Cour ») en tant qu'institution permanente, qui peut exercer sa compétence à l'égard des personnes pour les crimes les plus graves ayant une portée internationale, au sens du présent Statut. Elle est complémentaire des juridictions pénales nationales. Sa compétence et son fonctionnement sont régis par les dispositions du présent Statut.

Art. 2. Lien de la Cour avec les Nations Unies. La Cour est liée aux Nations Unies par un accord qui doit être approuvé par l'Assemblée des États Parties au présent Statut, puis conclu par le Président de la Cour au nom de celle-ci.

Art. 3. Siège de la Cour. 1. La Cour a son siège à La Haye, aux Pays-Bas (« l'État hôte »).

2. La Cour et l'État hôte conviennent d'un accord de siège qui doit être approuvé par l'Assemblée des États Parties, puis conclu par le Président de la Cour au nom de celle-ci.

3. Si elle le juge souhaitable, la Cour peut siéger ailleurs selon les dispositions du présent Statut.

Art. 4. Régime et pouvoirs juridiques de la Cour. 1. La Cour a la personnalité juridique internationale. Elle a aussi la capacité juridique qui lui est nécessaire pour exercer ses fonctions et accomplir sa mission.

2. La Cour peut exercer ses fonctions et ses pouvoirs, comme prévu dans le présent Statut, sur le territoire de tout État Partie et, par une convention à cet effet, sur le territoire de tout autre État.

Chapitre II. Compétence, recevabilité et droit applicable.

Art. 5 (1). Crimes relevant de la compétence de la Cour. La compétence de la Cour est limitée aux crimes les plus graves qui touchent l'ensemble de la communauté internationale. En vertu du présent Statut, la Cour a compétence à l'égard des crimes suivants :
a) Le crime de génocide ;
b) Les crimes contre l'humanité ;
c) Les crimes de guerre ;
d) Le crime d'agression.

(1) Paragraphe 2 de l'article 5 (« La Cour exercera sa compétence à l'égard du crime d'agression quand une disposition aura été adoptée conformément aux articles 121 et 123, qui définira ce crime et fixera les conditions de

l'exercice de la compétence de la Cour à son égard. Cette disposition devra être compatible avec les dispositions pertinentes de la Charte des Nations Unies ») a été supprimé conformément à l'annexe 1 de la résolution RC/Res.6 du 11 juin 2010. Voir définition du crime d'agression – Acte d'agression.

Art. 11. Compétence ratione temporis. 1. La Cour n'a compétence qu'à l'égard des crimes relevant de sa compétence commis après l'entrée en vigueur du présent Statut.

2. Si un État devient Partie au présent Statut après l'entrée en vigueur de celui-ci, la Cour ne peut exercer sa compétence qu'à l'égard des crimes commis après l'entrée en vigueur du Statut pour cet État, sauf si ledit État fait la déclaration prévue à l'article 12, paragraphe 3.

(…).

Art. 12 Conditions préalables à l'exercice de la compétence 1. Un État qui devient Partie au Statut accepte par là même la compétence de la Cour à l'égard des crimes visés à l'article 5.

2. Dans les cas visés à l'article 13, paragraphes a) ou c), la Cour peut exercer sa compétence si l'un des États suivants ou les deux sont Parties au présent Statut ou ont accepté la compétence de la Cour conformément au paragraphe 3 :

a) L'État sur le territoire duquel le comportement en cause a eu lieu ou, si le crime a été commis à bord d'un navire ou d'un aéronef, l'État du pavillon ou l'État d'immatriculation ;

b) L'État dont la personne accusée du crime est un ressortissant.

3. Si l'acceptation de la compétence de la Cour par un État qui n'est pas Partie au présent Statut est nécessaire aux fins du paragraphe 2, cet État peut, par déclaration déposée auprès du Greffier, consentir à ce que la Cour exerce sa compétence à l'égard du crime dont il s'agit. L'État ayant accepté la compétence de la Cour coopère avec celle-ci sans retard et sans exception conformément au chapitre IX. (…).

(…) *Art. 15 bis (5) Exercice de la compétence à l'égard du crime d'agression (Renvoi par un État, de sa propre initiative).* 1. La Cour peut exercer sa compétence à l'égard du crime d'agression conformément aux paragraphes a) et c) de l'article 13, sous réserve des dispositions qui suivent.

2. La Cour peut exercer sa compétence uniquement à l'égard de crimes d'agression commis un an après la ratification ou l'acceptation des amendements par trente États Parties.

3. La Cour exerce sa compétence à l'égard du crime d'agression conformément à cet article, sous réserve d'une décision qui sera prise après le 1er janvier 2017 par la même majorité d'États Parties que celle requise pour l'adoption d'un amendement au Statut.

4. La Cour peut, conformément à l'article 12, exercer sa compétence à l'égard d'un crime d'agression résultant d'un acte d'agression commis par un État Partie à moins que cet État Partie n'ait préalablement déclaré qu'il

n'acceptait pas une telle compétence en déposant une déclaration auprès du Greffier. Le retrait d'une telle déclaration peut être effectué à tout moment et sera envisagé par l'État Partie dans un délai de trois ans.

5. En ce qui concerne un État qui n'est pas Partie au présent Statut, la Cour n'exerce pas sa compétence à l'égard du crime d'agression quand celui-ci est commis par des ressortissants de cet État ou sur son territoire.

6. Lorsque le Procureur conclut qu'il y a une base raisonnable pour mener une enquête pour crime d'agression, il s'assure d'abord que le Conseil de sécurité a constaté qu'un acte d'agression avait été commis par l'État en cause. Il avise le Secrétaire général de l'Organisation des Nations Unies de la situation portée devant la Cour et lui communique toute information et tout document utiles.

7. Lorsque le Conseil de sécurité a constaté un acte d'agression, le Procureur peut mener l'enquête sur ce crime.

8. Lorsqu'un tel constat n'est pas fait dans les six mois suivant la date de l'avis, le Procureur peut mener une enquête pour crime d'agression, à condition que la Section préliminaire ait autorisé l'ouverture d'une enquête pour crime d'agression selon la procédure fixée à l'article 15, et que le Conseil de sécurité n'en ait pas décidé autrement, conformément à l'article 16.

9. Le constat d'un acte d'agression par un organe extérieur à la Cour est sans préjudice des constatations que fait la Cour elle-même en vertu du présent Statut.

10. Le présent article est sans préjudice des dispositions relatives à l'exercice de la compétence à l'égard des autres crimes visés à l'article 5. *(5) Insertion conformément à la résolution RC/Res.6 du 11 juin 2010.*

Art. 15 ter (6) Exercice de la compétence à l'égard du crime d'agression (Renvoi par le Conseil de sécurité). 1. La Cour peut exercer sa compétence à l'égard du crime d'agression conformément au paragraphe b) de l'article 13, sous réserve des dispositions qui suivent.

2. La Cour peut exercer sa compétence uniquement à l'égard de crimes d'agression commis un an après la ratification ou l'acceptation des amendements par trente États Parties.

3. La Cour exerce sa compétence à l'égard du crime d'agression conformément à cet article, sous réserve d'une décision qui sera prise après le 1er janvier 2017 par la même majorité d'États Parties que celle requise pour l'adoption d'un amendement au Statut.

4. Le constat d'un acte d'agression par un organe extérieur à la Cour est sans préjudice des constatations que fait la Cour elle-même en vertu du présent Statut.

5. Le présent article est sans préjudice des dispositions relatives à l'exercice de la compétence à l'égard des autres crimes visés à l'article 5. *(6) Insertion conformément à la résolution RC/Res.6 du 11 juin 2010.*

Art. 16. Sursis à enquêter ou à poursuivre. Aucune enquête ni aucune poursuite ne peuvent être engagées ni menées en vertu du présent Statut pendant les douze mois qui suivent la date à laquelle le Conseil de sécurité a fait une demande en ce sens à la Cour dans une résolution adoptée en vertu du Chapitre VII de la Charte des Nations Unies ; la demande peut être renouvelée par le Conseil dans les mêmes conditions.

Art. 20 (7) Ne bis in idem. 1. Sauf disposition contraire du présent Statut, nul ne peut être jugé par la Cour pour des actes constitutifs de crimes pour lesquels il a déjà été condamné ou acquitté par elle.

2. Nul ne peut être jugé par une autre juridiction pour un crime visé à l'article 5 pour lequel il a déjà été condamné ou acquitté par la Cour.

3. Quiconque a été jugé par une autre juridiction pour un comportement tombant aussi sous le coup des articles 6, 7, 8 ou 8 *bis* ne peut être jugé par la Cour que si la procédure devant l'autre juridiction :

a) Avait pour but de soustraire la personne concernée à sa responsabilité pénale pour des crimes relevant de la compétence de la Cour ; ou

b) N'a pas été au demeurant menée de manière indépendante ou impartiale, dans le respect des garanties d'un procès équitable prévues par le droit international, mais d'une manière qui, dans les circonstances, était incompatible avec l'intention de traduire l'intéressé en justice.

(7) Conformément à la résolution RC/Res.6 du 11 juin 2010 (en incluant la référence à l'article 8 bis).

Art. 21. Droit applicable. 1. La Cour applique :

a) En premier lieu, le présent Statut, les Eléments des crimes et le Règlement de procédure et de preuve ;

b) En second lieu, selon qu'il convient, les traités applicables et les principes et règles du droit international, y compris les principes établis du droit international des conflits armés ;

c) A défaut, les principes généraux du droit dégagés par la Cour à partir des lois nationales représentant les différents systèmes juridiques du monde, y compris, selon qu'il convient, les lois nationales des Etats sous la juridiction desquels tomberait normalement le crime, si ces principes ne sont pas incompatibles avec le présent Statut ni avec le droit international et les règles et normes internationales reconnues.

2. La Cour peut appliquer les principes et règles de droit tels qu'elle les a interprétés dans ses décisions antérieures.

3. L'application et l'interprétation du droit prévues au présent article doivent être compatibles avec les droits de l'homme internationalement reconnus et exemptes de toute discrimination fondée sur des considérations telles que l'appartenance à l'un ou l'autre sexe tel que défini à l'article 7, paragraphe 3, l'âge, la race, la couleur, la langue, la religion ou la conviction, les opinions politiques ou autres, l'origine nationale, ethnique ou sociale, la fortune, la naissance ou toute autre qualité.

Chapitre III. Principes généraux du droit pénal.

Art. 22. Nullum crimen sine lege. 1. Une personne n'est responsable pénalement en vertu du présent Statut que si son comportement constitue, au moment où il se produit, un crime relevant de la compétence de la Cour.

2. La définition d'un crime est d'interprétation stricte et ne peut être étendue par analogie. En cas d'ambiguïté, elle est interprétée en faveur de la personne qui fait l'objet d'une enquête, de poursuites ou d'une condamnation.

3. Le présent article n'empêche pas qu'un comportement soit qualifié de crime au regard du droit international, indépendamment du présent Statut.

Art. 23. Nulla poena sine lege. Une personne qui a été condamnée par la Cour ne peut être punie que conformément aux dispositions du présent Statut.

Art. 24. Non-rétroactivité ratione personae. 1. Nul n'est pénalement responsable, en vertu du présent Statut, pour un comportement antérieur à l'entrée en vigueur du Statut.

2. Si le droit applicable à une affaire est modifié avant le jugement définitif, c'est le droit le plus favorable à la personne faisant l'objet d'une enquête, de poursuites ou d'une condamnation qui s'applique.

Art. 25. Responsabilité pénale individuelle. 1. La Cour est compétente à l'égard des personnes physiques en vertu du présent Statut.

2. Quiconque commet un crime relevant de la compétence de la Cour est individuellement responsable et peut être puni conformément au présent Statut.

3. Aux termes du présent Statut, une personne est pénalement responsable et peut être punie pour un crime relevant de la compétence de la Cour si :

a) Elle commet un tel crime, que ce soit individuellement, conjointement avec une autre personne ou par l'intermédiaire d'une autre personne, que cette autre personne soit ou non pénalement responsable ;

b) Elle ordonne, sollicite ou encourage la commission d'un tel crime, dès lors qu'il y a commission ou tentative de commission de ce crime;

c) En vue de faciliter la commission d'un tel crime, elle apporte son aide, son concours ou toute autre forme d'assistance à la commission ou à la tentative de commission de ce crime, y compris en fournissant les moyens de cette commission ;

d) Elle contribue de toute autre manière à la commission ou à la tentative de commission d'un tel crime par un groupe de personnes agissant de concert. Cette contribution doit être intentionnelle et, selon le cas :

i) Viser à faciliter l'activité criminelle ou le dessein criminel du groupe, si cette activité ou ce dessein comporte l'exécution d'un crime relevant de la compétence de la Cour ; ou

ii) Être faite en pleine connaissance de l'intention du groupe de commettre ce crime ;

e) S'agissant du crime de génocide, elle incite directement et publiquement autrui à le commettre ;

f) Elle tente de commettre un tel crime par des actes qui, par leur caractère substantiel, constituent un commencement d'exécution mais sans que le crime soit accompli en raison de circonstances indépendantes de sa volonté. Toutefois, la personne qui abandonne l'effort tendant à commettre le crime ou en empêche de quelque autre façon l'achèvement ne peut être punie en vertu du présent Statut pour sa tentative si elle a complètement et volontairement renoncé au dessein criminel.

3 *bis*. S'agissant du *crime d'agression*, les dispositions du présent article ne s'appliquent qu'aux personnes effectivement en mesure de contrôler ou de diriger l'action politique ou militaire d'un Etat. *(8) Conformément à la Résolution RC/Res.6 du 11 juin 2010 (en incluant le paragraphe 3 bis).*

4. Aucune disposition du présent Statut relative à la responsabilité pénale des individus n'affecte la responsabilité des États en droit international.

Art. 26. Incompétence à l'égard des personnes de moins de 18 ans. La Cour n'a pas compétence à l'égard d'une personne qui était âgée de moins de 18 ans au moment de la commission prétendue d'un crime.

Art. 27. Défaut de pertinence de la qualité officielle. 1. Le présent Statut s'applique à tous de manière égale, sans aucune distinction fondée sur la qualité officielle. En particulier, la qualité officielle de chef d'État ou de gouvernement, de membre d'un gouvernement ou d'un parlement, de représentant élu ou d'agent d'un État, n'exonère en aucun cas de la responsabilité pénale au regard du présent Statut, pas plus qu'elle ne constitue en tant que telle un motif de réduction de la peine.

2. Les immunités ou règles de procédure spéciales qui peuvent s'attacher à la qualité officielle d'une personne, en vertu du droit interne ou du droit international, n'empêchent pas la Cour d'exercer sa compétence à l'égard de cette personne.

Art. 28. Responsabilité des chefs militaires et autres supérieurs hiérarchiques. Outre les autres motifs de responsabilité pénale au regard du présent Statut pour des crimes relevant de la compétence de la Cour :

a) Un chef militaire ou une personne faisant effectivement fonction de chef militaire est pénalement responsable des crimes relevant de la compétence de la Cour commis par des forces placées sous son commandement et son contrôle effectifs, ou sous son autorité et son contrôle effectifs, selon le cas, lorsqu'il ou elle n'a pas exercé le contrôle qui convenait sur ces forces dans les cas où :

i) Ce chef militaire ou cette personne savait, ou, en raison des circonstances, aurait dû savoir, que ces forces commettaient ou allaient commettre ces crimes ; et

ii) Ce chef militaire ou cette personne n'a pas pris toutes les mesures nécessaires et raisonnables qui étaient en son pouvoir pour en empêcher ou en réprimer l'exécution ou pour en référer aux autorités compétentes aux fins d'enquête et de poursuites ;

b) En ce qui concerne les relations entre supérieur hiérarchique et subordonnés non décrites au paragraphe a), le supérieur hiérarchique est pénalement responsable des crimes relevant de la compétence de la Cour commis par des subordonnés placés sous son autorité et son contrôle effectifs, lorsqu'il ou elle n'a pas exercé le contrôle qui convenait sur ces subordonnés dans les cas où :
i) Le supérieur hiérarchique savait que ces subordonnés commettaient ou allaient commettre ces crimes ou a délibérément négligé de tenir compte d'informations qui l'indiquaient clairement ;
ii) Ces crimes étaient liés à des activités relevant de sa responsabilité et de son contrôle effectifs ; et
iii) Le supérieur hiérarchique n'a pas pris toutes les mesures nécessaires et raisonnables qui étaient en son pouvoir pour en empêcher ou en réprimer l'exécution ou pour en référer aux autorités compétentes aux fins d'enquête et de poursuites.

Art. 29. Imprescriptibilité. Les crimes relevant de la compétence de la Cour ne se prescrivent pas. (…).

Chapitre VII Les peines. Art. 77. Peines applicables. 1. Sous réserve de l'article 110, la Cour peut prononcer contre une personne déclarée coupable d'un crime visé à l'article 5 du présent Statut l'une des peines suivantes :
a) Une peine d'emprisonnement à temps de 30 ans au plus ; ou
b) Une peine d'emprisonnement à perpétuité, si l'extrême gravité du crime et la situation personnelle du condamné le justifient.
2. À la peine d'emprisonnement, la Cour peut ajouter :
a) Une amende fixée selon les critères prévus par le Règlement de procédure et de preuve ;
b) La confiscation des profits, biens et avoirs tirés directement ou indirectement du crime, sans préjudice des droits des tiers de bonne foi. (...).

Crime d'agression – Acte d'agression *(Statut de Rome CPI, art. 8 bis (3) ; Éléments des crimes, art. 8 bis (74) Crime d'agression. Introduction ; Éléments ; Assemblée des États Parties. Seizième session, New York, 4-14 décembre 2017. Résolution ICC-ASP/16/Res.5. Adoptée à la 13ème séance plénière, le 14 décembre 2017, par consensus. Déclenchement de la compétence de la Cour à l'égard du crime d'agression).*

***Statut de Rome CPI, art. 8 bis** (3).* 1. Aux fins du présent Statut, on entend par « *crime d'agression* » la planification, la préparation, le lancement ou l'exécution par une personne effectivement en mesure de contrôler ou de diriger l'action politique ou militaire d'un État, d'un acte d'agression qui, par sa nature, sa gravité et son ampleur, constitue une violation manifeste de la Charte des Nations Unies.

2. Aux fins du paragraphe 1, on entend par « ***acte d'agression*** » l'emploi par un État de la force armée contre la souveraineté, l'intégrité territoriale ou

l'indépendance politique d'un autre État, ou de toute autre manière incompatible avec la Charte des Nations Unies. Qu'il y ait ou non déclaration de guerre, les actes suivants sont des actes d'agression au regard de la résolution 3314 (XXIX) de l'Assemblée générale des Nations Unies en date du 14 décembre 1974:
a) L'invasion ou l'attaque par les forces armées d'un État du territoire d'un autre État ou l'occupation militaire, même temporaire, résultant d'une telle invasion ou d'une telle attaque, ou l'annexion par la force de la totalité ou d'une partie du territoire d'un autre État ;
b) Le bombardement par les forces armées d'un État du territoire d'un autre État, ou l'utilisation d'une arme quelconque par un État contre le territoire d'un autre État ;
c) Le blocus des ports ou des côtes d'un État par les forces armées d'un autre État ;
d) L'attaque par les forces armées d'un État des forces terrestres, maritimes ou aériennes, ou des flottes aériennes et maritimes d'un autre État ;
e) L'emploi des forces armées d'un État qui se trouvent dans le territoire d'un autre État avec l'agrément de celui-ci en contravention avec les conditions fixées dans l'accord pertinent, ou la prolongation de la présence de ces forces sur ce territoire après l'échéance de l'accord pertinent ;
f) Le fait pour un Etat de permettre que son territoire, qu'il a mis à la disposition d'un autre Etat, serve à la commission par cet autre Etat d'un acte d'agression contre un Etat tiers ;
g) L'envoi par un Etat ou au nom d'un Etat de bandes, groupes, troupes irrégulières ou mercenaires armés qui exécutent contre un autre Etat des actes assimilables à ceux de forces armées d'une gravité égale à celle des actes énumérés ci-dessus, ou qui apportent un concours substantiel à de tels actes. *(3) Ajout conformément à la résolution RC/Res.6 du 11 juin 2010.*

Statut de Rome CPI, Eléments des crimes, Art. 8 bis (74)* Crime d'agression. *Introduction. 1. Il est entendu que l'un quelconque des actes visés au paragraphe 2 de l'article 8 *bis* constitue un acte d'agression.
2) Il n'est pas nécessaire de prouver que l'auteur a évalué, en droit, la question de savoir si le recours à la force armée était incompatible avec la Charte des Nations Unies.

3. L'expression « manifeste » est une qualification objective.

4. Il n'est pas nécessaire de prouver que l'auteur a évalué, en droit, le caractère « manifeste » de la violation de la Charte des Nations Unies.

Éléments. 1. L'auteur a planifié, préparé, déclenché ou commis un acte d'agression.

2. L'auteur était une personne *(75)* effectivement en mesure de contrôler ou de diriger l'action politique ou militaire de l'État ayant commis l'acte d'agression.

3. L'acte d'agression – le recours à la force armée par un État contre la souveraineté, l'intégrité territoriale ou l'indépendance politique d'un autre

État ou de toute autre manière incompatible avec la Charte des Nations Unies – a été commis.

4. L'auteur avait connaissance des circonstances de fait qui avaient établi l'incompatibilité d'un tel recours à la force armée avec la Charte des Nations Unies.

5. L'acte d'agression, par ses caractéristiques, sa gravité et son ampleur, a constitué une violation manifeste de la Charte des Nations Unies.

6. L'auteur avait connaissance des circonstances de fait qui avaient établi une telle violation manifeste de la Charte des Nations Unies.

(74) Comme amendé par la résolution RC/Res.6 ; voir les Documents officiels de la Conférence de révision au Statut de Rome de la Cour pénale internationale, Kampala, 31 mai-11 juin 2010 (publication de la Cour pénale internationale, RC/11, partie II).

(75) Dans le contexte d'un acte d'agression, il se peut que plus d'une personne réponde à ces critères.

L'Assemblée des États Parties au Statut de Rome de la Cour pénale internationale (« l'Assemblée ») a tenu sa seizième session du 4 au 14 décembre 2017 au siège de l'Organisation des Nations Unies à New York. Elle a réuni les États Parties, les États observateurs, les États invités, les organisations internationales et régionales et les représentants de la société civile. L'Assemblée a notamment adopté six résolutions par consensus : sur l'exercice de la compétence à l'égard du crime d'agression ; sur les amendements à l'article 8 du Statut de Rome, sur les consultations menées en vertu de l'article 97(c) du Statut de Rome, sur la coopération, sur le budget de la Cour pour 2018, et la résolution d'ensemble dite « omnibus ».

Dans la Résolution ICC-ASP/16/Res.5 sur le déclenchement de la compétence de la Cour à l'égard du crime d'agression, l'Assemblée des Etats Parties au Statut de Rome a reconnu la portée historique de la décision consensuelle prise à la Conférence de révision tenue à Kampala (2010) d'adopter les amendements au Statut de Rome et a décidé, entre autres, « *de déclencher la compétence de la Cour à l'égard du crime d'agression à compter du 17 juillet 2018* ». En effet, jusque-là, la CPI ne jugeait que les crimes contre l'humanité, les crimes de génocide et les crimes de guerre. Le crime d'agression d'un pays contre un autre était prévu dans le Statut de la CPI, mais n'avait jamais été déclenché (activé) en raison de son caractère politique. Désormais, la CPI pourra juger les crimes d'agression entre Etats à compter du 17 juillet 2018. Ce quatrième chef d'inculpation revient à reconnaître l'attaque de la souveraineté d'un pays par un autre et à désigner des coupables présumés parmi ses dirigeants.

Assemblée des États Parties. Seizième session, New York, 4-14 décembre 2017. **Résolution ICC-ASP/16/Res.5.** Adoptée à la 13ème séance plénière, le 14 décembre 2017, par consensus. **Déclenchement de la compétence de la Cour à l'égard du crime d'agression**

L'Assemblée des États parties,

Reconnaissant la portée historique de la décision consensuelle prise à la Conférence de révision tenue à Kampala d'adopter les amendements au Statut de Rome relatifs au crime d'agression, et rappelant à cet égard la résolution RC/Res.6,

Réaffirmant les objectifs et les principes de la Charte des Nations Unies,

Rappelant sa détermination à déclencher la compétence de la Cour pénale internationale (« la Cour ») à l'égard du crime d'agression aussitôt que possible, sous réserve d'une décision prise conformément aux articles 15 *bis*, paragraphe 3 et 15 *ter*, paragraphe 3 du Statut de Rome,

Notant avec satisfaction le rapport sur la facilitation du déclenchement de la compétence de la Cour à l'égard du crime d'agression (ICC-ASP/16/24.), dans lequel se trouvent résumées les positions des États Parties,

Rappelant les articles 15 bis, paragraphe 4 et 121, paragraphe 5,

Rappelant par ailleurs que dans le paragraphe 1 de la résolution RC/Res.6, la Conférence de révision a décidé d'adopter, conformément à l'article 5, paragraphe 2, les amendements au Statut relatifs au crime d'agression, qui sont sujets à ratification ou à acceptation et entreront en vigueur conformément à l'article 121, paragraphe 5, et a noté que tout État Partie pouvait déposer une déclaration prévue à l'article 15 *bis* avant ratification ou acceptation des amendements ;

1. *Décide* de déclencher la compétence de la Cour à l'égard du crime d'agression à compter du 17 juillet 2018 ;
2. *Confirme* que, conformément au Statut de Rome, les amendements au Statut relatifs au crime d'agression qui ont été adoptés à la Conférence de révision de Kampala entrent en vigueur à l'égard des États Parties qui les ont acceptés un an après le dépôt de leurs instruments de ratification ou d'acceptation, et qu'en cas de renvoi par un État ou d'enquête ouverte *proprio motu*, la Cour n'exerce pas sa compétence à l'égard d'un crime d'agression s'il a été commis par un ressortissant ou sur le territoire d'un État Partie n'ayant pas ratifié ou accepté ces amendements ;
3. *Réaffirme* les articles 40, paragraphe 1 et 119, paragraphe 1 du Statut de Rome relativement à l'indépendance judiciaire des juges de la Cour ;
4. *Réitère* son appel adressé aux États Parties qui ne l'ont pas encore fait afin qu'ils ratifient ou acceptent les amendements au Statut de Rome relatifs au crime d'agression. *Source :* https://asp.icc-cpi.int/iccdocs/asp_docs/Resolutions/ASP16/ICC-ASP-16-Res5-FRA.pdf

Crime d'apartheid. Voir : *Crimes contre l'humanité, Eléments des crimes.*

Crime de génocide. *Voir Génocide – Crime de génocide.*

Crimes contre l'humanité *(Accord de Londres du 8 août 1945, Statut du Tribunal Militaire International de Nuremberg. Art. 6. c) - Statut de Rome CPI, art. 7. Crimes contre l'humanité (attaque lancée contre une population civile, extermination, réduction en esclavage, déportation ou transfert forcé de population, torture, grossesse forcée, persécution, crime d'apartheid, disparitions forcées de personnes) - Statut de Rome CPI, Éléments des crimes, art. 7. Crimes contre l'humanité. Introduction ; Art. 7 1) a) Meurtre. Éléments ; Art. 7 1) b) Extermination. Éléments ; Art. 7 1) c) Réduction en esclavage. Éléments ; Art. 7 1) d) Déportation ou transfert forcé de populations. Éléments ; Art. 7 1) e) Emprisonnement ou autres formes de privation grave de liberté physique. Éléments ; Art. 7 1) f) Torture. Éléments ; Art. 7 1) g)-1 Viol. Éléments ; Art. 7 1) g)-2 Esclavage sexuel. Éléments ; Art. 7 1) g)-3 Prostitution forcée. Éléments ; Art. 7 1) g)-4 Grossesse forcée. Éléments ; Art. 7 1) g)-5 Stérilisation forcée. Éléments ; Art. 7 1) g)-6 Autres formes de violences sexuelles. Éléments ; Art. 7 1) h) Persécution. Éléments ; Art. 7 1) i) Disparition forcée. Éléments ; Art. 7 1) j) Apartheid. Éléments ; Art. 7 1) k) Autres actes inhumains. Éléments - Statut TPIY, art. 5. Crimes contre l'humanité ; Statut TPIR, art. 3. Crimes contre l'humanité).*

Accord de Londres du 8 août 1945 – Statut du Tribunal Militaire International de Nuremberg. *Accord entre le Gouvernement Provisoire de la République Française et les Gouvernements des Etats-Unis d'Amérique, du Royaume Uni de Grande-Bretagne et d'Irlande du Nord et de l'Union des Républiques Socialistes Soviétiques concernant la poursuite et le châtiment des grands criminels de guerre des Puissances européennes de l'Axe). Statut du Tribunal Militaire International. (...) II. - Juridiction et principes généraux.* ***Art. 6.*** **c)** Les *crimes contre l'Humanité* : c'est-à-dire l'assassinat, l'extermination, la réduction en esclavage, la déportation, et tout autre acte inhumain commis contre toutes populations civiles, avant ou pendant la guerre, ou bien les persécutions pour des motifs politiques, raciaux ou religieux lorsque ces actes ou persécutions, qu'ils aient constitué ou non une violation du droit interne du pays où ils ont été perpétrés, ont été commis à la suite de tout crime rentrant dans la compétence du Tribunal, ou en liaison avec ce crime. (…).

Statut de Rome CPI, art. *7. Crimes contre l'humanité.* 1. Aux fins du présent Statut, on entend par crime contre l'humanité l'un quelconque des actes ci-après lorsqu'il est commis dans le cadre d'une attaque généralisée ou systématique lancée contre toute population civile et en connaissance de cette attaque :

a) Meurtre ;

b) Extermination ;

c) Réduction en esclavage ;

d) Déportation ou transfert forcé de population ;

e) Emprisonnement ou autre forme de privation grave de liberté physique en violation des dispositions fondamentales du droit international ;
f) Torture ;
g) Viol, esclavage sexuel, prostitution forcée, grossesse forcée, stérilisation forcée ou toute autre forme de violence sexuelle de gravité comparable ;
h) Persécution de tout groupe ou de toute collectivité identifiable pour des motifs d'ordre politique, racial, national, ethnique, culturel, religieux ou sexiste au sens du paragraphe 3, ou en fonction d'autres critères universellement reconnus comme inadmissibles en droit international, en corrélation avec tout acte visé dans le présent paragraphe ou tout crime relevant de la compétence de la Cour ;
i) Disparitions forcées de personnes ;
j) Crime d'apartheid ;
k) Autres actes inhumains de caractère analogue causant intentionnellement de grandes souffrances ou des atteintes graves à l'intégrité physique ou à la santé physique ou mentale.

2. Aux fins du paragraphe 1 :
a) Par « ***attaque lancée contre une population civile*** », on entend le comportement qui consiste en la commission multiple d'actes visés au paragraphe 1 à l'encontre d'une population civile quelconque, en application ou dans la poursuite de la politique d'un État ou d'une organisation ayant pour but une telle attaque ;
b) Par « ***extermination*** », on entend notamment le fait d'imposer intentionnellement des conditions de vie, telles que la privation d'accès à la nourriture et aux médicaments, calculées pour entraîner la destruction d'une partie de la population ;
c) Par « ***réduction en esclavage*** », on entend le fait d'exercer sur une personne l'un quelconque ou l'ensemble des pouvoirs liés au droit de propriété, y compris dans le cadre de la traite des être humains, en particulier des femmes et des enfants ;
d) Par « ***déportation ou transfert forcé de population*** », on entend le fait de déplacer de force des personnes, en les expulsant ou par d'autres moyens coercitifs, de la région où elles se trouvent légalement, sans motifs admis en droit international ;
e) Par « ***torture*** », on entend le fait d'infliger intentionnellement une douleur ou des souffrances aiguës, physiques ou mentales, à une personne se trouvant sous sa garde ou sous son contrôle ; l'acception de ce terme ne s'étend pas à la douleur ou aux souffrances résultant uniquement de sanctions légales, inhérentes à ces sanctions ou occasionnées par elles ;
f) Par « ***grossesse forcée*** », on entend la détention illégale d'une femme mise enceinte de force, dans l'intention de modifier la composition ethnique d'une population ou de commettre d'autres violations graves du droit international. Cette définition ne peut en aucune manière s'interpréter comme ayant une incidence sur les lois nationales relatives à la grossesse ;

g) Par « ***persécution*** », on entend le déni intentionnel et grave de droits fondamentaux en violation du droit international, pour des motifs liés à l'identité du groupe ou de la collectivité qui en fait l'objet;
h) Par « ***crime d'apartheid*** », on entend des actes inhumains analogues à ceux que vise le paragraphe 1, commis dans le cadre d'un régime institutionnalisé d'oppression systématique et de domination d'un groupe racial sur tout autre groupe racial ou tous autres groupes raciaux et dans l'intention de maintenir ce régime ;
i) Par « ***disparitions forcées de personnes*** », on entend les cas où des personnes sont arrêtées, détenues ou enlevées par un État ou une organisation politique ou avec l'autorisation, l'appui ou l'assentiment de cet État ou de cette organisation, qui refuse ensuite d'admettre que ces personnes sont privées de liberté ou de révéler le sort qui leur est réservé ou l'endroit où elles se trouvent, dans l'intention de les soustraire à la protection de la loi pendant une période prolongée.

3. Aux fins du présent Statut, le terme **« *sexe* »** s'entend de l'un et l'autre sexes, masculin et féminin, suivant le contexte de la société. Il n'implique aucun autre sens.

Statut de Rome CPI, Éléments des crimes, art. 7. Crimes contre l'humanité. Introduction. 1. Comme l'article 7 relève du droit pénal international, ses dispositions, conformément à l'article 22, doivent être interprétées strictement, compte tenu du fait que les crimes contre l'humanité tels qu'ils y sont définis sont parmi les crimes les plus graves qui concernent l'ensemble de la communauté internationale, qu'ils engagent la responsabilité pénale individuelle et supposent une conduite inadmissible au regard du droit international général applicable tel qu'il est reconnu par les principaux systèmes juridiques du monde.

2. Les deux derniers éléments de chaque crime contre l'humanité décrivent le contexte dans lequel les actes doivent avoir été commis. Ces éléments clarifient le degré de participation et de connaissance requis de l'attaque généralisée ou systématique lancée contre une population civile. Toutefois, le dernier élément ne doit pas être interprété comme exigeant qu'il soit prouvé que l'auteur avait connaissance de toutes les caractéristiques de l'attaque ou des détails précis du plan ou de la politique de l'État ou de l'organisation. Dans le cas où une attaque généralisée ou systématique contre une population civile est dans sa phase initiale, l'intention visée dans le dernier élément indique que l'élément psychologique est présent dès lors que l'auteur avait l'intention de mener une telle attaque.

3. Par « ***attaque lancée contre une population civile*** » on entend, dans l'élément de contexte, le comportement qui consiste en la commission multiple d'actes visés au paragraphe 1 de l'article 7 du Statut à l'encontre d'une population civile quelle qu'elle soit, en application ou dans la poursuite de la politique d'un État ou d'une organisation ayant pour but une

telle attaque. Les actes ne doivent pas nécessairement constituer une attaque militaire. Il est entendu que pour qu'il y ait « ***politique ayant pour but une telle attaque*** », il faut que l'État ou l'organisation favorise ou encourage activement une telle attaque contre une population civile (6). *(6). La politique qui a pour but une attaque contre la population civile en tant que telle se manifeste par l'action d'un État ou d'une organisation. Dans des circonstances exceptionnelles, une telle politique peut prendre la forme d'une abstention délibérée d'agir, par laquelle l'État ou l'organisation entend consciemment encourager une telle attaque. On ne peut inférer l'existence d'une telle politique du seul fait que l'État ou l'organisation s'abstienne de toute action.*

Art. 7 1) a) Meurtre. *Éléments.* 1. L'auteur a tué (7) une ou plusieurs personnes.

2. Le comportement faisait partie d'une attaque généralisée ou systématique dirigée contre une population civile.

3. L'auteur savait que ce comportement faisait partie d'une attaque généralisée ou systématique dirigée contre une population civile ou entendait qu'il en fasse partie. *(7). Le terme « tué » est interchangeable avec l'expression « causé la mort de ». La présente note s'applique à tous les éléments qui utilisent l'une de ces deux expressions.*

Art. 7 1) b) Extermination. *Éléments.* 1. L'auteur a tué (8) une ou plusieurs personnes, notamment en les soumettant à des conditions d'existence propres à entraîner la destruction d'une partie d'une population *(9).*

2. Les actes constituaient un massacre de membres d'une population civile ou en faisaient partie *(10).*

3. Le comportement faisait partie d'une attaque généralisée ou systématique dirigée contre une population civile.

4. L'auteur savait que ce comportement faisait partie d'une attaque généralisée ou systématique dirigée contre une population civile ou entendait qu'il en fasse partie.

(8). Ces actes pourraient impliquer différentes méthodes de meurtre, directes ou indirectes.

(9). Ces conditions pourraient être infligées par la privation d'accès à la nourriture ou aux médicaments.

(10). Les termes « en faisaient partie » comprendraient l'acte initial dans un massacre.

Art. 7 1) c) Réduction en esclavage. *Éléments.* 1. L'auteur a exercé l'un quelconque ou l'ensemble des pouvoirs liés au droit de propriété sur une ou plusieurs personnes, par exemple en achetant, vendant, prêtant ou troquant ladite ou lesdites personnes, ou en leur imposant une privation de liberté similaire *(11).*

2. Le comportement faisait partie d'une attaque généralisée ou systématique dirigée contre une population civile.

3. L'auteur savait que ce comportement faisait partie d'une attaque généralisée ou systématique dirigée contre une population civile ou entendait qu'il en fasse partie.

(11). Il est entendu qu'une telle privation de liberté peut, dans certaines circonstances, inclure des travaux forcés ou d'autres moyens de réduire une personne à l'état de servitude, tel qu'il est défini dans la Convention supplémentaire de 1956 relative à l'abolition de l'esclavage, de la traite des esclaves et des institutions et pratiques analogues à l'esclavage. Il est aussi entendu que le comportement décrit dans cet élément inclut la traite d'êtres humains, en particulier de femmes et d'enfants.

Art. 7 1) d) Déportation ou transfert forcé de populations. *Éléments.* 1. L'auteur a déporté ou transféré de force (12, 13), sans motif admis en droit international, une ou plusieurs personnes dans un autre État ou un autre lieu, en les expulsant ou par d'autres moyens coercitifs.

2. Les personnes concernées étaient légalement présentes dans la région d'où elles ont été ainsi déportées ou déplacées.

3. L'auteur avait connaissance des circonstances de fait établissant la légalité de cette présence.

4. Le comportement faisait partie d'une attaque généralisée ou systématique dirigée contre une population civile.

5. L'auteur savait que ce comportement faisait partie d'une attaque généralisée ou systématique dirigée contre une population civile ou entendait qu'il en fasse partie.

(12). Le terme « de force » ne se limite pas à la force physique et peut comprendre un acte commis en usant à l'encontre de ladite ou desdites ou de tierces personnes de la menace de la force ou de la coercition, telle que celle causée par la menace de violences, contrainte, détention, pressions psychologiques, abus de pouvoir, ou bien à la faveur d'un climat coercitif.

(13). Dans le texte anglais, l'expression « déporté ou transféré de force » est interchangeable avec « déplacé de force.

Art. 7 1) e) Emprisonnement ou autres formes de privation grave de liberté physique. *Éléments.* 1. L'auteur a emprisonné une ou plusieurs personnes ou autrement soumis ladite ou lesdites personnes à une privation grave de leur liberté physique.

2. La gravité du comportement était telle qu'il constituait une violation de règles fondamentales du droit international.

3. L'auteur avait connaissance des circonstances de fait établissant la gravité de son comportement.

4. Le comportement faisait partie d'une attaque généralisée ou systématique dirigée contre une population civile.

5. L'auteur savait que ce comportement faisait partie d'une attaque généralisée ou systématique dirigée contre une population civile ou entendait qu'il en fasse partie.

Art. 7 1) f) Torture *(14). Éléments.* 1. L'auteur a infligé à une ou plusieurs personnes une douleur ou des souffrances aiguës, physiques ou mentales.

2. Ladite ou lesdites personnes étaient sous la garde ou sous le contrôle de l'auteur.

3. Les douleurs ou souffrances ne résultaient pas uniquement de sanctions légales et n'étaient pas inhérentes à de telles sanctions ni occasionnées par elles.

4. Le comportement faisait partie d'une attaque généralisée ou systématique dirigée contre une population civile.

5. L'auteur savait que ce comportement faisait partie d'une attaque généralisée ou systématique dirigée contre une population civile ou entendait qu'il en fasse partie. *(14). Il est entendu qu'aucune intention spécifique n'a besoin d'être établie pour ce crime.*

Art. 7 1) g)-1 Viol. *Éléments.* 1. L'auteur a pris possession *(15)* du corps d'une personne de telle manière qu'il y a eu pénétration, même superficielle, d'une partie du corps de la victime ou de l'auteur par un organe sexuel, ou de l'anus ou du vagin de la victime par un objet ou toute partie du corps.

2. L'acte a été commis par la force ou en usant à l'encontre de ladite ou desdites ou de tierces personnes de la menace de la force ou de la coercition, telle que celle causée par la menace de violences, contrainte, détention, pressions psychologiques, abus de pouvoir, ou bien à la faveur d'un environnement coercitif, ou encore en profitant de l'incapacité de ladite personne de donner son libre consentement *(16).*

3. Le comportement faisait partie d'une attaque généralisée ou systématique dirigée contre une population civile.

4. L'auteur savait que ce comportement faisait partie d'une attaque généralisée ou systématique dirigée contre une population civile ou entendait qu'il en fasse partie.

(15). L'expression « possession » se veut suffisamment large pour être dénuée de connotation sexospécifique.

(16). Il est entendu qu'une personne peut être incapable de donner un libre consentement si elle souffre d'une incapacité innée, acquise ou liée à l'âge. La présente note vaut aussi pour les éléments correspondants des articles 7 1) g)-3, 5 et 6.

Art. 7 1) g)-2 Esclavage sexuel *(17). Éléments.* 1. L'auteur a exercé l'un quelconque ou l'ensemble des pouvoirs associés au droit de propriété sur une ou plusieurs personnes, par exemple en achetant, vendant, prêtant ou troquant ladite ou lesdites personnes concernées, ou en leur imposant une privation similaire de liberté *(18).*

2. L'auteur a contraint ladite ou lesdites personnes à accomplir un acte ou plusieurs actes de nature sexuelle.

3. Le comportement faisait partie d'une attaque généralisée ou systématique dirigée contre une population civile.

4. L'auteur savait que ce comportement faisait partie d'une attaque généralisée ou systématique dirigée contre une population civile ou entendait qu'il en fasse partie.

(17). Vu la nature complexe de ce crime, il est entendu que sa commission pourrait impliquer plusieurs auteurs ayant une intention criminelle commune.

(18). Il est entendu qu'une telle privation de liberté peut, dans certaines circonstances, inclure des travaux forcés ou d'autres moyens de réduire une personne à l'état de servitude, tel qu'il est défini dans la Convention supplémentaire de 1956 relative à l'abolition de l'esclavage, de la traite des esclaves et des institutions et pratiques analogues à l'esclavage. Il est aussi entendu que le comportement décrit dans cet élément inclut la traite d'êtres humains, en particulier de femmes et d'enfants.

Art. 7 1) g)-3 Prostitution forcée. *Éléments.* 1. L'auteur a amené une ou plusieurs personnes à accomplir un ou plusieurs actes de nature sexuelle par la force ou en usant à l'encontre de ladite ou desdites ou de tierces personnes de la menace de la force ou de la coercition, telle que celle causée par la menace de violences, contrainte, détention, pressions psychologiques, abus de pouvoir, ou bien à la faveur d'un environnement coercitif, ou encore en profitant de l'incapacité desdites personnes de donner leur libre consentement.

2. L'auteur ou une autre personne a obtenu ou espérait obtenir un avantage pécuniaire ou autre en échange des actes de nature sexuelle ou en relation avec ceux-ci.

3. Ce comportement faisait partie d'une attaque généralisée ou systématique dirigée contre une population civile.

4. L'auteur savait que ce comportement faisait partie d'une attaque généralisée ou systématique dirigée contre une population civile ou entendait qu'il en fasse partie.

Art. 7 1) g)-4 Grossesse forcée. *Éléments.* 1. L'auteur a détenu une ou plusieurs femmes rendues enceintes de force, dans l'intention de modifier la composition ethnique d'une population ou de commettre d'autres violations graves du droit international.

2. Le comportement faisait partie d'une attaque généralisée ou systématique dirigée contre une population civile.

3. L'auteur savait que ce comportement faisait partie d'une attaque généralisée ou systématique dirigée contre une population civile ou entendait qu'il en fasse partie.

Art. 7 1) g)-5 Stérilisation forcée. *Éléments.* 1. L'auteur a privé une ou plusieurs personnes de la capacité biologique de se reproduire *(19)*.

2. De tels actes n'étaient ni justifiés par un traitement médical ou hospitalier des personnes concernées ni effectués avec leur libre consentement *(20)*.

3. Le comportement faisait partie d'une attaque généralisée ou systématique dirigée contre une population civile.

4. L'auteur savait que ce comportement faisait partie d'une attaque généralisée ou systématique dirigée contre une population civile ou entendait qu'il en fasse partie.

(19). Cela ne vise pas les mesures de régulation des naissances qui ont un effet non permanent dans la pratique.

(20). Il est entendu que le terme « libre consentement » ne comprend pas le consentement obtenu par la tromperie.

Art. 7 1) g)-6 Autres formes de violences sexuelles. *Éléments.* 1. L'auteur a commis un acte de nature sexuelle sur une ou plusieurs personnes ou a contraint ladite ou lesdites personnes à accomplir un tel acte par la force ou en usant à l'encontre de ladite ou desdites ou de tierces personnes de la menace de la force ou de la coercition, telle que celle causée par la menace de violences, contrainte, détention, pressions psychologiques, abus de pouvoir, ou bien à la faveur d'un environnement coercitif, ou encore en profitant de l'incapacité desdites personnes de donner leur libre consentement.

2. Les actes étaient d'une gravité comparable à celle des autres infractions visées à l'article 7, paragraphe 1) g), du Statut.

3. L'auteur avait connaissance des circonstances de fait établissant la gravité de son comportement.

4. Le comportement faisait partie d'une attaque généralisée ou systématique dirigée contre une population civile.

5. L'auteur savait que ce comportement faisait partie d'une attaque généralisée ou systématique dirigée contre une population civile ou entendait qu'il en fasse partie.

Art. 7 1) h) Persécution. *Éléments.* 1. L'auteur a gravement porté atteinte, en violation du droit international *(21)*, aux droits fondamentaux d'une ou plusieurs personnes.

2. L'auteur a pris pour cible la ou les personnes en raison de leur appartenance à un groupe ou à une collectivité identifiable ou a ciblé le groupe ou la collectivité en tant que tel.

3. Un tel ciblage était fondé sur des motifs d'ordre politique, racial, national, ethnique, culturel, religieux ou sexiste au sens du paragraphe 3 de l'article 7 du Statut, ou à d'autres critères universellement reconnus comme inadmissibles en droit international.

4. Le comportement était commis en corrélation avec tout acte visé à l'article 7, paragraphe 1, du Statut ou avec tout crime relevant de la compétence de la Cour *(22)*.

5. Le comportement faisait partie d'une campagne généralisée ou systématique dirigée contre une population civile.

6. L'auteur savait que ce comportement faisait partie d'une campagne généralisée ou systématique dirigée contre une population civile ou entendait qu'il en fasse partie.

(21). Cette condition est sans préjudice du paragraphe 6 de l'introduction générale aux Éléments des crimes.

(22). Il est entendu qu'aucun élément psychologique additionnel n'est nécessaire ici, hormis celui qui est inhérent à l'élément 6.

Art. 7 1) i) Disparition forcée *(23, 24). Éléments.* 1. L'auteur :

a) A arrêté, détenu *(25), (26)* ou enlevé une ou plusieurs personnes ; ou

b) A refusé de reconnaître que cette ou ces personnes avaient été arrêtées, détenues ou enlevées, ou de révéler le sort qui leur a été réservé ou l'endroit où elles se trouvent.

2. a) L'arrestation, la détention ou l'enlèvement ont été suivis ou accompagnés d'un refus d'admettre que cette ou ces personnes sont privées de liberté ou de révéler le sort qui leur est réservé ou l'endroit où elles se trouvent ; ou

b) Ce refus était précédé ou accompagné de cette privation de liberté.

3. L'auteur savait que *(27)* :

a) L'arrestation, la détention ou l'enlèvement serait suivi, dans le cours normal des événements, d'un refus d'admettre que cette ou ces personnes sont privées de liberté ou de révéler le sort qui leur est réservé ou l'endroit où elles se trouvent *(28)* ; ou que

b) Ce refus était précédé ou accompagné d'une privation de liberté.

4. L'arrestation, la détention ou l'enlèvement a été exécuté par ou avec l'autorisation, l'appui ou l'assentiment d'un État ou d'une organisation politique.

5. Le refus d'admettre que cette ou ces personnes sont privées de liberté ou de révéler le sort qui leur est réservé ou l'endroit où elles se trouvent a été opposé par cet État ou cette organisation politique ou avec son autorisation ou son appui.

6. L'auteur avait l'intention de soustraire ladite ou lesdites personnes à la protection de la loi pendant une période prolongée.

7. Le comportement faisait partie d'une attaque généralisée ou systématique dirigée contre une population civile.

8. L'auteur savait que ce comportement faisait partie d'une attaque généralisée ou systématique dirigée contre une population civile ou entendait qu'il en fasse partie.

(23). Vu la nature complexe de ce crime, il est entendu que sa commission impliquera normalement plusieurs auteurs ayant une intention criminelle commune.

(24). Ce crime ne relève de la compétence de la Cour que si l'attaque visée aux éléments 7 et 8 intervient après l'entrée en vigueur du Statut.

(25). Celui qui, sans avoir procédé à la mise en détention, a maintenu une détention existante est aussi considéré comme auteur.

26. Il est entendu que, dans certaines circonstances, l'arrestation ou la détention peuvent avoir été légales.
(27). Cet élément, qui a été inclus en raison de la complexité du crime, est sans préjudice de l'introduction générale aux éléments des crimes.
28. Il est entendu que, dans le cas d'un auteur qui a maintenu une détention existante, cet élément devrait/pourrait être satisfait si l'auteur savait qu'un tel refus avait déjà été opposé.

Art. 7 1) j) Apartheid. *Éléments.* 1. L'auteur a commis un acte inhumain contre une ou plusieurs personnes.

2. Cet acte était un des actes visés à l'article 7, paragraphe 1, du Statut ou était un acte d'un caractère similaire à l'un quelconque de ces actes *(29)*.

3. L'auteur avait connaissance des circonstances de fait établissant les caractéristiques de l'acte.

4. Le comportement s'inscrivait dans le cadre d'un régime institutionnalisé d'oppression et de domination systématiques par un groupe racial à l'encontre d'un ou d'autres groupes raciaux.

5. L'auteur avait, par son comportement, l'intention de maintenir ce régime.

6. Ce comportement faisait partie d'une attaque généralisée ou systématique dirigée contre une population civile.

7. L'auteur savait que ce comportement faisait partie d'une attaque généralisée ou systématique dirigée contre une population civile ou entendait qu'il en fasse partie.

(29). Il est entendu que « caractère » ou caractéristique se réfère à la nature et la gravité de l'acte.

Art. 7 1) k) Autres actes inhumains. *Éléments.* 1. L'auteur a, par un acte inhumain, infligé de grandes souffrances ou porté gravement atteinte à l'intégrité corporelle ou à la santé physique ou mentale de ses victimes.

2. Cet acte avait un caractère similaire à l'un quelconque des actes visés à l'article 7, paragraphe 1, du Statut *(30)*.

3. L'auteur avait connaissance des circonstances de fait établissant les caractéristiques de l'acte.

4. Ce comportement faisait partie d'une attaque généralisée ou systématique dirigée contre une population civile.

5. L'auteur savait que ce comportement faisait partie d'une attaque généralisée ou systématique dirigée contre une population civile ou entendait qu'il en fasse partie.

(30). Il est entendu que « caractère » ou caractéristique se réfère à la nature et la gravité de l'acte.

Statut TPIY, art. 5. Crimes contre l'humanité. Le Tribunal international est habilité à juger les personnes présumées responsables des crimes suivants lorsqu'ils ont été commis au cours d'un conflit armé, de caractère international ou interne, et dirigés contre une population civile quelle qu'elle soit :

a) assassinat ;
b) extermination ;
c) réduction en esclavage ;
d) expulsion ;
e) emprisonnement ;
f) torture ;
g) viol ;
h) persécutions pour des raisons politiques, raciales et religieuses ;
i) autres actes inhumains.

Statut TPIR, art. 3. Crimes contre l'humanité. Le Tribunal international pour le Rwanda est habilité à juger les personnes responsables des crimes suivants lorsqu'ils ont été commis dans le cadre d'une attaque généralisée et systématique dirigée contre une population civile quelle qu'elle soit, en raison de son appartenance nationale, politique, ethnique, raciale ou religieuse :
a) Assassinat ;
b) Extermination ;
c) Réduction en esclavage ;
d) Expulsion ;
e) Emprisonnement ;
f) Torture ;
g) Viol ;
h) Persécutions pour des raisons politiques, raciales et religieuses ;
i) Autres actes inhumains.

Crimes contre la Paix *(Accord de Londres du 8 août 1945 – Statut du Tribunal Militaire International de Nuremberg. Accord entre le Gouvernement Provisoire de la République Française et les Gouvernements des Etats-Unis d'Amérique, du Royaume Uni de Grande-Bretagne et d'Irlande du Nord et de l'Union des Républiques Socialistes Soviétiques concernant la poursuite et le châtiment des grands criminels de guerre des Puissances européennes de l'Axe). Statut du Tribunal Militaire International. (...) II. - Juridiction et principes généraux. Art. 6.* Le Tribunal établi par l'Accord mentionné à l'article premier ci-dessus pour le jugement et le châtiment des grands criminels de guerre des pays européens de l'Axe sera compétent pour juger et punir toutes personnes qui, agissant pour le compte des pays européens de l'Axe, auront commis, individuellement ou à titre de membres d'organisations, l'un quelconque des crimes suivants :
Les actes suivants, ou l'un quelconque d'entre eux sont des crimes soumis à la juridiction du Tribunal et entraînant une responsabilité individuelle :
a) Les *crimes contre la Paix* : c'est-à-dire la direction, la préparation, le déclenchement ou la poursuite d'une guerre d'agression, ou d'une guerre de violation des traités, assurances ou accords internationaux, ou la

participation à un plan concerté ou à un complot pour l'accomplissement de l'un quelconque des actes qui précèdent (…).

Crimes de guerre *(Accord de Londres du 8 août 1945, Statut du Tribunal Militaire International de Nuremberg. Art. 6. b) - Statut de Rome CPI, art. 8 ; Eléments des crimes, art. 8. Crimes de guerre : Introduction ; Art. 8 2) a), Art. 8 2) a) i) Homicide intentionnel. Éléments ; Art. 8 2) a) ii)-1 Torture. Éléments ; Art. 8 2) a) ii)-2 Traitement inhumain. Éléments ; Art. 8 2) a) ii)-3 Expériences biologiques. Éléments ; Art. 8 2) a) iii) Fait de causer intentionnellement de grandes souffrances. Éléments ; Art. 8 2) a) iv) Destruction et appropriation de biens. Éléments ; Art. 8 2) a) v) Contrainte de servir dans les forces d'une puissance ennemie. Éléments ; Art. 8 2) a) vi) Violation du droit à un procès équitable. Éléments ; Art. 8 2) a) vii)-1 Déportation ou transfert illégal. Éléments ; Art. 8 2) a) vii)-2 Détention illégale. Éléments ; Art. 8 2) a) viii) Prise d'otages. Éléments ; Art. 8 2) b), Art. 8 2) b) i) Attaque contre des personnes civiles. Éléments ; Art. 8 2) b) ii) Attaque contre des biens de caractère civil. Éléments ; Art. 8 2) b) iii) Attaque contre le personnel ou des biens employés dans le cadre d'une mission d'aide humanitaire ou de maintien de la paix. Éléments ; Art. 8 2) b) iv) Attaque causant incidemment des pertes en vies humaines, des blessures et des dommages excessifs. Éléments ; Art. 8 2) b) v) Attaque contre des localités non défendues. Éléments ; Art. 8 2) b) vi) Fait de tuer ou de blesser une personne hors de combat. Éléments ; Art. 8 2) b) vii)-1 Utilisation indue d'un pavillon parlementaire. Éléments ; Art. 8 2) b) vii)-2 Utilisation indue du drapeau, des insignes ou de l'uniforme de l'ennemi. Éléments ; Art. 8 2) b) vii)-3 Utilisation indue du drapeau, des insignes ou de l'uniforme des Nations Unies. Éléments ; Art. 8 2) b) vii)-4 Utilisation indue des signes distinctifs prévus par les Conventions de Genève. Éléments ; Art. 8 2) b) viii) Transfert, direct ou indirect, par une puissance occupante d'une partie de sa population civile dans le territoire qu'elle occupe, ou déportation ou transfert à l'intérieur ou hors du territoire occupé de la totalité ou d'une partie de la population de ce territoire. Éléments ; Art. 8 2) b) ix) Attaque contre des biens protégés. Éléments ; Art. 8 2) b) x)-1 Mutilation. Éléments ; Art. 8 2) b) x)-2 Expériences médicales ou scientifiques. Éléments ; Art. 8 2) b) xi) Fait de tuer ou de blesser par traîtrise. Éléments ; Art. 8 2) b) xii) Déni de quartier. Éléments ; Art. 8 2) b) xiii) Destruction ou saisie des biens de l'ennemi. Éléments ; Art. 8 2) b) xiv) Déni de droits ou d'action à des ressortissants de la partie adverse. Éléments ; Art. 8 2) b) xv) Fait de contraindre à participer à des opérations militaires. Éléments ; Art. 8 2) b) xvi) Pillage. Éléments ; Art. 8 2) b) xvii) Emploi de poison ou d'armes empoisonnées. Éléments ; Art. 8 2) b) xviii) Emploi de gaz, liquides, matières ou procédés prohibés. Éléments ; Art. 8 2) b) xix) Emploi de balles prohibées. Éléments ; Art. 8 2) b) xx) Emploi d'armes, de projectiles ou* *matériels ou de méthodes de combat énumérés à l'annexe au Statut. Éléments ; Art. 8 2) b) xxi) Atteintes à la dignité de la personne. Éléments ; Art. 8 2) b) xxii)-1 Viol. Éléments ; Art. 8 2) b) xxii)-2 Esclavage sexuel. Éléments ; Art. 8 2) b) xxii)-3 Prostitution forcée. Éléments ; Art. 8 2) b) xxii)-4 Grossesse forcée. Éléments ; Art. 8 2) b) xxii)-5 Stérilisation forcée. Éléments ; Art. 8 2) b) xxii)-6 Autres formes de violences sexuelles. Éléments ; Art. 8 2) b) xxiii) Utilisation de boucliers humains. Éléments ; Art. 8 2) b) xxiv) Attaque contre des biens ou des personnes utilisant les signes distinctifs prévus par les Conventions de Genève. Éléments ; Art. 8 2) b) xxv) Fait d'affamer des civils comme méthode de guerre. Éléments ; Art. 8 2) b) xxvi) Utilisation, conscription ou enrôlement d'enfants. Éléments ; Art. 8 2) c), Art. 8 2) c) i)-1 Meurtre. Éléments ; Art. 8 2) c) i)-2 Mutilation. Éléments ; Art. 8 2) c) i)-3 Traitements cruels. Éléments ; Art. 8 2) c) i)-4 Torture. Éléments ; Art. 8 2) c) ii) Atteintes à la dignité de la personne. Éléments ; Art. 8 2) c) iii) Prise d'otages. Éléments ; Art. 8 2) c) iv) Condamnations ou exécutions en dehors de toute procédure régulière. Éléments ; Art. 8 2) e), Art. 8 2) e) i) Attaque contre des civils. Éléments ; Art. 8 2) e) ii) Attaque contre des biens ou des personnes utilisant les signes distinctifs prévus par les Conventions de Genève. Éléments ; Art. 8 2) e) iii) Attaque contre le personnel ou des biens employés dans le cadre d'une mission d'aide humanitaire ou de maintien de la paix. Éléments ; Art. 8 2) e) iv) Attaque contre des biens protégés. Éléments ; Art. 8 2) e) v) Pillage. Éléments ; Art. 8 2) e) vi)-1 Viol. Éléments ; Art. 8 2) e) vi)-2 Esclavage sexuel. Éléments ; Art. 8 2) e) vi)-3 Prostitution forcée. Éléments ; Art. 8 2) e) vi)-4 Grossesse forcée. Éléments ; Art. 8 2) e) vi)-5 Stérilisation forcée. Éléments ; Art. 8 2) e) vi)-6 Autres formes de violences sexuelles. Éléments ; Art. 8 2) e) vii) Utilisation, conscription ou enrôlement d'enfants. Éléments ; Art. 8 2) e) viii) Déplacement de personnes civiles. Éléments ; Art. 8 2) e) ix) Fait de tuer ou de blesser par traîtrise. Éléments ; Art. 8 2) e) x) Déni de quartier. Éléments ; Art. 8 2) e) xi)-1 Mutilation. Éléments ; Art. 8 2) e) xi)-2 Expériences médicales ou scientifiques. Éléments ; Art. 8 2) e) xii) Destruction ou saisie des biens de l'ennemi. Éléments).*

Accord de Londres du 8 août 1945, Statut du Tribunal Militaire International de Nuremberg. *Art. 6.* Le Tribunal établi par l'Accord mentionné à l'article premier ci-dessus pour le jugement et le châtiment des grands criminels de guerre des pays européens de l'Axe sera compétent pour juger et punir toutes personnes qui, agissant pour le compte des pays européens de l'Axe, auront commis, individuellement ou à titre de membres d'organisations, l'un quelconque des crimes suivants :

Les actes suivants, ou l'un quelconque d'entre eux sont des crimes soumis à la juridiction du Tribunal et entraînant une responsabilité individuelle :

(...) b) Les ***crimes de guerre*** : c'est-à-dire les violations des lois et coutumes de guerre. Ces violations comprennent, sans y être limitées, l'assassinat, les mauvais traitements ou la déportation pour des travaux forcés, ou pour tout autre but, des populations civiles dans les territoires occupés, l'assassinat ou les mauvais traitements des prisonniers de guerre ou des personnes en mer, l'exécution des otages, le pillage des biens publics ou privés, la destruction sans motif des villes et des villages ou la dévastation que ne justifient pas les exigences militaires ; (…).

***Statut de Rome CPI, art. 8** (2). **Crimes de guerre** (2). (Les paragraphes 2 (e) (xiii) à 2 (e) (xv) ont été amendés par la résolution RC/Res.5 du 11 juin 2010 (les paragraphes 2 (e) (xiii) à 2 (e) (xv) ont été ajoutés).*

1. La Cour a compétence à l'égard des crimes de guerre, en particulier lorsque ces crimes s'inscrivent dans le cadre d'un plan ou d'une politique ou lorsqu'ils font partie d'une série de crimes analogues commis sur une grande échelle.

2. Aux fins du Statut, on entend par « crimes de guerre » :

a) Les infractions graves aux Conventions de Genève du 12 août 1949, à savoir l'un quelconque des actes ci-après lorsqu'ils visent des personnes ou des biens protégés par les dispositions des Conventions de Genève :

i) L'homicide intentionnel ;

ii) La torture ou les traitements inhumains, y compris les expériences biologiques ;

iii) Le fait de causer intentionnellement de grandes souffrances ou de porter gravement atteinte à l'intégrité physique ou à la santé ;

iv) La destruction et l'appropriation de biens, non justifiées par des nécessités militaires et exécutées sur une grande échelle de façon illicite et arbitraire ;

v) Le fait de contraindre un prisonnier de guerre ou une personne protégée à servir dans les forces d'une puissance ennemie ;

vi) Le fait de priver intentionnellement un prisonnier de guerre ou toute autre personne protégée de son droit d'être jugé régulièrement et impartialement ;

vii) La déportation ou le transfert illégal ou la détention illégale ;

viii) La prise d'otages ;

b) Les autres violations graves des lois et coutumes applicables aux conflits armés internationaux dans le cadre établi du droit international, à savoir, l'un quelconque des actes ci-après :

i) Le fait de diriger intentionnellement des attaques contre la population civile en tant que telle ou contre des civils qui ne participent pas directement aux hostilités ;

ii) Le fait de diriger intentionnellement des attaques contre des biens de caractère civil, c'est-à-dire des biens qui ne sont pas des objectifs militaires ;

iii) Le fait de diriger intentionnellement des attaques contre le personnel, les installations, le matériel, les unités ou les véhicules employés dans le cadre d'une mission d'aide humanitaire ou de maintien de la paix conformément à la Charte des Nations Unies, pour autant qu'ils aient droit à la protection que le droit international des conflits armés garantit aux civils et aux biens de caractère civil ;

iv) Le fait de diriger intentionnellement une attaque en sachant qu'elle causera incidemment des pertes en vies humaines dans la population civile, des blessures aux personnes civiles, des dommages aux biens de caractère civil ou des dommages étendus, durables et graves à l'environnement naturel qui seraient manifestement excessifs par rapport à l'ensemble de l'avantage militaire concret et direct attendu ;
v) Le fait d'attaquer ou de bombarder, par quelque moyen que ce soit, des villes, villages, habitations ou bâtiments qui ne sont pas défendus et qui ne sont pas des objectifs militaires ;
vi) Le fait de tuer ou de blesser un combattant qui, ayant déposé les armes ou n'ayant plus de moyens de se défendre, s'est rendu à discrétion ;
vii) Le fait d'utiliser indûment le pavillon parlementaire, le drapeau ou les insignes militaires et l'uniforme de l'ennemi ou de l'Organisation des Nations Unies, ainsi que les signes distinctifs prévus par les Conventions de Genève, et, ce faisant, de causer la perte de vies humaines ou des blessures graves ;
viii) Le transfert, direct ou indirect, par une puissance occupante d'une partie de sa population civile, dans le territoire qu'elle occupe, ou la déportation ou le transfert à l'intérieur ou hors du territoire occupé de la totalité ou d'une partie de la population de ce territoire ;
ix) Le fait de diriger intentionnellement des attaques contre des bâtiments consacrés à la religion, à l'enseignement, à l'art, à la science ou à l'action caritative, des monuments historiques, des hôpitaux et des lieux où des malades ou des blessés sont rassemblés, à condition qu'ils ne soient pas des objectifs militaires ;
x) Le fait de soumettre des personnes d'une partie adverse tombées en son pouvoir à des mutilations ou à des expériences médicales ou scientifiques quelles qu'elles soient qui ne sont ni motivées par un traitement médical, dentaire ou hospitalier, ni effectuées dans l'intérêt de ces personnes, et qui entraînent la mort de celles-ci ou mettent sérieusement en danger leur santé ;
xi) Le fait de tuer ou de blesser par traîtrise des individus appartenant à la nation ou à l'armée ennemie ;
xii) Le fait de déclarer qu'il ne sera pas fait de quartier ;
xiii) Le fait de détruire ou de saisir les biens de l'ennemi, sauf dans les cas où ces destructions ou saisies seraient impérieusement commandées par les nécessités de la guerre ;
xiv) Le fait de déclarer éteints, suspendus ou non recevables en justice les droits et actions des nationaux de la partie adverse ;
xv) Le fait pour un belligérant de contraindre les nationaux de la partie adverse à prendre part aux opérations de guerre dirigées contre leur pays, même s'ils étaient au service de ce belligérant avant le commencement de la guerre ;
xvi) Le pillage d'une ville ou d'une localité, même prise d'assaut ;
xvii) Le fait d'employer du poison ou des armes empoisonnées ;

xviii) Le fait d'employer des gaz asphyxiants, toxiques ou similaires, ainsi que tous liquides, matières ou procédés analogues ;
xix) Le fait d'utiliser des balles qui s'épanouissent ou s'aplatissent facilement dans le corps humain, telles que des balles dont l'enveloppe dure ne recouvre pas entièrement le centre ou est percée d'entailles ;
xx) Le fait d'employer les armes, projectiles, matières et méthodes de guerre de nature à causer des maux superflus ou des souffrances inutiles ou à frapper sans discrimination en violation du droit international des conflits armés, à condition que ces armes, projectiles, matières et méthodes de guerre fassent l'objet d'une interdiction générale et qu'ils soient inscrits dans une annexe au présent Statut, par voie d'amendement adopté selon les dispositions des articles 121 et 123 ;
xxi) Les atteintes à la dignité de la personne, notamment les traitements humiliants et dégradants ;
xxii) Le viol, l'esclavage sexuel, la prostitution forcée, la grossesse forcée, telle que définie à l'article 7, paragraphe 2, alinéa f), la stérilisation forcée ou toute autre forme de violence sexuelle constituant une infraction grave aux Conventions de Genève ;
xxiii) Le fait d'utiliser la présence d'un civil ou d'une autre personne protégée pour éviter que certains points, zones ou forces militaires ne soient la cible d'opérations militaires ;
xxiv) Le fait de diriger intentionnellement des attaques contre les bâtiments, le matériel, les unités et les moyens de transport sanitaires, et le personnel utilisant, conformément au droit international, les signes distinctifs prévus par les Conventions de Genève ;
xxv) Le fait d'affamer délibérément des civils comme méthode de guerre, en les privant de biens indispensables à leur survie, y compris en empêchant intentionnellement l'envoi des secours prévus par les Conventions de Genève ;
xxvi) Le fait de procéder à la conscription ou à l'enrôlement d'enfants de moins de 15 ans dans les forces armées nationales ou de les faire participer activement à des hostilités ;
c) En cas de conflit armé ne présentant pas un caractère international, les violations graves de l'article 3 commun aux quatre Conventions de Genève du 12 août 1949, à savoir l'un quelconque des actes ci-après commis à l'encontre de personnes qui ne participent pas directement aux hostilités, y compris les membres de forces armées qui ont déposé les armes et les personnes qui ont été mises hors de combat par maladie, blessure, détention ou par toute autre cause :
i) Les atteintes à la vie et à l'intégrité corporelle, notamment le meurtre sous toutes ses formes, les mutilations, les traitements cruels et la torture ;
ii) Les atteintes à la dignité de la personne, notamment les traitements humiliants et dégradants ;
iii) Les prises d'otages ;

iv) Les condamnations prononcées et les exécutions effectuées sans un jugement préalable, rendu par un tribunal régulièrement constitué, assorti des garanties judiciaires généralement reconnues comme indispensables ;
d) L'alinéa c) du paragraphe 2 s'applique aux conflits armés ne présentant pas un caractère international et ne s'applique donc pas aux situations de troubles et tensions internes telles que les émeutes, les actes isolés et sporadiques de violence ou les actes de nature similaire;
e) Les autres violations graves des lois et coutumes applicables aux conflits armés ne présentant pas un caractère international, dans le cadre établi du droit international, à savoir l'un quelconque des actes ci-après :
i) Le fait de diriger intentionnellement des attaques contre la population civile en tant que telle ou contre des personnes civiles qui ne participent pas directement aux hostilités ;
ii) Le fait de diriger intentionnellement des attaques contre les bâtiments, le matériel, les unités et les moyens de transport sanitaires, et le personnel utilisant, conformément au droit international, les signes distinctifs des Conventions de Genève ;
iii) Le fait de diriger intentionnellement des attaques contre le personnel, les installations, le matériel, les unités ou les véhicules employés dans le cadre d'une mission d'aide humanitaire ou de maintien de la paix conformément à la Charte des Nations Unies, pour autant qu'ils aient droit à la protection que le droit international des conflits armés garantit aux civils et aux biens de caractère civil ;
iv) Le fait de diriger intentionnellement des attaques contre des bâtiments consacrés à la religion, à l'enseignement, à l'art, à la science ou à l'action caritative, des monuments historiques, des hôpitaux et des lieux où des malades et des blessés sont rassemblés, pour autant que ces bâtiments ne soient pas des objectifs militaires ;
v) Le pillage d'une ville ou d'une localité, même prise d'assaut ;
vi) Le viol, l'esclavage sexuel, la prostitution forcée, la grossesse forcée, telle que définie à l'article 7, paragraphe 2, alinéa f), la stérilisation forcée, ou toute autre forme de violence sexuelle constituant une violation grave de l'article 3 commun aux quatre Conventions de Genève ;
vii) Le fait de procéder à la conscription ou à l'enrôlement d'enfants de moins de 15 ans dans les forces armées ou dans des groupes armés ou de les faire participer activement à des hostilités ;
viii) Le fait d'ordonner le déplacement de la population civile pour des raisons ayant trait au conflit, sauf dans les cas où la sécurité des civils ou des impératifs militaires l'exigent ;
ix) Le fait de tuer ou de blesser par traîtrise un adversaire combattant ;
x) Le fait de déclarer qu'il ne sera pas fait de quartier ;
xi) Le fait de soumettre des personnes d'une autre partie au conflit tombées en son pouvoir à des mutilations ou à des expériences médicales ou scientifiques quelles qu'elles soient qui ne sont ni motivées par un traitement

médical, dentaire ou hospitalier, ni effectuées dans l'intérêt de ces personnes, et qui entraînent la mort de celles-ci ou mettent sérieusement en danger leur santé ;
xii) Le fait de détruire ou de saisir les biens d'un adversaire, sauf si ces destructions ou saisies sont impérieusement commandées par les nécessités du conflit ;
xiii) Le fait d'employer du poison ou des armes empoisonnées ;
xiv) Le fait d'employer des gaz asphyxiants, toxiques ou similaires, ainsi que tous liquides, matières ou procédés analogues ;
xv) Le fait d'utiliser des balles qui s'épanouissent ou s'aplatissent facilement dans le corps humain, telles que des balles dont l'enveloppe dure ne recouvre pas entièrement le centre ou est percée d'entailles.
f) L'alinéa e) du paragraphe 2 s'applique aux conflits armés ne présentant pas un caractère international et ne s'applique donc pas aux situations de troubles et tensions internes telles que les émeutes, les actes isolés et sporadiques de violence ou les actes de nature similaire. Il s'applique aux conflits armés qui opposent de manière prolongée sur le territoire d'un État les autorités du gouvernement de cet État et des groupes armés organisés ou des groupes armés organisés entre eux.

3. Rien dans le paragraphe 2, alinéas c) et e), n'affecte la responsabilité d'un gouvernement de maintenir ou rétablir l'ordre public dans l'État ou de défendre l'unité et l'intégrité territoriale de l'État par tous les moyens légitimes.

Eléments des crimes, art. 8. Crimes de guerre. *Introduction.* Les éléments relatifs aux crimes de guerre visés aux alinéas c) et e) du paragraphe 2 de l'article 8 sont soumis aux limitations mentionnées aux alinéas d) et f) du paragraphe 2 dudit article, qui ne constituent pas des éléments des crimes.

Les éléments des crimes de guerre visés au paragraphe 2 de l'article 8 du Statut doivent être interprétés dans le cadre établi du droit international des conflits armés, y compris, le cas échéant, le droit international des conflits armés applicable aux conflits armés sur mer.

En ce qui concerne les deux derniers éléments de chaque crime :
a) Il n'est pas nécessaire d'établir que l'auteur a déterminé sur le plan juridique l'existence d'un conflit armé ou le caractère international ou non international du conflit ;
b) À cet égard, il n'est pas nécessaire d'établir que l'auteur a eu connaissance des faits établissant le caractère international ou non international du conflit ;
c) Il faut seulement que l'auteur ait eu la connaissance des circonstances de fait établissant l'existence d'un conflit armé, qui est implicite dans les termes « a eu lieu dans le contexte de et était associé à ».

Art. 8 2) a) ; Art. 8 2) a) i) Homicide intentionnel. *Éléments.* 1. L'auteur a tué une ou plusieurs personnes *(31).*

2. Ladite ou lesdites personnes étaient protégées par une ou plusieurs des Conventions de Genève de 1949.

3. L'auteur avait connaissance des circonstances de fait établissant ce statut de personne protégée *(32), (33).*

4. Le comportement a eu lieu dans le contexte de et était associé à un conflit armé international *(34).*

5. L'auteur avait connaissance des circonstances de fait établissant l'existence d'un conflit armé.

(31). Le terme « tué » est interchangeable avec l'expression « causé la mort de ». La présente note s'applique à tous les éléments qui utilisent l'une ou l'autre de ces expressions.

(32). Cet élément psychologique exprime la relation entre l'article 30 et l'article 32. La présente note s'applique aussi à l'élément correspondant de tous les crimes visés à l'article 8 2) a) et à l'élément des autres crimes visés à l'article 8 2) qui concerne la connaissance des circonstances de fait établissant le statut de personnes ou de biens protégés par un instrument du droit international des conflits armés.

(33). En ce qui concerne la nationalité, il est entendu que l'auteur devait uniquement savoir que la victime appartenait à la partie ennemie dans le conflit. La présente note s'applique aussi à l'élément correspondant de tous les crimes visés à l'article 8 2) a).

(34). L'expression « conflit armé international » englobe l'occupation militaire. La présente note s'applique aussi à l'élément correspondant de tous les crimes visés à l'article 8 2) a).

Art. 8 2) a) ii)-1 Torture. *Éléments (35).* 1. L'auteur a infligé une douleur ou des souffrances aiguës, physiques ou mentales, à une ou plusieurs personnes.

2. L'auteur a infligé cette douleur ou ces souffrances afin, notamment, d'obtenir des renseignements ou des aveux, de punir, d'intimider ou de contraindre ; ou pour tout autre motif fondé sur une forme de discrimination, quelle qu'elle soit.

3. Ladite ou lesdites personnes étaient protégées par une ou plusieurs des Conventions de Genève de 1949.

4. L'auteur avait connaissance des circonstances de fait établissant ce statut de personne protégée.

5. Le comportement a eu lieu dans le contexte de et était associé à un conflit armé international.

6. L'auteur avait connaissance des circonstances de fait établissant l'existence d'un conflit armé.

(35). Comme l'élément 3 exige que toutes les victimes soient des « personnes protégées » par une ou plusieurs des Conventions de Genève de 1949, ces éléments ne comprennent pas, à la différence des éléments de l'article 7 2) e), l'exigence de la garde ou du contrôle.

Art. 8 2) a) ii)-2 Traitement inhumain. *Éléments.* 1. L'auteur a infligé à une ou plusieurs personnes une douleur ou des souffrances aiguës, physiques ou mentales.

2. Ladite ou lesdites personnes étaient protégées par une ou plusieurs des Conventions de Genève de 1949.

3. L'auteur avait connaissance des circonstances de fait établissant ce statut de personne protégée.

4. Le comportement a eu lieu dans le contexte de et était associé à un conflit armé international.

5. L'auteur avait connaissance des circonstances de fait établissant l'existence d'un conflit armé.

Art. 8 2) a) ii)-3 Expériences biologiques. *Éléments.* 1. L'auteur a soumis une ou plusieurs personnes à une expérience biologique particulière.

2. Cette expérience a porté gravement atteinte à la santé ou à l'intégrité, physique ou mentale, de ladite ou desdites personnes.

3. L'expérience n'avait pas un but thérapeutique et n'était ni justifiée par des raisons médicales ni effectuée dans l'intérêt de ladite ou desdites personnes.

4. Ladite ou lesdites personnes étaient protégées par une ou plusieurs des Conventions de Genève de 1949.

5. L'auteur avait connaissance des circonstances de fait établissant ce statut de personne protégée.

6. Le comportement a eu lieu dans le contexte de et était associé à un conflit armé international.

7. L'auteur avait connaissance des circonstances de fait établissant l'existence d'un conflit armé.

Art. 8 2) a) iii) Fait de causer intentionnellement de grandes souffrances. *Éléments.* 1. L'auteur a causé de grandes douleurs ou souffrances, physiques ou mentales, ou a porté gravement atteinte à l'intégrité physique ou à la santé d'une ou de plusieurs personnes.

2. Ladite ou lesdites personnes étaient protégées par une ou plusieurs des Conventions de Genève de 1949.

3. L'auteur avait connaissance des circonstances de fait établissant ce statut de personne protégée.

4. Le comportement a eu lieu dans le contexte de et était associé à un conflit armé international.

5. L'auteur avait connaissance des circonstances de fait établissant l'existence d'un conflit armé.

Art. 8 2) a) iv) Destruction et appropriation de biens. *Éléments.* 1. L'auteur a détruit ou s'est approprié certains biens.

2. La destruction ou l'appropriation n'était pas justifiée par des nécessités militaires.

3. La destruction ou l'appropriation a été exécutée sur une grande échelle et de façon arbitraire.

4. Les biens étaient protégés par une ou plusieurs des Conventions de Genève de 1949.

5. L'auteur avait connaissance des circonstances de fait établissant ce statut de biens protégés.

6. Le comportement a eu lieu dans le contexte de et était associé à un conflit armé international.

7. L'auteur avait connaissance des circonstances de fait établissant l'existence d'un conflit armé.

Art. 8 2) a) v) Contrainte de servir dans les forces d'une puissance ennemie. *Éléments.* 1. L'auteur a contraint une ou plusieurs personnes, par un acte ou sous la menace, à prendre part à des opérations militaires contre le pays ou les forces du pays dont ces personnes étaient ressortissantes ou à servir de toute autre manière dans les forces d'une puissance ennemie.

2. Ladite ou lesdites personnes étaient protégées par une ou plusieurs des Conventions de Genève de 1949.

3. L'auteur avait connaissance des circonstances de fait établissant ce statut.

4. Le comportement a eu lieu dans le contexte de et était associé à un conflit armé international.

5. L'auteur avait connaissance des circonstances de fait établissant l'existence d'un conflit armé.

Art. 8 2) a) vi) Violation du droit à un procès équitable. *Éléments.* 1. L'auteur a dénié à une ou plusieurs personnes le droit d'être jugées régulièrement et impartialement en leur refusant les garanties judiciaires définies, en particulier, dans les troisième et quatrième Conventions de Genève de 1949.

2. Ladite ou lesdites personnes étaient protégées par une ou plusieurs des Conventions de Genève de 1949.

3. L'auteur avait connaissance des circonstances de fait établissant ce statut de personne protégée.

4. Le comportement a eu lieu dans le contexte de et était associé à un conflit armé international.

5. L'auteur avait connaissance des circonstances de fait établissant l'existence d'un conflit armé.

Art. 8 2) a) vii)-1 Déportation ou transfert illégal. *Éléments.* 1. L'auteur a déporté ou transféré une ou plusieurs personnes dans un autre État ou un autre lieu.

2. Ladite ou lesdites personnes étaient protégées par une ou plusieurs des Conventions de Genève de 1949.

3. L'auteur avait connaissance des circonstances de fait établissant ce statut de personne protégée.

4. Le comportement a eu lieu dans le contexte de et était associé à un conflit armé international.

5. L'auteur avait connaissance des circonstances de fait établissant l'existence d'un conflit armé.

Art. 8 2) a) vii)-2 Détention illégale. *Éléments.* 1. L'auteur a détenu ou maintenu en détention une ou plusieurs personnes dans un lieu déterminé.

2. Ladite ou lesdites personnes étaient protégées par une ou plusieurs des Conventions de Genève de 1949.

3. L'auteur avait connaissance des circonstances de fait établissant ce statut de personne protégée.

4. Le comportement a eu lieu dans le contexte de et était associé à un conflit armé international.

5. L'auteur avait connaissance des circonstances de fait établissant l'existence d'un conflit armé.

Art. 8 2) a) viii) Prise d'otages. *Éléments.* 1. L'auteur s'est emparé, a détenu ou autrement pris en otage une ou plusieurs personnes.

2. L'auteur a menacé de tuer, blesser ou continuer à maintenir en détention ladite ou lesdites personnes.

3. L'auteur avait l'intention de contraindre un État, une organisation internationale, une personne physique ou morale ou un groupe de personnes à agir ou à s'abstenir d'agir en subordonnant expressément ou implicitement la sécurité ou la mise en liberté de ladite ou desdites personnes à une telle action ou abstention.

4. Ladite ou lesdites personnes étaient protégées par une ou plusieurs des Conventions de Genève de 1949.

5. L'auteur avait connaissance des circonstances de fait établissant ce statut de personne protégée.

6. Le comportement a eu lieu dans le contexte de et était associé à un conflit armé international.

7. L'auteur avait connaissance des circonstances de fait établissant l'existence d'un conflit armé.

Art. 8 2) b) ; Art. 8 2) b) i) Attaque contre des personnes civiles. *Éléments.* 1. L'auteur a dirigé une attaque.

2. L'objectif de l'attaque était une population civile en tant que telle ou des personnes civiles ne participant pas directement aux hostilités.

3. L'auteur entendait prendre pour cible de son attaque ladite population civile ou ces personnes civiles ne participant pas directement aux hostilités.

4. Le comportement a eu lieu dans le contexte de et était associé à un conflit armé international.

5. L'auteur avait connaissance des circonstances de fait établissant l'existence d'un conflit armé.

Art. 8 2) b) ii) Attaque contre des biens de caractère civil. *Éléments.* 1. L'auteur a dirigé une attaque.

2. L'objectif de l'attaque était des biens de caractère civil, c'est-à-dire des biens qui ne sont pas des objectifs militaires.

3. L'auteur entendait prendre pour cible de son attaque des biens de caractère civil.

4. Le comportement a eu lieu dans le contexte de et était associé à un conflit armé international.

5. L'auteur avait connaissance des circonstances de fait établissant l'existence d'un conflit armé.

Art. 8 2) b) iii) Attaque contre le personnel ou des biens employés dans le cadre d'une mission d'aide humanitaire ou de maintien de la paix. *Éléments.* 1. L'auteur a lancé une attaque.

2. L'objectif de l'attaque était le personnel, les installations, le matériel, les unités ou les véhicules employés dans le cadre d'une mission d'aide humanitaire ou de maintien de la paix conformément à la Charte des Nations Unies.

3. L'auteur entendait prendre pour cible de son attaque lesdits personnel, installations, matériel, unités ou véhicules.

4. Lesdits personnel, installations, matériel, unités ou véhicules avaient droit à la protection que le droit international des conflits armés garantit aux personnes civiles et aux biens de caractère civil.

5. L'auteur avait connaissance des circonstances de fait établissant cette protection.

6. Le comportement a eu lieu dans le contexte de et était associé à un conflit armé international.

7. L'auteur avait connaissance des circonstances de fait établissant l'existence d'un conflit armé.

Art. 8 2) b) iv) Attaque causant incidemment des pertes en vies humaines, des blessures et des dommages excessifs. *Éléments.* 1. L'auteur a lancé une attaque.

2. Cette attaque était telle qu'elle allait causer incidemment des pertes en vies humaines ou des blessures parmi la population civile, des dommages aux biens de caractère civil ou des dommages étendus, durables et graves à l'environnement naturel qui seraient manifestement excessifs par rapport à l'ensemble de l'avantage militaire concret et direct attendu *(36)*.

3. L'auteur savait que l'attaque causerait incidemment des pertes en vies humaines ou des blessures parmi la population civile, des dommages aux biens de caractère civil ou des dommages étendus, durables et graves à l'environnement naturel qui seraient manifestement excessifs par rapport à l'ensemble de l'avantage militaire concret et direct attendu *(37)*.

4. Le comportement a eu lieu dans le contexte de et était associé à un conflit armé international.

5. L'auteur avait connaissance des circonstances de fait établissant l'existence d'un conflit armé.

(36). L'expression « l'ensemble de l'avantage militaire concret et direct attendu » désigne un avantage militaire que l'auteur pouvait prévoir avant de lancer l'attaque. Cet avantage peut ou non avoir un rapport temporel ou

géographique avec l'objet de l'attaque. Le fait que la commission de ce crime peut entraîner, de façon licite, des blessures incidentes et des dommages collatéraux, ne justifie en aucune façon quelque violation que ce soit du droit applicable dans les conflits armés. L'expression n'a pas trait à la justification de la guerre ou aux règles du jus ad bellum, mais reflète l'exigence de proportionnalité inhérente à la détermination du caractère licite de toute activité militaire entreprise dans le contexte d'un conflit armé. (37). Contrairement à la règle générale énoncée au paragraphe 4 de l'introduction générale, cet élément requiert que l'auteur effectue le jugement de valeur ici décrit. Toute évaluation de ce jugement de valeur doit reposer sur les informations nécessaires dont disposait alors l'auteur.

Art. 8 2) b) v) Attaque contre des localités non défendues *(38). Éléments.* 1. L'auteur a attaqué une ou plusieurs villes, villages, habitations ou bâtiments.

2. Ces villes, villages, habitations ou bâtiments étaient ouverts à l'occupation sans opposer de résistance.

3. Ces villes, villages, habitations ou bâtiments ne constituaient pas des objectifs militaires.

4. Le comportement a eu lieu dans le contexte de et était associé à un conflit armé international.

5. L'auteur avait connaissance des circonstances de fait établissant l'existence d'un conflit armé.

(38). La présence dans une localité de personnes spécialement protégées par les Conventions de Genève de 1949 et de forces de police qui ne s'y trouvent qu'à seule fin de maintenir l'ordre ne suffit pas pour faire de cette localité un objectif militaire.

Art. 8 2) b) vi) Fait de tuer ou de blesser une personne hors de combat. *Éléments.* 1. L'auteur a tué ou blessé une ou plusieurs personnes.

2. Ladite ou lesdites personnes étaient hors de combat.

3. L'auteur avait connaissance des circonstances de fait établissant cet état.

4. Le comportement a eu lieu dans le contexte de et était associé à un conflit armé international.

5. L'auteur avait connaissance des circonstances de fait établissant l'existence d'un conflit armé.

Art. 8 2) b) vii)-1 Utilisation indue d'un pavillon parlementaire. *Éléments.* 1. L'auteur a utilisé un pavillon parlementaire.

2. L'auteur a procédé à cette utilisation pour feindre l'intention de négocier alors que telle n'était pas son intention.

3. L'auteur savait ou aurait dû savoir qu'une telle utilisation est interdite *(39).*

4. Le comportement a causé la mort ou des blessures graves.

5. L'auteur savait que son comportement pouvait provoquer la mort ou des blessures graves.

6. Le comportement a eu lieu dans le contexte de et était associé à un conflit armé international.

7. L'auteur avait connaissance des circonstances de fait établissant l'existence d'un conflit armé.

(39). Cet élément mental rend compte de l'interaction entre l'article 30 et l'article 32. Le mot « interdite » dénote l'illégalité du comportement.

Art. 8 2) b) vii)-2 Utilisation indue du drapeau, des insignes ou de l'uniforme de l'ennemi. *Éléments.* 1. L'auteur a utilisé un drapeau, des insignes ou un uniforme de l'ennemi.

2. L'auteur a procédé à cette utilisation, au cours d'une attaque, d'une façon interdite par le droit international des conflits armés.

3. L'auteur savait ou aurait dû savoir qu'une telle utilisation est interdite *(40).*

4. Le comportement a causé la mort ou des blessures graves.

5. L'auteur savait que son comportement pouvait causer la mort ou des blessures graves.

6. Le comportement a eu lieu dans le contexte de et était associé à un conflit armé international.

7. L'auteur avait connaissance des circonstances de fait établissant l'existence d'un conflit armé.

(40). Cet élément mental rend compte de l'interaction entre l'article 30 et l'article 32. Le mot « interdite » dénote l'illégalité du comportement.

Art. 8 2) b) vii)-3 Utilisation indue du drapeau, des insignes ou de l'uniforme des Nations Unies. *Éléments.* 1. L'auteur a utilisé le drapeau, les insignes ou l'uniforme des Nations Unies.

2. L'auteur a procédé à cette utilisation au cours d'une attaque, d'une façon interdite par le droit international des conflits armés.

3. L'auteur savait qu'une telle utilisation est interdite *(41).*

4. Le comportement a causé la mort ou des blessures graves.

5. L'auteur savait que son comportement pouvait causer la mort ou des blessures graves.

6. Le comportement a eu lieu dans le contexte de et était associé à un conflit armé international.

7. L'auteur avait connaissance des circonstances de fait établissant l'existence d'un conflit armé.

(41). Cet élément mental rend compte de l'interaction entre l'article 30 et l'article 32. Le critère « ou aurait dû savoir » qui apparaît dans la définition des éléments des autres crimes énumérés sous la rubrique 8 2) b) vii) n'est pas applicable ici du fait de la variété et du caractère réglementaire des interdictions pertinentes.

Art. 8 2) b) vii)-4 Utilisation indue des signes distinctifs prévus par les Conventions de Genève. *Éléments.* 1. L'auteur a utilisé les signes distinctifs prévus par les Conventions de Genève.

2. L'auteur a procédé à cette utilisation à des fins combattantes *(42)* d'une façon interdite par le droit international des conflits armés.

3. L'auteur savait ou aurait dû savoir qu'une telle utilisation est interdite *(43)*.

4. Le comportement a causé la mort ou des blessures graves.

5. L'auteur savait que son comportement pouvait causer la mort ou des blessures graves.

6. Le comportement a eu lieu dans le contexte de et était associé à un conflit armé international.

7. L'auteur avait connaissance des circonstances de fait établissant l'existence d'un conflit armé.

(42). « Fins combattantes » s'entend, dans les circonstances, des fins liées directement aux hostilités et non d'activités médicales, religieuses ou analogues.

(43). Cet élément mental rend compte de l'interaction entre l'article 30 et l'article 32. Le mot « interdite » dénote l'illégalité de l'action.

Art. 8 2) b) viii) Transfert, direct ou indirect, par une puissance occupante d'une partie de sa population civile dans le territoire qu'elle occupe, ou déportation ou transfert à l'intérieur ou hors du territoire occupé de la totalité ou d'une partie de la population de ce territoire. *Éléments.* 1. L'auteur :

a) A transféré *(44)*, directement ou indirectement, une partie de la population de la puissance occupante dans le territoire qu'elle occupe ; ou

b) A déporté ou transféré la totalité ou une partie de la population du territoire occupé à l'intérieur ou hors de ce territoire.

2. Le comportement a eu lieu dans le contexte de et était associé à un conflit armé international.

3. L'auteur avait connaissance des circonstances de fait établissant l'existence d'un conflit armé.

(44). Le terme « transféré » doit être interprété conformément aux dispositions pertinentes du droit international humanitaire.

Art. 8 2) b) ix) Attaque contre des biens protégés *(45). Éléments.* 1. L'auteur a lancé une attaque.

2. L'objectif de l'attaque était un ou plusieurs bâtiments consacrés à la religion, à l'enseignement, à l'art, à la science ou à l'action caritative, des monuments historiques, des hôpitaux et des lieux où des malades ou des blessés sont rassemblés, qui n'étaient pas des objectifs militaires.

3. L'auteur entendait prendre pour cible de son attaque lesdits bâtiments consacrés à la religion, à l'enseignement, à l'art, à la science ou à l'action caritative, des monuments historiques, des hôpitaux et des lieux où des malades ou des blessés sont rassemblés, qui n'étaient pas des objectifs militaires.

4. Le comportement a eu lieu dans le contexte de et était associé à un conflit armé international.

5. L'auteur avait connaissance des circonstances de fait établissant l'existence d'un conflit armé.

(45). La présence dans la localité de personnes spécialement protégées par les Conventions de Genève de 1949 et de forces de police qui s'y trouvent à seule fin de maintenir l'ordre ne suffit pas pour faire de cette localité un objectif militaire.

Art. 8 2) b) x)-1 Mutilation. *Éléments.* 1. L'auteur a soumis une ou plusieurs personnes à une mutilation, en particulier en les défigurant de façon définitive, en les rendant invalides de façon permanente ou en procédant à l'ablation définitive d'un de leurs organes ou appendices.

2. Le comportement a causé la mort ou gravement mis en danger la santé physique ou mentale de ladite ou desdites personnes.

3. Les actes n'étaient ni justifiés par un traitement médical, dentaire ou hospitalier de la ou des personnes concernées ni accomplis dans son ou leur intérêt *(46).*

4. Ladite ou lesdites personnes étaient au pouvoir d'une partie adverse.

5. Le comportement a eu lieu dans le contexte de et était associé à un conflit armé international.

6. L'auteur avait connaissance des circonstances de fait établissant l'existence d'un conflit armé.

(46). Le consentement ne peut pas être invoqué comme moyen de défense en ce qui concerne ce crime. Est interdite toute procédure médicale qui n'est pas dictée par l'état de santé de l'intéressé et qui n'est pas conforme aux normes médicales généralement acceptées qui seraient appliquées dans des conditions analogues médicales aux nationaux de la partie procédant à l'opération qui ne seraient en aucune façon privés de liberté. Cette note vaut également pour le même élément de l'article 8 2) b) x)-2).

Art. 8 2) b) x)-2 Expériences médicales ou scientifiques. *Éléments.* 1. L'auteur a soumis une ou plusieurs personnes à une expérience médicale ou scientifique.

2. L'expérience a causé la mort ou gravement mis en danger la santé ou l'intégrité physiques ou mentales de ladite ou desdites personnes.

3. Les actes n'étaient ni justifiés par un traitement médical, dentaire ou hospitalier de la ou des personnes concernées ni accomplis dans leur intérêt.

4. Ladite ou lesdites personnes étaient au pouvoir d'une partie adverse.

5. Le comportement a eu lieu dans le contexte de et était associé à un conflit armé international.

6. L'auteur avait connaissance des circonstances de fait établissant l'existence d'un conflit armé.

Art. 8 2) b) xi) Fait de tuer ou de blesser par traîtrise. *Éléments.* 1. L'auteur a fait appel à la bonne foi d'une ou de plusieurs personnes ou leur a fait croire qu'elles avaient le droit de recevoir ou l'obligation d'accorder la protection prévue par les règles du droit international applicables dans les conflits armés.

2. L'auteur avait l'intention de tromper cette bonne foi ou cette confiance.

3. L'auteur a tué ou blessé ladite ou lesdites personnes.

4. L'auteur a usé de la bonne foi ou de ce qu'il avait fait croire à ladite ou auxdites personnes pour les tuer ou les blesser.

5. Ladite ou lesdites personnes appartenaient à une partie adverse.

6. Le comportement a eu lieu dans le contexte de et était associé à un conflit armé international.

7. L'auteur avait connaissance des circonstances de fait établissant l'existence d'un conflit armé.

Art. 8 2) b) xii) Déni de quartier. *Éléments.* 1. L'auteur a déclaré qu'il n'y aurait pas de survivants ou ordonné qu'il n'y en ait pas.

2. Cette déclaration ou cet ordre a été émis pour menacer un adversaire ou pour conduire les hostilités sur la base qu'il n'y aurait pas de survivants.

3. L'auteur était dans une position de commandement ou de contrôle effectif des forces qui lui étaient subordonnées auxquelles la déclaration ou l'ordre s'adressait.

4. Le comportement a eu lieu dans le contexte de et était associé à un conflit armé international.

5. L'auteur avait connaissance des circonstances de fait établissant l'existence d'un conflit armé.

Art. 8 2) b) xiii) Destruction ou saisie des biens de l'ennemi. *Éléments.* 1. L'auteur a détruit ou saisi certains biens.

2. Ces biens étaient la propriété de l'ennemi.

3. Lesdits biens étaient protégés contre la destruction ou saisie par le droit international des conflits armés.

4. L'auteur avait connaissance des circonstances de fait établissant le statut des biens.

5. La destruction ou la saisie n'était pas justifiée par des nécessités militaires.

6. Le comportement a eu lieu dans le contexte de et était associé à un conflit armé international.

7. L'auteur avait connaissance des circonstances de fait établissant l'existence d'un conflit armé.

Art. 8 2) b) xiv) Déni de droits ou d'action à des ressortissants de la partie adverse. *Éléments.* 1. L'auteur a prononcé l'extinction, la suspension ou la non-recevabilité en justice de certains droits ou recours.

2. L'extinction, la suspension ou la décision de non-recevabilité visait les ressortissants d'une partie adverse.

3. L'auteur entendait que cette extinction, suspension ou décision de non-recevabilité vise les ressortissants d'une partie adverse.

4. Le comportement a eu lieu dans le contexte de et était associé à un conflit armé international.

5. L'auteur avait connaissance des circonstances de fait établissant l'existence d'un conflit armé.

Art. 8 2) b) xv) Fait de contraindre à participer à des opérations militaires. *Éléments.* 1. L'auteur a contraint une ou plusieurs personnes, par l'action ou par la menace, à prendre part aux opérations militaires dirigées contre leur propre pays ou les forces de leur propre pays.

2. Ladite ou lesdites personnes étaient des ressortissants d'une partie adverse.

3. Le comportement a eu lieu dans le contexte de et était associé à un conflit armé international.

4. L'auteur avait connaissance des circonstances de fait établissant l'existence d'un conflit armé.

Art. 8 2) b) xvi) Pillage. *Éléments.* 1. L'auteur s'est approprié certains biens.

2. L'auteur avait l'intention de spolier le propriétaire des biens et de se les approprier à des fins privées ou personnelles *(47)*.

3. L'appropriation s'est faite sans le consentement du propriétaire.

4. Le comportement a eu lieu dans le contexte de et était associé à un conflit armé international.

5. L'auteur avait connaissance des circonstances de fait établissant l'existence d'un conflit armé.

(47). Comme l'indiquent les termes « à des fins privées ou personnelles », les appropriations justifiées par les nécessités militaires ne constituent pas un crime de pillage.

Art. 8 2) b) xvii) Emploi de poison ou d'armes empoisonnées. *Éléments.* 1. L'auteur a employé une substance toxique ou a fait usage d'une arme qui dégage une telle substance lorsqu'elle est employée.

2. La substance employée était de nature à causer la mort ou à porter gravement atteinte à la santé dans le cours normal des événements du fait de ses propriétés toxiques.

3. Le comportement a eu lieu dans le contexte de et était associé à un conflit armé international.

4. L'auteur avait connaissance des circonstances de fait établissant l'existence d'un conflit armé.

Art. 8 2) b) xviii) Emploi de gaz, liquides, matières ou procédés prohibés. *Éléments.* 1. L'auteur a employé un gaz, une substance ou un procédé analogue.

2. Le gaz, la substance ou le procédé était de nature à causer la mort ou à porter gravement atteinte à la santé dans le cours normal des événements du fait de ses propriétés asphyxiantes ou toxiques (*48)*.

3. Le comportement a eu lieu dans le contexte de et était associé à un conflit armé international.

4. L'auteur avait connaissance des circonstances de fait établissant l'existence d'un conflit armé.

(48). Rien dans cet élément ne doit être interprété comme limitant ou portant préjudice en aucune manière aux normes de droit international existantes ou en cours d'élaboration concernant la mise au point, la production, le stockage et l'emploi d'armes chimiques.

Art. 8 2) b) xix) Emploi de balles prohibées. *Éléments.* 1. L'auteur a employé certaines balles.

2. Les balles étaient telles que leur emploi constitue une violation du droit international des conflits armés parce qu'elles s'épanouissent ou s'aplatissent facilement dans le corps humain.

3. L'auteur avait connaissance du fait que la nature de ces balles était telle que leur emploi aggraverait inutilement les souffrances ou les blessures infligées.

4. Le comportement a eu lieu dans le contexte de et était associé à un conflit armé international.

5. L'auteur avait connaissance des circonstances de fait établissant l'existence d'un conflit armé.

Art. 8 2) b) xx) Emploi d'armes, de projectiles ou matériels ou de méthodes de combat énumérés à l'annexe au Statut. *Éléments.*

[Les éléments de ce crime seront élaborés une fois que la liste des armes, projectiles ou matériels ou méthodes de combat visés aura été incluse en annexe au Statut.]

Art. 8 2) b) xxi) Atteintes à la dignité de la personne. *Éléments.* 1. L'auteur a soumis une ou plusieurs personnes à un traitement humiliant ou dégradant ou autrement porté atteinte à leur dignité *(49).*

2. L'humiliation ou la dégradation ou autre violation était d'une gravité suffisante pour être reconnue généralement comme une atteinte à la dignité de la personne.

3. Le comportement a eu lieu dans le contexte de et était associé à un conflit armé international.

4. L'auteur avait connaissance des circonstances de fait établissant l'existence d'un conflit armé.

(49). Le mot « personnes » vise également ici les personnes décédées. Il est entendu qu'il n'est pas nécessaire que la victime ait personnellement été consciente de l'existence de l'humiliation ou de la dégradation ou autre violation. Cet élément tient compte des aspects pertinents du contexte culturel de la victime.

Art. 8 2) b) xxii)-1 Viol. *Éléments.* 1. L'auteur a pris possession *(50)* du corps d'une personne de telle manière qu'il y a eu pénétration, même superficielle, d'une partie du corps de la victime ou de l'auteur par un organe sexuel, ou de l'anus ou du vagin de la victime par un objet ou toute autre partie du corps.

2. L'acte a été commis par la force ou en usant à l'encontre de ladite ou desdites ou de tierces personnes de la menace de la force ou de la coercition, telle que celle causée par la menace de violences, contrainte, détention, pressions psychologiques, abus de pouvoir, ou bien à la faveur d'un environnement coercitif, ou encore en profitant de l'incapacité de ladite personne de donner son libre consentement *(51).*

3. Le comportement a eu lieu dans le contexte de et était associé à un conflit armé international.

4. L'auteur avait connaissance des circonstances de fait établissant l'existence d'un conflit armé.

(50). L'expression « prendre possession » se veut suffisamment large pour être dénuée de connotation sexospécifique.

(51). Il est entendu qu'une personne peut être incapable de donner son libre consentement si elle souffre d'une incapacité innée, acquise ou liée à l'âge. Cette note s'applique également aux éléments correspondants visés aux articles 8 2) b) xxii)-3, 5 et 6).

Art. 8 2) b) xxii)-2 Esclavage sexuel *(52). Éléments.* 1. L'auteur a exercé l'un quelconque ou la totalité des pouvoirs découlant du droit de propriété sur une ou plusieurs personnes, par exemple en achetant, vendant, prêtant ou troquant ladite ou lesdites personnes, ou en leur imposant une privation similaire de liberté *(53).*

2. L'auteur a contraint ladite ou lesdites personnes à accomplir un ou plusieurs actes de nature sexuelle.

3. Le comportement a eu lieu dans le contexte de et était associé à un conflit armé international.

4. L'auteur avait connaissance des circonstances de fait établissant l'existence d'un conflit armé.

(52). Vu la nature complexe de ce crime, il est entendu que sa perpétration pourrait impliquer plusieurs auteurs ayant une intention criminelle commune.

(53). Il est entendu qu'une telle privation de liberté peut, dans certaines circonstances, inclure des travaux forcés ou d'autres moyens de réduire une personne à l'état de servitude, tel qu'il est défini dans la Convention supplémentaire de 1956 relative à l'abolition de l'esclavage, de la traite des esclaves et des institutions et pratiques analogues à l'esclavage. Il est aussi entendu que le comportement décrit dans cet élément inclut la traite d'êtres humains, en particulier de femmes et d'enfants.

Art. 8 2) b) xxii)-3 Prostitution forcée. *Éléments.* 1. L'auteur a amené une ou plusieurs personnes à accomplir un ou plusieurs actes de nature sexuelle par la force, ou en usant à l'encontre de ladite ou desdites ou de tierces personnes de la menace de la force ou de la coercition, telle que celle causée par la menace de violences, contrainte, détention, pressions psychologiques, abus de pouvoir, ou bien à la faveur d'un environnement coercitif, ou encore en profitant de l'incapacité desdites personnes de donner leur libre consentement.

2. L'auteur ou une autre personne a obtenu ou espérait obtenir un avantage pécuniaire ou autre en échange des actes de nature sexuelle ou en relation avec ceux-ci.

3. Le comportement a eu lieu dans le contexte de et était associé à un conflit armé international.

4. L'auteur avait connaissance des circonstances de fait établissant l'existence d'un conflit armé.

Art. 8 2) b) xxii)-4 Grossesse forcée. *Éléments.* 1. L'auteur a détenu une ou plusieurs femmes mises enceintes de force, dans l'intention de modifier la composition ethnique d'une population ou de commettre d'autres violations graves du droit international.

2. Le comportement a eu lieu dans le contexte de et était associé à un conflit armé international.

3. L'auteur avait connaissance des circonstances de fait établissant l'existence d'un conflit armé.

Art. 8 2) b) xxii)-5 Stérilisation forcée. *Éléments.* 1. L'auteur a privé une ou plusieurs personnes de la capacité biologique de se reproduire *(54).*

2. Les actes n'étaient ni justifiés par un traitement médical ou hospitalier de la ou les personnes concernées ni accomplis avec son ou leur libre consentement *(55).*

3. Le comportement a eu lieu dans le contexte de et était associé à un conflit armé international.

4. L'auteur avait connaissance des circonstances de fait établissant l'existence d'un conflit armé.

(54). Cela ne vise pas les mesures de régulation des naissances qui ont un effet non permanent dans la pratique.

(55). Il est entendu que le terme « libre consentement » ne comprend pas le consentement obtenu par la tromperie.

Art. 8 2) b) xxii)-6 Autres formes de violences sexuelles. *Éléments.* 1. L'auteur a commis un acte de nature sexuelle sur une ou plusieurs personnes ou a contraint ladite ou lesdites personnes à accomplir un tel acte par la force ou en usant à l'encontre de ladite ou desdites ou de tierces personnes de la menace de la force ou de la coercition, telle que celle causée par la menace de violences, contrainte, détention, pressions psychologiques, abus de pouvoir, ou bien à la faveur d'un environnement coercitif, ou encore en profitant de l'incapacité desdites personnes de donner leur libre consentement.

2. Les actes étaient d'une gravité comparable à celle d'une infraction grave aux Conventions de Genève.

3. L'auteur avait connaissance des circonstances de fait établissant la gravité du comportement.

4. Le comportement a eu lieu dans le contexte de et était associé à un conflit armé international.

5. L'auteur avait connaissance des circonstances de fait établissant l'existence d'un conflit armé.

Art. 8 2) b) xxiii) Utilisation de boucliers humains. *Éléments.* 1. L'auteur a déplacé une ou plusieurs personnes civiles ou autres personnes protégées par le droit international des conflits armés ou a tiré parti de l'endroit où elles se trouvaient.

2. L'auteur entendait mettre un objectif militaire à l'abri d'attaques ou couvrir, favoriser ou gêner des opérations militaires.

3. Le comportement a eu lieu dans le contexte de et était associé à un conflit armé international.

4. L'auteur avait connaissance des circonstances de fait établissant l'existence d'un conflit armé.

Art. 8 2) b) xxiv) Attaque contre des biens ou des personnes utilisant les signes distinctifs prévus par les Conventions de Genève. *Éléments.* 1. L'auteur a attaqué une ou plusieurs personnes, un ou plusieurs bâtiments, unités ou moyens de transport sanitaires ou autres biens utilisant, conformément au droit international, des signes distinctifs ou autres moyens d'identification indiquant qu'ils sont protégés par les Conventions de Genève.

2. L'auteur entendait prendre pour cible ces personnes, bâtiments, unités ou moyens de transport, ou autres biens utilisant lesdits signes distinctifs.

3. Le comportement a eu lieu dans le contexte de et était associé à un conflit armé international.

4. L'auteur avait connaissance des circonstances de fait établissant l'existence d'un conflit armé.

Art. 8 2) b) xxv) Fait d'affamer des civils comme méthode de guerre. *Éléments.* 1. L'auteur a privé des civils de biens indispensables à leur survie.

2. L'auteur entendait affamer des civils comme méthode de guerre.

3. Le comportement a eu lieu dans le contexte de et était associé à un conflit armé international.

4. L'auteur avait connaissance des circonstances de fait établissant l'existence d'un conflit armé.

Art. 8 2) b) xxvi) Utilisation, conscription ou enrôlement d'enfants. *Éléments.* 1. L'auteur a procédé à la conscription, à l'enrôlement d'une ou plusieurs personnes dans les forces armées nationales ou les a fait participer activement aux hostilités.

2. Ladite ou lesdites personnes étaient âgées de moins de 15 ans.

3. L'auteur savait ou aurait dû savoir que ladite ou lesdites personnes étaient âgées de moins de 15 ans.

4. Le comportement a eu lieu dans le contexte de et était associé à un conflit armé international.

5. L'auteur avait connaissance des circonstances de fait établissant l'existence d'un conflit armé.

Art. 8 2) b) xxvii) Fait d'utiliser des armes qui utilisent des agents microbiens ou autres agents biologiques, ainsi que des toxines, quels qu'en soient l'origine ou le mode de production. *Éléments.* 1. L'auteur a utilisé des armes qui utilisent des agents microbiens ou autres agents biologiques, ainsi que des toxines, quels qu'en soient l'origine ou le mode de production.

2. Le comportement a eu lieu dans le contexte d'un conflit armé international, et lui était associé.

3. L'auteur avait connaissance des circonstances de fait établissant l'existence d'un conflit armé. Annexe I : Amendement article 8-2-b)-xxvii) du Statut de Rome. Assemblée des États Parties. Seizième session, New York, 4-14 décembre 2017. Projet de résolution sur les amendements à l'article 8 du Statut de Rome (annexe VI). Rapport du Groupe de travail sur les amendements (Additif).
Source : https://asp.icc-cpi.int/iccdocs/asp_docs/ASP16/ICC-ASP-16-22-Add1-Rev1-FRA.pdf

Art. 8 2) b) xxviii) Fait d'utiliser des armes ayant comme principal effet de blesser par des éclats qui ne sont pas localisables par rayons X dans le corps humain. *Éléments.* 1. L'auteur a utilisé des armes ayant comme principal effet de blesser par des éclats qui ne sont pas localisables par rayons X dans le corps humain.

2. Le comportement a eu lieu dans le contexte d'un conflit armé international, et lui était associé.

3. L'auteur avait connaissance des circonstances de fait établissant l'existence d'un conflit armé. Annexe II : Amendement article 8-2-b) xxviii) du Statut de Rome. Assemblée des États Parties. Seizième session, New York, 4-14 décembre 2017. Projet de résolution sur les amendements à l'article 8 du Statut de Rome (annexe VI). Rapport du Groupe de travail sur les amendements (Additif).
Source : https://asp.icc-cpi.int/iccdocs/asp_docs/ASP16/ICC-ASP-16-22-Add1-Rev1-FRA.pdf

Art. 8 2) b) xxix) Fait d'utiliser des armes à laser spécifiquement conçues de telle façon que leur seule fonction de combat ou une de leurs fonctions de combat fût de provoquer la cécité permanente chez des personnes dont la vision est non améliorée, c'est-à-dire qui regardent à l'œil nu ou qui portent des dispositifs de correction de la vue. *Éléments.* 1. L'auteur a utilisé des armes à laser spécifiquement conçues de telle façon que leur seule fonction de combat ou une de leurs fonctions de combat fût de provoquer la cécité permanente (1) chez des personnes dont la vision est non améliorée, c'est-à-dire qui regardent à l'œil nu ou qui portent des dispositifs de correction de la vue. (1) On entend par « cécité permanente » une « perte de la vue irréversible et non corrigeable, qui est gravement invalidante sans aucune perspective de recouvrement ».

2. L'aveuglement n'est pas un effet fortuit ou collatéral de l'emploi militaire légitime de systèmes à laser y compris les systèmes à laser utilisés contre les dispositifs optiques.

3. Le comportement a eu lieu dans le contexte d'un conflit armé international, et lui était associé.

4. L'auteur avait connaissance des circonstances de fait établissant l'existence d'un conflit armé. Annexe III : Amendement article 8-2-b) xxix) du Statut de Rome. Assemblée des États Parties. Seizième session, New York, 4-14 décembre 2017. Projet de résolution sur les amendements à

l'article 8 du Statut de Rome (annexe VI). Rapport du Groupe de travail sur les amendements (Additif).
Source : https://asp.icc-cpi.int/iccdocs/asp_docs/ASP16/ICC-ASP-16-22-Add1-Rev1-FRA.pdf

Art. 8 2) c) ; Art. 8 2) c) i)-1. Meurtre. *Éléments*. 1. L'auteur a tué une ou plusieurs personnes.

2. Ladite ou lesdites personnes étaient hors de combat ou des personnes civiles ou des membres du personnel sanitaire ou religieux *(56)* ne prenant pas activement part aux hostilités.

3. L'auteur avait connaissance des circonstances de fait établissant ce statut.

4. Le comportement a eu lieu dans le contexte de et était associé à un conflit armé ne présentant pas un caractère international.

5. L'auteur avait connaissance des circonstances de fait établissant l'existence d'un conflit armé.

(56). L'expression « personnel religieux » vise également le personnel militaire, non professionnel, non combattant, qui remplit une fonction religieuse.

Art. 8 2) c) i)-2 Mutilation. *Éléments*. 1. L'auteur a soumis une ou plusieurs personnes à une mutilation, en particulier en les défigurant de façon définitive, en les rendant infirmes de façon permanente ou en procédant à l'ablation définitive d'un de leurs organes ou appendices.

2. Les actes n'étaient motivés ni par un traitement médical, dentaire ou hospitalier de la ou les personnes concernées ni accomplis dans son ou leur intérêt.

3. Ladite ou lesdites personnes avaient été mises hors de combat ou étaient des civils ou des membres du personnel médical ou religieux ne prenant pas activement part aux hostilités.

4. L'auteur avait connaissance des circonstances de fait établissant ce statut.

5. Le comportement a eu lieu dans le contexte de et était associé à un conflit armé ne présentant pas un caractère international.

6. L'auteur avait connaissance des circonstances de fait établissant l'existence d'un conflit armé.

Art. 8 2) c) i)-3 Traitements cruels. *Éléments*. 1. L'auteur a infligé à une ou plusieurs personnes une douleur ou des souffrances aiguës, physiques ou mentales.

2. Ladite ou lesdites personnes avaient été mises hors de combat ou étaient des civils ou des membres du personnel médical ou religieux ne prenant pas activement part aux hostilités.

3. L'auteur avait connaissance des circonstances de fait établissant ce statut.

4. Le comportement a eu lieu dans le contexte de et était associé à un conflit armé ne présentant pas un caractère international.

5. L'auteur avait connaissance des circonstances de fait établissant l'existence d'un conflit armé.

Art. 8 2) c) i)-4 Torture. *Éléments.* 1. L'auteur a infligé à une ou plusieurs personnes une douleur ou des souffrances aiguës, physiques ou mentales.

2. L'auteur a infligé cette douleur ou ces souffrances afin, notamment, d'obtenir des renseignements ou des aveux, de punir, d'intimider ou de contraindre, ou pour une raison fondée sur une discrimination, quelle qu'elle soit.

3. Ladite ou lesdites personnes avaient été mises hors de combat ou étaient des civils ou des membres du personnel médical ou religieux ne prenant pas activement part aux hostilités.

4. L'auteur avait connaissance des circonstances de fait établissant ce statut.

5. Le comportement a eu lieu dans le contexte de et était associé à un conflit armé ne présentant pas un caractère international.

6. L'auteur avait connaissance des circonstances de fait établissant l'existence d'un conflit armé.

Art. 8 2) c) ii) Atteintes à la dignité de la personne. *Éléments.* 1. L'auteur a soumis une ou plusieurs personnes à des traitements humiliants ou dégradants ou autrement porté atteinte à leur dignité *(57).*

2. Les traitements humiliants ou dégradants ou autres violations étaient d'une gravité telle qu'on pouvait généralement les considérer comme des atteintes à la dignité de la personne.

3. Ladite ou lesdites personnes avaient été mises hors de combat ou étaient des civils ou des membres du personnel médical ou religieux ne prenant pas activement part aux hostilités.

4. L'auteur avait connaissance des circonstances de fait établissant ce statut.

5. Le comportement a eu lieu dans le contexte de et était associé à un conflit armé ne présentant pas un caractère international.

6. L'auteur avait connaissance des circonstances de fait établissant l'existence d'un conflit armé.

(57). Le mot « personnes » vise également ici les personnes décédées. Il est entendu que les victimes ne doivent pas être personnellement conscientes du caractère humiliant ou dégradant des traitements et autres violations. Cet élément tient compte des aspects pertinents du contexte culturel de la victime.

Art. 8 2) c) iii) Prise d'otages. *Éléments.* 1. L'auteur a capturé, détenu ou autrement pris en otage une ou plusieurs personnes.

2. L'auteur a menacé de tuer, blesser ou maintenir en détention ladite ou lesdites personnes.

3. L'auteur avait l'intention de contraindre un État, une organisation internationale, une personne physique ou morale ou un groupe de personnes à agir ou à s'abstenir d'agir en subordonnant explicitement ou implicitement

la sécurité ou la mise en liberté de ladite ou desdites personnes à une telle action ou abstention.

4. Ladite ou lesdites personnes avaient été mises hors de combat ou étaient des civils ou des membres du personnel médical ou religieux ne prenant pas activement part aux hostilités.

5. L'auteur avait connaissance des circonstances de fait établissant ce statut.

6. Le comportement a eu lieu dans le contexte de et était associé à un conflit armé ne présentant pas un caractère international.

7. L'auteur avait connaissance des circonstances de fait établissant l'existence d'un conflit armé.

Art. 8 2) c) iv) Condamnations ou exécutions en dehors de toute procédure régulière. *Éléments.* 1. L'auteur a prononcé une condamnation ou fait exécuter une ou plusieurs personnes *(58)*.

2. Ladite ou lesdites personnes avaient été mises hors de combat ou étaient des civils, ou des membres du personnel médical ou religieux ne prenant pas activement part aux hostilités.

3. L'auteur avait connaissance des circonstances de fait établissant ce statut.

4. Il n'y a pas eu de jugement préalable rendu par un tribunal, ou le tribunal qui a rendu le jugement n'était pas «régulièrement constitué», en ce sens qu'il n'offrait pas les garanties essentielles en matière d'indépendance et d'impartialité, ou le tribunal n'a pas assorti son jugement des garanties judiciaires généralement reconnues comme indispensables en droit international *(59)*.

5. L'auteur savait qu'il n'y avait pas eu de jugement préalable ou qu'il y avait eu déni des garanties pertinentes et que ces éléments étaient essentiels ou indispensables à un jugement régulier.

6. Le comportement a eu lieu dans le contexte de et était associé à un conflit armé ne présentant pas un caractère international.

7. L'auteur avait connaissance des circonstances de fait établissant l'existence d'un conflit armé.

(58). Les éléments énoncés dans le présent document le sont sans égard aux différentes formes de responsabilité pénale individuelle visées aux articles 25 et 28 du Statut.

(59). En ce qui concerne les éléments 4 et 5, la Cour devra examiner si, à la lumière de toutes les circonstances pertinentes, l'effet cumulatif des facteurs concernant les garanties équivaut à un déni du droit des personnes visées d'être jugées régulièrement.

Art. 8 2) e) *(60)* ; ***Art. 8 2) e) i) Attaque contre des civils.*** *Éléments.* 1. L'auteur a lancé une attaque.

2. L'objectif de l'attaque était une population civile en général ou des civils ne prenant pas directement part aux hostilités.

3. L'auteur entendait prendre pour cible de son attaque ladite population civile ou des civils ne prenant pas directement part aux hostilités.

4. Le comportement a eu lieu dans le contexte de et était associé à un conflit armé ne présentant pas un caractère international.

5. L'auteur avait connaissance des circonstances de fait établissant l'existence d'un conflit armé.

(60). Conformément à la résolution RC/Res.5.

Art. 8 2) e) ii) Attaque contre des biens ou des personnes utilisant les signes distinctifs prévus par les Conventions de Genève. *Éléments.* 1. L'auteur a attaqué une ou plusieurs personnes, un ou plusieurs bâtiments, unités ou moyens de transport sanitaires ou autres biens utilisant, conformément au droit international, des signes distinctifs ou d'autres moyens les identifiant comme étant protégés par les Conventions de Genève.

2. L'auteur entendait prendre pour cible de son attaque ladite ou lesdites personnes, ledit ou lesdits bâtiments, unités ou moyens de transport ou autres biens utilisant ces signes distinctifs.

3. Le comportement a eu lieu dans le contexte de et était associé à un conflit armé ne présentant pas un caractère international.

4. L'auteur avait connaissance des circonstances de fait établissant l'existence d'un conflit armé.

Art. 8 2) e) iii) Attaque contre le personnel ou des biens employés dans le cadre d'une mission d'aide humanitaire ou de maintien de la paix. *Éléments.* 1. L'auteur a lancé une attaque.

2. L'objectif de l'attaque était le personnel, les installations, le matériel, les unités ou les véhicules employés dans le cadre d'une mission d'aide humanitaire ou de maintien de la paix conformément à la Charte des Nations Unies.

3. L'auteur entendait prendre pour cible de son attaque lesdits personnel, installations, matériel, unités ou véhicules.

4. Lesdits personnel, installations, matériel, unités ou véhicules avaient droit à la protection que le droit international des conflits armés garantit aux personnes civiles et aux biens de caractère civil.

5. L'auteur avait connaissance des circonstances de fait établissant cette protection.

6. Le comportement a eu lieu dans le contexte de et était associé à un conflit armé ne présentant pas un caractère international.

7. L'auteur avait connaissance des circonstances de fait établissant l'existence d'un conflit armé.

Art. 8 2) e) iv) Attaque contre des biens protégés *(61). Éléments.* 1. L'auteur a lancé une attaque.

2. L'objectif de l'attaque était un ou plusieurs bâtiments consacrés à la religion, à l'enseignement, à l'art, à la science ou à l'action caritative, des monuments historiques, des hôpitaux et des lieux où des malades ou des blessés sont rassemblés, qui n'étaient pas des objectifs militaires.

3. L'auteur entendait prendre pour cible de son attaque ledit ou lesdits bâtiments consacrés à la religion, à l'enseignement, à l'art, à la science ou à l'action caritative, des monuments historiques, des hôpitaux et des lieux où des malades ou des blessés sont rassemblés, qui n'étaient pas des objectifs militaires.

4. Le comportement a eu lieu dans le contexte de et était associé à un conflit armé ne présentant pas un caractère international.

5. L'auteur avait connaissance des circonstances de fait établissant l'existence d'un conflit armé.

(61). La présence dans la localité de personnes spécialement protégées par les Conventions de Genève de 1949 et de forces de police qui s'y trouvent à seule fin d'y maintenir l'ordre ne suffit pas à faire de cette localité un objectif militaire.

Art. 8 2) e) v) Pillage. *Éléments.* 1. L'auteur s'est approprié certains biens.

2. L'auteur entendait spolier le propriétaire et s'approprier les biens en question à des fins privées ou personnelles *(62).*

3. L'appropriation s'est faite sans le consentement du propriétaire.

4. Le comportement a eu lieu dans le contexte de et était associé à un conflit armé ne présentant pas un caractère international.

5. L'auteur avait connaissance des circonstances de fait établissant l'existence d'un conflit armé.

(62). Comme l'indiquent les termes « à des fins privées ou personnelles », les appropriations justifiées par les nécessités militaires ne constituent pas un crime de pillage.

Art. 8 2) e) vi)-1 Viol. *Éléments.* 1. L'auteur a pris possession *(63)* du corps d'une personne de telle manière qu'il y a eu pénétration, même superficielle, d'une partie du corps de la victime ou de l'auteur par un organe sexuel, ou de l'anus ou du vagin de la victime par un objet ou toute autre partie du corps.

2. L'acte a été commis par la force ou en usant à l'encontre de ladite ou desdites ou de tierces personnes de la menace de la force ou de la coercition, telle que celle causée par la menace de violences, contrainte, détention, pressions psychologiques, abus de pouvoir, ou bien à la faveur d'un environnement coercitif, ou encore en profitant de l'incapacité de ladite personne de donner son libre consentement *(64).*

3. Le comportement a eu lieu dans le contexte de et était associé à un conflit armé ne présentant pas un caractère international.

4. L'auteur avait connaissance des circonstances de fait établissant l'existence d'un conflit armé.

(63). L'expression « prendre possession » se veut suffisamment large pour être dénuée de connotation sexospécifique.

(64). Il est entendu qu'une personne peut être incapable de donner son libre consentement si elle souffre d'une incapacité innée, acquise ou liée à l'âge.

Cette note s'applique également aux éléments correspondants visés aux articles 8 2) e) vi-3, 5 et 6.

Art. 8 2) e) vi)-2 Esclavage sexuel *(65). Éléments.* 1. L'auteur a exercé l'une quelconque ou la totalité des pouvoirs découlant du droit de propriété sur une ou plusieurs personnes, par exemple en achetant, vendant, prêtant ou troquant ladite ou lesdites personnes, ou en leur imposant une privation similaire de liberté *(66).*

2. L'auteur a contraint ladite ou lesdites personnes à accomplir un ou plusieurs actes de nature sexuelle.

3. Le comportement a eu lieu dans le contexte de et était associé à un conflit armé ne présentant pas un caractère international.

4. L'auteur avait connaissance des circonstances de fait établissant l'existence d'un conflit armé.

(65). Vu la nature complexe de ce crime, il est entendu que sa perpétration pourrait impliquer plusieurs auteurs ayant une intention criminelle commune.

(66). Il est entendu qu'une telle privation de liberté peut, dans certaines circonstances, inclure des travaux forcés ou d'autres moyens de réduire une personne à l'état de servitude, tel qu'il est défini dans la Convention supplémentaire de 1956 relative à l'abolition de l'esclavage, de la traite des esclaves et des institutions et pratiques analogues à l'esclavage. Il est aussi entendu que le comportement décrit dans cet élément inclut la traite d'êtres humains, en particulier de femmes et d'enfants.

Art. 8 2) e) vi)-3 Prostitution forcée. *Éléments.* 1. L'auteur a amené une ou plusieurs personnes à accomplir un ou plusieurs actes de nature sexuelle par la force, en usant à l'encontre de ladite ou desdites ou de tierces personnes de la menace de la force ou de la coercition, telle que celle causée par la menace de violences, contrainte, détention, pressions psychologiques, abus de pouvoir, ou bien à la faveur d'un environnement coercitif, ou encore en profitant de l'incapacité desdites personnes de donner leur libre consentement.

2. L'auteur ou une autre personne a obtenu ou espérait obtenir un avantage pécuniaire ou autre en échange des actes de nature sexuelle ou en relation avec ceux-ci.

3. Le comportement a eu lieu dans le contexte de et était associé à un conflit armé ne présentant pas un caractère international.

4. L'auteur avait connaissance des circonstances de fait établissant l'existence d'un conflit armé.

Art. 8 2) e) vi)-4 Grossesse forcée. *Éléments.* 1. L'auteur a détenu une femme ou plusieurs femmes rendues enceintes de force, dans l'intention de modifier la composition ethnique d'une population ou de commettre d'autres violations graves du droit international.

2. Le comportement a eu lieu dans le contexte de et était associé à un conflit armé ne présentant pas un caractère international.

3. L'auteur avait connaissance des circonstances de fait établissant l'existence d'un conflit armé.

Art. 8 2) e) vi)-5 Stérilisation forcée. *Éléments.* 1. L'auteur a privé une ou plusieurs personnes de la capacité biologique de reproduction *(67)*.

2. Les actes n'étaient ni justifiés par un traitement médical ou hospitalier des personnes concernées ni accomplis avec leur libre consentement *(68)*.

3. Le comportement a eu lieu dans le contexte de et était associé à un conflit armé ne présentant pas un caractère international.

4. L'auteur avait connaissance des circonstances de fait établissant l'existence d'un conflit armé.

(67). Ceci ne vise pas les mesures de régulation des naissances qui ont un effet non permanent dans la pratique.

(68). Il est entendu que le terme « libre consentement » n'englobe pas le consentement obtenu par la tromperie.

Art. 8 2) e) vi)-6 Autres formes de violences sexuelles. *Éléments.* 1. L'auteur a commis un acte de nature sexuelle sur une ou plusieurs personnes ou a contraint ladite ou lesdites personnes à accomplir un tel acte par la force ou en usant à l'encontre de ladite ou desdites ou de tierces personnes de la menace de la force ou de la coercition, telle que celle causée par la menace de violences, contrainte, détention, pressions psychologiques, abus de pouvoir, ou bien à la faveur d'un environnement coercitif, ou encore en profitant de l'incapacité desdites personnes de donner leur libre consentement.

2. Les actes étaient d'une gravité comparable à celle d'une violation grave de l'article 3 commun aux quatre Conventions de Genève.

3. L'auteur avait connaissance des circonstances de fait établissant la gravité du comportement.

4. Le comportement a eu lieu dans le contexte de et était associé à un conflit armé ne présentant pas un caractère international.

5. L'auteur avait connaissance des circonstances de fait établissant l'existence d'un conflit armé.

Art. 8 2) e) vii) Utilisation, conscription ou enrôlement d'enfants. *Éléments.* 1. L'auteur a procédé à la conscription ou à l'enrôlement d'une ou plusieurs personnes dans une force ou un groupe armés ou les a fait participer activement aux hostilités.

2. Ladite ou lesdites personnes étaient âgées de moins de 15 ans.

3. L'auteur savait ou aurait dû savoir que ladite ou lesdites personnes étaient âgées de moins de 15 ans.

4. Le comportement a eu lieu dans le contexte de et était associé à un conflit armé ne présentant pas un caractère international.

5. L'auteur avait connaissance des circonstances de fait établissant l'existence d'un conflit armé.

Art. 8 2) e) viii) Déplacement de personnes civiles. *Éléments.* 1. L'auteur a donné l'ordre de déplacer une population civile.

2. L'ordre n'était justifié ni par la sécurité des personnes civiles concernées ni par des nécessités militaires.

3. L'auteur occupait une fonction lui permettant de faire effectuer ce déplacement en en donnant l'ordre.

4. Le comportement a eu lieu dans le contexte de et était associé à un conflit armé ne présentant pas un caractère international.

5. L'auteur avait connaissance des circonstances de fait établissant l'existence d'un conflit armé.

Art. 8 2) e) ix) Fait de tuer ou de blesser par traîtrise. *Éléments.* 1. L'auteur a fait appel à la bonne foi d'un ou de plusieurs adversaires combattants ou leur a fait croire qu'ils avaient le droit de recevoir ou l'obligation d'accorder la protection prévue par les règles du droit international applicables dans les conflits armés.

2. L'auteur entendait tromper cette bonne foi ou cette confiance.

3. L'auteur a tué ou blessé ladite ou lesdites personnes.

4. L'auteur a usé de la bonne foi de ladite ou desdites personnes ou de ce qu'il leur avait fait croire pour les tuer ou les blesser.

5. Ladite ou lesdites personnes appartenaient à la partie adverse.

6. Le comportement a eu lieu dans le contexte de et était associé à un conflit armé ne présentant pas un caractère international.

7. L'auteur avait connaissance des circonstances de fait établissant l'existence d'un conflit armé.

Art. 8 2) e) x) Déni de quartier. *Éléments.* 1. L'auteur a déclaré qu'il n'y aurait pas de survivants ou ordonné qu'il n'y en ait pas.

2. Cette déclaration ou cet ordre a été émis pour menacer un adversaire ou pour conduire les hostilités sur la base qu'il n'y aurait pas de survivants.

3. L'auteur était dans une position de commandement ou de contrôle effectif des forces qui lui étaient subordonnées auxquelles la déclaration ou l'ordre s'adressait.

4. Le comportement a eu lieu dans le contexte de et était associé à un conflit armé ne présentant pas un caractère international.

5. L'auteur avait connaissance des circonstances de fait établissant l'existence d'un conflit armé.

Art. 8 2) e) xi)-1 Mutilation. *Éléments.* 1. L'auteur a soumis une ou plusieurs personnes à une mutilation, en particulier en les défigurant de façon définitive, en les rendant infirmes de façon permanente ou en procédant à l'ablation définitive d'un de leurs organes ou membres.

2. Les actes ont causé la mort ou compromis gravement la santé physique ou mentale de ladite ou desdites personnes.

3. Les actes n'étaient ni justifiés par un traitement médical, dentaire ou hospitalier de la ou les personnes concernées ni accomplis dans son ou leur intérêt *(69)*.

4. Ladite ou lesdites personnes étaient au pouvoir d'une autre partie au conflit.

5. Le comportement a eu lieu dans le contexte de et était associé à un conflit armé ne présentant pas un caractère international.

6. L'auteur avait connaissance des circonstances de fait établissant l'existence d'un conflit armé.

(69). Le consentement ne peut pas être invoqué comme moyen de défense pour ce crime. La définition du crime interdit toute procédure médicale qui n'est pas rendue nécessaire par l'état de santé de la personne concernée et qui n'est pas conforme aux normes médicales généralement acceptées qui seraient appliquées dans des conditions médicales analogues à des personnes ayant la nationalité de la partie procédant à l'opération et qui ne seraient en aucune manière privées de leur liberté.

Cette note s'applique également à l'élément analogue visé par l'article 8 2) e) xi)-2.

Art. 8 2) e) xi)-2 Expériences médicales ou scientifiques. *Éléments.* 1. L'auteur a soumis une ou plusieurs personnes à une expérience médicale ou scientifique.

2. L'expérience a causé la mort ou compromis gravement la santé physique ou mentale ou l'intégrité corporelle de ladite ou desdites personnes.

3. Les actes n'étaient ni justifiés par un traitement médical, dentaire ou hospitalier de la ou les personnes concernées ni accomplis dans son ou leur intérêt.

4. Ladite ou lesdites personnes étaient au pouvoir d'une autre partie au conflit.

5. Le comportement a eu lieu dans le contexte de et était associé à un conflit armé ne présentant pas un caractère international.

6. L'auteur avait connaissance des circonstances de fait établissant l'existence d'un conflit armé.

Art. 8 2) e) xii) Destruction ou saisie des biens de l'ennemi. *Éléments.* 1. L'auteur a détruit ou saisi certains biens.

2. Ces biens étaient la propriété de l'adversaire.

3. Lesdits biens étaient protégés contre la destruction ou la saisie par le droit international des conflits armés.

4. L'auteur avait connaissance des circonstances de fait établissant le statut de ces biens.

5. La destruction ou la saisie n'était pas requise par des nécessités militaires.

6. Le comportement a eu lieu dans le contexte de et était associé à un conflit armé ne présentant pas un caractère international.

7. L'auteur avait connaissance des circonstances de fait établissant l'existence d'un conflit armé.

Art. 8 2) e) xiii) *(70).* ***Emploi de poison ou des armes empoisonnées***. *Eléments.* 1. L'auteur a employé une substance toxique ou fait usage d'une arme qui dégage une telle substance lorsqu'elle est employée.

2. La substance employée était de nature à causer la mort ou à porter gravement atteinte à la santé dans le cours normal des événements du fait de ses propriétés toxiques.

3. Le comportement a eu lieu dans le contexte de et était associé à un conflit armé ne présentant pas un caractère international.

4. L'auteur avait connaissance des circonstances de fait établissant l'existence d'un conflit armé.

(70). Comme amendé par la résolution RC/Res.5 ; voir les Documents officiels de la Conférence de révision au Statut de Rome de la Cour pénale internationale, Kampala, 31 mai - 11 juin 2010 (publication de la Cour pénale internationale, RC/11, partie II.

Art. 8 2) e) xiv) *(71).* **Emploi de gaz, liquides, matières ou procédés prohibés**. *Eléments.* 1. L'auteur a employé un gaz, une substance ou un procédé analogue.

2. Le gaz, la substance ou le procédé était de nature à causer la mort ou à porter gravement atteinte à la santé dans le cours normal des événements du fait de ses propriétés asphyxiantes ou toxiques *(72).*

3. Le comportement a eu lieu dans le contexte de et était associé à un conflit armé ne présentant pas un caractère international.

4. L'auteur avait connaissance des circonstances de fait établissant l'existence d'un conflit armé.

(71). Ibid

(72). Rien dans cet élément ne doit être interprété comme limitant ou portant préjudice en aucune manière aux normes de droit international existantes ou en cours d'élaboration concernant la mise au point, la production, le stockage et l'emploi d'armes chimiques.

Art. 8 2) e) xv) *(73).* **Emploi de balles prohibées**. *Eléments.* 1. L'auteur a employé certaines balles.

2. Les balles étaient telles que leur emploi constitue une violation du droit international des conflits armés parce qu'elles s'épanouissent ou s'aplatissent facilement dans le corps humain.

3. L'auteur avait connaissance du fait que la nature de ces balles était telle que leur emploi aggraverait inutilement les souffrances ou les blessures infligées.

4. Le comportement a eu lieu dans le contexte de et était associé à un conflit armé ne présentant pas un caractère international.

5. L'auteur avait connaissance des circonstances de fait établissant l'existence d'un conflit armé.

(73). Comme amendé par la résolution RC/Res.5 ; voir les Documents officiels de la Conférence de révision au Statut de Rome de la Cour pénale internationale, Kampala, 31 mai - 11 juin 2010 (publication de la Cour pénale internationale, RC/11, partie II.

Sur les crimes de guerre, voir aussi : Statut du Tribunal militaire international de Nuremberg, art. 6 c) ; Charte du Tribunal militaire international de Tokyo, art. 5 c) ; Convention pour la prévention et la répression du crime de génocide. New York, 9 décembre 1948, préambule, art. 1er ; Statut du Tribunal pénal international pour l'ex-Yougoslavie (TPIY), art. 1, 2, 3, 4, 5 ; Statut du Tribunal pénal international pour le Rwanda (TPIR), art. 1, 2, 3, 4.

Art. 8 2) e) xvi) Fait d'utiliser des armes qui utilisent des agents microbiens ou autres agents biologiques, ainsi que des toxines, quels qu'en soient l'origine ou le mode de production. *Éléments.* 1. L'auteur a utilisé des armes qui utilisent des agents microbiens ou autres agents biologiques, ainsi que des toxines, quels qu'en soient l'origine ou le mode de production.

2. Le comportement a eu lieu dans le contexte d'un conflit armé international, et lui était associé.

3. L'auteur avait connaissance des circonstances de fait établissant l'existence d'un conflit armé. Annexe I : Amendement article 8-2-b)-xvi du Statut de Rome. Assemblée des États Parties. Seizième session, New York, 4-14 décembre 2017. Projet de résolution sur les amendements à l'article 8 du Statut de Rome (annexe VI). Rapport du Groupe de travail sur les amendements (Additif). Source : https://asp.icc-cpi.int/iccdocs/asp_docs/ASP16/ICC-ASP-16-22-Add1-Rev1-FRA.pdf

Art. 8 2) e) xvii) Fait d'utiliser des armes ayant comme principal effet de blesser par des éclats qui ne sont pas localisables par rayons X dans le corps humain. *Éléments.* 1. L'auteur a utilisé des armes ayant comme principal effet de blesser par des éclats qui ne sont pas localisables par rayons X dans le corps humain.

2. Le comportement a eu lieu dans le contexte d'un conflit armé international, et lui était associé.

3. L'auteur avait connaissance des circonstances de fait établissant l'existence d'un conflit armé. Annexe II : Amendement article 8-2-b) xvii) du Statut de Rome. Assemblée des États Parties. Seizième session, New York, 4-14 décembre 2017. Projet de résolution sur les amendements à l'article 8 du Statut de Rome (annexe VI). Rapport du Groupe de travail sur les amendements (Additif).

Source : https://asp.icc-cpi.int/iccdocs/asp_docs/ASP16/ICC-ASP-16-22-Add1-Rev1-FRA.pdf

Art. 8 2) e) xviii) Fait d'utiliser des armes à laser spécifiquement conçues de telle façon que leur seule fonction de combat ou une de leurs fonctions de combat fût de provoquer la cécité permanente chez des personnes dont la vision est non améliorée, c'est-à-dire qui regardent à l'œil nu ou qui portent des dispositifs de correction de la vue. *Éléments.* 1. L'auteur a utilisé des armes à laser spécifiquement conçues de telle façon que leur seule fonction de combat ou une de leurs fonctions de combat fût de provoquer la cécité permanente (2) chez des personnes dont la vision est non améliorée, c'est-à-dire qui regardent à l'œil nu ou qui portent des dispositifs de correction de la vue. (2) On entend par « cécité permanente » une « perte de la vue irréversible et non corrigeable, qui est gravement invalidante sans aucune perspective de recouvrement ».

2. L'aveuglement n'est pas un effet fortuit ou collatéral de l'emploi militaire légitime de systèmes à laser y compris les systèmes à laser utilisés contre les dispositifs optiques.

3. Le comportement a eu lieu dans le contexte d'un conflit armé n'ayant pas un caractère international, et lui était associé.

4. L'auteur avait connaissance des circonstances de fait établissant l'existence d'un conflit armé. Annexe III : Amendement article 8-2-e) xviii) du Statut de Rome. Assemblée des États Parties. Seizième session, New York, 4-14 décembre 2017. Projet de résolution sur les amendements à l'article 8 du Statut de Rome (annexe VI). Rapport du Groupe de travail sur les amendements (Additif).

Source : https://asp.icc-cpi.int/iccdocs/asp_docs/ASP16/ICC-ASP-16-22-Add1-Rev1-FRA.pdf

D

Déclaration des droits de l'homme et du citoyen de 1789.

Versailles, 26 août 1789 *(Texte intégral. Préambule. Art. 1, Art. 2, Art. 3, Art. 4, Art. 5, Art. 6, Art. 7, Art. 8, Art. 9, Art. 10, Art. 11, Art. 12, Art. 13, Art. 14, Art. 15, Art.16, Art. 17). Préambule.* Les Représentants du Peuple Français, constitués en Assemblée Nationale, considérant que l'ignorance, l'oubli ou le mépris des droits de l'Homme sont les seules causes des malheurs publics et de la corruption des Gouvernements, ont résolu d'exposer, dans une Déclaration solennelle, les droits naturels, inaliénables et sacrés de l'Homme, afin que cette Déclaration, constamment présente à tous les Membres du corps social, leur rappelle sans cesse leurs droits et leurs devoirs ; afin que leurs actes du pouvoir législatif, et ceux du pouvoir exécutif, pouvant être à chaque instant comparés avec le but de toute institution politique, en soient plus respectés ; afin que les réclamations des citoyens, fondées désormais sur des principes simples et incontestables, tournent toujours au maintien de la Constitution et au bonheur de tous.
En conséquence, l'Assemblée Nationale reconnaît et déclare, en présence et sous les auspices de l'Etre suprême, les droits suivants de l'Homme et du Citoyen.

Art. 1er. Les hommes naissent et demeurent libres et égaux en droits. Les distinctions sociales ne peuvent être fondées que sur l'utilité commune.

Art. 2. Le but de toute association politique est la conservation des droits naturels et imprescriptibles de l'Homme. Ces droits sont la liberté, la propriété, la sûreté, et la résistance à l'oppression.

Art. 3. Le principe de toute Souveraineté réside essentiellement dans la Nation. Nul corps, nul individu ne peut exercer d'autorité qui n'en émane expressément.

Art. 4. La liberté consiste à pouvoir faire tout ce qui ne nuit pas à autrui : ainsi, l'exercice des droits naturels de chaque homme n'a de bornes que celles qui assurent aux autres Membres de la Société la jouissance de ces mêmes droits. Ces bornes ne peuvent être déterminées que par la Loi.

Art. 5. La Loi n'a le droit de défendre que les actions nuisibles à la Société. Tout ce qui n'est pas défendu par la Loi ne peut être empêché, et nul ne peut être contraint à faire ce qu'elle n'ordonne pas.

Art. 6. La Loi est l'expression de la volonté générale. Tous les Citoyens ont droit de concourir personnellement, ou par leurs Représentants, à sa formation. Elle doit être la même pour tous, soit qu'elle protège, soit qu'elle punisse. Tous les Citoyens étant égaux à ses yeux sont également admissibles à toutes dignités, places et emplois publics, selon leur capacité, et sans autre distinction que celle de leurs vertus et de leurs talents.

Art. 7. Nul homme ne peut être accusé, arrêté ni détenu que dans les cas déterminés par la Loi, et selon les formes qu'elle a prescrites. Ceux qui sollicitent, expédient, exécutent ou font exécuter des ordres arbitraires, doivent être punis ; mais tout citoyen appelé ou saisi en vertu de la Loi doit obéir à l'instant : il se rend coupable par la résistance.

Art. 8. La Loi ne doit établir que des peines strictement et évidemment nécessaires, et nul ne peut être puni qu'en vertu d'une Loi établie et promulguée antérieurement au délit, et légalement appliquée.

Art. 9. Tout homme étant présumé innocent jusqu'à ce qu'il ait été déclaré coupable, s'il est jugé indispensable de l'arrêter, toute rigueur qui ne serait pas nécessaire pour s'assurer de sa personne doit être sévèrement réprimée par la loi.

Art. 10. Nul ne doit être inquiété pour ses opinions, même religieuses, pourvu que leur manifestation ne trouble pas l'ordre public établi par la Loi.

Art. 11. La libre communication des pensées et des opinions est un des droits les plus précieux de l'Homme : tout Citoyen peut donc parler, écrire, imprimer librement, sauf à répondre de l'abus de cette liberté dans les cas déterminés par la Loi.

Art. 12. La garantie des droits de l'Homme et du Citoyen nécessite une force publique : cette force est donc instituée pour l'avantage de tous, et non pour l'utilité particulière de ceux auxquels elle est confiée.

Art. 13. Pour l'entretien de la force publique, et pour les dépenses d'administration, une contribution commune est indispensable : elle doit être également répartie entre tous les citoyens, en raison de leurs facultés.

Art. 14. Tous les Citoyens ont le droit de constater, par eux-mêmes ou par leurs représentants, la nécessité de la contribution publique, de la consentir librement, d'en suivre l'emploi, et d'en déterminer la quotité, l'assiette, le recouvrement et la durée.

Art. 15. La Société a le droit de demander compte à tout Agent public de son administration.

Art. 16. Toute Société dans laquelle la garantie des Droits n'est pas assurée, ni la séparation des Pouvoirs déterminée, n'a point de Constitution.

Art. 17. La propriété étant un droit inviolable et sacré, nul ne peut en être privé, si ce n'est lorsque la nécessité publique, légalement constatée, l'exige évidemment, et sous la condition d'une juste et préalable indemnité.

Déclaration du Millénaire. Résolution adoptée par l'Assemblée Générale des Nations Unies [*sans renvoi à une grande commission (A/55/L.2)*] – 52/2. Déclaration du Millénaire. 8e séance plénière, 8 septembre 2000 *(Texte intégral. I. Valeurs et principes (liberté, égalité,* *solidarité, tolérance, respect de la nature, partage des responsabilités) ; II. Paix, sécurité et désarmement ; III. Développement et élimination de la pauvreté ; Protéger notre environnement commun ; V. Droits de l'homme, démocratie et bonne gouvernance ; VI. Protéger les groupes vulnérables ; VII. Répondre aux besoins spéciaux de l'Afrique ; VIII. Renforcer l'Organisation des Nations Unies).*

L'Assemblée générale

Adopte la Déclaration suivante :

Déclaration du Millénaire

I - Valeurs et principes

Nous, chefs d'État et de gouvernement, nous sommes rassemblés au Siège de l'Organisation des Nations Unies à New York, du 6 au 8 septembre 2000, à l'aube d'un nouveau millénaire, pour réaffirmer notre foi dans l'Organisation et dans sa Charte, fondements indispensables d'un monde plus pacifique, plus prospère et plus juste.

Nous reconnaissons que, en plus des responsabilités propres que nous devons assumer à l'égard de nos sociétés respectives, nous sommes collectivement tenus de défendre, au niveau mondial, les principes de la dignité humaine, de l'égalité et de l'équité. En tant que dirigeants, nous avons donc des devoirs à l'égard de tous les citoyens du monde, en particulier les personnes les plus vulnérables, et tout spécialement les enfants, à qui l'avenir appartient.

Nous réaffirmons notre attachement aux buts et principes énoncés dans la Charte des Nations Unies, qui ont une valeur éternelle et universelle. En fait, leur pertinence et leur importance en tant que source d'inspiration se sont accrues avec la multiplication des liens et le renforcement de l'interdépendance entre les nations et les peuples.

Nous sommes résolus à instaurer une paix juste et durable dans le monde entier conformément aux buts et aux principes inscrits dans la Charte. Nous réaffirmons notre volonté de tout faire pour assurer l'égalité souveraine de tous les États, le respect de leur intégrité territoriale et de leur indépendance politique, le règlement des différends par des voies pacifiques et conformément aux principes de la justice et du droit international, le droit à l'autodétermination des peuples qui sont encore sous domination coloniale ou sous occupation étrangère, la non-ingérence dans les affaires intérieures des États, le respect des droits de l'homme et des libertés fondamentales, le respect de l'égalité des droits de tous, sans distinction de race, de sexe, de langue ou de religion et une coopération internationale en vue du règlement des problèmes internationaux à caractère économique, social, culturel ou humanitaire.

Nous sommes convaincus que le principal défi que nous devons relever aujourd'hui est de faire en sorte que la mondialisation devienne une force positive pour l'humanité tout entière. Car, si elle offre des possibilités immenses, à l'heure actuelle ses bienfaits sont très inégalement répartis, de même que les charges qu'elle impose. *Nous reconnaissons* que les pays en développement et les pays en transition doivent surmonter des difficultés particulières pour faire face à ce défi majeur. La mondialisation ne sera donc profitable à tous, de façon équitable, que si un effort important et soutenu est consenti pour bâtir un avenir commun fondé sur la condition que nous partageons en tant qu'êtres humains, dans toute sa diversité. Cet effort doit produire des politiques et des mesures, à l'échelon mondial, qui correspondent aux besoins des pays en développement et des pays en transition et sont formulées et appliquées avec leur participation effective.

Nous estimons que certaines valeurs fondamentales doivent sous-tendre les relations internationales au XXIe siècle, à savoir :

La liberté. Les hommes et les femmes ont le droit de vivre et d'élever leurs enfants dans la dignité, à l'abri de la faim et sans craindre la violence, l'oppression ou l'injustice. C'est un mode de gouvernance démocratique des affaires publiques, fondé sur la volonté et la participation des populations, qui permet le mieux de garantir ces droits.

L'égalité. Aucune personne, aucune nation ne doit être privée des bienfaits du développement. L'égalité des droits et des chances des femmes et des hommes doit être assurée.

La solidarité. Les problèmes mondiaux doivent être gérés multilatéralement et de telle façon que les coûts et les charges soient justement répartis conformément aux principes fondamentaux de l'équité et de la justice sociale. Ceux qui souffrent ou qui sont particulièrement défavorisés méritent une aide de la part des privilégiés.

La tolérance. Les êtres humains doivent se respecter mutuellement dans toute la diversité de leurs croyances, de leurs cultures et de leurs langues. Les différences qui existent au sein des sociétés et entre les sociétés ne devraient pas être redoutées ni réprimées, mais vénérées en tant que bien précieux de l'humanité. Il faudrait promouvoir activement une culture de paix et le dialogue entre toutes les civilisations.

Le respect de la nature. Il convient de faire preuve de prudence dans la gestion de toutes les espèces vivantes et de toutes les ressources naturelles, conformément aux préceptes du développement durable. C'est à cette condition que les richesses incommensurables que la nature nous offre pourront être préservées et léguées à nos descendants. Les modes de production et de consommation qui ne sont pas viables à l'heure actuelle doivent être modifiés, dans l'intérêt de notre bien-être futur et dans celui de nos descendants.

Le partage des responsabilités. La responsabilité de la gestion, à l'échelle mondiale, du développement économique et social, ainsi que des menaces qui pèsent sur la paix et la sécurité internationales, doit être partagée entre toutes les nations du monde et devrait être exercée dans un cadre multilatéral. Étant l'organisation la plus universelle et la plus représentative qui existe dans le monde, l'Organisation des Nations Unies a un rôle central à jouer à cet égard.

Pour traduire ces valeurs communes en actes, nous avons défini des objectifs auxquels nous attachons une importance particulière.

II. Paix, sécurité et désarmement

Nous n'épargnerons aucun effort pour délivrer nos peuples du fléau de la guerre, qu'il s'agisse des guerres civiles ou des guerres entre États, qui ont coûté la vie à plus de cinq millions de personnes au cours de la dernière décennie. Nous nous efforcerons également d'éliminer les dangers posés par les armes de destruction massive.

Nous décidons par conséquent :

De mieux faire respecter la primauté du droit dans les affaires tant internationales que nationales, et en particulier de veiller à ce que les États Membres appliquent les règles et les décisions de la Cour internationale de Justice, conformément à la Charte des Nations Unies, dans les litiges auxquels ils sont parties.

D'accroître l'efficacité de l'Organisation des Nations Unies dans le maintien de la paix et de la sécurité, en lui donnant les moyens et les outils dont elle a besoin pour mieux assurer la prévention des conflits, le règlement pacifique des différends, le maintien de la paix, la consolidation de la paix et la reconstruction après les conflits. À ce sujet, nous prenons acte du rapport du Groupe d'étude sur les opérations de paix de l'Organisation des Nations Unies, dont nous prions l'Assemblée générale d'examiner promptement les recommandations.

De renforcer la coopération entre l'Organisation des Nations Unies et les organisations régionales conformément aux dispositions du Chapitre VIII de la Charte.

De faire appliquer par les États parties les traités conclus dans des domaines tels que la maîtrise des armements et le désarmement, ainsi que le droit international humanitaire et le droit relatif aux droits de l'homme, et de demander à tous les États d'envisager de signer et de ratifier le Statut de Rome de la Cour pénale internationale.

De prendre des mesures concertées pour lutter contre le terrorisme international et d'adhérer dès que possible à toutes les conventions internationales pertinentes.

De redoubler d'efforts dans l'accomplissement de notre engagement à lutter contre le problème mondial de la drogue.

D'intensifier la lutte que nous menons contre la criminalité transnationale dans toutes ses dimensions, y compris la traite des êtres humains, leur acheminement clandestin à travers les frontières et le blanchiment de l'argent sale.

De réduire autant que possible les effets néfastes que les sanctions économiques imposées par l'Organisation des Nations Unies peuvent avoir sur les populations innocentes, de soumettre les régimes de sanctions à des examens périodiques et d'éliminer les effets préjudiciables des sanctions sur les tiers.

De travailler à l'élimination des armes de destruction massive, notamment les armes nucléaires, et de n'écarter aucune solution possible pour parvenir à cet objectif, notamment en ce qui concerne la convocation éventuelle d'une conférence internationale pour définir les moyens d'éliminer les dangers nucléaires.

De prendre des mesures concertées pour mettre fin au trafic d'armes légères, notamment en rendant les transferts d'armes plus transparents et en encourageant l'adoption de mesures de désarmement au niveau régional, compte tenu de toutes les recommandations de la prochaine Conférence des Nations Unies sur le commerce illicite des armes légères.

D'inviter tous les États à envisager d'adhérer à la Convention sur l'interdiction de l'emploi, du stockage, de la production et du transfert des mines antipersonnel et sur leur destruction, ainsi qu'au Protocole modifié relatif aux mines se rapportant à la Convention sur les armes classiques.

Nous demandons instamment à tous les États Membres d'observer la trêve olympique, individuellement et collectivement, dans le présent et à l'avenir, et de soutenir les efforts que le Comité international olympique déploie pour promouvoir la paix et la compréhension entre les hommes par le sport et l'idéal olympique.

III. Développement et élimination de la pauvreté

Nous ne ménagerons aucun effort pour délivrer nos semblables – hommes, femmes et enfants – de la misère, phénomène abject et déshumanisant qui touche actuellement plus d'un milliard de personnes. Nous sommes résolus à faire du droit au développement une réalité pour tous et à mettre l'humanité entière à l'abri du besoin.

En conséquence, nous décidons de créer – aux niveaux tant national que mondial – un climat propice au développement et à l'élimination de la pauvreté.

La réalisation de ces objectifs suppose, entre autres, une bonne gouvernance dans chaque pays. Elle suppose aussi une bonne gouvernance sur le plan international, et la transparence des systèmes financier, monétaire et commercial. Nous sommes résolus à mettre en place un système commercial et financier multilatéral ouvert, équitable, fondé sur le droit, prévisible et non discriminatoire.

Nous sommes préoccupés par les obstacles auxquels se heurtent les pays en développement dans la mobilisation des ressources nécessaires pour financer leur développement durable. Nous ferons donc tout pour assurer le succès de la Réunion intergouvernementale de haut niveau chargée d'examiner la question du financement du développement à l'échelon intergouvernemental, qui doit se tenir en 2001.

Nous nous engageons également à prendre en compte les besoins particuliers des pays les moins avancés. À cet égard, nous nous félicitons de la convocation en mai 2001 de la troisième Conférence des Nations Unies sur les pays les moins avancés et nous nous efforcerons d'en assurer le succès. Nous demandons aux pays industrialisés :

D'adopter, de préférence avant la Conférence, une politique d'admission en franchise et hors quota pour la quasi-totalité des produits exportés par les pays les moins avancés.

D'appliquer sans plus de retard le programme renforcé d'allégement de la dette des pays pauvres très endettés et de convenir d'annuler toutes les dettes publiques bilatérales contractées par ces pays s'ils démontrent en contrepartie leur volonté de lutter contre la pauvreté.

D'accorder une aide au développement plus généreuse, notamment aux pays qui font un effort sincère pour appliquer leurs ressources à la réduction de la pauvreté.

Nous sommes également résolus à appréhender de façon globale et effective le problème de la dette des pays à faible revenu et à revenu intermédiaire, grâce à diverses mesures d'ordre national et international propres à rendre leur endettement viable à long terme.

Nous décidons également de répondre aux besoins particuliers des petits États insulaires en développement en appliquant, rapidement et intégralement le Programme d'action de la Barbade et les conclusions de la vingt-deuxième session extraordinaire de l'Assemblée générale.

Nous demandons instamment à la communauté internationale de veiller à ce que, dans la mise au point d'un indice de vulnérabilité, les besoins particuliers des petits États insulaires en développement soient pris en compte.

Nous sommes conscients des besoins et problèmes particuliers des pays en développement sans littoral, et demandons instamment aux donateurs tant bilatéraux que multilatéraux d'accroître leur aide financière et technique à ce groupe de pays pour les aider à satisfaire leurs besoins particuliers de développement et à surmonter les obstacles géographiques en améliorant leurs systèmes de transport en transit.

Nous décidons également :

De réduire de moitié, d'ici à 2015, la proportion de la population mondiale dont le revenu est inférieur à un dollar par jour et celle des personnes qui souffrent de la faim et de réduire de moitié, d'ici à la même date, la proportion des personnes qui n'ont pas accès à l'eau potable ou qui n'ont pas les moyens de s'en procurer.

Que, d'ici à la même date, les enfants partout dans le monde, garçons et filles, seront en mesure d'achever un cycle complet d'études primaires et que les filles et les garçons auront à égalité accès à tous les niveaux d'éducation.

Que, à ce moment, nous aurons réduit de trois quarts la mortalité maternelle et de deux tiers la mortalité des enfants de moins de 5 ans par rapport aux taux actuels.

Que, d'ici là, nous aurons arrêté la propagation du VIH/sida, et commencé à inverser la tendance actuelle, et que nous aurons maîtrisé le fléau du paludisme et des autres grandes maladies qui affligent l'humanité.

D'apporter une assistance spéciale aux orphelins du VIH/sida.

Que, d'ici à 2020, nous aurons réussi à améliorer sensiblement la vie d'au moins 100 millions d'habitants de taudis, conformément à l'initiative « Villes sans taudis ni bidonvilles ».

Nous décidons en outre :

De promouvoir l'égalité des sexes et l'autonomisation des femmes, en tant que moyen efficace de combattre la pauvreté, la faim et la maladie, et de promouvoir un développement réellement durable.

De formuler et d'appliquer des stratégies qui donnent aux jeunes partout dans le monde une chance réelle de trouver un travail décent et utile.

D'encourager l'industrie pharmaceutique à rendre les médicaments essentiels plus largement disponibles et abordables pour tous ceux qui en ont besoin dans les pays en développement.

D'établir des partenariats solides avec le secteur privé et les organisations de la société civile en vue de promouvoir le développement et d'éliminer la pauvreté.

De faire en sorte que les avantages des nouvelles technologies, en particulier des technologies de l'information et de la communication, soient accordés à tous, conformément aux recommandations contenues dans la Déclaration ministérielle du Conseil économique et social de 2000.

IV. Protéger notre environnement commun

Nous ne devons épargner aucun effort pour éviter à l'ensemble de l'humanité, et surtout à nos enfants et petits-enfants, d'avoir à vivre sur une planète irrémédiablement dégradée par les activités humaines et dont les ressources ne peuvent plus répondre à leurs besoins.

Nous réaffirmons notre soutien aux principes du développement durable énoncés dans Action 21, qui ont été adoptés lors de la Conférence des Nations Unies sur l'environnement et le développement.

Nous décidons, par conséquent, d'adopter dans toutes nos actions ayant trait à l'environnement une nouvelle éthique de conservation et de sauvegarde, et convenons de commencer par prendre les mesures suivantes :

Ne ménager aucun effort pour que le Protocole de Kyoto entre en vigueur de préférence avant le dixième anniversaire de la Conférence des Nations Unies sur l'environnement et le développement en 2002, et commencer à appliquer les réductions prescrites des émissions des gaz à effet de serre.

Intensifier notre action commune pour la gestion, la préservation et le développement durable de tous les types de forêt.

Insister sur l'application intégrale de la Convention sur la diversité biologique et de la Convention des Nations Unies sur la lutte contre la désertification dans les pays gravement touchés par la sécheresse et/ou la désertification, en particulier en Afrique.

Mettre fin à l'exploitation irrationnelle des ressources en eau, en formulant des stratégies de gestion de l'eau aux niveaux régional, national et local, permettant notamment d'assurer aussi bien un accès équitable qu'un approvisionnement adéquat.

Intensifier la coopération en vue de réduire le nombre et les effets des catastrophes naturelles et des catastrophes dues à l'homme.

Assurer le libre accès à l'information relative au génome humain.

V. Droits de l'homme, démocratie et bonne gouvernance

Nous n'épargnerons aucun effort pour promouvoir la démocratie et renforcer l'état de droit, ainsi que le respect de tous les droits de l'homme et libertés fondamentales reconnus sur le plan international, y compris le droit au développement.

Nous décidons par conséquent :

De respecter et de faire appliquer intégralement la Déclaration universelle des droits de l'homme.

De chercher à assurer, dans tous les pays, la promotion et la protection intégrale des droits civils et des droits politiques, économiques, sociaux et culturels de chacun.

De renforcer, dans tous les pays, les capacités nécessaires pour appliquer les principes et pratiques de la démocratie et du respect des droits de l'homme, y compris les droits des minorités.

De lutter contre toutes les formes de violence contre les femmes et d'appliquer la Convention pour l'élimination de toutes les formes de discrimination à l'égard des femmes.

De prendre des mesures pour assurer le respect et la protection des droits fondamentaux des migrants, des travailleurs migrants et de leur famille, pour mettre fin aux actes de racisme et de xénophobie dont le nombre ne cesse de croître dans de nombreuses sociétés et pour promouvoir une plus grande harmonie et une plus grande tolérance dans toutes les sociétés.

De travailler ensemble à l'adoption dans tous les pays de processus politiques plus égalitaires, qui permettent la participation effective de tous les citoyens à la vie politique.

D'assurer le droit des médias de jouer leur rôle essentiel et le droit du public à l'information.

VI. Protéger les groupes vulnérables

Nous n'épargnerons aucun effort pour faire en sorte que les enfants et toutes les populations civiles qui souffrent de façon disproportionnée des conséquences des catastrophes naturelles, d'actes de génocide, des conflits armés et autres situations d'urgence humanitaire bénéficient de l'assistance et de la protection requises pour pouvoir reprendre au plus vite une vie normale.

Nous décidons par conséquent :

D'élargir et de renforcer la protection des civils dans les situations d'urgence complexes, conformément au droit international humanitaire.

De renforcer la coopération internationale, y compris en partageant le fardeau des pays qui accueillent des réfugiés et en coordonnant l'assistance humanitaire, d'aider tous les réfugiés et toutes les personnes déplacées à rentrer volontairement chez eux, en toute sécurité et dignité, et à se réinsérer harmonieusement dans la société à laquelle ils appartiennent.

D'encourager la ratification et la mise en œuvre intégrale de la Convention relative aux droits de l'enfant, ainsi que de ses protocoles facultatifs concernant l'implication d'enfants dans les conflits armés et la vente d'enfants, la prostitution des enfants et la pornographie mettant en scène des enfants.

VII. Répondre aux besoins spéciaux de l'Afrique

Nous soutiendrons la consolidation de la démocratie en Afrique et aiderons les Africains dans la lutte qu'ils mènent pour instaurer une paix et un développement durables et éliminer la pauvreté, afin d'intégrer le continent africain dans l'économie mondiale.

Nous décidons par conséquent :

D'appuyer pleinement les structures politiques et institutionnelles des démocraties naissantes en Afrique.

D'encourager et de soutenir les mécanismes régionaux et sous-régionaux de prévention des conflits et de promotion de la stabilité politique, et d'assurer un financement régulier aux opérations de maintien de la paix menées sur le continent.

De prendre des mesures spéciales pour relever les défis que sont l'élimination de la pauvreté et la réalisation du développement durable en Afrique, y compris l'annulation de la dette, l'amélioration de l'accès aux marchés, l'accroissement de l'aide publique au développement et des flux d'investissement étrangers directs, ainsi que des transferts de technologie.

D'aider l'Afrique à se doter des capacités voulues pour freiner la propagation de la pandémie du VIH/sida et d'autres maladies infectieuses.

VIII. Renforcer l'Organisation des Nations Unies

Nous n'épargnerons aucun effort pour faire de l'Organisation des Nations Unies un instrument plus efficace aux fins de la réalisation des objectifs prioritaires suivants : la lutte pour le développement de tous les peuples du monde, la lutte contre la pauvreté, l'ignorance et la maladie, la lutte contre l'injustice, la lutte contre la violence, la terreur et la criminalité et la lutte contre la dégradation et la destruction de notre planète.

Nous décidons par conséquent :

De réaffirmer le rôle central de l'Assemblée générale en tant que principal organe délibérant et représentatif de l'Organisation des Nations Unies, et de lui permettre de s'en acquitter efficacement.

De redoubler d'efforts pour réformer les procédures du Conseil de sécurité sous tous leurs aspects.

De renforcer encore le Conseil économique et social, en faisant fond sur ses récents succès, afin qu'il puisse être en mesure de remplir le rôle qui lui est confié dans la Charte.

De renforcer la Cour internationale de Justice, afin d'assurer la justice et le régime du droit dans les affaires internationales.

D'encourager des consultations et une coordination régulières entre les principaux organes des Nations Unies dans l'exercice de leurs fonctions.

De faire en sorte que l'Organisation dispose, en temps voulu et de façon prévisible, des ressources nécessaires pour s'acquitter de ses mandats.

D'inviter instamment le Secrétariat à utiliser au mieux ces ressources, conformément aux règles et procédures clairement établies par l'Assemblée générale, dans l'intérêt de tous les États Membres, en adoptant les meilleures méthodes de gestion, en utilisant les meilleures technologies disponibles et en concentrant ses efforts sur les activités qui reflètent les priorités dont sont convenus les États Membres.

De favoriser le respect de la Convention sur la sécurité du personnel des Nations Unies et du personnel associé.

De garantir une plus grande cohérence des politiques et d'améliorer la coopération entre l'Organisation des Nations Unies, ses organismes, les institutions de Bretton Woods et l'Organisation mondiale du commerce, ainsi que d'autres organismes multilatéraux, afin de suivre une démarche pleinement coordonnée vis-à-vis des problèmes de paix et de développement.

De renforcer davantage la coopération entre l'Organisation des Nations Unies et les parlements nationaux, représentés par leur organisation mondiale, l'Union interparlementaire, dans divers domaines, notamment la paix et la sécurité, le développement économique et social, le droit international et les droits de l'homme, la démocratie et la parité entre les sexes.

De donner au secteur privé, aux organisations non gouvernementales et à la société civile en général la possibilité de contribuer davantage à la réalisation des objectifs et programmes de l'Organisation.

Nous demandons à l'Assemblée générale d'examiner de façon régulière les progrès accomplis dans la mise en œuvre des dispositions de la présente Déclaration et prions le Secrétaire général de faire publier des rapports périodiques, pour examen par l'Assemblée générale et suite à donner.

Nous réaffirmons solennellement, en cette occasion historique, que l'Organisation des Nations Unies est le lieu de rassemblement indispensable de l'humanité tout entière où nous nous efforçons de concrétiser nos aspirations universelles à la paix, à la coopération et au développement. Nous nous engageons donc à accorder un soutien indéfectible à la réalisation de ces objectifs communs et nous nous déclarons résolus à les atteindre.

Document final du Sommet « Tenir les promesses : unis pour atteindre les objectifs du Millénaire pour le développement ». Nations Unies A/65/L. 1, New York, 22 septembre 2010. Assemblée générale, Soixante-cinquième session, Points 13 et 115 de l'ordre du jour : Application et suivi intégrés et coordonnés des textes issus des grandes conférences et réunions au sommet organisées par les Nations Unies dans les domaines économique et social et dans les domaines connexes. Suite donnée aux textes issus du Sommet du Millénaire. Projet de résolution renvoyé à la Réunion plénière de haut niveau de l'Assemblée générale par l'Assemblée générale à sa soixante-quatrième session. *Tenir les promesses : unis pour atteindre les objectifs du Millénaire pour le développement*
L'Assemblée générale
Adopte le document suivant à l'issue de sa Réunion plénière de haut niveau à sa soixante-cinquième session sur les objectifs du Millénaire pour le développement :
Tenir les promesses : unis pour atteindre les objectifs du Millénaire pour le développement

1. Nous, chefs d'État et de gouvernement, réunis au Siège de l'Organisation des Nations Unies, à New York, du 20 au 22 septembre 2010, nous félicitons du progrès accompli depuis notre dernière rencontre ici, en 2005, tout en constatant avec une vive inquiétude que ce progrès est très loin d'être suffisant. Rappelant les objectifs de développement et les engagements contenus dans la Déclaration du Millénaire (*1 Voir résolution 55/2*) et le Document final du Sommet mondial de 2005 (*2 Voir résolution 60/1*), nous réaffirmons que nous sommes déterminés à travailler tous ensemble à la promotion de l'amélioration de la condition économique et sociale de tous les peuples.

2. Nous restons inspirés par les buts et principes de la Charte des Nations Unies, dans le strict respect du droit international et de ses principes.

3. Nous réaffirmons l'importance que revêtent, pour le développement, la liberté, la paix et la sécurité, le respect de tous les droits de l'homme, y compris le droit au développement, l'état de droit, l'égalité des sexes et la volonté de bâtir des sociétés justes et démocratiques.

4. Nous soulignons que les textes issus de toutes les grandes conférences et réunions au sommet organisées par les Nations Unies dans les domaines économique et social et dans les domaines connexes, ainsi que les engagements qu'ils contiennent, dont les objectifs du Millénaire pour le développement, gardent toute leur actualité, ont eu un effet de sensibilisation et continuent de produire des progrès tangibles et importants en matière de développement. Ensemble, ces textes et ces engagements ont tenu une place

capitale, façonnant une vision globale du développement, et ils constituent la trame des activités de développement des Nations Unies. Nous réaffirmons avec force notre volonté de faire en sorte que ces textes et ces engagements se concrétisent pleinement et sans retard.

5. Nous avons conscience des progrès qui ont été faits, notamment sur le front de l'élimination de la pauvreté, malgré des revers, dont ceux causés par la crise financière et économique. Nous saluons les progrès exemplaires que des pays de toutes les régions du monde ont accomplis en mobilisant la coopération, les partenariats, l'action et la solidarité. Cependant, nous constatons avec une vive inquiétude que le nombre de personnes vivant dans l'extrême pauvreté ou souffrant de la faim dépasse le milliard et que les inégalités internes et entre pays restent un problème majeur. Nous jugeons tout autant inquiétante la persistance de taux élevés de mortalité maternelle et de mortalité parmi les enfants de moins de 5 ans. Nous sommes convaincus que l'élimination de la pauvreté et de la faim, ainsi que la lutte contre les inégalités à tous les niveaux, sont indispensables si l'on veut offrir à tous un avenir plus prospère et moins précaire.

6. Nous nous déclarons à nouveau profondément préoccupés par la multiplicité et l'imbrication des crises, notamment la crise économique et sociale, par la volatilité des prix des produits énergétiques et des denrées alimentaires, par les incertitudes persistantes pesant sur la sécurité alimentaire, ainsi que par les problèmes de plus en plus graves que posent les changements climatiques et le recul de la biodiversité, qui ont accru les vulnérabilités, creusé les inégalités et compromis les progrès du développement, en particulier dans les pays en développement. Cependant, cela n'entame en rien notre volonté agissante de faire des objectifs du Millénaire une réalité pour tous.

7. Nous sommes résolus à promouvoir et renforcer ensemble, ces prochaines années, le partenariat mondial pour le développement, pilier de notre coopération, qui a été réaffirmé dans la Déclaration du Millénaire, le Consensus de Monterrey issu de la Conférence internationale sur le financement du développement (3 *Rapport de la Conférence internationale sur le financement du développement, Monterrey (Mexique), 18-22 mars 2002* (publication des Nations Unies, numéro de vente : F.02.II.A.7), chap. I, résolution 1, annexe), le Plan de mise en œuvre du Sommet mondial pour le développement durable (« Plan de mise en œuvre de Johannesburg ») (4 *Rapport du Sommet mondial pour le développement durable, Johannesburg (Afrique du Sud), 26 août-4 septembre 2002* (publication des Nations Unies, numéro de vente : F.03.II.A.1 et rectificatif), chap. I, résolution 1, annexe), le Document final du Sommet mondial de 2005 et la Déclaration de Doha sur le financement du développement, document final de la Conférence internationale de suivi sur le financement du développement, chargée d'examiner la mise en œuvre du Consensus de Monterrey (5 *Voir résolution 63/239, annexe*).

8. Il nous tient à cœur de faire tout ce qui est en notre pouvoir pour que les objectifs du Millénaire soient atteints d'ici à 2015, notamment d'entreprendre l'action et d'appliquer les politiques et stratégies prévues dans la présente Déclaration pour aider les pays en développement, en mettant l'accent sur ceux d'entre eux qui sont le plus en retard et sur les objectifs qui sont le plus loin d'être atteints, améliorant ainsi les conditions de vie des plus pauvres.

9. Nous sommes convaincus que les objectifs du Millénaire peuvent être atteints, y compris dans les pays les plus pauvres, si tous les États Membres et toutes les autres parties prenantes, au niveau des pays comme au niveau international, s'y attèlent avec une volonté renouvelée, privilégient l'efficacité au stade de l'exécution et intensifient leur action collective, en s'appuyant sur les stratégies nationales de développement, des politiques judicieuses et des méthodes éprouvées, et en s'attachant à renforcer les institutions à tous les niveaux, à mobiliser plus énergiquement les ressources nécessaires au développement, à rendre plus efficace la coopération en faveur du développement et à renforcer le partenariat mondial pour le développement.

10. Nous réaffirmons que pour progresser dans son développement, chaque pays doit prendre en main sa destinée. Il appartient à chacun de trouver sa voie. Nous le répétons, chaque pays est au premier chef responsable de son développement économique et social, et nous ne saurions trop insister sur l'importance des politiques nationales, de la mobilisation des ressources intérieures et des stratégies nationales de développement. Cependant, l'économie de chaque pays est aujourd'hui imbriquée dans le système économique mondial, si bien que l'exploitation des possibilités offertes par le commerce et l'investissement peut être un moyen de lutter contre la pauvreté. L'effort national de développement est d'autant plus efficace que les conditions internes le favorisent et que l'influence de l'environnement international renforce l'action et la stratégie du pays.

11. Nous savons que la bonne gouvernance et l'état de droit, aux niveaux national et international, sont parmi les conditions essentielles d'une croissance économique soutenue, partagée et équitable, du développement durable et de l'élimination de la pauvreté et de la faim.

12. Nous avons conscience que l'égalité des sexes, l'autonomisation des femmes, la possibilité pour elles d'exercer pleinement tous leurs droits fondamentaux et l'élimination de la pauvreté sont des facteurs déterminants du développement économique et social, y compris la réalisation de tous les objectifs du Millénaire.

Nous réaffirmons qu'il faut mettre en œuvre effectivement et intégralement la Déclaration et le Programme d'action de Beijing (6 *Rapport de la quatrième Conférence mondiale sur les femmes, Beijing, 4-15 septembre 1995* (publication des Nations Unies, numéro de vente : F.93.IV.13), chap. I, résolution 1, annexes I et II). Réaliser l'égalité des sexes et l'autonomisation des femmes est à la fois un objectif de développement essentiel et un moyen important d'atteindre tous les objectifs du Millénaire. Nous nous félicitons de la création de l'Entité des Nations Unies pour l'égalité des sexes et l'autonomisation de la femme (ONU-Femmes), et nous promettons d'apporter un appui sans réserve à sa mise en place.

13. Nous savons que la paix et la sécurité, le développement et les droits de l'homme sont les piliers du système des Nations Unies et les conditions fondamentales de la sécurité et du bien-être collectifs. Nous savons aussi que le développement, la paix et la sécurité et les droits de l'homme sont interdépendants et se renforcent mutuellement. Nous réaffirmons que l'adhésion à nos valeurs fondamentales communes, notamment la liberté, l'égalité, la solidarité, la tolérance, le respect de tous les droits de l'homme, la préservation de la nature et le partage des responsabilités, est une condition primordiale de la réalisation des objectifs du Millénaire.

14. Nous sommes convaincus que l'Organisation des Nations Unies, forte de son universalité, de sa légitimité et d'un mandat qui lui confère un rôle irremplaçable, apporte une contribution vitale à la promotion de la coopération internationale pour le développement et à l'accélération de la réalisation des objectifs de développement arrêtés par la communauté internationale, y compris les objectifs du Millénaire.

Nous réaffirmons que pour faire face aux problèmes que pose l'évolution de la situation dans le monde, nous avons besoin d'une organisation suffisamment forte.

15. Nous avons conscience que tous les objectifs du Millénaire sont interdépendants et complémentaires. Aussi insistons-nous sur la nécessité de les poursuivre d'une manière globale et intégrée.

16. Conscients de la diversité de la planète, nous savons que toutes les cultures et toutes les civilisations apportent à l'humanité une contribution enrichissante. Nous insistons sur l'importance que revêt la culture en tant que facteur du développement et sur ce qu'elle apporte à la réalisation des objectifs du Millénaire.

17. Nous demandons à la société civile, c'est-à-dire aux organisations non gouvernementales, aux associations bénévoles et aux fondations, au secteur privé et aux autres parties prenantes concernées, aux échelons local, national, régional et mondial, d'accroître sa contribution à l'effort de développement des pays ainsi qu'à la réalisation des objectifs du Millénaire d'ici à 2015 et, en tant que gouvernements, nous nous engageons à associer ces parties prenantes à notre action.

18. Nous donnons acte aux parlements nationaux de la part qu'ils prennent à l'action entreprise pour faire en sorte que les objectifs du Millénaire soient atteints d'ici à 2015.

Un constat mitigé : des succès, des progrès inégaux, des obstacles, des chances à saisir

19. Nous mesurons les efforts considérables que les pays en développement ont faits pour atteindre les objectifs du Millénaire, et les succès remarquables enregistrés par ceux qui ont atteint certains des objectifs intermédiaires. Des succès ont été remportés dans la lutte contre l'extrême pauvreté, le relèvement des taux de scolarisation et la santé des enfants, la réduction des taux de mortalité parmi les enfants de moins de 5 ans, l'élargissement de l'accès à l'eau potable, le renforcement de la prévention de la transmission du VIH de mère à enfant, l'élargissement de l'accès aux moyens de prévention et de traitement du VIH/sida, et la lutte contre le paludisme, la tuberculose et les maladies tropicales négligées.

20. Nous nous rendons compte qu'il reste fort à faire pour atteindre les objectifs du Millénaire, les progrès étant inégaux suivant les régions, d'un pays à l'autre et à l'intérieur de chaque pays. La prévalence de la faim et de la malnutrition a de nouveau augmenté de 2007 à 2009, annulant en partie les progrès antérieurs. Ce n'est que lentement qu'on avance vers le plein emploi et la possibilité pour chacun de trouver un emploi décent et productif, vers l'égalité des sexes et l'autonomisation des femmes, et vers l'écoviabilité et la desserte universelle par les services d'assainissement de base, cependant que le nombre des nouveaux cas d'infection par le VIH reste supérieur à celui des personnes qui commencent un traitement. En particulier, nous sommes extrêmement préoccupés par la lenteur des progrès de la réduction de la mortalité maternelle et de l'amélioration de la santé maternelle et procréative. Les progrès réalisés par rapport à d'autres objectifs du Millénaire sont fragiles, et il est indispensable de les accompagner pour éviter des revers.

21. Nous soulignons la centralité du rôle joué par le partenariat mondial pour le développement et l'importance de l'objectif 8 dans la réalisation des objectifs du Millénaire. Nous savons que sans un appui considérable de la communauté internationale, plusieurs de ces objectifs ne seront probablement pas atteints en 2015 dans nombre de pays en développement.

22. Nous sommes profondément préoccupés par les effets de la crise financière et économique, la plus grave depuis la Grande dépression, qui ont annulé les progrès du développement dans bien des pays en développement et menacent de compromettre sérieusement la réalisation des objectifs du Millénaire à l'échéance de 2015.

23. Nous prenons note des enseignements tirés de l'expérience et des politiques et démarches qui se sont montrées efficaces dans la poursuite et la réalisation des objectifs du Millénaire et nous constatons qu'avec une volonté politique plus ferme, il est possible de reproduire et d'étendre ces succès et d'accélérer ainsi les progrès, en procédant notamment comme suit :

a) Faire en sorte que les pays prennent en charge leur stratégie de développement ;

b) Adopter des politiques macroéconomiques progressistes qui favorisent le développement durable, une croissance économique soutenue, partagée et

équitable et la création d'emplois productifs, et stimulent le développement agricole et industriel ;
c) Promouvoir des stratégies nationales en matière de sécurité alimentaire qui renforcent l'aide aux petits agriculteurs et contribuent à l'élimination de la pauvreté ;
d) Adopter des politiques et prendre des mesures favorables aux pauvres et de nature à réduire les inégalités sociales et économiques ;
e) Privilégier les stratégies faisant appel à la participation et à l'initiative locale et s'alignant sur les priorités et stratégies nationales de développement ;
f) Promouvoir l'universalité de l'accès aux services publics et sociaux et instaurer une protection sociale minimale ;
g) Accroître les moyens de fourniture équitable de services de qualité ;
h) Mettre en œuvre des politiques et des programmes sociaux, y compris des programmes de subsides conditionnels, et investir dans les services de base (santé, éducation, eau et assainissement) ;
i) Veiller à ce que tous les groupes sociaux, y compris les pauvres et les défavorisés, soient pleinement associés aux décisions ;
j) Respecter, promouvoir et protéger tous les droits de l'homme, y compris le droit au développement ;
k) Redoubler d'efforts pour réduire les inégalités et éliminer l'exclusion sociale et la discrimination ;
l) Développer les possibilités offertes aux femmes et aux filles et faire progresser l'autonomisation économique, juridique et politique des femmes ;
m) Investir dans la santé des femmes et des enfants, afin de réduire radicalement le nombre de femmes et d'enfants qui meurent de causes évitables ;
n) Privilégier les systèmes de gouvernance régis par les principes de transparence et de responsabilité, aux niveaux national et international;
o) Privilégier la transparence et le respect du principe de responsabilité dans la coopération internationale pour le développement, impératif qui vaut pour les pays donateurs comme pour les pays en développement, et veiller en particulier à ce que les apports financiers soient suffisants et prévisibles et à ce que l'aide soit de meilleure qualité et mieux ciblée ;
p) Promouvoir la coopération Sud-Sud et la coopération triangulaire, en complément de la coopération Nord-Sud ;
q) Promouvoir les partenariats efficaces entre les secteurs public et privé ;
r) Élargir l'accès des pauvres, en particulier des femmes, aux services financiers, notamment grâce à des régimes de micro financement convenablement capitalisés, des programmes et des initiatives soutenus par les partenaires de développement ;
s) Renforcer les moyens des services nationaux de statistique afin qu'ils produisent des données fiables et suffisamment détaillées permettant de mieux évaluer et formuler les programmes et les politiques.

24. Nous sommes conscients que, pour étendre l'application de ces politiques et formules efficaces, il faudra renforcer le partenariat mondial en faveur du développement, comme le prévoit le programme d'action exposé plus loin.

25. Nous prenons note du premier débat consacré officiellement à la notion de **sécurité humaine**, à l'initiative du Président de l'Assemblée générale, au cours duquel différentes vues sur la question ont été présentées par les États Membres, ainsi que des travaux en cours pour définir cette notion, et nous estimons qu'il faut poursuivre le débat dans le cadre de l'Assemblée générale en vue de parvenir à un accord sur la définition de la sécurité humaine.

26. Nous savons que les changements climatiques impliquent de graves risques et difficultés pour tous les pays, en particulier les pays en développement. Nous nous déclarons résolus à agir pour y faire face conformément aux principes et dispositions énoncés dans la Convention-cadre des Nations Unies sur les changements climatiques (7) Nations Unies, *Recueil des Traités*, vol. 1771, no 30822), notamment au principe des responsabilités communes mais différenciées et à celui des capacités respectives. Nous réaffirmons que la Convention définit le cadre international et intergouvernemental des négociations sur les mesures à prendre à cette fin à l'échelle mondiale. Les mesures qui seront prises pour résoudre les problèmes liés aux changements climatiques auront une incidence déterminante sur les perspectives de consolidation et de poursuite des progrès accomplis dans la réalisation des objectifs du Millénaire.

27. Nous estimons qu'il faut accorder plus d'attention aux besoins particuliers des pays en développement, ainsi qu'à l'aggravation des inégalités socioéconomiques, déjà considérables. Les disparités entre pays développés et pays en développement et les inégalités entre riches et pauvres, ainsi qu'entre populations rurales et urbaines, entre autres, sont toujours très accusées et doivent être atténuées.

28. Nous considérons également que les politiques et l'action doivent viser d'abord les pauvres et les plus vulnérables, y compris les personnes handicapées, afin qu'ils puissent bénéficier des progrès accomplis dans la réalisation des objectifs du Millénaire. À cet égard, il importe tout particulièrement de rendre plus équitable l'accès aux débouchés économiques et aux services sociaux.

29. Nous sommes conscients qu'il faut d'urgence prêter attention aux nombreux pays en développement qui ont des besoins spécifiques et aux difficultés particulières qu'ils rencontrent pour atteindre les objectifs du Millénaire.

30. Nous constatons que le développement des pays les moins avancés est entravé par des contraintes et par des obstacles structurels importants, et nous sommes vivement préoccupés par le retard que ces pays ont pris dans la réalisation des objectifs de développement arrêtés au niveau international, y

compris ceux du Millénaire. Dans ce contexte, nous lançons un appel pour que se poursuive la mise en œuvre du Programme d'action de Bruxelles en faveur des pays les moins avancés pour la décennie 2001-2010 (8 A/CONF.191/13, chap. II) et attendons avec intérêt la quatrième Conférence des Nations Unies sur les pays les moins avancés, qui aura lieu à Istanbul en 2011 et qui devrait dynamiser encore le partenariat international pour la prise en compte des besoins particuliers de ces pays.

31. Nous réaffirmons que nous sommes conscients des besoins particuliers des pays en développement sans littoral et des difficultés auxquelles ils font face, faute d'avoir directement accès à la mer, aggravées par leur éloignement des marchés mondiaux, et constatons une fois encore avec préoccupation que la croissance économique des pays en développement sans littoral et le bien-être social de leur population demeurent très vulnérables aux chocs extérieurs. Nous soulignons la nécessité de surmonter ces vulnérabilités et de renforcer la capacité de résistance de ces pays, et lançons un appel en faveur de l'application intégrale, rapide et effective du Programme d'action d'Almaty : répondre aux besoins particuliers des pays en développement sans littoral et créer un nouveau cadre mondial pour la coopération en matière de transport en transit entre les pays en développement sans littoral et de transit (9 *Rapport de la Conférence ministérielle internationale des pays en développement sans littoral et de transit, des pays donateurs et des organismes internationaux de financement et de développement sur la coopération en matière de transport en transit, Almaty (Kazakhstan), 28 et 29 août 2003* (A/CONF.202/3), annexe I), comme le prévoit la Déclaration issue de la réunion de haut niveau consacrée, lors de la soixante-troisième session de l'Assemblée générale, à l'examen à mi-parcours du Programme d'action d'Almaty (10 Voir résolution 63/2).

32. Nous sommes conscients des vulnérabilités propres aux petits États insulaires en développement et réaffirmons notre engagement de prendre d'urgence des mesures concrètes pour y remédier, en veillant à l'application intégrale et effective de la Stratégie de Maurice pour la poursuite de la mise en œuvre du Programme d'action pour le développement durable des petits États insulaires en développement (11 *Rapport de la Réunion internationale chargée d'examiner la mise en œuvre du Programme d'action pour le développement durable des petits États insulaires en développement, Port-Louis (Maurice), 10-14 janvier 2005* (publication des Nations Unies, numéro de vente : F.05.II.A.4 et rectificatif), chap. I, résolution 1, annexe II). Nous sommes également conscients que les conséquences néfastes des changements climatiques et de l'élévation du niveau des mers compromettent gravement le développement durable des petits États insulaires en développement. Nous constatons que les progrès faits par ces États dans la réalisation des objectifs du Millénaire sont inégaux et notons avec inquiétude qu'ils ont été insuffisants dans certains domaines. À cet

égard, nous nous félicitons de la tenue, en septembre 2010, de la réunion de haut niveau consacrée à l'examen quinquennal de la Stratégie de Maurice qui permettra d'évaluer les progrès faits dans la recherche de solutions à la vulnérabilité des petits États insulaires en développement.

33. Nous considérons qu'il faudrait accorder plus d'attention à l'Afrique, en particulier aux pays qui sont le plus loin d'atteindre les objectifs du Millénaire à l'échéance de 2015. Des progrès ont certes été faits dans certains pays africains, mais la situation dans d'autres reste très préoccupante, en particulier parce que le continent est parmi les plus touchés par la crise économique et financière. Nous notons, à cet égard, que l'aide fournie à l'Afrique a augmenté ces dernières années, mais qu'elle n'a pas été à la hauteur des engagements pris. Aussi demandons-nous instamment que ces engagements soient honorés.

34. Nous sommes également conscients des problèmes de développement propres aux pays à revenu intermédiaire. Ces pays éprouvent des difficultés très particulières à atteindre leurs objectifs de développement, notamment ceux repris de la Déclaration du Millénaire. Nous réaffirmons que l'action qu'ils mènent à cet égard devrait être fondée sur des plans nationaux de développement qui intègrent les objectifs du Millénaire et être soutenue par divers moyens par la communauté internationale, compte tenu des besoins de ces pays et de leur potentiel de mobilisation de leurs ressources internes.

35. Nous reconnaissons que la réduction des risques de catastrophe et le renforcement de la capacité de résistance à tous les types de dangers liés aux phénomènes naturels, y compris les phénomènes géologiques et hydrométéorologiques, dans les pays en développement, conformément au Cadre d'action de Hyogo pour 2005-2015 : pour des nations et des collectivités résilientes face aux catastrophes (12 A/CONF.206/6, chap. I, résolution 2), peuvent avoir des effets multiplicateurs et accélérer la réalisation des objectifs du Millénaire. Atténuer la vulnérabilité face à ces risques est donc un objectif hautement prioritaire pour les pays en développement. Nous constatons que les petits États insulaires en développement continuent d'être durement éprouvés par des catastrophes naturelles, dont certaines sont d'une intensité accrue, notamment du fait des conséquences des changements climatiques, et que cela entrave leur progrès vers un développement durable.

La voie à suivre : programme d'action en vue de la réalisation des objectifs du Millénaire pour le développement à l'échéance de 2015

(...) Objectif 1 : Réduire l'extrême pauvreté et la faim ; Objectif 2 : Assurer l'éducation primaire pour tous ; Objectif 3 : Promouvoir l'égalité des sexes et l'autonomisation des femmes ; Promouvoir mondialement la santé publique au bénéfice de tous pour atteindre les objectifs du Millénaire ; Objectif 4 : Réduire la mortalité parmi les enfants de moins de 5 ans ; Objectif 5 : Améliorer la santé maternelle ; Objectif 6 : Combattre le VIH/sida, le paludisme et d'autres maladies ; Objectif 7 : Préserver l'environnement ; Objectif 8 : Mettre en place un partenariat mondial pour le développement ; Garder la ferme volonté d'atteindre les objectifs du Millénaire pour le développement.

Déclaration universelle des droits de l'homme, Paris, 10 décembre 1948 *(Texte intégral. Préambule. Art. 1, Art. 2, Art. 3, Art. 4, Art. 5, Art. 6, Art. 7, Art. 8, Art. 9, Art. 10, Art. 11, Art. 12, Art. 13, Art. 14, Art. 15, Art. 16, Art. 17, Art. 18, Art. 19, Art. 20, Art. 21, Art. 22, Art. 23, Art. 24, Art. 25, Art. 26, Art. 27, Art. 28, Art. 29, Art. 30).*

Préambule. Considérant que la reconnaissance de la dignité inhérente à tous les membres de la famille humaine et de leurs droits égaux et inaliénables constitue le fondement de la liberté, de la justice et de la paix dans le monde.

Considérant que la méconnaissance et le mépris des droits de l'homme ont conduit à des actes de barbarie qui révoltent la conscience de l'humanité et que l'avènement d'un monde où les êtres humains seront libres de parler et de croire, libérés de la terreur et de la misère, a été proclamé comme la plus haute aspiration de l'homme.

Considérant qu'il est essentiel que les droits de l'homme soient protégés par un régime de droit pour que l'homme ne soit pas contraint, en suprême recours, à la révolte contre la tyrannie et l'oppression.

Considérant qu'il est essentiel d'encourager le développement de relations amicales entre nations.

Considérant que dans la Charte les peuples des Nations Unies ont proclamé à nouveau leur foi dans les droits fondamentaux de l'homme, dans la dignité et la valeur de la personne humaine, dans l'égalité des droits des hommes et des femmes, et qu'ils se sont déclarés résolus à favoriser le progrès social et à instaurer de meilleures conditions de vie dans une liberté plus grande.

Considérant que les Etats Membres se sont engagés à assurer, en coopération avec l'Organisation des Nations Unies, le respect universel et effectif des droits de l'homme et des libertés fondamentales.

Considérant qu'une conception commune de ces droits et libertés est de la plus haute importance pour remplir pleinement cet engagement.

L'Assemblée Générale proclame la présente Déclaration universelle des droits de l'homme comme l'idéal commun à atteindre par tous les peuples et toutes les nations afin que tous les individus et tous les organes de la société, ayant cette Déclaration constamment à l'esprit, s'efforcent, par l'enseignement et l'éducation, de développer le respect de ces droits et libertés et d'en assurer, par des mesures progressives d'ordre national et international, la reconnaissance et l'application universelles et effectives, tant parmi les populations des Etats Membres eux-mêmes que parmi celles des territoires placés sous leur juridiction.

Art. 1. Tous les êtres humains naissent libres et égaux en dignité et en droits. Ils sont doués de raison et de conscience et doivent agir les uns envers les autres dans un esprit de fraternité.

Art. 2. 1.Chacun peut se prévaloir de tous les droits et de toutes les libertés proclamés dans la présente Déclaration, sans distinction aucune, notamment de race, de couleur, de sexe, de langue, de religion, d'opinion politique ou de toute autre opinion, d'origine nationale ou sociale, de fortune, de naissance ou de toute autre situation.

2. De plus, il ne sera fait aucune distinction fondée sur le statut politique, juridique ou international du pays ou du territoire dont une personne est ressortissante, que ce pays ou territoire soit indépendant, sous tutelle, non autonome ou soumis à une limitation quelconque de souveraineté.

Art. 3. Tout individu a droit à la vie, à la liberté et à la sûreté de sa personne.

Art. 4. Nul ne sera tenu en esclavage ni en servitude ; l'esclavage et la traite des esclaves sont interdits sous toutes leurs formes.

Art. 5. Nul ne sera soumis à la torture, ni à des peines ou traitements cruels, inhumains ou dégradants.

Art. 6. Chacun a le droit à la reconnaissance en tous lieux de sa personnalité juridique.

Art. 7. Tous sont égaux devant la loi et ont droit sans distinction à une égale protection de la loi. Tous ont droit à une protection égale contre toute discrimination qui violerait la présente Déclaration et contre toute provocation à une telle discrimination.

Art. 8. Toute personne a droit à un recours effectif devant les juridictions nationales compétentes contre les actes violant les droits fondamentaux qui lui sont reconnus par la constitution ou par la loi.

Art. 9. Nul ne peut être arbitrairement arrêté, détenu ou exilé.

Art. 10. Toute personne a droit, en pleine égalité, à ce que sa cause soit entendue équitablement et publiquement par un tribunal indépendant et impartial, qui décidera, soit de ses droits et obligations, soit du bien-fondé de toute accusation en matière pénale dirigée contre elle.

Art. 11. 1. Toute personne accusée d'un acte délictueux est présumée innocente jusqu'à ce que sa culpabilité ait été légalement établie au cours d'un procès public où toutes les garanties nécessaires à sa défense lui auront été assurées.

2. Nul ne sera condamné pour des actions ou omissions qui, au moment où elles ont été commises, ne constituaient pas un acte délictueux d'après le droit national ou international. De même, il ne sera infligé aucune peine plus forte que celle qui était applicable au moment où l'acte délictueux a été commis.

Art. 12. Nul ne sera l'objet d'immixtions arbitraires dans sa vie privée, sa famille, son domicile ou sa correspondance, ni d'atteintes à son honneur et à sa réputation. Toute personne a droit à la protection de la loi contre de telles immixtions ou de telles atteintes.

Art. 13. 1. Toute personne a le droit de circuler librement et de choisir sa résidence à l'intérieur d'un Etat.

2. Toute personne a le droit de quitter tout pays, y compris le sien, et de revenir dans son pays. *Art. 14.* 1. Devant la persécution, toute personne a le droit de chercher asile et de bénéficier de l'asile en d'autres pays.

2. Ce droit ne peut être invoqué dans le cas de poursuites réellement fondées sur un crime de droit commun ou sur des agissements contraires aux buts et aux principes des Nations Unies. *Art. 15.* 1. Tout individu a droit à une nationalité.

2. Nul ne peut être arbitrairement privé de sa nationalité, ni du droit de changer de nationalité. *Art. 16.* 1. A partir de l'âge nubile, l'homme et la femme, sans aucune restriction quant à la race, la nationalité ou la religion, ont le droit de se marier et de fonder une famille. Ils ont des droits égaux au regard du mariage, durant le mariage et lors de sa dissolution.

2. Le mariage ne peut être conclu qu'avec le libre et plein consentement des futurs époux.

3. La famille est l'élément naturel et fondamental de la société et a droit à la protection de la société et de l'Etat.

Art. 17. 1. Toute personne, aussi bien seule qu'en collectivité, a droit à la propriété.

2. Nul ne peut être arbitrairement privé de sa propriété.

Art. 18. Toute personne a droit à la liberté de pensée, de conscience et de religion ; ce droit implique la liberté de changer de religion ou de conviction ainsi que la liberté de manifester sa religion ou sa conviction seule ou en commun, tant en public qu'en privé, par l'enseignement, les pratiques, le culte et l'accomplissement des rites.

Art. 19. Tout individu a droit à la liberté d'opinion et d'expression, ce qui implique le droit de ne pas être inquiété pour ses opinions et celui de chercher, de recevoir et de répandre, sans considérations de frontières, les informations et les idées par quelque moyen d'expression que ce soit.

Art. 20. 1. Toute personne a droit à la liberté de réunion et d'association pacifiques.

2. Nul ne peut être obligé de faire partie d'une association.

Art. 21. 1. Toute personne a le droit de prendre part à la direction des affaires publiques de son pays, soit directement, soit par l'intermédiaire de représentants librement choisis.

2. Toute personne a droit à accéder, dans des conditions d'égalité, aux fonctions publiques de son pays.

3. La volonté du peuple est le fondement de l'autorité des pouvoirs publics ; cette volonté doit s'exprimer par des élections honnêtes qui doivent avoir lieu périodiquement, au suffrage universel égal et au vote secret ou suivant une procédure équivalente assurant la liberté du vote.

Art. 22. Toute personne, en tant que membre de la société, a droit à la sécurité sociale ; elle est fondée à obtenir la satisfaction des droits économiques, sociaux et culturels indispensables à sa dignité et au libre développement de sa personnalité, grâce à l'effort national et à la coopération internationale, compte tenu de l'organisation et des ressources de chaque pays.

Art. 23. 1. Toute personne a droit au travail, au libre choix de son travail, à des conditions équitables et satisfaisantes de travail et à la protection contre le chômage.

2. Tous ont droit, sans aucune discrimination, à un salaire égal pour un travail égal.

3. Quiconque travaille a droit à une rémunération équitable et satisfaisante lui assurant ainsi qu'à sa famille une existence conforme à la dignité humaine et complétée, s'il y a lieu, par tous autres moyens de protection sociale.

4. Toute personne a le droit de fonder avec d'autres des syndicats et de s'affilier à des syndicats pour la défense de ses intérêts.

Art. 24. Toute personne a droit au repos et aux loisirs et notamment à une limitation raisonnable de la durée du travail et à des congés payés périodiques.

Art. 25. 1. Toute personne a droit à un niveau de vie suffisant pour assurer sa santé, son bien-être et ceux de sa famille, notamment pour l'alimentation, l'habillement, le logement, les soins médicaux ainsi que pour les services sociaux nécessaires ; elle a droit à la sécurité en cas de chômage, de maladie, d'invalidité, de veuvage, de vieillesse ou dans les autres cas de perte de ses moyens de subsistance par suite de circonstances indépendantes de sa volonté.

2. La maternité et l'enfance ont droit à une aide et à une assistance spéciales. Tous les enfants, qu'ils soient nés dans le mariage ou hors mariage, jouissent de la même protection sociale.

Art. 26. 1. Toute personne a droit à l'éducation. L'éducation doit être gratuite, au moins en ce qui concerne l'enseignement élémentaire et fondamental. L'enseignement élémentaire est obligatoire. L'enseignement technique et professionnel doit être généralisé ; l'accès aux études supérieures doit être ouvert en pleine égalité à tous en fonction de leur mérite.

2. L'éducation doit viser au plein épanouissement de la personnalité humaine et au renforcement du respect des droits de l'homme et des libertés fondamentales. Elle doit favoriser la compréhension, la tolérance et l'amitié entre toutes les nations et tous les groupes raciaux ou religieux, ainsi que le développement des activités des Nations Unies pour le maintien de la paix.

3. Les parents ont, par priorité, le droit de choisir le genre d'éducation à donner à leurs enfants.

Art. 27. 1. Toute personne a le droit de prendre part librement à la vie culturelle de la communauté, de jouir des arts et de participer au progrès scientifique et aux bienfaits qui en résultent.

2. Chacun a droit à la protection des intérêts moraux et matériels découlant de toute production scientifique, littéraire ou artistique dont il est l'auteur.

Art. 28. Toute personne a droit à ce que règne, sur le plan social et sur le plan international, un ordre tel que les droits et libertés énoncés dans la présente Déclaration puissent y trouver plein effet.

Art. 29. 1. L'individu a des devoirs envers la communauté dans laquelle seul le libre et plein développement de sa personnalité est possible.

2. Dans l'exercice de ses droits et dans la jouissance de ses libertés, chacun n'est soumis qu'aux limitations établies par la loi exclusivement en vue d'assurer la reconnaissance et le respect des droits et libertés d'autrui et afin de satisfaire aux justes exigences de la morale, de l'ordre public et du bien-être général dans une société démocratique.

3. Ces droits et libertés ne pourront, en aucun cas, s'exercer contrairement aux buts et aux principes des Nations Unies.

Art. 30. Aucune disposition de la présente Déclaration ne peut être interprétée comme impliquant pour un Etat, un groupement ou un individu un droit quelconque de se livrer à une activité ou d'accomplir un acte visant à la destruction des droits et libertés qui y sont énoncés.

Défense - Conseil de la défense *(RPP – CPI, Chapitre 2. Composition et administration de la Cour ; Section 3. Le Greffe ; Sous-section 3. Conseil de la défense : Règle 20. Responsabilités du Greffier en ce qui concerne les droits de la défense ; Règle 21. Commission d'office d'un conseil ; Règle 22. Nomination et qualifications du conseil de la défense - RPP – TPIY, Chapitre 4. Enquêtes et droits des suspects ; Section 2. Du conseil. Art. 44. Mandat, qualifications et obligations d'un conseil ; Art. 45. Commission d'office d'un conseil ; Art. 45 bis. Personnes détenues ; Art. 46. Discipline - RPP – TPIR, Chapitre 4. Enquêtes et droits des suspects ; Section 2. Le Conseil. Art. 44. Mandat et qualification du conseil ; Art. 44 bis. Conseils de permanence ; Art. 45. Commission d'office d'un conseil ; Art. 45 bis. Personnes détenues ; Art. 45 ter. Disponibilité du Conseil ; Art. 45 quater. Désignation d'un conseil dans l'intérêt de la justice ; Art. 46. Discipline).*

RPP – CPI, Chapitre 2. Composition et administration de la Cour ; Section 3. Le Greffe ; Sous-section 3. Conseil de la défense.

Règle 20. Responsabilités du Greffier en ce qui concerne les droits de la défense. 1. En application du paragraphe 1 de l'article 43, le Greffier organise le travail du Greffe de façon à faire valoir les droits de la défense

conformément au principe du procès équitable fixé par le Statut. À cette fin, il s'acquitte notamment des fonctions suivantes :
a) Faciliter la protection de la confidentialité telle que définie à l'alinéa b) du paragraphe 1 de l'article 67 ;
b) Fournir aide et assistance ainsi que des informations à tous les conseils de la défense comparaissant devant la Cour et apporter au besoin son appui quand les services d'enquêteurs professionnels sont nécessaires pour la conduite effective et efficace de la défense ;
c) Aider les personnes arrêtées, les personnes auxquelles s'appliquent les dispositions du paragraphe 2, de l'article 55 ainsi que les accusés à obtenir des avis juridiques ainsi que l'assistance d'un conseil ;
d) Conseiller, au besoin, le Procureur et les Chambres sur les questions concernant la défense ;
e) Mettre à la disposition de la défense les installations dont elle peut avoir besoin pour exercer directement ses fonctions ;
f) Faciliter la diffusion des informations et de la jurisprudence de la Cour auprès des conseils de la défense et, s'il y a lieu, coopérer avec les ordres nationaux d'avocats ou avec toute instance indépendante représentative d'associations d'avocats ou de conseillers juridiques visées à la disposition 3 ci-dessous, pour encourager des juristes à se perfectionner et se spécialiser dans le droit du Statut et du Règlement.

2. Le Greffier exerce les fonctions énoncées dans la disposition 1 ci-dessus, y compris les fonctions d'administration financière du Greffe, de façon à garantir l'indépendance professionnelle des conseils de la défense.

3. Aux fins de l'organisation de l'aide judiciaire en application de la règle 21 et de l'élaboration d'un code de conduite professionnelle en application de la règle 8, le Greffier prend selon que de besoin l'avis de toute instance indépendante représentative d'associations d'avocats ou de conseillers juridiques, notamment de toute instance dont la création peut être facilitée par l'Assemblée des États Parties.

Règle 21. Commission d'office d'un conseil. 1. Sous réserve de l'alinéa c) du paragraphe 2 de l'article 55 et de l'alinéa d) du paragraphe 1 de l'article 67, les critères et les procédures pour la commission d'office d'un conseil aux indigents sont fixés dans le Règlement de la Cour, sur proposition, présentée par le Greffier, après consultation de toute instance indépendante représentative d'associations d'avocats ou de conseillers juridiques dont il est question dans la disposition 3 de la règle 20.

2. Le Greffier dresse et tient à jour une liste de conseils répondant aux critères énoncés dans la règle 22 et dans le Règlement de la Cour. L'intéressé choisit librement son conseil sur cette liste ou un autre conseil répondant aux critères en question et acceptant d'être inscrit sur la liste.

3. Si la commission d'office d'un conseil est refusée, l'intéressé peut porter la question devant la Présidence, dont la décision est définitive. Si sa

requête est rejetée, l'intéressé peut en présenter une autre au Greffier s'il établit qu'il y a des circonstances nouvelles.

4. La personne qui choisit de se représenter elle-même en avise le Greffier par écrit dès que possible.

5. S'il s'avère qu'une personne soi-disant indigente ne l'est pas, la Chambre saisie de l'affaire à ce moment-là peut rendre une ordonnance de mise à contribution pour recouvrer les frais de la commission d'office.

Règle 22. Nomination et qualifications du conseil de la défense. 1. Le conseil de la défense doit être d'une compétence reconnue en droit international ou en droit pénal et en matière de procédures, et avoir acquis l'expérience nécessaire du procès pénal en exerçant des fonctions de juge, de procureur, d'avocat, ou quelque autre fonction analogue. Il doit avoir une excellente connaissance de l'une au moins des langues de travail de la Cour et la parler couramment. Il peut se faire seconder par d'autres personnes ayant des connaissances spécialisées utiles en l'espèce, notamment des professeurs de droit.

2. Le conseil de la défense retenu par une personne exerçant le droit que lui reconnaît le Statut de faire appel au défenseur de son choix fait enregistrer dès que possible sa procuration par le Greffier.

3. Dans l'accomplissement de leurs devoirs, les conseils de la défense sont soumis aux dispositions du Statut, du Règlement, du Règlement de la Cour, du code de conduite professionnelle des conseils adopté en application de la règle 8 et de tout autre instrument adopté par la Cour ayant un rapport avec leurs fonctions.

RPP – TPIY, Chapitre 4. Enquêtes et droits des suspects ; Section 2. Du conseil.

Art. 44. Mandat, qualifications et obligations d'un conseil. A) Le conseil choisi par un suspect ou un accusé dépose dans le plus bref délai son mandat auprès du Greffier. Sous réserve de toute décision rendue par une Chambre en application des articles 46 ou 77, tout conseil est considéré comme qualifié pour représenter un suspect ou un accusé si le Greffier est convaincu qu'il :

i) est habilité à exercer la profession d'avocat dans un État ou est professeur de droit dans une Université,

ii) a la maîtrise orale et écrite de l'une des deux langues de travail du Tribunal, à moins que le Greffier ne juge nécessaire de lever cette exigence, comme le dispose le paragraphe B) ci dessous,

iii) est membre, en situation régulière, d'une association de conseils exerçant devant le Tribunal reconnue par le Greffier,

iv) n'a pas été déclaré coupable ou autrement sanctionné à l'issue d'une procédure disciplinaire engagée contre lui devant une instance nationale ou internationale, dont des poursuites intentées en vertu du Code de déontologie pour les avocats exerçant devant le Tribunal international, à moins que le

Greffier n'estime que, dans les circonstances de la cause, il serait disproportionné de révoquer la commission du conseil,
v) n'a pas été déclaré coupable au terme d'un procès pénal intenté contre lui,
vi) n'a pas, dans l'exercice de sa profession ou dans toute autre circonstance, adopté de comportement malhonnête ou autrement déshonorant vis-à-vis d'un conseil, préjudiciable à la bonne administration de la justice, susceptible de réduire la confiance du public dans le Tribunal international ou l'administration de la justice, ou encore de nature à jeter le discrédit sur le Tribunal international, et
vii) n'a pas communiqué d'informations fausses ou trompeuses sur ses qualifications et son habilité à exercer la profession d'avocat ou n'a pas omis de communiquer les informations pertinentes en la matière.
B) Le Greffier peut, à la demande du suspect ou de l'accusé et lorsque l'intérêt de la justice l'exige, admettre un conseil ne parlant aucune des deux langues de travail du Tribunal mais celle du suspect ou de l'accusé. Dans ce cas, le Greffier peut subordonner son accord aux conditions qu'il estime appropriées, dont l'exigence que le conseil ou l'accusé assument tous les frais de traduction et d'interprétation qui ne sont généralement pas pris en charge par le Tribunal et que le conseil s'engage à ne pas demander de prorogation de délais en conséquence du fait qu'il ne parle pas une des langues de travail du Tribunal international. Le suspect ou l'accusé peut former auprès du Président un recours contre les décisions du Greffier. (Amendé le 14 juil. 2000, amendé le 28 juil. 2004).
C) Dans l'accomplissement de leurs devoirs, les conseils de la Défense sont soumis aux dispositions pertinentes du Statut, du Règlement, du Règlement sur la détention préventive et de toutes autres dispositions réglementaires adoptées par le Tribunal, de l'Accord de siège, du Code de déontologie pour les avocats exerçant devant le Tribunal international et aux règles déontologiques qui régissent leurs professions ainsi que, le cas échéant, la Directive relative à la commission d'office de conseil de la Défense adoptée par le Greffier et approuvée par les Juges permanents. (Amendé le 25 juil. 1997, amendé le 1 déc. 2000 et le 13 déc. 2000, amendé le 13 déc. 2001, amendé le 28 juil. 2004).
D) Il est institué un Conseil consultatif auprès du Président et du Greffier pour toute question relative aux conseils de la défense. Les membres du Conseil sont des représentants d'associations professionnelles et des avocats ayant plaidé devant le Tribunal. Ils possèdent une expérience professionnelle reconnue dans le domaine juridique et sont issus des différents systèmes juridiques. Une Directive du Greffier précise l'organisation et la compétence du Conseil consultatif. (Amendé le 14 juil. 2000).
Art. 45. Commission d'office d'un conseil. (Adopté le 11 fév. 1994, révisé le 30 janv. 1995, amendé le 12 nov. 1997, amendé le 14 juil. 2000).
A) Chaque fois que l'intérêt de la justice l'exige, un conseil est commis d'office pour représenter un suspect ou un accusé qui n'a pas les moyens de

le rémunérer. La commission d'office est établie conformément à la procédure fixée par la Directive relative à la commission d'office de conseils de la Défense, adoptée par le Greffier et approuvée par les Juges permanents. (Amendé le 14 juil. 2000, amendé le 12 avril 2001, amendé le 28 juil. 2004).
B) À cette fin, le Greffier tient une liste des conseils qui :
i) remplissent toutes les conditions visées à l'article 44, à l'exception éventuelle de celle relative à la connaissance linguistique énoncée à l'article 44 A) ii), qui, comme le prévoit la Directive relative à la commission d'office, peut être levée par le Greffier,
ii) justifient d'une expérience avérée en droit pénal et/ou international pénal/international humanitaire/international relatifs aux droits de l'homme,
iii) possèdent au moins sept ans d'expérience en tant que juge, procureur, avocat ou en toute autre qualité similaire dans le domaine de la justice pénale, et
iv) ont fait savoir qu'ils accepteraient d'être commis d'office par le Tribunal pour représenter toute personne n'ayant pas les moyens de rémunérer un conseil et détenue sous l'autorité du Tribunal, ainsi que l'énonce la Directive relative à la commission d'office. (Amendé le 14 juil. 2000, amendé le 28 juil. 2004).
C) Le Greffier tient une liste distincte de conseils qui, en plus de remplir les exigences en matière de qualifications visées au paragraphe B), ont signifié qu'ils étaient disponibles à titre de ***"conseils de permanence"*** pour représenter un accusé lors de sa comparution initiale, en application de l'article 62. (Amendé le 25 juin 1996 et le 5 juil. 1996, amendé le 10 juil. 1998, amendé le 14 juil. 2000, amendé le 28 juil. 2004).
D) Le Greffier, en consultation avec les juges permanents, détermine le tarif des honoraires à verser au conseil commis d'office. (Amendé le 12 avril 2001).
E) S'il s'avère qu'une personne bénéficiant de la commission d'office a les moyens de rémunérer un conseil, la Chambre peut rendre une ordonnance aux fins de récupérer les frais entraînés par la commission d'un conseil. (Révisé le 30 janv. 1995, amendé le 14 juil. 2000)
F) Si un suspect ou un accusé décide d'assurer lui-même sa défense, il en avertit par écrit le Greffier dès que possible. (Révisé le 30 janv. 1995).
Art. 45 bis. Personnes détenues. (Adopté le 25 juin 1996 et le 5 juil. 1996) Les articles 44 et 45 s'appliquent à toute personne détenue sous l'autorité du Tribunal.
Art. 46. Discipline. (Adopté le 11 fév. 1994, amendé le 28 juil. 2004) A) Si un Juge ou une Chambre estime que le comportement d'un conseil est offensant ou entrave le bon déroulement de l'audience, ou que ce dernier a fait preuve de négligence ou de manque de professionnalisme et de déontologie dans l'exercice de ses tâches, la Chambre peut, après un rappel à l'ordre en bonne et due forme resté sans effet :
i) refuser d'entendre ce conseil, et/ou

ii) décider, après avoir donné au conseil l'occasion de se justifier, que ce dernier ne remplit plus les conditions pour représenter un suspect ou un accusé devant le Tribunal en application des articles 44 et 45. (Amendé le 13 déc. 2001, amendé le 28 juil. 2004).
B) Un Juge ou une Chambre de première instance peut, avec l'accord du Président, signaler tout manquement du conseil à l'Ordre des avocats dans le pays où il est admis à l'exercice de sa profession ou, si l'intéressé est professeur de droit dans une Université et n'est pas avocat, au Conseil d'administration de l'Université dont il relève. (Amendé le 2 juil. 1999, amendé le 28 juil. 2004).
C) Sous le contrôle du Président, le Greffier publie un Code de déontologie pour les avocats et veille à sa mise en œuvre. (Amendé le 14 juil. 2000)
RPP – TPIR, Chapitre 4. Enquêtes et droits des suspects ; Section 2. Le Conseil. Art. 44. Mandat et qualification du conseil. A) Le conseil choisi par un suspect ou un accusé dépose dès que possible son mandat auprès du Greffier. Sous réserve de vérification par le Greffier, tout conseil est considéré comme qualifié pour représenter un suspect ou un accusé dès lors qu'il est habilité à exercer la profession d'avocat dans un Etat ou est professeur de droit dans une Université.
B) Dans l'accomplissement de leur tâche, les conseils sont assujettis au respect des dispositions pertinentes du Statut, du Règlement et du Règlement de détention ainsi qu'à celles de tout autre règlement adopté par le Tribunal, sans préjudice de l'Accord de siège, du Code de conduite et des codes de pratique et de déontologie régissant leur profession et, le cas échéant, de la Directive relative à la commission d'office de conseils de la défense.
Art. 44 bis. Conseils de permanence. A) Le Greffier tient une liste des conseils de permanence qui parlent au moins une des deux langues de travail du Tribunal et ont fait savoir qu'ils accepteraient d'être commis d'office conformément au présent article.
B) Le conseil de permanence doit remplir les conditions visées à l'Article 44 et résider dans une zone raisonnablement proche du centre de détention et du siège du Tribunal.
C) Le Greffier veille, en tout temps, à ce que les conseils de permanence soient prêts à se rendre au centre de détention au cas où ils y seraient convoqués.
D) En cas de non-représentation d'un accusé ou d'un suspect à tout moment après son transfert au Tribunal en application de l'Article 40 *bis*, le Greffier convoque, le plus tôt possible, un conseil de permanence pour le représenter, et ce, jusqu'au choix d'un conseil par l'accusé ou le suspect, ou jusqu'à la commission d'office d'un conseil.
E) Dans le cadre de l'assistance juridique initiale qu'il fournit au suspect transféré en vertu de l'Article 40 *bis*, le conseil de permanence l'informe de ses droits, y compris ceux énoncés au paragraphe A) de l'Article 55.

Art. 45. Commission d'office d'un conseil. A) Le Greffier tient une liste des conseils qui parlent au moins une des deux langues de travail du Tribunal, remplissent les conditions visées à l'Article 44, justifient d'au moins sept ans d'expérience pertinente, et ont fait savoir qu'ils accepteraient d'être commis d'office par le Tribunal pour représenter un suspect ou un accusé indigent.
B) Les critères d'indigence sont déterminés par le Greffier et approuvés par les juges.
C) Un conseil est commis d'office pour représenter un suspect ou un accusé indigent conformément à la procédure suivante :
i) Une demande de commission d'un conseil doit être présentée au Greffier ;
ii) Le Greffier doit s'enquérir des moyens financiers du suspect ou de l'accusé et apprécier si les critères d'indigence sont réunis ;
iii) Dans l'affirmative, il commet un conseil choisi sur la liste ; dans le cas contraire, il en informe l'intéressé.
D) En cas de rejet de la demande, le suspect ou l'accusé peut soumettre au Greffier une nouvelle demande motivée par un changement de circonstances.
E) Le Greffier, en consultation avec les juges, détermine le tarif des honoraires à verser au conseil commis d'office.
F) Si un suspect ou un accusé décide d'assurer lui-même sa défense, il en avertit par écrit le Greffier dès que possible.
G) S'il s'avère qu'une personne présumée indigente ne l'est pas, la Chambre peut rendre une ordonnance aux fins de récupérer les frais entraînés par la commission d'un conseil.
H) Dans des circonstances exceptionnelles, à la demande du suspect ou de l'accusé, ou de son conseil, la Chambre peut donner instruction au Greffier de remplacer un conseil commis d'office, pour des raisons jugées fondées et après s'être assurée que la demande ne vise pas à ralentir la procédure.
I) Il est admis que le conseil commis représentera l'accusé, et ce, jusqu'à la fin de l'affaire. A défaut et en l'absence de justifications approuvées par la Chambre, ses honoraires peuvent ne pas lui être payés en totalité ou en partie. Dans de telles circonstances, la Chambre peut rendre une décision à cet effet. Le conseil n'est autorisé à se retirer de l'affaire qui lui a été assignée que dans les circonstances les plus exceptionnelles.
Art. 45 bis. Personnes détenues. Les Articles 44 et 45 s'appliquent à toute personne détenue sous l'autorité du Tribunal.
Art. 45 ter. Disponibilité du Conseil. A) Qu'ils soient désignés par le Greffe ou choisis par leur client afin de le représenter devant le Tribunal, le Conseil et le co-conseil doivent fournir au Greffier à la date de cette désignation ou nomination, un engagement écrit selon lequel ils apparaîtront devant le Tribunal dans un délai raisonnable spécifié par le Greffier.
B) Le défaut pour le Conseil ou le co-conseil de se présenter devant le Tribunal, tel qu'ils s'y sont engagés, sera un motif de retrait de leur

désignation par le Greffier ou une interdiction de se présenter devant le Tribunal ou toute autre sanction décidée par la Chambre concernée.
Art. 45 quater. Désignation d'un conseil dans l'intérêt de la justice. La Chambre de première instance peut, si elle estime que l'intérêt de la justice le requiert, ordonner au Greffier de désigner un conseil pour représenter les intérêts de l'accusé.
Art. 46. Discipline. A) Une Chambre peut, après un avertissement, prendre des sanctions contre un conseil, si elle considère que son comportement reste offensant ou injurieux, entrave la procédure ou va autrement à l'encontre des intérêts de la justice. Cette disposition s'applique *mutatis mutandis* aux membres du Bureau du Procureur.
B) Un juge ou une Chambre de première instance peut, avec l'accord du Président, signaler tout manquement du conseil à l'Ordre des avocats dans le pays où il est admis à l'exercice de sa profession ou, si l'intéressé est professeur et n'est pas avocat, au Conseil d'administration de l'Université dont il relève.
C) Si, en application de l'alinéa A), elle a sanctionné, en refusant de l'entendre, un conseil commis d'office conformément à l'Article 45, la Chambre donne instruction au Greffier de remplacer le conseil.
D) Le Greffier peut élaborer un code de conduite énonçant les principes déontologiques à observer par les conseils appelés à comparaître devant le Tribunal, sous réserve de son approbation par la réunion plénière. Les modifications du Code de conduite sont faites en consultation avec les représentants du Procureur et du Conseil de la défense, sous réserve de leur adoption par la réunion plénière. S'il a de bonnes raisons de croire qu'un conseil a commis une violation grave du Code de conduite ainsi adopté, le Greffier peut saisir le Président ou le Bureau de la question aux fins de mesures appropriées, conformément aux dispositions du présent Article.

Déni de droits ou d'action à des ressortissants de la partie adverse. Voir : *Crimes de guerre, Eléments des crimes.*

Déni de quartier. Voir : *Crimes de guerre, Eléments des crimes.*

Déplacement de personnes civiles. Voir : *Crimes de guerre, Eléments des crimes.*

Déportation ou transfert forcé de populations. Voir : *Crimes contre l'humanité, Eléments des crimes.*

Déportation ou transfert illégal. Voir : *Crimes de guerre, Eléments des crimes.*

Destruction et appropriation de biens. Voir : *Crimes de guerre, Eléments des crimes.*

Destruction ou saisie des biens de l'ennemi. Voir : *Crimes de guerre, Eléments des crimes.*

Détention illégale. Voir : *Crimes de guerre, Eléments des crimes.*

Développement. Droit au développement. Déclaration sur le droit au développement *(Adoptée par l'Assemblée générale des Nations Unies dans sa résolution 41/128 du 4 décembre 1986). L'Assemblée générale,*

Ayant à l'esprit les buts et principes de la Charte des Nations Unies relatifs à la réalisation de la coopération internationale en résolvant les problèmes internationaux d'ordre économique, social, culturel ou humanitaire et en développant et encourageant le respect des droits de l'homme et des libertés fondamentales pour tous sans distinction de race, de sexe, de langue ou de religion,

Consciente que le développement est un processus global, économique, social, culturel et politique, qui vise à améliorer sans cesse le bien-être de l'ensemble de la population et de tous les individus, sur la base de leur participation active, libre et significative au développement et au partage équitable des bienfaits qui en découlent,

Considérant que, conformément aux dispositions de la Déclaration universelle des droits de l'homme, toute personne a droit à ce que règne, sur le plan social et sur le plan international, un ordre tel que les droits et libertés énoncés dans ladite Déclaration puissent y trouver plein effet,

Rappelant les dispositions du Pacte international relatif aux droits économiques, sociaux et culturels et du Pacte international relatif aux droits civils et politiques,

Rappelant en outre les accords, conventions, résolutions, recommandations et autres instruments pertinents de l'Organisation des Nations Unies et des institutions spécialisées concernant le développement intégral de l'être humain et le progrès et le développement de tous les peuples dans les domaines économique et social, y compris les instruments concernant la décolonisation, la prévention de la discrimination, le respect des droits de l'homme et des libertés fondamentales, le maintien de la paix et la sécurité internationales et la promotion accrue des relations amicales et de la coopération entre les Etats conformément à la Charte,

Rappelant le droit des peuples à disposer d'eux-mêmes, en vertu duquel ils ont le droit de déterminer librement leur statut politique et d'assurer librement leur développement économique, social et culturel,

Rappelant également le droit des peuples à exercer, sous réserve des dispositions pertinentes des deux Pactes internationaux relatifs aux droits de l'homme, leur souveraineté pleine et entière sur leurs richesses et leurs ressources naturelles,

Consciente de l'obligation que la Charte impose aux Etats de promouvoir le respect universel et effectif des droits de l'homme et des libertés fondamentales pour tous sans distinction aucune, notamment de race, de couleur, de sexe, de langue, de religion, d'opinion politique ou de toute autre opinion, d'origine nationale ou sociale, de fortune, de naissance ou de toute autre situation,

Considérant que l'élimination des violations massives et flagrantes des droits fondamentaux des peuples et des individus qui se ressentent de situations telles que celles qui résultent du colonialisme et du néocolonialisme, de l'apartheid, du racisme et de la discrimination raciale sous toutes leurs formes, de la domination et de l'occupation étrangère, de l'agression et des menaces contre la souveraineté nationale, l'unité nationale et l'intégrité territoriale, ainsi que des menaces de guerre, contribuerait à créer des conditions propices au développement pour une grande partie de l'humanité,

Préoccupée par l'existence de graves obstacles au développement, ainsi qu'à l'épanouissement complet de l'être humain et des peuples, obstacles qui sont dus notamment au déni des droits civils, politiques, économiques, sociaux et culturels, et considérant que tous les droits de l'homme et libertés fondamentales sont indivisibles et interdépendants et que, pour promouvoir le développement, il faudrait accorder une attention égale et s'intéresser d'urgence à la mise en œuvre, à la promotion et à la protection des droits civils, politiques, économiques, sociaux et culturels et qu'en conséquence la promotion, le respect et la jouissance de certains droits de l'homme et libertés fondamentales ne sauraient justifier le déni d'autres droits de l'homme et libertés fondamentales,

Considérant que la paix et la sécurité internationales sont des éléments essentiels pour la réalisation du droit au développement,

Réaffirmant qu'il existe une relation étroite entre le désarmement et le développement, que des progrès dans le domaine du désarmement contribueraient dans une mesure considérable à des progrès dans le domaine du développement et que les ressources libérées grâce à des mesures de désarmement devraient être consacrées au développement économique et social et au bien-être de tous les peuples, en particulier ceux des pays en développement,

Considérant que l'être humain est le sujet central du processus de développement et qu'en conséquence il devrait être considéré comme le principal participant à ce processus et son principal bénéficiaire par toute politique de développement,

Considérant que c'est aux Etats qu'il incombe au premier chef de créer les conditions favorables au développement des peuples et des individus,

Consciente que les efforts déployés au niveau international pour promouvoir et protéger les droits de l'homme devraient s'accompagner d'efforts tendant à instaurer un nouvel ordre économique international,
Réaffirmant que le droit au développement est un droit inaliénable de l'homme et que l'égalité des chances en matière de développement est une prérogative aussi bien des nations que des individus qui les composent,
Proclame la Déclaration sur le droit au développement ci-après :

Art. 1. 1. Le droit au développement est un droit inaliénable de l'homme en vertu duquel toute personne humaine et tous les peuples ont le droit de participer et de contribuer à un développement économique, social, culturel et politique dans lequel tous les droits de l'homme et toutes les libertés fondamentales puissent être pleinement réalisés, et de bénéficier de ce développement.

2. Le droit de l'homme au développement suppose aussi la pleine réalisation du droit des peuples à disposer d'eux-mêmes, qui comprend, sous réserve des dispositions pertinentes des deux Pactes internationaux relatifs aux droits de l'homme, l'exercice de leur droit inaliénable à la pleine souveraineté sur toutes leurs richesses et leurs ressources naturelles.

Art. 2. 1. L'être humain est le sujet central du développement et doit donc être le participant actif et le bénéficiaire du droit au développement.

2. Tous les êtres humains ont la responsabilité du développement individuellement et collectivement, compte tenu des exigences du plein respect de leurs droits de l'homme et de leurs libertés fondamentales et eu égard à leurs devoirs envers la communauté, qui seule peut assurer l'entier et libre épanouissement de l'être humain et qui doit donc promouvoir et protéger un ordre politique, social et économique propre à favoriser le développement.

3. Les Etats ont le droit et le devoir de formuler des politiques de développement national appropriées ayant pour but l'amélioration constante du bien-être de l'ensemble de la population et de tous les individus, fondée sur leur participation active, libre et utile au développement et à la répartition équitable des avantages qui en résultent.

Art. 3. 1. Les Etats ont la responsabilité première de la création des conditions nationales et internationales favorables à la réalisation du droit au développement.

2. La réalisation du droit au développement suppose le plein respect des principes du droit international touchant les relations amicales et la coopération entre les Etats conformément à la Charte des Nations Unies.

3. Les Etats ont le devoir de coopérer les uns avec les autres pour assurer le développement et éliminer les obstacles au développement. Les Etats doivent exercer leurs droits et s'acquitter de leurs devoirs de façon à promouvoir un nouvel ordre économique international fondé sur l'égalité souveraine, l'interdépendance, l'intérêt commun et la coopération entre tous les Etats et à encourager le respect et la jouissance des droits de l'homme.

Art. 4. 1. Les Etats ont le devoir de prendre, séparément et conjointement, des mesures pour formuler des politiques internationales de développement en vue de faciliter la pleine réalisation du droit au développement.

2. Une action soutenue est indispensable pour assurer un développement plus rapide des pays en développement. En complément des efforts que les pays en développement accomplissent, une assistance internationale efficace est essentielle pour donner à ces pays les moyens de soutenir un développement global.

Art. 5. Les Etats prennent des mesures décisives pour éliminer les violations massives et flagrantes des droits fondamentaux des peuples et des êtres humains qui se ressentent de situations telles que celles qui résultent de l'apartheid, de toutes les formes de racisme et de discrimination raciale, du colonialisme, de la domination et de l'occupation étrangères, de l'agression, de l'intervention étrangère et de menaces contre la souveraineté nationale, l'unité nationale et l'intégrité territoriale, de la menace de guerre ainsi que du refus de reconnaître le droit fondamental des peuples à disposer d'eux-mêmes.

Art. 6. 1. Tous les Etats doivent coopérer afin de promouvoir, d'encourager et de renforcer le respect universel et effectif de tous les droits de l'homme et des libertés fondamentales au profit de tous, sans distinction de race, de sexe, de langue ou de religion.

2. Tous les droits de l'homme et toutes les libertés fondamentales sont indivisibles et interdépendantes ; la réalisation, la promotion et la protection des droits civils, politiques, économiques, sociaux et culturels doivent bénéficier d'une attention égale et être envisagées avec une égale urgence.

3. Les Etats doivent prendre des mesures pour éliminer les obstacles au développement résultant du non-respect des droits civils et politiques, ainsi que des droits économiques, sociaux et culturels.

Art. 7. Tous les Etats doivent promouvoir l'instauration, le maintien et le renforcement de la paix et de la sécurité internationales et doivent, à cette fin, faire tout leur possible pour réaliser le désarmement général et complet sous un contrôle international effectif et pour assurer que les ressources libérées à la suite de mesures effectives de désarmement soient employées aux fins du développement global, en particulier celui des pays en développement.

Art. 8. 1. Les Etats doivent prendre, sur le plan national, toutes les mesures nécessaires pour la réalisation du droit au développement et ils assurent notamment l'égalité des chances de tous dans l'accès aux ressources de base, à l'éducation, aux services de santé, à l'alimentation, au logement, à l'emploi et à une répartition équitable du revenu. Des mesures efficaces doivent être prises pour assurer une participation active des femmes au processus de développement. Il faut procéder à des réformes économiques et sociales appropriées en vue d'éliminer toutes les injustices sociales.

2. Les Etats doivent encourager dans tous les domaines la participation populaire, qui est un facteur important du développement et de la pleine réalisation de tous les droits de l'homme.

Art. 9. 1. Tous les aspects du droit au développement énoncés dans la présente Déclaration sont indivisibles et interdépendants et chacun d'eux doit être considéré compte tenu de l'ensemble.

2. Aucune disposition de la présente Déclaration ne peut être interprétée d'une manière qui serait contraire aux buts et aux principes des Nations Unies ou qui impliquerait qu'un Etat, un groupement ou un individu a le droit de se livrer à une activité ou d'accomplir un acte ayant pour but la violation des droits énoncés dans la Déclaration universelle des droits de l'homme et dans les Pactes internationaux relatifs aux droits de l'homme.

Art. 10. Des mesures doivent être prises pour assurer l'exercice intégral et un renforcement progressif du droit au développement, y compris la formulation, l'adoption et la mise en œuvre de mesures politiques, législatives et autres sur les plans national et international.

Développement durable. Déclaration de Johannesburg sur le développement durable.

Nations Unies, A/CONF.199/L.6/Rev.2. Sommet mondial pour le développement durable. Johannesburg, (Afrique du Sud) 26 août-4 septembre 2002. Point 13 de l'ordre du jour. Document politique. Projet de déclaration politique présenté par le Président du Sommet. *Déclaration de Johannesburg sur le développement Durable* (Le document A/CONF.199/L.6/Rev.1 a été publié dans une version préliminaire non éditée en anglais uniquement)

De nos origines au futur

1. Nous, représentants des peuples du monde, réunis à l'occasion du Sommet mondial pour le développement durable à Johannesburg (Afrique du Sud) du 2 au 4 septembre 2002, réaffirmons notre engagement en faveur du développement durable.

2. Nous nous engageons à rendre la société mondiale plus humaine, plus secourable et plus respectueuse de la dignité de chacun.

3. Au début du présent Sommet, les enfants du monde nous ont expliqué avec simplicité et clarté que l'avenir leur appartenait et nous ont tous mis au défi de leur léguer, grâce à notre action, un monde débarrassé des fléaux que sont la pauvreté, la dégradation environnementale et les modes de développement non viables.

4. Après avoir écouté ces enfants qui représentent notre avenir collectif, nous qui sommes venus des quatre coins de la planète, riches d'expériences diverses, nous nous sommes sentis unis et mus par le sentiment profond qu'il nous appartenait de leur redonner des raisons d'espérer.

5. À ce titre, nous assumons notre responsabilité collective, qui est de faire progresser, aux niveaux local, national, régional et mondial, le développement économique, le développement social et la protection de l'environnement, piliers interdépendants et complémentaires du développement durable.

6. Depuis le continent africain, berceau de l'humanité, nous assumons, au moyen du Plan d'application du Sommet mondial pour le développement durable et de la présente Déclaration, notre responsabilité les uns envers les autres, envers tous les êtres vivants et envers les générations futures.

7. Conscients que l'humanité se trouve à un carrefour, nous sommes unis dans notre détermination à répondre de façon positive à la nécessité de concevoir un plan pragmatique et d'une grande visibilité qui devrait aboutir à l'élimination de la pauvreté et favoriser le développement humain.

De Stockholm à Johannesburg en passant par Rio de Janeiro

8. Il y a 30 ans, à Stockholm, nous sommes convenus qu'il était urgent de répondre au problème de la détérioration de l'environnement. Il y a 10 ans, lors de la Conférence des Nations Unies sur l'environnement et le développement, tenue à Rio de Janeiro, nous sommes convenus que la protection de l'environnement et le développement social et économique étaient fondamentaux pour le développement durable, sur la base des principes de Rio. À cette fin, nous avons adopté le programme mondial intitulé **Action 21** et la Déclaration de Rio sur l'environnement et le développement, auxquels nous continuons de souscrire. La Conférence de Rio a marqué une étape significative en ce qu'elle a permis l'établissement de nouvelles priorités en matière de développement durable.

9. Entre Rio et Johannesburg, les nations du monde se sont réunies dans le cadre de plusieurs grandes conférences placées sous les auspices des Nations Unies, notamment la Conférence internationale sur le financement du développement et la Conférence ministérielle de Doha. Ces conférences ont défini une vision d'ensemble pour l'avenir de l'humanité.

10. Au Sommet de Johannesburg, des populations très diverses ont pu exprimer leurs points de vue de manière constructive, à la recherche de la meilleure route à suivre pour que les principes du développement durable soient respectés et se traduisent par des résultats concrets. Le sommet de Johannesburg a également confirmé les progrès notables réalisés dans le sens d'un consensus mondial et de l'édification d'un partenariat entre toutes les populations de notre planète.

Les défis auxquels nous sommes confrontés

11. Nous estimons que l'élimination de la pauvreté, l'adaptation des modes de consommation et de production, ainsi que la protection et la gestion viable du stock de ressources naturelles nécessaires au développement économique et social sont des objectifs primordiaux du développement durable et en sont aussi les conditions préalables.

12. Le clivage qui divise la société humaine entre riches et pauvres et le fossé toujours grandissant entre le monde développé et le monde en développement font peser une lourde menace sur la prospérité, la sécurité et la stabilité mondiales.

13. L'environnement mondial demeure fragile. L'appauvrissement de la diversité biologique se poursuit, les ressources halieutiques continuent de diminuer, la désertification progresse dans les terres naguère fertiles, les effets préjudiciables du changement climatique sont déjà évidents, les catastrophes naturelles sont de plus en plus fréquentes et dévastatrices, les pays en développement de plus en plus vulnérables, et la pollution de l'air, de l'eau et du milieu marin empêche des millions d'individus d'accéder à un niveau de vie correct.

14. La mondialisation a ajouté une nouvelle dimension à ces problèmes. L'intégration rapide des marchés, la mobilité des capitaux et l'accroissement notable des flux d'investissements dans le monde entier sont sources de nouveaux défis, mais ouvrent aussi de nouvelles possibilités en matière de développement durable. Mais les avantages de la mondialisation, tout comme son coût, ne sont pas répartis équitablement, puisque à cet égard les pays en développement sont confrontés à des difficultés spécifiques.

15. Nous risquons de voir ces disparités mondiales s'aggraver et, à moins que nous n'agissions de manière à modifier radicalement leur vie, les pauvres de la planète risquent de perdre confiance dans les systèmes démocratiques auxquels nous demeurons attachés, ainsi que dans leurs représentants, qui ne leur apparaîtront plus que comme des voix qui s'époumonent dans le désert.

Notre engagement envers le développement durable

16. Nous sommes déterminés à faire en sorte que notre riche diversité, qui constitue notre force collective, soit mise à profit pour nouer des partenariats constructifs axés sur le changement et visant à atteindre notre objectif commun, à savoir le développement durable.

17. Nous nous félicitons que le Sommet de Johannesburg ait été axé sur l'universalité de la dignité humaine et nous sommes résolus, grâce à l'adoption de cibles et de calendriers précis, mais aussi à l'établissement de partenariats, à faire en sorte que des populations de plus en plus nombreuses bénéficient de biens ou de services aussi élémentaires que l'eau salubre, les systèmes d'assainissement, l'énergie, les soins de santé, la sécurité alimentaire et la protection de la diversité biologique. Dans le même temps, nous travaillerons de concert pour nous aider mutuellement à accéder aux ressources financières nécessaires, à tirer parti de l'ouverture des marchés, à promouvoir le renforcement des capacités, à utiliser les technologies modernes dans le but de favoriser le développement, à pratiquer les transferts de technologies, à développer les ressources humaines, et à faire en sorte que les populations qui en sont privées aient accès à l'éducation et à la formation, afin que soit banni pour toujours le sous-développement.

18. Nous sommes résolus à veiller à ce que l'habilitation et l'émancipation des femmes, ainsi que l'égalité entre les sexes, soient intégrés à toutes les activités que recouvrent **Action 21**, les objectifs de développement de l'ONU pour le millénaire et le Plan d'application du présent Sommet.

19. Nous savons que la société mondiale dispose des moyens et des ressources nécessaires pour faire face aux défis que constituent l'élimination de la pauvreté et le développement durable, auxquels l'humanité tout entière est confrontée. Ensemble, nous pourrons faire un pas en avant supplémentaire et obtenir que les ressources existantes soient utilisées au profit de tous.

20. À ce propos, et pour faciliter la réalisation de nos buts et objectifs en matière de développement, nous invitons instamment les pays développés qui ne l'ont pas encore fait à consentir des efforts concrets afin d'atteindre l'objectif fixé au plan international en matière d'aide publique au développement.

21. Nous saluons et appuyons la formation d'alliances et de groupements régionaux plus puissants, tels que le Nouveau Partenariat pour le développement de l'Afrique, visant à promouvoir la coopération régionale, à améliorer la coopération internationale et à soutenir le développement durable.

22. Nous resterons particulièrement attentifs aux exigences des petits États insulaires en développement et des pays les moins avancés en matière de développement.

23. Le développement durable suppose une perspective à long terme et une large participation à l'élaboration des politiques, à la prise de décisions et à la mise en œuvre à tous les niveaux. En tant que partenaires sociaux, nous continuerons d'encourager l'émergence de partenariats stables qui rassemblent les principaux groupes concernés, dans le respect de leur indépendance, car chacun a un rôle important à jouer.

24. Nous nous accordons à penser que, dans le cadre de ses activités légitimes, le secteur privé dans son ensemble, c'est-à-dire les grandes entreprises comme les petites, a le devoir de contribuer à l'émergence de communautés et de sociétés équitables et durables.

25. Nous convenons en outre de prendre des mesures visant à multiplier les activités génératrices de revenus, dans le respect de la Déclaration de l'Organisation internationale du Travail relative aux principes et droits fondamentaux au travail.

26. Nous nous accordons à penser que les entreprises du secteur privé doivent fonctionner dans un encadrement réglementaire transparent et stable.

27. Nous nous engageons à renforcer et à améliorer la gouvernance à tous les niveaux dans le sens de l'application effective d'**Action 21**, des objectifs de développement de l'ONU pour le millénaire et du Plan d'application du présent Sommet.

L'avenir est au multilatéralisme

28. Pour atteindre nos objectifs en matière de développement durable, nous devons disposer d'institutions internationales et multilatérales qui soient à la fois efficaces, démocratiques et comptables de leurs actes.

29. Nous réaffirmons notre attachement aux buts et aux principes de la Charte des Nations Unies et du droit international, ainsi qu'à la promotion du multilatéralisme. Nous soutenons l'Organisation des Nations Unies dans sa fonction de chef de file, car elle est l'instance la plus universelle et la plus représentative du monde, donc la mieux placée pour favoriser le développement durable.

30. Nous nous engageons également à vérifier à intervalles réguliers que nous progressons vers la réalisation de nos objectifs et de nos buts en matière de développement durable.

De l'intention à l'action

31. Nous nous accordons à penser qu'il s'agit là d'une tâche collective qui doit faire intervenir tous les grands groupes ayant participé à l'événement historique qu'a constitué le Sommet de Johannesburg.

32. Nous nous engageons à agir ensemble, unis par une même détermination à sauver notre planète, à promouvoir le développement humain et à parvenir à la prospérité et à la paix universelles.

33. Nous souscrivons au Plan d'application du Sommet mondial pour le développement durable et nous déclarons résolus à donner suite à tous les objectifs socioéconomiques et environnementaux qui y sont formulés, dans le respect des délais convenus.

34. Depuis le continent africain, berceau de l'humanité, nous nous engageons solennellement devant les populations de la planète et les générations qui hériteront de cette terre à faire en sorte que le développement durable que nous appelons de nos vœux devienne une réalité.

Développement social. Déclaration de Copenhague sur le développement social *(Nations Unies. Sommet mondial pour le développement social. Copenhague-Danemark, 6-12 mars 1995. Annexe I. Déclaration de Copenhague sur le développement social).* 1. Pour la première fois dans l'histoire, nous, chefs d'Etat et de gouvernement, sommes réunis sur l'invitation de l'Organisation des Nations Unies pour reconnaître l'importance universelle du développement social et de l'amélioration de la condition humaine et pour œuvrer d'urgence à la réalisation de ces objectifs dès à présent et pour le XXIe siècle.

2. Nous constatons que partout dans le monde, se manifeste de diverses manières l'urgente nécessité de s'attaquer aux problèmes sociaux les plus graves, en particulier la pauvreté, le chômage et l'exclusion sociale, qui touchent tous les pays. Nous avons pour tâche de nous attaquer à la fois aux causes profondes des problèmes et à leurs conséquences déplorables, afin de

réduire l'incertitude et l'insécurité qu'ils engendrent dans la vie des individus.

3. Nous constatons que, dans tous les pays et régions du monde, nos sociétés doivent mieux répondre aux besoins matériels et spirituels des individus, de leurs familles et des communautés dans lesquelles ils vivent. Nous devons agir sans plus attendre et, aussi, prendre un engagement durable et inébranlable pour les années à venir.

4. Nous sommes convaincus que la démocratie, la transparence et la responsabilité dans la conduite des affaires publiques et l'administration dans tous les secteurs de la société sont les bases indispensables à la réalisation d'un développement social durable et centré sur l'être humain.

5. Nous partageons la conviction que le développement social et la justice sociale sont indispensables à l'établissement et au maintien de la paix et de la sécurité entre les nations et en leur sein même. Inversement, il ne saurait y avoir de développement social et de justice sociale sans la paix et la sécurité et si tous les droits de l'homme et ses libertés fondamentales ne sont pas respectés. Cette interdépendance fondamentale consacrée il y a 50 ans dans la Charte des Nations Unies s'est encore renforcée depuis lors.

6. Nous sommes profondément convaincus que le développement économique, le développement social et la protection de l'environnement constituent des éléments interdépendants et qui se renforcent mutuellement dans le processus de développement, qui est le cadre de nos efforts pour assurer à tous une vie meilleure. Un développement social équitable mettant l'accent sur le renforcement de la capacité des pauvres d'utiliser d'une manière viable les ressources de l'environnement est un fondement essentiel du développement durable. Nous reconnaissons en outre qu'une croissance économique générale et soutenue, dans le contexte d'un développement durable, est indispensable à la continuité du développement social et de la justice sociale.

7. Nous reconnaissons donc que le développement social est au cœur des besoins et des aspirations des individus partout dans le monde et constitue pour les gouvernements et tous les secteurs de la société civile une responsabilité cruciale. (…).

10. Nous prenons cet engagement solennel à la veille du cinquantième anniversaire de l'Organisation des Nations Unies, avec la volonté de tirer parti des possibilités uniques qu'offre la fin de la guerre froide pour promouvoir le développement social et la justice sociale. Nous réaffirmons les principes de la Charte des Nations Unies dont nous nous inspirons ainsi que des accords auxquels ont abouti les conférences internationales pertinentes, dont le Sommet mondial pour les enfants, tenu à New York, en 1990 ; la Conférence des Nations Unies sur l'environnement et le développement, tenue à Rio, en janvier 1992 ; la Conférence mondiale sur les droits de l'homme, tenue à Vienne, en 1993 ; la Conférence mondiale sur le développement durable des petits Etats insulaires en développement, tenue

à Bridgetown (Barbade) en 1994 ; et la Conférence internationale sur la population et le développement, tenue au Caire, en 1994. (…).

20. Les objectifs que vise le développement social nécessitent des efforts constants pour réduire et éliminer les principales sources de détresse sociale et d'instabilité pour la famille et la société. Nous nous engageons à axer spécialement et prioritairement nos efforts sur les situations qui, à travers le monde, compromettent gravement la santé, la paix et la sécurité, et le bien-être de nos populations, notamment la famine chronique, la malnutrition, les problèmes de la drogue, la criminalité organisée, la corruption, l'occupation étrangère, les conflits armés, le trafic illicite d'armes, le terrorisme, l'intolérance et l'incitation à la haine pour des raisons raciales, ethniques, religieuses et autres, la xénophobie et les maladies endémiques, transmissibles et chroniques. Il importe à cette fin de renforcer la coordination et la coopération au niveau national et, plus particulièrement, aux niveaux régional et international. (…).

Discrimination à l'égard des femmes *(Convention sur l'élimination de toutes les formes de discrimination à l'égard des femmes. New York, 18 décembre 1979. Première partie, Art. 1).* Aux fins de la présente Convention, l'expression « discrimination à l'égard des femmes » vise toute distinction, exclusion ou restriction fondée sur le sexe qui a pour effet ou pour but de compromettre ou de détruire la reconnaissance, la jouissance ou l'exercice par les femmes, quel que soit leur état matrimonial, sur la base de l'égalité de l'homme et de la femme, des droits de l'homme et des libertés fondamentales dans les domaines politique, économique, social, culturel et civil ou dans tout autre domaine.

Discrimination fondée sur le handicap *(Convention relative aux droits des personnes handicapées du 13 décembre 2006, Art. 2, Définitions).* Aux fins de la présente Convention : On entend par « discrimination fondée sur le handicap » toute distinction, exclusion ou restriction fondée sur le handicap qui a pour objet ou pour effet de compromettre ou réduire à néant la reconnaissance, la jouissance ou l'exercice, sur la base de l'égalité avec les autres, de tous les droits de l'homme et de toutes les libertés fondamentales dans les domaines politique, économique, social, culturel, civil ou autres. La discrimination fondée sur le handicap comprend toutes les formes de discrimination, y compris le refus d'aménagement raisonnable.

Discrimination raciale *(Convention internationale sur l'élimination de toutes les formes de discrimination raciale. New York, 21 décembre 1965. Première partie, Art. 1).* 1. Dans la présente Convention, l'expression « discrimination raciale » vise toute distinction, exclusion, restriction ou préférence fondée sur la race, la couleur, l'ascendance ou l'origine nationale ou ethnique, qui a pour but ou pour effet de détruire ou de compromettre la reconnaissance, la jouissance ou l'exercice, dans des conditions d'égalité, des droits de l'homme et des libertés fondamentales dans les domaines politique, économique, social et culturel ou dans tout autre domaine de la vie publique.

2. La présente Convention ne s'applique pas aux distinctions, exclusions, restrictions ou préférences établies par un Etat partie à la Convention selon qu'il s'agit de ses ressortissants ou de non-ressortissants.

3. Aucune disposition de la présente Convention ne peut être interprétée comme affectant de quelque manière que ce soit les dispositions législatives des Etats parties à la Convention concernant la nationalité, la citoyenneté ou la naturalisation, à condition que ces dispositions ne soient pas discriminatoires à l'égard d'une nationalité particulière.

4. Les mesures spéciales prises à seule fin d'assurer comme il convient le progrès de certains groupes raciaux ou ethniques ou d'individus ayant besoin de la protection qui peut être nécessaire pour leur garantir la jouissance et l'exercice des droits de l'homme et des libertés fondamentales dans des conditions d'égalité ne sont pas considérées comme des mesures de discrimination raciale, à condition toutefois qu'elles n'aient pas pour effet le maintien de droits distincts pour des groupes raciaux différents et qu'elles ne soient pas maintenues en vigueur une fois atteints les objectifs auxquels elles répondaient.

Disparition forcée *(Convention internationale pour la protection de toutes les personnes contre les disparitions forcées. Adoptée le 20 décembre 2006 par l'Assemblée générale des Nations Unies. Première partie, Art. 2).* Aux fins de la présente Convention, on entend par « disparition forcée » l'arrestation, la détention, l'enlèvement ou toute autre forme de privation de liberté par des agents de l'État ou par des personnes ou des groupes de personnes qui agissent avec l'autorisation, l'appui ou l'acquiescement de l'État, suivi du déni de la reconnaissance de la privation de liberté ou de la dissimulation du sort réservé à la personne disparue ou du lieu où elle se trouve, la soustrayant à la protection de la loi. ***Disparition forcée.*** Voir aussi : *Crimes contre l'humanité, Eléments des crimes.*

Disparitions forcées de personnes. Voir : *Crimes contre l'humanité, Eléments des crimes.*

Droit à la vie (*Déclaration universelle des droits de l'homme, Paris, 10 décembre 1948. Art. 3 ; Pacte international relatif aux droits civils et politiques. Conclu à New York, le 16 décembre 1966. Art. 6 ; Convention de sauvegarde des droits de l'homme et des libertés fondamentales. Rome,*

4.XI.1950 (telle qu'amendée par les Protocoles nos 11 et 14 accompagnée du Protocole additionnel et des Protocoles nos 4, 6, 7, 12 et 13), art. 2. Droit à la vie ; Charte des droits fondamentaux de l'Union Européenne (2000/C 364/01). Journal officiel des Communautés européennes C 364/1. Art. 2. Droit à la vie ; Convention américaine relative aux droits de l'Homme, Adoptée à San José, Costa Rica, le 22 novembre 1969. Art. 4. Droit à la vie).

Déclaration universelle des droits de l'homme, *Paris, 10 décembre 1948. Art. 3.* Tout individu a droit à la vie, à la liberté et à la sûreté de sa personne.

Pacte international relatif aux droits civils et politiques. *Conclu à New York, le 16 décembre 1966. Art. 6.* 1. Le droit à la vie est inhérent à la personne humaine. Ce droit doit être protégé par la loi. Nul ne peut être arbitrairement privé de la vie.

2. Dans les pays où la peine de mort n'a pas été abolie, une sentence de mort ne peut être prononcée que pour les crimes les plus graves, conformément à la législation en vigueur au moment où le crime a été commis et qui ne doit pas être en contradiction avec les dispositions du présent Pacte ni avec la Convention pour la prévention et la répression du crime de génocide. Cette peine ne peut être appliquée qu'en vertu d'un jugement définitif rendu par un tribunal compétent.

3. Lorsque la privation de la vie constitue le crime de génocide, il est entendu qu'aucune disposition du présent article n'autorise un Etat partie au présent Pacte à déroger d'aucune manière à une obligation quelconque assumée en vertu des dispositions de la Convention pour la prévention et la répression du crime de génocide.

4. Tout condamné à mort a le droit de solliciter la grâce ou la commutation de la peine. L'amnistie, la grâce ou la commutation de la peine de mort peuvent dans tous les cas être accordées.

5. Une sentence de mort ne peut être imposée pour des crimes commis par des personnes âgées de moins de 18 ans et ne peut être exécutée contre des femmes enceintes.

6. Aucune disposition du présent article ne peut être invoquée pour retarder ou empêcher l'abolition de la peine capitale par un Etat partie au présent Pacte.

Convention de sauvegarde des droits de l'homme et des libertés fondamentales. *Rome, 4.XI.1950 (telle qu'amendée par les Protocoles nos 11 et 14 accompagnée du Protocole additionnel et des Protocoles nos 4, 6, 7, 12 et 13), art. 2. Droit à la vie.* 1. Le droit de toute personne à la vie est protégé par la loi. La mort ne peut être infligée à quiconque intentionnellement, sauf en exécution d'une sentence capitale prononcée par un tribunal au cas où le délit est puni de cette peine par la loi.

2. La mort n'est pas considérée comme infligée en violation de cet article dans les cas où elle résulterait d'un recours à la force rendu absolument nécessaire :

a) pour assurer la défense de toute personne contre la violence illégale;

b) pour effectuer une arrestation régulière ou pour empêcher l'évasion d'une personne régulièrement détenue ;
c) pour réprimer, conformément à la loi, une émeute ou une insurrection.
Charte des droits fondamentaux de l'Union Européenne *(2000/C 364/01). Journal officiel des Communautés européennes C 364/1. Art. 2. Droit à la vie.*

1. Toute personne a droit à la vie.
2. Nul ne peut être condamné à la peine de mort, ni exécuté.

Convention américaine relative aux droits de l'Homme*, Adoptée à San José, Costa Rica, le 22 novembre 1969. Art. 4. Droit à la vie.* 1. Toute personne a droit au respect de sa vie. Ce droit doit être protégé par la loi, et en général à partir de la conception. Nul ne peut être privé arbitrairement de la vie.

2. Dans les pays qui n'ont pas aboli la peine de mort, celle-ci ne pourra être infligée qu'en punition des crimes les plus graves en vertu d'un jugement définitif rendu par un tribunal compétent en application d'une loi prévoyant cette peine qui était en vigueur avant la perpétration du crime. La peine de mort ne sera pas non plus appliquée à des crimes qu'elle ne sanctionne pas actuellement.
3. La peine de mort ne sera pas rétablie dans les Etats qui l'ont abolie.
4. En aucun cas la peine de mort ne peut être infligée pour des délits politiques ou pour des crimes de droit commun connexes à ces délits.
5. La peine de mort ne peut être infligée aux personnes qui, au moment où le crime a été commis, étaient âgées de moins de dix-huit ans ou de plus de soixante-dix ans ; de même elle ne peut être appliquée aux femmes enceintes.
6. Toute personne condamnée à mort a le droit de demander l'amnistie, la grâce ou la commutation de la peine. L'amnistie, la grâce ou la commutation de la peine de mort peuvent être accordées dans tous les cas. La sentence de mort ne peut être exécutée tant que la demande sera pendante devant l'autorité compétente.

Droit à un procès équitable *(Pacte international relatif aux droits civils et politiques. Conclu à New York, le 16 décembre 1966. Art. 14 ; Convention de sauvegarde des droits de l'homme et des libertés fondamentales. Rome, 4.XI.1950 (telle qu'amendée par les Protocoles nos 11 et 14 accompagnée du Protocole additionnel et des Protocoles nos 4, 6, 7, 12 et 13), art. 6. Droit à un procès équitable ; Statut de Rome CPI, art. 67. Droits de l'accusé ; Statut TPIY, art. 21. Les droits de l'accusé ; Statut TPIR, art. 20. Les droits de l'Accusé).*

Pacte international relatif aux droits civils et politiques*. Conclu à New York, le 16 décembre 1966. Art. 14.* 1. Tous sont égaux devant les tribunaux et les cours de justice. Toute personne a droit à ce que sa cause soit entendue équitablement et publiquement par un tribunal compétent, indépendant et impartial, établi par la loi, qui décidera soit du bien-fondé de toute accusation en matière pénale dirigée contre elle, soit des contestations sur ses droits et obligations de caractère civil. Le huis clos peut être prononcé pendant la totalité ou une partie du procès soit dans l'intérêt des bonnes mœurs, de l'ordre public ou de la sécurité nationale dans une société démocratique, soit lorsque l'intérêt de la vie privée des parties en cause l'exige, soit encore dans la mesure où le tribunal l'estimera absolument nécessaire, lorsqu'en raison des circonstances particulières de l'affaire la publicité nuirait aux intérêts de la justice ; cependant, tout jugement rendu en matière pénale ou civile sera public, sauf si l'intérêt de mineurs exige qu'il en soit autrement ou si le procès porte sur des différends matrimoniaux ou sur la tutelle des enfants.

2. Toute personne accusée d'une infraction pénale est présumée innocente jusqu'à ce que sa culpabilité ait été légalement établie.

3. Toute personne accusée d'une infraction pénale a droit, en pleine égalité, au moins aux garanties suivantes :

a) A être informée, dans le plus court délai, dans une langue qu'elle comprend et de façon détaillée, de la nature et des motifs de l'accusation portée contre elle ;

b) A disposer du temps et des facilités nécessaires à la préparation de sa défense et à communiquer avec le conseil de son choix ;

c) A être jugée sans retard excessif ;

d) A être présente au procès et à se défendre elle-même ou à avoir l'assistance d'un défenseur de son choix ; si elle n'a pas de défenseur, à être informée de son droit d'en avoir un, et, chaque fois que l'intérêt de la justice l'exige, à se voir attribuer d'office un défenseur, sans frais, si elle n'a pas les moyens de le rémunérer ;

e) A interroger ou faire interroger les témoins à charge et à obtenir la comparution et l'interrogatoire des témoins à décharge dans les mêmes conditions que les témoins à charge ;

f) A se faire assister gratuitement d'un interprète si elle ne comprend pas ou ne parle pas la langue employée à l'audience ;

g) A ne pas être forcée de témoigner contre elle-même ou de s'avouer coupable.

4. La procédure applicable aux jeunes gens qui ne sont pas encore majeurs au regard de la loi pénale tiendra compte de leur âge et de l'intérêt que présente leur rééducation.

5. Toute personne déclarée coupable d'une infraction a le droit de faire examiner par une juridiction supérieure la déclaration de culpabilité et la condamnation, conformément à la loi.

6. Lorsqu'une condamnation pénale définitive est ultérieurement annulée ou lorsque la grâce est accordée parce qu'un fait nouveau ou nouvellement révélé prouve qu'il s'est produit une erreur judiciaire, la personne qui a subi une peine à raison de cette condamnation sera indemnisée, conformément à

la loi, à moins qu'il ne soit prouvé que la non-révélation en temps utile du fait inconnu lui est imputable en tout ou partie.

7. Nul ne peut être poursuivi ou puni en raison d'une infraction pour laquelle il a déjà été acquitté ou condamné par un jugement définitif conformément à la loi et à la procédure pénale de chaque pays.

Convention de sauvegarde des droits de l'homme et des libertés fondamentales. Rome, 4.XI.1950 *(telle qu'amendée par les Protocoles nos 11 et 14 accompagnée du Protocole additionnel et des Protocoles nos 4, 6, 7, 12 et 13),* ***art. 6. Droit à un procès équitable.***

1. Toute personne a droit à ce que sa cause soit entendue équitablement, publiquement et dans un délai raisonnable, par un tribunal indépendant et impartial, établi par la loi, qui décidera, soit des contestations sur ses droits et obligations de caractère civil, soit du bien-fondé de toute accusation en matière pénale dirigée contre elle. Le jugement doit être rendu publiquement, mais l'accès de la salle d'audience peut être interdit à la presse et au public pendant la totalité ou une partie du procès dans l'intérêt de la moralité, de l'ordre public ou de la sécurité nationale dans une société démocratique, lorsque les intérêts des mineurs ou la protection de la vie privée des parties au procès l'exigent, ou dans la mesure jugée strictement nécessaire par le tribunal, lorsque dans des circonstances spéciales la publicité serait de nature à porter atteinte aux intérêts de la justice.

2. Toute personne accusée d'une infraction est présumée innocente jusqu'à ce que sa culpabilité ait été légalement établie.

3. Tout accusé a droit notamment à :

a) être informé, dans le plus court délai, dans une langue qu'il comprend et d'une manière détaillée, de la nature et de la cause de l'accusation portée contre lui ;

b) disposer du temps et des facilités nécessaires à la préparation de sa défense ;

c) se défendre lui-même ou avoir l'assistance d'un défenseur de son choix et, s'il n'a pas les moyens de rémunérer un défenseur, pouvoir être assisté gratuitement par un avocat d'office, lorsque les intérêts de la justice l'exigent ;

d) interroger ou faire interroger les témoins à charge et obtenir la convocation et l'interrogation des témoins à décharge dans les mêmes conditions que les témoins à charge ;

e) se faire assister gratuitement d'un interprète, s'il ne comprend pas ou ne parle pas la langue employée à l'audience.

Statut de Rome CPI, art. 67. Droits de l'accusé. 1. Lors de l'examen des charges portées contre lui, l'accusé a droit à ce que sa cause soit entendue publiquement, compte tenu des dispositions du présent Statut, équitablement et de façon impartiale. Il a droit, en pleine égalité, au moins aux garanties suivantes :

a) Être informé dans le plus court délai et de façon détaillée de la nature, de la cause et de la teneur des charges dans une langue qu'il comprend et parle parfaitement ;
b) Disposer du temps et des facilités nécessaires à la préparation de sa défense et communiquer librement et confidentiellement avec le conseil de son choix ;
c) Être jugé sans retard excessif ;
d) Sous réserve des dispositions du paragraphe 2 de l'article 63, être présent à son procès, se défendre lui-même ou se faire assister par le défenseur de son choix ; s'il n'a pas de défenseur, être informé de son droit d'en avoir un et, chaque fois que l'intérêt de la justice l'exige, se voir attribuer d'office un défenseur par la Cour, sans frais s'il n'a pas les moyens de le rémunérer ;
e) Interroger ou faire interroger les témoins à charge et obtenir la comparution et l'interrogatoire des témoins à décharge dans les mêmes conditions que les témoins à charge. L'accusé a également le droit de faire valoir des moyens de défense et de présenter d'autres éléments de preuve admissibles en vertu du présent Statut ;
f) Se faire assister gratuitement d'un interprète compétent et bénéficier des traductions nécessaires pour satisfaire aux exigences de l'équité, si la langue employée dans toute procédure suivie devant la Cour ou dans tout document présenté à la Cour n'est pas une langue qu'il comprend et parle parfaitement ;
g) Ne pas être forcé de témoigner contre lui-même ou de s'avouer coupable, et garder le silence sans que ce silence soit pris en considération pour déterminer sa culpabilité ou son innocence ;
h) Faire, sans prêter serment, une déclaration écrite ou orale pour sa défense ; et
i) Ne pas se voir imposer le renversement du fardeau de la preuve ni la charge de la réfutation.
2. Outre toute autre communication prévue par le présent Statut, le Procureur communique à la défense, dès que cela est possible, les éléments de preuve en sa possession ou à sa disposition dont il estime qu'ils disculpent l'accusé ou tendent à le disculper ou à atténuer sa culpabilité, ou sont de nature à entamer la crédibilité des éléments de preuve à charge. En cas de doute quant à l'application du présent paragraphe, la Cour tranche.
Statut TPIY, art. 21. Les droits de l'accusé. 1. Tous sont égaux devant le Tribunal international.

2. Toute personne contre laquelle des accusations sont portées a droit à ce que sa cause soit entendue équitablement et publiquement, sous réserve des dispositions de l'article 22 du statut.

3. Toute personne accusée est présumée innocente jusqu'à ce que sa culpabilité ait été établie conformément aux dispositions du présent statut.

4. Toute personne contre laquelle une accusation est portée en vertu du présent statut a droit, en pleine égalité, au moins aux garanties suivantes :

a) à être informée, dans le plus court délai, dans une langue qu'elle comprend et de façon détaillée, de la nature et des motifs de l'accusation portée contre elle ;
b) à disposer du temps et des facilités nécessaires à la préparation de sa défense et à communiquer avec le conseil de son choix ;
c) à être jugée sans retard excessif ;
d) à être présente au procès et à se défendre elle-même ou à avoir l'assistance d'un défenseur de son choix ; si elle n'a pas de défenseur, à être informée de son droit d'en avoir un, et, chaque fois que l'intérêt de la justice l'exige, à se voir attribuer d'office un défenseur, sans frais, si elle n'a pas les moyens de le rémunérer ;
e) à interroger ou faire interroger les témoins à charge et à obtenir la comparution et l'interrogatoire des témoins à décharge dans les mêmes conditions que les témoins à charge ;
f) à se faire assister gratuitement d'un interprète si elle ne comprend pas ou ne parle pas la langue employée à l'audience ;
g) à ne pas être forcée de témoigner contre elle-même ou de s'avouer coupable.

Statut TPIR, art. 20. Les droits de l'Accusé. 1. Tous sont égaux devant le Tribunal international pour le Rwanda.

2. Toute personne contre laquelle des accusations sont portées a droit à ce que sa cause soit entendue équitablement et publiquement, sous réserve des dispositions de l'Article 21 du Statut.

3. Toute personne accusée est présumée innocente jusqu'à ce que sa culpabilité ait été établie conformément aux dispositions du présent Statut.

4. Toute personne contre laquelle une accusation est portée en vertu du présent Statut a droit, en pleine égalité, au moins aux garanties suivantes :
a) Etre informée, dans le plus court délai, dans une langue qu'elle comprend et de façon détaillée, de la nature et des motifs de l'accusation portée contre elle ;
b) Disposer du temps et des facilités nécessaires à la préparation de sa défense et à communiquer avec le conseil de son choix ;
c) Etre jugée sans retard excessif ;
d) Etre présente au procès et se défendre elle-même ou avoir l'assistance d'un défenseur de son choix ; si elle n'a pas de défenseur, être informée de son droit d'en avoir un, et, chaque fois que l'intérêt de la justice l'exige, se voir attribuer d'office un défenseur, sans frais, si elle n'a pas les moyens de le rémunérer ;
e) Interroger ou faire interroger les témoins à charge et obtenir la comparution et l'interrogatoire des témoins à décharge dans les mêmes conditions que les témoins à charge ;
f) Se faire assister gratuitement d'un interprète, si elle ne comprend pas ou ne parle pas la langue employée à l'audience ;

g) Ne pas être forcée de témoigner contre elle-même ou de s'avouer coupable.

Droit des peuples à disposer d'eux-mêmes *(Charte des Nations Unies, San Francisco, 26 juin 1945. Chapitre I. Buts et principes, Art. 1 ; Pacte international relatif aux droits civils et politiques. New York, 16 décembre 1966. Première partie, Art. 1 ; Pacte international relatif aux droits économiques, sociaux et culturels. New York, 16 décembre 1966. Première partie. Art. 1).*

Charte des Nations Unies, *San Francisco, 26 juin 1945. Chapitre I. Buts et principes. Art. 1.* Les buts des Nations Unies sont les suivants : 1. Maintenir la paix et la sécurité internationales et à cette fin : prendre des mesures collectives efficaces en vue de prévenir et d'écarter les menaces à la paix et de réprimer tout acte d'agression ou autre rupture de la paix, et réaliser, par des moyens pacifiques, conformément aux principes de la justice et du droit international, l'ajustement ou le règlement de différends ou de situations, de caractère international, susceptibles de mener à une rupture de la paix ;

2. Développer entre les nations des relations amicales fondées sur le respect du *principe de l'égalité de droits des peuples et de leur droit à disposer d'eux-mêmes*, et prendre toutes autres mesures propres à consolider la paix du monde ;

3. Réaliser la coopération internationale en résolvant les problèmes internationaux d'ordre économique, social, intellectuel ou humanitaire, en développant et en encourageant le respect des droits de l'homme et des libertés fondamentales pour tous, sans distinctions de race, de sexe, de langue ou de religion ;

4. Etre un centre où s'harmonisent les efforts des nations vers ces fins communes.

Pacte international relatif aux droits civils et politiques. *New York, 16 décembre 1966. Première partie. Art. 1.* 1. *Tous les peuples ont le droit de disposer d'eux-mêmes.* En vertu de ce droit, ils déterminent librement leur statut politique et assurent librement leur développement économique, social et culturel.

2. Pour atteindre leurs fins, tous les peuples peuvent disposer librement de leurs richesses et de leurs ressources naturelles, sans préjudice des obligations qui découlent de la coopération économique internationale, fondée sur le principe de l'intérêt mutuel, et du droit international. En aucun cas, un peuple ne pourra être privé de ses propres moyens de subsistance.

3. Les Etats parties au présent Pacte, y compris ceux qui ont la responsabilité d'administrer des territoires non autonomes et des territoires sous tutelle, sont tenus de faciliter la réalisation du droit des peuples à disposer d'eux-mêmes, et de respecter ce droit, conformément aux dispositions de la Charte des Nations Unies.

Pacte international relatif aux droits économiques, sociaux et culturels. *New York, 16 décembre 1966. Première partie. Art. 1.* 1. *Tous les peuples ont le droit de disposer d'eux-mêmes.* En vertu de ce droit, ils déterminent librement leur statut politique et assurent librement leur développement économique, social et culturel.

2. Pour atteindre leurs fins, tous les peuples peuvent disposer librement de leurs richesses et de leurs ressources naturelles, sans préjudice des obligations qui découlent de la coopération économique internationale, fondée sur le principe de l'intérêt mutuel, et du droit international. En aucun cas, un peuple ne pourra être privé de ses propres moyens de subsistance.

3. Les Etats parties au présent Pacte, y compris ceux qui ont la responsabilité d'administrer des territoires non autonomes et des territoires sous tutelle, sont tenus de faciliter la réalisation du droit des peuples à disposer d'eux-mêmes, et de respecter ce droit, conformément aux dispositions de la Charte des Nations Unies.

Droits de l'accusé *(Statut de Rome CPI, art. 67. Droits de l'accusé; Les droits de l'accusé, Statut TPIY, art. 21 ; Les droits de l'Accusé, Statut TPIR, art. 20).*

Statut de Rome CPI, art. 67. 1. Lors de l'examen des charges portées contre lui, l'accusé a droit à ce que sa cause soit entendue publiquement, compte tenu des dispositions du présent Statut, équitablement et de façon impartiale. Il a droit, en pleine égalité, au moins aux garanties suivantes :

a) Être informé dans le plus court délai et de façon détaillée de la nature, de la cause et de la teneur des charges dans une langue qu'il comprend et parle parfaitement ;

b) Disposer du temps et des facilités nécessaires à la préparation de sa défense et communiquer librement et confidentiellement avec le conseil de son choix ;

c) Être jugé sans retard excessif ;

d) Sous réserve des dispositions du paragraphe 2 de l'article 63, être présent à son procès, se défendre lui-même ou se faire assister par le défenseur de son choix ; s'il n'a pas de défenseur, être informé de son droit d'en avoir un et, chaque fois que l'intérêt de la justice l'exige, se voir attribuer d'office un défenseur par la Cour, sans frais s'il n'a pas les moyens de le rémunérer ;

e) Interroger ou faire interroger les témoins à charge et obtenir la comparution et l'interrogatoire des témoins à décharge dans les mêmes conditions que les témoins à charge. L'accusé a également le droit de faire valoir des moyens de défense et de présenter d'autres éléments de preuve admissibles en vertu du présent Statut ;

f) Se faire assister gratuitement d'un interprète compétent et bénéficier des traductions nécessaires pour satisfaire aux exigences de l'équité, si la langue

employée dans toute procédure suivie devant la Cour ou dans tout document présenté à la Cour n'est pas une langue qu'il comprend et parle parfaitement ;
g) Ne pas être forcé de témoigner contre lui-même ou de s'avouer coupable, et garder le silence sans que ce silence soit pris en considération pour déterminer sa culpabilité ou son innocence ;
h) Faire, sans prêter serment, une déclaration écrite ou orale pour sa défense ; et
i) Ne pas se voir imposer le renversement du fardeau de la preuve ni la charge de la réfutation.

2. Outre toute autre communication prévue par le présent Statut, le Procureur communique à la défense, dès que cela est possible, les éléments de preuve en sa possession ou à sa disposition dont il estime qu'ils disculpent l'accusé ou tendent à le disculper ou à atténuer sa culpabilité, ou sont de nature à entamer la crédibilité des éléments de preuve à charge. En cas de doute quant à l'application du présent paragraphe, la Cour tranche.

Les droits de l'accusé (*Statut TPIY, art. 21*).

1. Tous sont égaux devant le Tribunal international.

2. Toute personne contre laquelle des accusations sont portées a droit à ce que sa cause soit entendue équitablement et publiquement, sous réserve des dispositions de l'article 22 du statut.

3. Toute personne accusée est présumée innocente jusqu'à ce que sa culpabilité ait été établie conformément aux dispositions du présent statut.

4. Toute personne contre laquelle une accusation est portée en vertu du présent statut a droit, en pleine égalité, au moins aux garanties suivantes :
a) à être informée, dans le plus court délai, dans une langue qu'elle comprend et de façon détaillée, de la nature et des motifs de l'accusation portée contre elle ;
b) à disposer du temps et des facilités nécessaires à la préparation de sa défense et à communiquer avec le conseil de son choix ;
c) à être jugée sans retard excessif ;
d) à être présente au procès et à se défendre elle-même ou à avoir l'assistance d'un défenseur de son choix ; si elle n'a pas de défenseur, à être informée de son droit d'en avoir un, et, chaque fois que l'intérêt de la justice l'exige, à se voir attribuer d'office un défenseur, sans frais, si elle n'a pas les moyens de le rémunérer ;
e) à interroger ou faire interroger les témoins à charge et à obtenir la comparution et l'interrogatoire des témoins à décharge dans les mêmes conditions que les témoins à charge ;
f) à se faire assister gratuitement d'un interprète si elle ne comprend pas ou ne parle pas la langue employée à l'audience ;
g) à ne pas être forcée de témoigner contre elle-même ou de s'avouer coupable.

Les droits de l'Accusé (*Statut TPIR, art. 20*).

1. Tous sont égaux devant le Tribunal international pour le Rwanda.

2. Toute personne contre laquelle des accusations sont portées a droit à ce que sa cause soit entendue équitablement et publiquement, sous réserve des dispositions de l'Article 21 du Statut.

3. Toute personne accusée est présumée innocente jusqu'à ce que sa culpabilité ait été établie conformément aux dispositions du présent Statut.

4. Toute personne contre laquelle une accusation est portée en vertu du présent Statut a droit, en pleine égalité, au moins aux garanties suivantes :
a) Etre informée, dans le plus court délai, dans une langue qu'elle comprend et de façon détaillée, de la nature et des motifs de l'accusation portée contre elle ;
b) Disposer du temps et des facilités nécessaires à la préparation de sa défense et à communiquer avec le conseil de son choix ;
c) Etre jugée sans retard excessif ;
d) Etre présente au procès et se défendre elle-même ou avoir l'assistance d'un défenseur de son choix ; si elle n'a pas de défenseur, être informée de son droit d'en avoir un, et, chaque fois que l'intérêt de la justice l'exige, se voir attribuer d'office un défenseur, sans frais, si elle n'a pas les moyens de le rémunérer ;
e) Interroger ou faire interroger les témoins à charge et obtenir la comparution et l'interrogatoire des témoins à décharge dans les mêmes conditions que les témoins à charge ;
f) Se faire assister gratuitement d'un interprète, si elle ne comprend pas ou ne parle pas la langue employée à l'audience ;
g) Ne pas être forcée de témoigner contre elle-même ou de s'avouer coupable.

Droits de l'Homme. Déclaration et Programme d'action de Vienne *(Conférence mondiale sur les droits de l'homme. Vienne, Autriche, 14-15 juin 1993. Déclaration et programme d'action de Vienne, 15 juin 1993. Préambule).*

La Conférence mondiale sur les droits de l'homme,

Considérant que la promotion et la protection des droits de l'homme est une question prioritaire pour la communauté internationale et que sa tenue offre une occasion unique de procéder à une analyse globale du système international des droits de l'homme et des mécanismes de protection de ces droits, afin d'inciter à les respecter intégralement et donc d'en promouvoir le plein exercice, de manière équitable et équilibrée,

Reconnaissant et affirmant que tous les droits de l'homme découlent de la dignité et de la valeur inhérentes à la personne humaine, que la personne humaine est le sujet même des droits de l'homme et des libertés fondamentales et que, par conséquent, elle doit en être le principal bénéficiaire et participer activement à leur réalisation,

Réaffirmant son attachement aux buts et principes énoncés dans la Charte des Nations Unies et la Déclaration universelle des droits de l'homme,

Réaffirmant l'engagement pris à l'Article 56 de la Charte des Nations Unies d'agir, tant conjointement que séparément, en accordant l'importance qu'il mérite au développement d'une coopération internationale efficace pour atteindre les buts énoncés à l'Article 55, y compris le respect universel et effectif des droits de l'homme et des libertés fondamentales pour tous,

Soulignant l'obligation qu'ont tous les Etats, conformément à la Charte des Nations Unies, de développer et d'encourager le respect des droits de l'homme et des libertés fondamentales pour tous, sans distinction de race, de sexe, de langue ou de religion,

Rappelant le préambule de la Charte des Nations Unies, en particulier la détermination des peuples des Nations Unies à proclamer à nouveau leur foi dans les droits fondamentaux de l'homme, dans la dignité et la valeur de la personne humaine, dans l'égalité de droits des hommes et des femmes, ainsi que des nations, grandes et petites,

Rappelant en outre la détermination des peuples des Nations Unies, exprimée dans le préambule de la Charte des Nations Unies, à préserver les générations futures du fléau de la guerre, à créer les conditions nécessaires au maintien de la justice et du respect des obligations nées des traités et autres sources du droit international, à favoriser le progrès social et instaurer de meilleures conditions de vie dans une liberté plus grande, à pratiquer la tolérance et à vivre en bon voisinage et à recourir aux institutions internationales pour favoriser le progrès économique et social de tous les peuples,

Soulignant que la Déclaration universelle des droits de l'homme, qui constitue un modèle commun à suivre pour tous les peuples et toutes les nations, est la source d'inspiration de l'Organisation des Nations Unies et l'assise à partir de laquelle elle a progressivement élaboré les normes énoncées dans les instruments internationaux en vigueur dans le domaine considéré, en particulier dans le Pacte international relatif aux droits civils et politiques et le Pacte international relatif aux droits économiques, sociaux et culturels,

Considérant les importants changements qui se produisent sur la scène internationale et le fait que tous les peuples aspirent à l'instauration d'un ordre international reposant sur les principes énoncés dans la Charte des Nations Unies, laquelle souligne notamment la nécessité de promouvoir et d'encourager le respect des droits de l'homme et des libertés fondamentales pour tous ainsi que le respect du principe de l'égalité de droits et du droit des peuples à disposer d'eux-mêmes, et sur la paix, la démocratie, la justice, l'égalité, l'Etat de droit, le pluralisme, le développement, l'amélioration des conditions de vie et la solidarité,

Profondément préoccupée par les diverses formes de discrimination et de violence auxquelles les femmes continuent d'être exposées dans le monde entier,

Reconnaissant que les activités de l'Organisation des Nations Unies dans le domaine des droits de l'homme devraient être rationalisées et améliorées pour renforcer les mécanismes de l'Organisation dans ce domaine et pour contribuer au respect universel et effectif des normes internationales en la matière,

Ayant pris acte des déclarations adoptées par les trois réunions régionales tenues à Tunis, à San José et à Bangkok et des communications faites par les gouvernements, et ayant présentes à l'esprit les suggestions émises par les organisations intergouvernementales et non gouvernementales ainsi que les études établies par des experts indépendants au cours des préparatifs de la Conférence,

Se félicitant de la célébration, en 1993, de l'Année internationale des populations autochtones du monde par laquelle se trouve réaffirmé l'engagement de la communauté internationale d'assurer à ces populations la jouissance de tous les droits de l'homme et de toutes les libertés fondamentales et de respecter la valeur et la diversité de leurs cultures et leur identité,

Reconnaissant également que la communauté internationale devrait concevoir des moyens pour éliminer les obstacles actuels, faire face aux difficultés qui entravent la pleine réalisation de tous les droits de l'homme et mettre fin aux violations continuelles de ces droits qui en résultent dans le monde entier,

Invoquant l'esprit et les réalités de notre temps pour demander aux peuples du monde et à tous les Etats Membres de l'Organisation des Nations Unies de se consacrer à nouveau à la tâche universelle que constitue la promotion et la protection de tous les droits de l'homme et de toutes les libertés fondamentales afin d'en garantir la jouissance intégrale et universelle,

Soucieuse de renforcer la détermination de la communauté internationale en vue de la réalisation de progrès sensibles dans l'action menée en faveur des droits de l'homme, grâce à un effort accru et soutenu de coopération et de solidarité internationales,

Adopte solennellement la Déclaration et le Programme d'action suivants. (…).

E

Éléments des crimes *(Statut de Rome CPI, art. 9 (4) ; Éléments des crimes. Note explicative ; Introduction générale).*

***Statut de Rome CPI, art. 9** (4).* 1. Les éléments des crimes aident la Cour à interpréter et appliquer les articles 6, 7, 8 et 8 *bis*. Ils doivent être adoptés à la majorité des deux tiers des membres de l'Assemblée des États Parties.

2. Des amendements aux éléments des crimes peuvent être proposés par :

a) Tout État Partie ;

b) Les juges, statuant à la majorité absolue ;

c) Le Procureur.

Les amendements doivent être adoptés à la majorité des deux tiers des membres de l'Assemblée des États Parties.

3. Les éléments des crimes et les amendements s'y rapportant sont conformes au présent Statut.

(4) Conformément à la résolution RC/Res.6 du 11 juin 2010 (en incluant la référence à l'article 8 bis).

Éléments des crimes. Note explicative : La structure des éléments des crimes de génocide, des crimes contre l'humanité et des crimes de guerre suit celle des dispositions correspondantes des articles 6, 7 et 8 du Statut de Rome. Certains paragraphes desdits articles énumèrent des crimes multiples. En pareil cas, les éléments des crimes figurent dans des paragraphes distincts qui correspondent à chacun des crimes en question pour faciliter l'identification de leurs éléments respectifs.

Le texte des Éléments des crimes est tiré des *Documents officiels de l'Assemblée des États Parties au Statut de Rome de la Cour pénale internationale, première session, New York, 3-10 septembre 2002* (publication des Nations Unies, N° de vente F.03.V.2 et correctif), deuxième partie B. Les éléments des crimes adoptés lors de la Conférence de révision de 2010 proviennent des *Documents officiels de la Conférence de révision au Statut de Rome de la Cour pénale internationale, Kampala, 31 mai-11 juin* (publication de la Cour pénale internationale, RC/11). Publication de la Cour pénale internationale ; ISBN N° 92-9227-233-0 ; ICC-PIDS-LT-03-002/11_Fra ; Copyright © Cour pénale internationale 2011 ; Tous droits réservés ; Imprimé par PrintPartners Ipskamp, Enschede ; Couverture : Corps ontwerpers ; Cour pénale internationale | Boite postale 19519 | 2500 CM | La Haye | Pays-Bas | www.icc-cpi.int *(Source : Site officiel de la CPI).*

Introduction générale. 1. Comme le prévoit l'article 9, les éléments des crimes ci-après aident la Cour à interpréter et appliquer les articles 6, 7 et 8 conformément au Statut. Les dispositions du Statut, y compris l'article 21 et les principes généraux énoncés au chapitre III, sont applicables aux éléments des crimes.

2. Comme le prévoit l'article 30, sauf disposition contraire, une personne n'est pénalement responsable et ne peut être punie à raison d'un crime relevant de la compétence de la Cour que si l'élément matériel du crime est commis avec intention et connaissance. Lorsqu'il n'est pas fait mention, dans les éléments des crimes, d'un élément psychologique pour un comportement, une conséquence ou une circonstance particulière, il est entendu que l'élément psychologique pertinent, c'est-à-dire l'intention ou la connaissance ou l'une et l'autre, visé à l'article 30 s'applique. Les exceptions à la règle de l'article 30 fondées sur le Statut, y compris le droit applicable en vertu de ses dispositions pertinentes, sont énoncées ci-après.

3. L'existence de l'intention et de la connaissance peut être déduite de faits et de circonstances pertinents.

4. Pour ce qui est des éléments psychologiques associés aux éléments faisant intervenir un jugement de valeur, comme ceux qui utilisent les mots « inhumains » ou « graves », il n'est pas utile que l'auteur ait lui-même porté un jugement de valeur, sauf indication contraire.

5. Les motifs d'exonération de la responsabilité pénale ou l'absence de tels motifs ne sont généralement pas mentionnés dans les éléments énumérés pour chaque crime *(1)*.

(1) Ce paragraphe est sans préjudice de l'obligation qui incombe au Procureur en vertu du paragraphe 1 de l'article 54 du Statut de Rome. (...).

6. La condition d'« illicéité » prévue dans le Statut ou ailleurs dans le droit international, en particulier le droit international humanitaire, n'est généralement pas mentionnée dans les éléments des crimes.

7. Les éléments des crimes reposent généralement sur une structure fondée sur les principes suivants :

a) Comme les éléments des crimes envisagent le comportement, les conséquences ou les circonstances associés à chaque infraction, ceux-ci sont généralement énumérés dans cet ordre ;

b) Si nécessaire, un élément psychologique particulier est mentionné après le comportement, les conséquences ou les circonstances auxquels il se rapporte ;

c) Les circonstances contextuelles sont mentionnées en dernier.

8. Tel qu'il est utilisé dans les présents Éléments des crimes, le terme « auteur » est neutre quant à la culpabilité ou à l'innocence ; les éléments, y compris les éléments psychologiques appropriés, sont applicables, *mutatis mutandis*, à toutes les personnes dont la responsabilité pénale peut relever des articles 25 et 28 du Statut.

9. Un comportement donné peut constituer un ou plusieurs crimes.

10. L'utilisation d'intitulés abrégés pour les crimes est sans effet juridique.

Emploi d'armes, de projectiles ou matériels ou de méthodes de combat énumérés à l'annexe au Statut (Statut de Rome CPI). Voir : *Crimes de guerre, Eléments des crimes.*

Emploi de balles prohibées. Voir : *Crimes de guerre, Eléments des crimes.*

Emploi de gaz, liquides, matières ou procédés prohibés. Voir : *Crimes de guerre, Eléments des crimes.*

Emploi de poison ou d'armes empoisonnées. Voir : *Crimes de guerre, Eléments des crimes.*

Emprisonnement ou autres formes de privation grave de liberté physique. Voir : *Crimes contre l'humanité, Eléments des crimes.*

Environnement.

Déclaration de Stockholm sur l'environnement. 16 juin 1972. Déclaration de la conférence des Nations Unies sur l'environnement. Stockholm, 5-16 juin 1972.

La Conférence des Nations Unies sur l'environnement,

S'étant réunie à Stockholm du 5 au 16 juin 1972, et

Ayant examiné la nécessité d'adopter une conception commune et des principes communs qui inspireront et guideront les efforts des peuples du monde en vue de préserver et d'améliorer l'environnement,

Proclame ce qui suit :

Préambule

1. L'homme est à la fois créature et créateur de son environnement, qui assure sa subsistance physique et lui offre la possibilité d'un développement intellectuel, moral, social et spirituel. Dans la longue et laborieuse évolution de la race humaine sur la terre, le moment est venu où, grâce aux progrès toujours plus rapides de la science et de la technique, l'homme a acquis le pouvoir de transformer son environnement d'innombrables manières et à une échelle sans précédent. Les deux éléments de son environnement, l'élément naturel et celui qu'il a lui-même créé, sont indispensables à son bien-être et à la pleine jouissance de ses droits fondamentaux, y compris le droit à la vie même.

2. La protection et l'amélioration de l'environnement est une question d'importance majeure qui affecte le bien-être des populations et le développement économique dans le monde entier ; elle correspond au vœu

ardent des peuples du monde entier, et constitue un devoir pour tous les gouvernements.

3. L'homme doit constamment faire le point de son expérience et continuer à découvrir, à inventer, à créer et à avancer. Aujourd'hui, ce pouvoir qu'a l'homme de transformer le milieu dans lequel il vit, s'il est utilisé avec discernement, peut apporter à tous les peuples les bienfaits du développement et la possibilité d'améliorer la qualité de la vie. Utilisé abusivement ou inconsidérément, ce même pouvoir peut causer un mal incalculable aux êtres humains et à l'environnement. Les exemples de dommages, de destruction et de dévastation provoqués par l'homme se multiplient sous nos yeux en de nombreuses régions du globe : on constate des niveaux dangereux de pollution de l'eau, de l'air, de la terre et des êtres vivants ; des perturbations profondes et regrettables de l'équilibre écologique de la biosphère ; la destruction et l'épuisement de ressources irremplaçables; enfin de graves déficiences qui sont dangereuses pour la santé physique, mentale et sociale de l'homme, dans l'environnement qu'il crée, et en particulier dans son milieu de vie et de travail.

4. Dans les pays en voie de développement, la plupart des problèmes de l'environnement sont causés par le sous-développement. Des millions d'hommes continuent à vivre bien au-dessous des niveaux les plus bas compatibles avec une vie humaine décente, privés du nécessaire en ce qui concerne l'alimentation, le vêtement, le logement, l'éducation, la santé et l'hygiène. En conséquence, les pays en voie de développement doivent orienter leurs efforts vers le développement, en tenant compte de leurs priorités et de la nécessité de préserver et d'améliorer l'environnement. Dans les pays industrialisés, les problèmes de l'environnement sont généralement liés à l'industrialisation et au développement des techniques. Dans le même but, les pays industrialisés doivent s'efforcer de réduire l'écart entre eux et les pays en voie de développement.

5. L'augmentation naturelle de la population pose sans cesse de nouveaux problèmes pour la préservation de l'environnement et il faudrait adopter, selon que de besoin, des politiques et des mesures appropriées pour régler ces problèmes. Les hommes sont ce qu'il y a de plus précieux au monde. C'est le peuple qui anime le progrès social et crée la richesse de la société, qui développe la science et la technique et, par son dur travail, transforme sans cesse l'environnement. Avec le progrès social et l'évolution de la production, de la science et de la technique, l'aptitude de l'homme à améliorer son environnement se renforce chaque jour.

6. Nous sommes à un moment de l'histoire où nous devons orienter nos actions dans le monde entier en songeant davantage à leurs répercussions sur l'environnement. Nous pouvons, par ignorance ou par négligence, causer des dommages considérables et irréversibles à l'environnement terrestre dont dépendent notre vie et notre bien-être. En revanche, en approfondissant nos connaissances et en agissant plus sagement, nous pouvons assurer, à nous-

mêmes et à notre postérité, des conditions de vie meilleures dans un environnement mieux adapté aux besoins et aux aspirations de l'humanité. Il existe de larges perspectives pour l'amélioration de la qualité de l'environnement et la création d'une vie heureuse. II faut de l'enthousiasme, mais aussi du sang-froid ; des efforts intenses, mais aussi une action ordonnée. Pour jouir librement des bienfaits de la nature, l'homme doit tirer parti de ses connaissances en vue de créer, en coopération avec elle, un environnement meilleur. Défendre et améliorer l'environnement pour les générations présentes et à venir est devenu pour l'humanité un objectif primordial, une tâche dont il faudra coordonner et harmoniser la réalisation avec celle des objectifs fondamentaux déjà fixés de paix et de développement économique et social dans le monde entier.

7. Pour que ce but puisse être atteint, il faudra que tous, citoyens et collectivités, entreprises et institutions, à quelque niveau que ce soit, assument leurs responsabilités et se partagent équitablement les tâches. Les hommes de toutes conditions et les organisations les plus diverses peuvent, par les valeurs qu'ils admettent et par l'ensemble de leurs actes, déterminer l'environnement de demain. Les autorités locales et les gouvernements auront la responsabilité principale des politiques et de l'action à mener en matière d'environnement dans les limites de leur juridiction. Une coopération internationale n'est pas moins nécessaire pour réunir les ressources nécessaires afin d'aider les pays en voie de développement à s'acquitter de leurs responsabilités dans ce domaine. Un nombre toujours plus élevé de problèmes d'environnement, de portée régionale ou mondiale ou touchant au domaine international commun, exigeront une coopération étendue entre les pays et une action de la part des organisations internationales dans l'intérêt de tous. La Conférence demande aux gouvernements et aux peuples d'unir leurs efforts pour préserver et améliorer l'environnement, dans l'intérêt des peuples et des générations futures.

Principes

Exprime la conviction commune que :

Principe 1. L'homme a un droit fondamental à la liberté, à l'égalité et à des conditions de vie satisfaisantes, dans un environnement dont la qualité lui permette de vivre dans la dignité et le bien-être. Il a le devoir solennel de protéger et d'améliorer l'environnement pour les générations présentes et futures. A cet égard, les politiques qui encouragent ou qui perpétuent l'apartheid, la ségrégation raciale, la discrimination, les formes, coloniales et autres, d'oppression et de domination étrangères sont condamnées et doivent être éliminées.

Principe 2. Les ressources naturelles du globe, y compris l'air, l'eau, la terre, la flore et la faune, et particulièrement les échantillons représentatifs des écosystèmes naturels, doivent être préservés dans l'intérêt des générations présentes et à venir par une planification ou une gestion attentive selon que de besoin.

Principe 3. La capacité du globe de produire des ressources renouvelables essentielles doit être préservée et, partout où cela est possible, rétablie ou améliorée.
Principe 4. L'homme a une responsabilité particulière dans la sauvegarde et la sage gestion du patrimoine constitué par la flore et la faune sauvages et leur habitat, qui sont aujourd'hui gravement menacés par un concours de facteurs défavorables. La conservation de la nature, et notamment de la flore et de la faune sauvages, doit donc tenir une place importante dans la planification pour le développement économique.
Principe 5. Les ressources non renouvelables du globe doivent être exploitées de telle façon qu'elles ne risquent pas de s'épuiser et que les avantages retirés de leur utilisation soient partagés par toute l'humanité.
Principe 6. Les rejets de matières toxiques ou d'autres matières et les dégagements de chaleur en des quantités ou sous des concentrations telles que l'environnement ne puisse plus en neutraliser les effets doivent être interrompus de façon à éviter que les écosystèmes ne subissent des dommages graves ou irréversibles. La lutte légitime des peuples de tous les pays contre la pollution doit être encouragée.
Principe 7. Les Etats devront prendre toutes les mesures possibles pour empêcher la pollution des mers par des substances qui risquent de mettre en danger la santé de l'homme, de nuire aux ressources biologiques et à la vie des organismes marins, de porter atteinte aux agréments naturels ou de nuire à d'autres utilisations légitimes de la mer.
Principe 8. Le développement économique et social est indispensable si l'on veut assurer un environnement propice à l'existence et au travail de l'homme et créer sur la terre des conditions nécessaires à l'amélioration de la qualité de la vie.
Principe 9. Les déficiences de l'environnement imputables à des conditions de sous- développement et à des catastrophes naturelles posent des problèmes graves, et le meilleur moyen d'y remédier est d'accélérer le développement par le transfert d'une aide financière et technique substantielle pour compléter l'effort national des pays en voie de développement et l'assistance fournie en tant que de besoin.
Principe 10. Pour les pays en voie de développement, la stabilité des prix et une rémunération adéquate pour les produits de base et les matières premières sont essentielles pour la gestion de l'environnement, les facteurs économiques devant être retenus au même titre que les processus écologiques.
Principe 11. Les politiques nationales d'environnement devraient renforcer le potentiel de progrès actuel et futur des pays en voie de développement, et non l'affaiblir ou faire obstacle à l'instauration de meilleures conditions de vie pour tous. Les Etats et les organisations internationales devraient prendre les mesures voulues pour s'entendre sur les moyens de parer aux

conséquences économiques que peut avoir, au niveau national et international, l'application de mesures de protection de l'environnement.

Principe 12. II faudrait dégager des ressources pour préserver et améliorer l'environnement, compte tenu de la situation et des besoins particuliers des pays en voie de développement et des dépenses que peut entraîner l'intégration de mesures de préservation de l'environnement dans la planification de leur développement, et aussi de la nécessité de mettre à leur disposition à cette fin, sur leur amande, une assistance internationale supplémentaire, aussi bien technique que financière.

Principe 13. Afin de rationaliser la gestion des ressources et ainsi d'améliorer l'environnement, les Etats devraient adopter une conception intégrée et coordonnée de leur planification du développement, de façon que leur développement soit compatible avec la nécessité de protéger et d'améliorer l'environnement dans l'intérêt de leur population.

Principe 14. Une planification rationnelle est un instrument essentiel si l'on veut concilier les impératifs du développement et la nécessité de préserver et d'améliorer l'environnement.

Principe 15. En planifiant les établissements humains et l'urbanisation, il faut veiller à éviter les atteintes à l'environnement et à obtenir le maximum d'avantages sociaux, économiques et écologiques pour tous. A cet égard, les projets conçus pour maintenir la domination du colonialisme et du racisme doivent être abandonnés.

Principe 16. Dans les régions où le taux d'accroissement de la population ou sa concentration excessive sont de nature à exercer une influence défavorable sur l'environnement ou le développement, et dans celles où la faible densité de population risque d'empêcher toute amélioration de l'environnement et de faire obstacle au développement, il faudrait mettre en œuvre des politiques démographiques qui respectent les droits fondamentaux de l'homme et qui soient Jugées adéquates par les gouvernements intéressés.

Principe 17. II convient que des institutions nationales appropriées soient chargées de planifier, de gérer ou de réglementer l'utilisation des ressources de l'environnement dont disposent les Etats, en vue d'améliorer la qualité de l'environnement.

Principe 18. II convient de recourir à la science et à la technique, dans le cadre de leur contribution au développement économique et social, pour déceler, éviter ou limiter les dangers qui menacent l'environnement et résoudre les problèmes qu'il pose, et d'une manière générale pour le bien de l'humanité.

Principe 19. Il est essentiel de dispenser un enseignement sur les questions d'environnement aux jeunes générations aussi bien qu'aux adultes, en tenant dûment compte des moins favorisés, afin de développer les bases nécessaires pour éclairer l'opinion publique et donner aux individus, aux entreprises et aux collectivités le sens de leurs irresponsabilités en ce qui concerne la protection et l'amélioration de l'environnement dans toute sa dimension humaine. Il est essentiel aussi que les moyens d'information de masse évitent de contribuer à la dégradation de l'environnement et, au contraire, diffusent des informations de caractère éducatif sur la nécessité de protéger et d'améliorer l'environnement afin de permettre à l'homme de se développer à tous égards.

Principe 20. On devra encourager dans tous les pays, notamment dans les pays en voie de développement, la recherche scientifique et les activités de mise au point technique, dans le contexte des problèmes d'environnement, nationaux et multinationaux. A cet égard, on devra encourager et faciliter la libre circulation des informations les plus récentes et le transfert des données d'expérience, en vue d'aider à la solution des problèmes d'environnement ; on devra mettre les techniques intéressant l'environnement à la disposition des pays en voie de développement, à des conditions qui en encouragent une large diffusion sans constituer pour eux une charge économique.

Principe 21. Conformément à la Charte des Nations Unies et aux principes du droit international, les Etats ont le droit souverain d'exploiter leurs propres ressources selon leur politique d'environnement et ils ont le devoir de faire en sorte que les activités exercées dans les limites de leur juridiction ou sous leur contrôle ne causent pas de dommage à l'environnement dans d'autres Etats ou dans des régions ne relevant d'aucune juridiction nationale.

Principe 22. Les Etats doivent coopérer pour développer encore le droit international en ce qui concerne la responsabilité et l'indemnisation des victimes de la pollution et d'autres dommages écologiques que les activités menées dans les limites de la juridiction de ces Etats ou sous leur contrôle causent à des régions situées au- delà des limites de leur juridiction.

Principe 23. Sans préjudice des critères qui pourront être retenus par la communauté internationale, ni des normes qui devront être définies à l'échelon national, il faudra dans tous les cas tenir compte des échelles de valeurs prévalant dans chaque pays et de l'applicabilité de normes qui sont valables pour les pays les plus avancés mais qui peuvent ne pas être adaptées aux pays en voie de développement, et être pour ces pays d'un coût social injustifié.

Principe 24. Les questions internationales se rapportant à la protection et à l'amélioration de l'environnement devraient être abordées dans un esprit de coopération par tous les pays, grands ou petits sur un pied d'égalité. Une coopération par voie d'accords multilatéraux ou bilatéraux ou par d'autres moyens appropriés est indispensable pour limiter efficacement, prévenir, réduire et éliminer les atteintes à l'environnement résultant d'activités exercées dans tous les domaines, et ce dans le respect de la souveraineté et des intérêts de tous les Etats.

Principe 25. Les Etats doivent veiller à ce que les organisations internationales jouent un rôle coordonné, efficace et dynamique dans la préservation et l'amélioration de l'environnement.

Principe 26. Il faut épargner à l'homme et à son environnement les effets des armes nucléaires et de tous autres moyens de destruction massive. Les Etats doivent s'efforcer, au sein des organes internationaux appropriés, d'arriver, dans les meilleurs délais, à un accord sur l'élimination et la destruction complète de telles armes.

Environnement et développement. Déclaration de Rio sur l'environnement et le développement. Nations Unies, Assemblée Générale, A/CONF.151/26 (Vol. I), 12 août 1992.

La Conférence des Nations Unies sur l'environnement et le développement,

Réunie à Rio de Janeiro du 3 au 14 juin 1992,

Réaffirmant la Déclaration de la Conférence des Nations Unies sur l'environnement adoptée à Stockholm le 16 juin 1972, et cherchant à en assurer le prolongement,

Dans le but d'établir un partenariat mondial sur une base nouvelle et équitable en créant des niveaux de coopération nouveaux entre les Etats, les secteurs clefs de la société et les peuples,

Œuvrant en vue d'accords internationaux qui respectent les intérêts de tous et protègent l'intégrité du système mondial de l'environnement et du développement,

Reconnaissant que la Terre, foyer de l'humanité, constitue un tout marqué par l'interdépendance,

Proclame ce qui suit :

Principe 1. Les êtres humains sont au centre des préoccupations relatives au développement durable. Ils ont droit à une vie saine et productive en harmonie avec la nature.

Principe 2. Conformément à la Charte des Nations Unies et aux principes du droit international, les Etats ont le droit souverain d'exploiter leurs propres ressources selon leur politique d'environnement et de développement, et ils ont le devoir de faire en sorte que les activités exercées dans les limites de leur juridiction ou sous leur contrôle ne causent pas de dommages à l'environnement dans d'autres Etats ou dans des zones ne relevant d'aucune juridiction nationale.

Principe 3. Le droit au développement doit être réalisé de façon à satisfaire équitablement les besoins relatifs au développement et à l'environnement des générations présentes et futures.

Principe 4. Pour parvenir à un développement durable, la protection de l'environnement doit faire partie intégrante du processus de développement et ne peut être considérée isolément.

Principe 5. Tous les Etats et tous les peuples doivent coopérer à la tâche essentielle de l'élimination de la pauvreté, qui constitue une condition indispensable du développement durable, afin de réduire les différences de niveaux de vie et de mieux répondre aux besoins de la majorité des peuples du monde.

Principe 6. La situation et les besoins particuliers des pays en développement, en particulier des pays les moins avancés et des pays les plus vulnérables sur le plan de l'environnement, doivent se voir accorder une priorité spéciale. Les actions internationales entreprises en matière d'environnement et de développement devraient également prendre en considération les intérêts et les besoins de tous les pays.

Principe 7. Les Etats doivent coopérer dans un esprit de partenariat mondial en vue de conserver, de protéger et de rétablir la santé et l'intégrité de l'écosystème terrestre. Etant donné la diversité des rôles joués dans la dégradation de l'environnement mondial, les Etats ont des responsabilités communes mais différenciées. Les pays développés admettent la responsabilité qui leur incombe dans l'effort international en faveur du développement durable, compte tenu des pressions que leurs sociétés exercent sur l'environnement mondial et des techniques et des ressources financières dont ils disposent.

Principe 8. Afin de parvenir à un développement durable et à une meilleure qualité de vie pour tous les peuples, les Etats devraient réduire et éliminer les modes de production et de consommation non viables et promouvoir des politiques démographiques appropriées.

Principe 9. Les Etats devraient coopérer ou intensifier le renforcement des capacités endogènes en matière de développement durable en améliorant la compréhension scientifique par des échanges de connaissances scientifiques et techniques et en facilitant la mise au point, l'adaptation, la diffusion et le transfert de techniques, y compris de techniques nouvelles et novatrices.

Principe 10. La meilleure façon de traiter les questions d'environnement est d'assurer la participation de tous les citoyens concernés, au niveau qui convient. Au niveau national, chaque individu doit avoir dûment accès aux informations relatives à l'environnement que détiennent les autorités publiques, y compris aux informations relatives aux substances et activités dangereuses dans leurs collectivités, et avoir la possibilité de participer aux processus de prise de décision. Les Etats doivent faciliter et encourager la sensibilisation et la participation du public en mettant les informations à la disposition de celui-ci. Un accès effectif à des actions judiciaires et administratives, notamment des réparations et des recours, doit être assuré.

Principe 11. Les Etats doivent promulguer des mesures législatives efficaces en matière d'environnement. Les normes écologiques et les objectifs et priorités pour la gestion de l'environnement devraient être adaptés à la situation en matière d'environnement et de développement à laquelle ils s'appliquent. Les normes appliquées par certains pays peuvent ne pas convenir à d'autres pays, en particulier à des pays en développement, et leur imposer un coût économique et social injustifié.

Principe 12. Les Etats devraient coopérer pour promouvoir un système économique international ouvert et favorable, propre à engendrer une croissance économique et un développement durable dans tous les pays, qui permettrait de mieux lutter contre les problèmes de dégradation de l'environnement. Les mesures de politique commerciale motivées par des considérations relatives à l'environnement ne devraient pas constituer un moyen de discrimination arbitraire ou injustifiable, ni une restriction déguisée aux échanges internationaux. Toute action unilatérale visant à résoudre les grands problèmes écologiques au-delà de la juridiction du pays importateur devrait être évitée. Les mesures de lutte contre les problèmes écologiques transfrontières ou mondiaux devraient, autant que possible, être fondées sur un consensus international.

Principe 13. Les Etats doivent élaborer une législation nationale concernant la responsabilité de la pollution et d'autres dommages à l'environnement et l'indemnisation de leurs victimes. Ils doivent aussi coopérer diligemment et plus résolument pour développer davantage le droit international concernant la responsabilité et l'indemnisation en cas d'effets néfastes de dommages causés à l'environnement dans des zones situées au-delà des limites de leur juridiction par des activités menées dans les limites de leur juridiction ou sous leur contrôle.

Principe 14. Les Etats devraient concerter efficacement leurs efforts pour décourager ou prévenir les déplacements et les transferts dans d'autres Etats de toutes activités et substances qui provoquent une grave détérioration de l'environnement ou dont on a constaté qu'elles étaient nocives pour la santé de l'homme.

Principe 15. Pour protéger l'environnement, des mesures de précaution doivent être largement appliquées par les Etats selon leurs capacités. En cas de risque de dommages graves ou irréversibles, l'absence de certitude scientifique absolue ne doit pas servir de prétexte pour remettre à plus tard l'adoption de mesures effectives visant à prévenir la dégradation de l'environnement.

Principe 16. Les autorités nationales devraient s'efforcer de promouvoir l'internalisation des coûts de protection de l'environnement et l'utilisation d'instruments économiques, en vertu du principe selon lequel c'est le pollueur qui doit, en principe, assumer le coût de la pollution, dans le souci de l'intérêt public et sans fausser le jeu du commerce international et de l'investissement.

Principe 17. Une étude d'impact sur l'environnement, en tant qu'instrument national, doit être entreprise dans le cas des activités envisagées qui risquent d'avoir des effets nocifs importants sur l'environnement et dépendent de la décision d'une autorité nationale compétente.

Principe 18. Les Etats doivent notifier immédiatement aux autres Etats toute catastrophe naturelle ou toute autre situation d'urgence qui risque d'avoir des

effets néfastes soudains sur l'environnement de ces derniers. La communauté internationale doit faire tout son possible pour aider les Etats sinistrés.
Principe 19. Les Etats doivent prévenir suffisamment à l'avance les Etats susceptibles d'être affectés et leur communiquer toutes informations pertinentes sur les activités qui peuvent avoir des effets transfrontières sérieusement nocifs sur l'environnement et mener des consultations avec ces Etats rapidement et de bonne foi.
Principe 20. Les femmes ont un rôle vital dans la gestion de l'environnement et le développement. Leur pleine participation est donc essentielle à la réalisation d'un développement durable.
Principe 21. Il faut mobiliser la créativité, les idéaux et le courage des jeunes du monde entier afin de forger un partenariat mondial, de manière à assurer un développement durable et à garantir à chacun un avenir meilleur.
Principe 22. Les populations et communautés autochtones et les autres collectivités locales ont un rôle vital à jouer dans la gestion de l'environnement et le développement du fait de leurs connaissances du milieu et de leurs pratiques traditionnelles. Les Etats devraient reconnaître leur identité, leur culture et leurs intérêts, leur accorder tout l'appui nécessaire et leur permettre de participer efficacement à la réalisation d'un développement durable.
Principe 23. L'environnement et les ressources naturelles des peuples soumis à oppression, domination et occupation doivent être protégés.
Principe 24. La guerre exerce une action intrinsèquement destructrice sur le développement durable. Les Etats doivent donc respecter le droit international relatif à la protection de l'environnement en temps de conflit armé et participer à son développement, selon que de besoin.
Principe 25. La paix, le développement et la protection de l'environnement sont interdépendants et indissociables.
Principe 26. Les Etats doivent résoudre pacifiquement tous leurs différends en matière d'environnement, en employant des moyens appropriés conformément à la Charte des Nations Unies.
Principe 27. Les Etats et les peuples doivent coopérer de bonne foi et dans un esprit de solidarité à l'application des principes consacrés dans la présente Déclaration et au développement du droit international dans le domaine du développement durable.

Esclavage sexuel. Voir : *Crimes contre l'humanité, Crimes de guerre, Eléments des crimes.*

Espions *(Protocole additionnel aux Conventions de Genève du 12 août 1949 relatif à la protection des victimes des conflits armés internationaux (Protocole I), 8 juin 1977. Titre III. Méthodes et moyens de guerre. Statut de combattant et de prisonnier de guerre. Section II. Statut de combattant et de* *prisonnier de guerre. Art. 46. Espions).* 1. Nonobstant toute autre disposition des Conventions ou du présent Protocole, un membre des forces armées d'une Partie au conflit qui tombe au pouvoir d'une Partie adverse alors qu'il se livre à des activités d'espionnage n'a pas droit au statut de prisonnier de guerre et peut être traité en espion.

2. Un membre des forces armées d'une Partie au conflit qui recueille ou cherche à recueillir, pour le compte de cette Partie, des renseignements dans un territoire contrôlé par une Partie adverse ne sera pas considéré comme se livrant à des activités d'espionnage si, ce faisant, il est revêtu de l'uniforme de ses forces armées.

3. Un membre des forces armées d'une Partie au conflit qui est résident d'un territoire occupé par une Partie adverse, et qui recueille ou cherche à recueillir, pour le compte de la Partie dont il dépend, des renseignements d'intérêt militaire dans ce territoire, ne sera pas considéré comme se livrant à des activités d'espionnage, à moins que, ce faisant, il n'agisse sous de fallacieux prétextes ou de façon délibérément clandestine. De plus, ce résident ne perd son droit au statut de prisonnier de guerre et ne peut être traité en espion qu'au seul cas où il est capturé alors qu'il se livre à des activités d'espionnage.

4. Un membre des forces armées d'une Partie au conflit qui n'est pas résident d'un territoire occupé par une Partie adverse et qui s'est livré à des activités d'espionnage dans ce territoire ne perd son droit au statut de prisonnier de guerre et ne peut être traité en espion qu'au seul cas où il est capturé avant d'avoir rejoint les forces armées auxquelles il appartient.

Etablissements humains *(Conférence des Nations Unies sur les établissements humains (Habitat II), Istanbul (Turquie), 3-14 juin 1996. Déclaration d'Istanbul sur les Etablissements humains).* 1. Nous, chefs d'Etat ou de gouvernement et chefs des délégations officielles des pays rassemblés à la Conférence des Nations Unies sur les établissements humains (Habitat II) à Istanbul (Turquie) du 3 au 14 juin 1996, souscrivons à cette occasion aux objectifs universels qui consistent à garantir à tous un logement convenable et à rendre les établissements humains plus sûrs, plus salubres, plus vivables, plus équitables, plus durables et plus productifs. Dans les débats que nous avons consacrés aux deux thèmes principaux de la Conférence — un logement convenable pour tous, et le développement durable des établissements humains dans un monde de plus en plus urbanisé — nous nous sommes inspirés de la Charte des Nations Unies et notre but a été de réaffirmer les partenariats existants ou d'en établir de nouveaux pour entreprendre une action aux niveaux international, national et local afin d'améliorer notre cadre de vie. Nous nous engageons à respecter les objectifs, principes et recommandations contenus dans le Programme pour l'habitat et promettons de contribuer ensemble à l'application de celui ci.

2. Conscients de l'urgence du problème, nous avons constaté que la situation du logement et des établissements humains continuait de se détériorer. Or, les villes et les villages sont des centres de civilisation, facteurs de développement économique et de progrès social, culturel, spirituel et scientifique. Nous devons tirer parti des avantages qu'ils offrent et préserver leur diversité de façon à promouvoir la solidarité entre tous les peuples.

3. Nous réaffirmons notre volonté résolue d'instaurer de meilleures conditions de vie dans une liberté plus grande pour l'humanité tout entière. Nous rappelons la première Conférence des Nations Unies sur les établissements humains, tenue à Vancouver (Canada), l'Année internationale du logement des sans-abri et la Stratégie mondiale du logement jusqu'à l'an 2000, qui ont toutes contribué à mieux faire prendre conscience, au niveau mondial, des problèmes des établissements humains et de la nécessité de faire en sorte que chacun bénéficie d'un logement convenable. Grâce aux conférences mondiales organisées récemment par l'ONU, en particulier la Conférence des Nations Unies sur l'environnement et le développement, nous disposons maintenant d'un programme détaillé pour l'instauration, dans des conditions d'équité, de la paix, de la justice et de la démocratie, programme fondé sur le développement économique, le développement social et la protection de l'environnement — éléments interdépendants et complémentaires du développement durable. Nous nous sommes efforcés de tenir compte des résultats de ces conférences dans le Programme pour l'habitat.

4. Pour améliorer la qualité de la vie dans les établissements humains, nous devons lutter contre la détérioration des conditions qui, dans la plupart des cas, et plus particulièrement dans les pays en développement, a atteint un seuil critique. A cette fin, nous devons nous attaquer de manière globale, entre autres, aux problèmes suivants: modes de consommation et de production non viables, en particulier dans les pays industrialisés ; changements non viables de la structure et de la répartition de la population, la priorité étant donnée à l'examen de la tendance aux concentrations excessives ; situation des sans-abri ; accroissement de la pauvreté ; chômage ; exclusion sociale; instabilité familiale ; insuffisance des ressources, des infrastructures et des services de base ; lacunes de la planification ; aggravation de l'insécurité et de la violence ; dégradation de l'environnement et vulnérabilité accrue aux catastrophes.

5. Les enjeux concernant les établissements humains ont une dimension mondiale, mais les divers pays et régions se heurtent aussi à des problèmes particuliers qui appellent des solutions particulières. Nous sommes conscients de la nécessité d'intensifier notre action et notre coopération en vue d'améliorer les conditions de vie dans les villes et villages de tous les pays du monde, en particulier les pays en développement, où la situation est particulièrement grave, ainsi que les pays en transition sur le plan

économique. A cet égard, nous savons que la mondialisation de l'économie internationale présente pour le processus de développement des avantages et des inconvénients, ainsi que des risques et des incertitudes, et que l'adoption de mesures positives dans les domaines du financement du développement, de la dette extérieure, du commerce international et du transfert de technologie permettrait d'atteindre plus facilement les objectifs du Programme pour l'habitat. Il faut que nos villes soient des milieux où les êtres humains vivent et s'épanouissent dans la dignité, la santé, la sécurité, le bonheur et l'espoir.

6. Le développement des campagnes et celui des villes sont interdépendants. Aussi devons-nous non seulement améliorer l'habitat urbain, mais également nous attacher à doter les zones rurales d'une infrastructure adéquate, de services publics et de possibilités d'emploi afin de les rendre plus attrayantes, de constituer un réseau intégré d'établissements et de réduire au minimum l'exode rural. Une attention particulière doit être portée aux petites villes et aux villes moyennes.

7. Comme l'être humain est au centre des préoccupations relatives au développement durable, il est la raison d'être de l'action que nous mènerons pour appliquer le Programme pour l'habitat. Nous sommes conscients du fait que les femmes, les enfants et les jeunes ont tout particulièrement besoin de vivre dans de bonnes conditions de sécurité, d'hygiène et de stabilité. Nous redoublerons d'efforts pour éliminer la pauvreté et la discrimination, pour défendre et faire respecter tous les droits de l'homme et les libertés fondamentales pour tous et pour répondre aux besoins essentiels — éducation, nutrition, services de santé pendant toute l'existence et, en particulier, un logement convenable pour tous. A cette fin, nous nous engageons à améliorer les conditions de vie dans les établissements humains d'une façon qui soit adaptée aux réalités et besoins locaux et nous reconnaissons la nécessité de nous pencher sur les tendances globales dans les domaines économique, social et écologique pour permettre la création d'un cadre de vie meilleur pour tous. Nous garantirons aussi la participation pleine et entière, sur un pied d'égalité, de toutes les femmes et de tous les hommes à la vie politique, économique et sociale, ainsi que la participation effective des jeunes. Nous nous emploierons à faire en sorte que les handicapés aient pleinement accès aux politiques, programmes et projets liés au logement et au développement durable des établissements humains et à ce que ces politiques, programmes et projets répondent à un souci d'équité entre les sexes. Nous pensons plus particulièrement à cet égard à tous ceux qui vivent dans la pauvreté absolue — ils sont plus d'un milliard — ainsi qu'aux membres des groupes vulnérables et défavorisés visés dans le Programme pour l'habitat.

8. Nous réaffirmons notre volonté d'assurer progressivement la pleine réalisation du droit à un logement convenable, prévu dans divers instruments internationaux. A cette fin, nous solliciterons la participation active de tous

nos partenaires publics, privés et non gouvernementaux, à tous les niveaux, pour garantir à tous la sécurité juridique d'occupation, la protection contre la discrimination et l'égalité d'accès à un logement convenable et abordable.

9. Nous nous emploierons à accroître l'offre de logements abordables, en faisant en sorte que les marchés fonctionnent efficacement et en tenant compte des intérêts de la collectivité et de la nécessité de protéger l'environnement, en facilitant l'accès à la terre et au crédit et en aidant ceux qui ne peuvent accéder au marché immobilier.

10. Pour protéger l'environnement mondial et améliorer la qualité de la vie dans les établissements humains, nous nous engageons à respecter des modes durables de production, de consommation, de transport et de développement des établissements humains ; à prévenir la pollution ; à respecter la capacité limite des écosystèmes et à préserver les chances des générations futures. A cet égard, nous coopérerons dans un esprit de partenariat mondial en vue de conserver, de protéger et de rétablir la qualité et l'intégrité de l'écosystème terrestre. Etant donné la diversité des facteurs de dégradation de l'environnement mondial, nous réaffirmons le principe selon lequel les pays ont des responsabilités communes, mais différenciées. Nous savons également que nous devrons agir d'une manière compatible avec le principe de précaution, appliqué largement selon la capacité de chacun. Nous devrons aussi promouvoir des cadres de vie sains, grâce en particulier à l'approvisionnement en eau salubre, en quantité suffisante, et à une gestion efficace des déchets.

11. Nous nous attacherons à promouvoir la conservation, la remise en état et l'entretien des bâtiments, monuments, espaces publics, paysages et modes d'habitat ayant une valeur historique, culturelle, architecturale, naturelle, religieuse ou spirituelle.

12. Nous adoptons la stratégie de facilitation et les principes de partenariat et de participation, car il s'agit là de la manière la plus démocratique et la plus efficace de tenir nos engagements. Considérant que les autorités locales sont nos partenaires les plus proches et qu'elles ont un rôle essentiel à jouer dans la mise en œuvre du Programme pour l'habitat, nous devons, compte tenu du cadre juridique de chaque pays, promouvoir la décentralisation au profit d'autorités locales démocratiques et chercher à renforcer leurs capacités financières et institutionnelles compte tenu de la situation du pays considéré, tout en veillant à ce qu'elles agissent de manière transparente, qu'elles respectent le principe de l'obligation redditionnelle et qu'elles soient sensibilisées aux besoins de la population — qualités essentielles requises des pouvoirs publics à tous les niveaux. Nous accroîtrons aussi notre coopération avec les parlementaires, le secteur privé, les syndicats, les organisations non gouvernementales et les autres organismes de la société civile, en respectant pleinement leur autonomie. Nous renforcerons aussi le rôle joué par les femmes et nous encouragerons les entreprises du secteur privé à faire des investissements qui tiennent

compte des intérêts de la collectivité et de la nécessité de respecter l'environnement. Sur le plan local, l'action devra être orientée et stimulée par des programmes locaux fondés sur Action 21, le Programme pour l'habitat ou tout autre programme équivalent, et tirer parti de l'expérience de coopération mondiale engagée à Istanbul par l'Assemblée mondiale des villes et des autorités locales, sans préjudice des politiques, objectifs, priorités et programmes nationaux. La stratégie de facilitation prévoit que les gouvernements sont tenus d'appliquer, lorsqu'il y a lieu, des mesures spéciales à l'intention des membres de groupes défavorisés et vulnérables.

13. Comme la mise en œuvre du Programme pour l'habitat exigera un financement adéquat, nous devrons mobiliser des ressources financières aux niveaux national et international, y compris des ressources nouvelles et supplémentaires provenant de toutes sources — multilatérales et bilatérales, publiques et privées. A cet égard, nous devrons faciliter le renforcement des capacités et encourager le transfert de technologie et de connaissances appropriées. En outre, nous réaffirmons les engagements pris lors de conférences des Nations Unies organisées récemment, en particulier ceux qui sont énoncés dans Action 21 au sujet du financement et du transfert de technologie.

14. Nous pensons que, pour que le Programme pour l'habitat soit appliqué intégralement et efficacement, il faudra renforcer le rôle et les fonctions du Centre des Nations Unies pour les établissements humains (Habitat), qui devra axer ses efforts sur des objectifs et des stratégies bien définis et formulés de façon détaillée. A cette fin, nous nous engageons à contribuer à la bonne exécution du Programme pour l'habitat et de son plan d'action mondial. En ce qui concerne l'application du Programme pour l'habitat, nous sommes pleinement conscients de l'importance des plans d'action régionaux et nationaux mis au point à l'intention de la Conférence.

15. Cette Conférence d'Istanbul ouvre une ère nouvelle de coopération, une ère de solidarité. A l'orée du XXIe siècle, elle nous propose une conception positive de ce que doivent être des établissements humains durables, elle nous donne un sentiment d'espoir dans l'avenir de l'humanité et elle nous appelle à participer à une tâche qui mérite véritablement tous nos efforts : construire ensemble un monde où chacun pourra être assuré d'un foyer, avec la perspective de vivre dans la dignité, la santé, la sécurité, le bonheur et l'espoir.

Evasion *(Statut de Rome CPI, Chapitre X. Exécution, art. 111. Evasion ; RPP – CPI, Chapitre 12. Exécution ; Section VI. Évasion, Règle 225. Mesures au titre de l'article 111 en cas d'évasion).*

Statut de Rome CPI, Chapitre X. Exécution, art. 111. Evasion. Si un condamné s'évade de son lieu de détention et fuit l'État chargé de l'exécution de la peine, cet État peut, après avoir consulté la Cour, demander à l'État

dans lequel se trouve le condamné de le lui remettre en application des accords bilatéraux ou multilatéraux en vigueur, ou demander à la Cour de solliciter la remise de cette personne au titre du chapitre IX. Lorsque la Cour sollicite la remise d'une personne, elle peut demander que cette personne soit livrée à l'État dans lequel elle accomplissait sa peine ou à un autre État qu'elle désigne.
RPP – CPI, Chapitre 12. Exécution ; Section VI. Évasion, Règle 225. Mesures au titre de l'article 111 en cas d'évasion. 1. Si la personne condamnée s'est évadée, l'État chargé de l'exécution de la peine en informe le Greffier, dans les meilleurs délais, par tout moyen laissant une trace écrite. La Présidence procède alors conformément au Chapitre IX.

2. Toutefois, si l'État dans lequel se trouve la personne condamnée accepte de la remettre à l'État chargé de l'exécution de la peine, soit en application d'accords internationaux, soit en application de sa législation nationale, l'État chargé de l'exécution de la peine en avise le Greffier par écrit. Il est procédé dans les meilleurs délais à la remise de l'intéressée à l'État chargé de l'exécution de la peine, au besoin en consultation avec le Greffier, qui prête toute assistance nécessaire, en présentant au besoin les demandes de transit aux États concernés, conformément à la règle 207. Si aucun État ne les prend à sa charge, les frais liés à la remise de la personne condamnée sont à la charge de la Cour.

3. Si la personne condamnée est remise à la Cour en application du Chapitre IX, celle-ci procède à son transfèrement vers l'État chargé de l'exécution de la peine. La Présidence peut toutefois, conformément à l'article 103 et aux règles 203 à 206, désigner, d'office ou à la demande du Procureur ou de l'État chargé initialement de l'exécution de la peine, un autre État, qui peut être l'État dans lequel la personne condamnée s'est enfuie.

4. Dans tous les cas, la détention subie sur le territoire de l'État où la personne condamnée a été emprisonnée après son évasion et, lorsque la disposition 3 ci-dessus s'applique, la détention subie au siège de la Cour après la remise de l'intéressée est intégralement déduite de la peine restant à accomplir.

Expériences biologiques. Voir : *Crimes de guerre, Eléments des crimes.*

Expériences médicales ou scientifiques. Voir : *Crimes de guerre, Eléments des crimes.*

Extermination. Voir : *Crimes contre l'humanité, Eléments des crimes.*

Extradition *(Statut de Rome CPI, art. 102. Emploi des termes).* Aux fins du présent Statut : (...) b) On entend par « extradition » le fait pour un État de livrer une personne à un autre État en application d'un traité, d'une convention ou de la législation nationale.

F

Fait d'affamer des civils comme méthode de guerre. Voir : *Crimes de guerre, Eléments des crimes.*

Fait de causer intentionnellement de grandes souffrances. Voir : *Crimes de guerre, Eléments des crimes.*

Fait de contraindre à participer à des opérations militaires. Voir : *Crimes de guerre, Eléments des crimes.*

Fait de tuer ou de blesser par traîtrise. Voir : *Crimes de guerre, Eléments des crimes.*

Fait de tuer ou de blesser une personne hors de combat. Voir : *Crimes de guerre, Eléments des crimes.*

Fait d'utiliser des armes ayant comme principal effet de blesser par des éclats qui ne sont pas localisables par rayons X dans le corps humain.
Voir : *Crimes de guerre, Eléments des crimes*

Fait d'utiliser des armes à laser spécifiquement conçues de telle façon que leur seule fonction de combat ou une de leurs fonctions de combat fût de provoquer la cécité permanente chez des personnes dont la vision est non améliorée, c'est-à-dire qui regardent à l'œil nu ou qui portent des dispositifs de correction de la vue.
Voir : *Crimes de guerre, Eléments des crimes*

Fait d'utiliser des armes qui utilisent des agents microbiens ou autres agents biologiques, ainsi que des

toxines, quels qu'en soient l'origine ou le mode de production. Voir : *Crimes de guerre, Eléments des crimes.*

Faute d'une gravité moindre *(Statut de Rome CPI, Chapitre 4. Composition et administration de la Cour, art. 47. Sanctions disciplinaires ; RPP – CPI, Chapitre 2. Composition et administration de la Cour, Section 4. Situations pouvant nuire au fonctionnement de la Cour, Sous-section 1ère. Révocation et sanctions disciplinaires, Règle 23. Principe général, Règle 25. Définition de la faute d'une gravité moindre).*

Statut de Rome CPI, Chapitre 4. Composition et administration de la Cour, art. 47. Sanctions disciplinaires. Un juge, un procureur, un procureur adjoint, un greffier ou un greffier adjoint qui a commis une faute d'une gravité moindre que celle visée à l'article 46, paragraphe 1, encourt les sanctions disciplinaires prévues par le Règlement de procédure et de preuve.

Art. 46. Perte de fonctions 1. Un juge, le Procureur, un procureur adjoint, le Greffier ou le Greffier adjoint est relevé de ses fonctions sur décision prise conformément au paragraphe 2, dans les cas où : a) Il est établi qu'il a commis une faute lourde ou un manquement grave aux devoirs que lui impose le présent Statut, selon ce qui est prévu dans le Règlement de procédure et de preuve ; ou b) Il se trouve dans l'incapacité d'exercer ses fonctions, telles que les définit le présent Statut.

RPP – CPI, Chapitre 2. Composition et administration de la Cour, Section IV. Situations pouvant nuire au fonctionnement de la Cour, Sous-section 1ère. Révocation et sanctions disciplinaires, Règle 23. Principe général. Les juges, le Procureur, les Procureurs adjoints, le Greffier et le Greffier adjoint sont relevés de leurs fonctions ou sanctionnés par des mesures disciplinaires dans les cas et sous réserve des garanties prévues dans le Statut et dans le présent Règlement.

Règle 25. Définition de la faute d'une gravité moindre. 1. Aux fins de l'article 47, on entend par « faute d'une gravité moindre » :
a) Le comportement qui, s'inscrivant dans l'exercice de fonctions officielles, nuit ou risque de nuire à la bonne administration de la justice devant la Cour ou au bon fonctionnement interne de celle-ci, par exemple :
i) S'immiscer dans l'exercice des fonctions d'une personne visée à l'article 47 ;
ii) Ne pas exécuter ou ignorer de façon répétée les demandes formulées par le juge président ou par la Présidence dans l'exercice de leurs attributions légitimes ;
iii) Ne pas faire appliquer les sanctions disciplinaires dont sont passibles le Greffier, un greffier adjoint ou les autres fonctionnaires de la Cour, alors qu'un juge sait ou devrait savoir qu'ils ont manqué gravement aux devoirs de leur charge ;

b) Un comportement ne s'inscrivant pas dans l'exercice de fonctions officielles qui nuit ou risque de nuire au prestige de la Cour.

2. Rien dans la présente règle n'exclut que le comportement visé par la disposition 1 a) constitue « une faute lourde » ou « un manquement grave aux devoirs de la charge » aux fins de l'alinéa a) du paragraphe 1 de l'article 46 du Statut.

Faute lourde et manquement grave aux devoirs de la charge *(RPP – CPI, Chapitre 2. Composition et administration de la Cour, Section 4. Situations pouvant nuire au fonctionnement de la Cour, Sous-section 1ère. Révocation et sanctions disciplinaires, Règle 23. Principe général, Règle 24. Définition de la faute lourde et du manquement grave aux devoirs de la charge).*

Règle 23. Principe général. Les juges, le Procureur, les Procureurs adjoints, le Greffier et le Greffier adjoint sont relevés de leurs fonctions ou sanctionnés par des mesures disciplinaires dans les cas et sous réserve des garanties prévues dans le Statut et dans le présent Règlement.

Règle 24. Définition de la faute lourde et du manquement grave aux devoirs de la charge. 1. Aux fins de l'alinéa a) du paragraphe 1 de l'article 46, on entend par « faute lourde » :

a) Le comportement qui, s'inscrivant dans l'exercice de fonctions officielles, est incompatible avec lesdites fonctions et nuit ou risque de nuire gravement à la bonne administration de la justice devant la Cour ou au bon fonctionnement interne de celle-ci, par exemple :

i) Le fait de divulguer des faits ou des informations dont l'intéressé a eu connaissance dans l'exercice de ses fonctions ou qui ont trait à une question pendante, quand cette divulgation nuit gravement aux procédures judiciaires ou à une personne quelconque ;

ii) Le fait de taire des informations ou des circonstances d'une importance telle qu'elles l'auraient empêché d'être élu à sa charge ;

iii) Le fait d'abuser de sa charge judiciaire pour obtenir indûment des faveurs d'autorités, d'officiels ou de professionnels ; ou

b) Le comportement qui, ne s'inscrivant pas dans l'exercice de fonctions officielles, est d'une gravité telle qu'il nuit ou risque de nuire gravement au prestige de la Cour.

2. Aux fins de l'alinéa a) du paragraphe 1 de l'article 46, il y a «manquement grave aux devoirs de la charge » lorsque l'intéressé a fait preuve de négligence grave dans l'exercice de ses fonctions ou agi consciemment en contravention des devoirs de sa charge. Ceci peut inclure, entre autres, des situations dans lesquelles l'intéressé :

a) Ne respecte pas l'obligation de demander à être dessaisi d'une affaire alors qu'il sait qu'il y a des motifs pour faire une telle demande;

b) Provoque de manière répétée des retards injustifiés dans l'ouverture des enquêtes, la conduite des poursuites ou des procès ou dans l'exercice de pouvoirs judiciaires.

Forces armées. Combattants *(Protocole additionnel aux Conventions de Genève du 12 août 1949 relatif à la protection des victimes des conflits armés internationaux (Protocole I), 8 juin 1977. Titre III. Méthodes et moyens de guerre. Statut de combattant et de prisonnier de guerre. Section II. Statut de combattant et de prisonnier de guerre. Art. 43. Forces armées).* 1. Les forces armées d'une Partie à un conflit se composent de toutes les forces, tous les groupes et toutes les unités armés et organisés qui sont placés sous un commandement responsable de la conduite de ses subordonnés devant cette Partie, même si celle-ci est représentée par un gouvernement ou une autorité non reconnus par une Partie adverse. Ces forces armées doivent être soumises à un régime de discipline interne qui assure, notamment, le respect des règles du droit international applicable dans les conflits armés.

2. Les membres des forces armées d'une Partie à un conflit (autres que le personnel sanitaire et religieux visé à l'article 33 de la IIIe Convention) sont des combattants, c'est-à-dire ont le droit de participer directement aux hostilités.

3. La Partie à un conflit qui incorpore, dans ses forces armées, une organisation paramilitaire ou un service armé chargé de faire respecter l'ordre, doit le notifier aux autres Parties au conflit.

G

Génocide – Crime de génocide *(Convention pour la prévention et la répression du crime de génocide, New York, 9 décembre 1948. Préambule ; Art. 1 ; Art. 2 ; Art. 3 ; Art. 4 ; Art. 5 ; Art. 6 ; Art. 7 ; (...) Crime de génocide (Statut de Rome CPI, art. 6) ; Eléments des crimes. Art. 6. Génocide. Introduction ; Art. 6 a). Génocide par meurtre. Éléments ; Art. 6 b). Génocide par atteinte grave à l'intégrité physique ou mentale. Éléments ; Art. 6 c). Génocide par soumission intentionnelle à des conditions d'existence devant entraîner la destruction physique totale ou partielle d'un groupe. Éléments ; Art. 6 d). Génocide par imposition de mesures visant à entraver les naissances. Éléments ; Art. 6 e). Génocide par transfert forcé d'enfants. Éléments ; Génocide (Statut TPIY, art. 4) ; Génocide (Statut TPIR, art. 2)).*

Convention pour la prévention et la répression du crime de génocide. Approuvée par l'Assemblée générale dans sa résolution 260 A (III) du 9 décembre 1948, New York. *Préambule.* Les Parties contractantes,

Considérant que l'Assemblée générale de l'Organisation des Nations Unies, par sa résolution 96 (I) en date du 11 décembre 1946, a déclaré que le génocide est un crime du droit des gens, en contradiction avec l'esprit et les fins des Nations Unies et que le monde civilisé condamne.

Reconnaissant qu'à toutes les périodes de l'histoire le génocide a infligé de grandes pertes à l'humanité,

Convaincues que pour libérer l'humanité d'un fléau aussi odieux la coopération internationale est nécessaire,

Conviennent de ce qui suit :

Art. 1. Les Parties contractantes confirment que le génocide, qu'il soit commis en temps de paix ou en temps de guerre, est un crime du droit des gens, qu'elles s'engagent à prévenir et à punir.

Art. 2. Dans la présente Convention, le génocide s'entend de l'un quelconque des actes ci-après, commis dans l'intention de détruire, en tout ou en partie, un groupe national, ethnique, racial ou religieux, comme tel :

(a) Meurtre de membres du groupe ;

(b) Atteinte grave à l'intégrité physique ou mentale de membres du groupe ;

(c) Soumission intentionnelle du groupe à des conditions d'existence devant entraîner sa destruction physique totale ou partielle ;

(d) Mesures visant à entraver les naissances au sein du groupe ;

(e) Transfert forcé d'enfants du groupe à un autre groupe.

Art. 3. Seront punis les actes suivants :
(a) Le génocide ;
(b) L'entente en vue de commettre le génocide ;
(c) L'incitation directe et publique à commettre le génocide ;
(d) La tentative de génocide ;
(e) La complicité dans le génocide.

Art. 4. Les personnes ayant commis le génocide ou l'un quelconque des autres actes énumérés à l'article 3 seront punies, qu'elles soient des gouvernants, des fonctionnaires ou des particuliers.

Art. 5. Les Parties contractantes s'engagent à prendre, conformément à leurs constitutions respectives, les mesures législatives nécessaires pour assurer l'application des dispositions de la présente Convention, et notamment à prévoir des sanctions pénales efficaces frappant les personnes coupables de génocide ou de l'un quelconque des autres actes énumérés à l'article 3.

Art. 6. Les personnes accusées de génocide ou de l'un quelconque des autres actes énumérés à l'article 3 seront traduites devant les tribunaux compétents de l'Etat sur le territoire duquel l'acte a été commis, ou devant la cour criminelle internationale qui sera compétente à l'égard de celles des Parties contractantes qui en auront reconnu la juridiction.

Art. 7. Le génocide et les autres actes énumérés à l'article 3 ne seront pas considérés comme des crimes politiques pour ce qui est de l'extradition. Les Parties contractantes s'engagent en pareil cas à accorder l'extradition conformément à leur législation et aux traités en vigueur. (…).

Crime de génocide (***Statut de Rome CPI,*** *art. 6*). Aux fins du présent Statut, on entend par crime de génocide l'un quelconque des actes ci-après commis dans l'intention de détruire, en tout ou en partie, un groupe national, ethnique, racial ou religieux, comme tel :
a) Meurtre de membres du groupe ;
b) Atteinte grave à l'intégrité physique ou mentale de membres du groupe ;
c) Soumission intentionnelle du groupe à des conditions d'existence devant entraîner sa destruction physique totale ou partielle ;
d) Mesures visant à entraver les naissances au sein du groupe ;
e) Transfert forcé d'enfants du groupe à un autre groupe.

Eléments des crimes. *Art. 6.* ***Génocide.*** *Introduction.* En ce qui concerne le dernier élément de chaque crime :
a) L'expression « dans le cadre d' » devrait comprendre les actes initiaux d'une série en train de se faire jour ;
b) Le terme « manifeste » est une qualification objective ;
c) Bien que l'article 30 exige normalement un élément psychologique, et compte tenu du fait que la connaissance des circonstances sera généralement envisagée lorsqu'il faudra prouver l'intention de commettre un génocide, l'exigence appropriée éventuelle d'un élément psychologique en ce qui

concerne cette circonstance devra être considérée par la Cour dans chaque cas d'espèce.

Art. 6 a). ***Génocide par meurtre.*** *Éléments.* 1. L'auteur a tué *(2)* une ou plusieurs personnes

(2) Le terme « tué » est interchangeable avec l'expression « causé la mort de ».

2. Cette personne ou ces personnes appartenaient à un groupe national, ethnique, racial ou religieux particulier.

3. L'auteur avait l'intention de détruire, en tout ou en partie, ce groupe national, ethnique, racial ou religieux, comme tel.

4. Le comportement s'est inscrit dans le cadre d'une série manifeste de comportements analogues dirigés contre ce groupe, ou pouvait en lui-même produire une telle destruction.

Art. 6 b). ***Génocide par atteinte grave à l'intégrité physique ou mentale.*** *Éléments.* 1. L'auteur a porté gravement atteinte à l'intégrité physique ou mentale d'une personne ou de plusieurs personnes *(3).*

(3) Ce comportement peut comprendre, mais sans s'y limiter nécessairement, des actes de torture, des viols, des violences sexuelles ou des traitements inhumains ou dégradants.

2. Cette personne ou ces personnes appartenaient à un groupe national, ethnique, racial ou religieux particulier.

3. L'auteur avait l'intention de détruire, en tout ou en partie, ce groupe national, ethnique, racial ou religieux, comme tel.

4. Le comportement s'est inscrit dans le cadre d'une série manifeste de comportements analogues dirigés contre ce groupe, ou pouvait en lui-même produire une telle destruction.

Art. 6 c). ***Génocide par soumission intentionnelle à des conditions d'existence devant entraîner la destruction physique totale ou partielle d'un groupe.*** *Éléments.* 1. L'auteur a soumis une ou plusieurs personnes à certaines conditions d'existence.

2. Cette personne ou ces personnes appartenaient à un groupe national, ethnique, racial ou religieux particulier.

3. L'auteur avait l'intention de détruire, en tout ou en partie, ce groupe national, ethnique, racial ou religieux, comme tel.

4. Les conditions d'existence devaient entraîner la destruction physique totale ou partielle de ce groupe *(4).*

(4) L'expression « conditions d'existence » peut recouvrir, mais sans s'y limiter nécessairement, la privation délibérée des moyens indispensables à la survie, tels que nourriture ou services médicaux, ou expulsion systématique des logements.

5. Le comportement s'est inscrit dans le cadre d'une série manifeste de comportements analogues dirigés contre ce groupe, ou pouvait en lui-même produire une telle destruction.

Art. 6 d). ***Génocide par imposition de mesures visant à entraver les naissances.*** *Éléments.* 1. L'auteur a imposé certaines mesures à une ou plusieurs personnes.

2. Cette personne ou ces personnes appartenaient à un groupe national, ethnique, racial ou religieux particulier.

3. L'auteur avait l'intention de détruire, en tout ou en partie, ce groupe national, ethnique, racial ou religieux, comme tel.

4. Les mesures imposées visaient à entraver les naissances au sein du groupe.

5. Le comportement s'est inscrit dans le cadre d'une série manifeste de comportements analogues dirigés contre ce groupe, ou pouvait en lui-même produire une telle destruction.

Art. 6 e). ***Génocide par transfert forcé d'enfants***. *Éléments.* 1. L'auteur a transféré de force une ou plusieurs personnes *(5)*.

(5) Le terme « de force » ne se limite pas à la force physique et peut comprendre un acte commis en usant à l'encontre de ladite ou desdites ou de tierces personnes de la menace de la force ou de la coercition, telle que celle causée par la menace de violences, contrainte, détention, pressions psychologiques, abus de pouvoir, ou bien à la faveur d'un climat coercitif.

2. Cette personne ou ces personnes appartenaient à un groupe national, ethnique, racial ou religieux particulier.

3. L'auteur avait l'intention de détruire, en tout ou en partie, ce groupe national, ethnique, racial ou religieux, comme tel.

4. Le transfert a été effectué de ce groupe à un autre groupe.

5. La personne ou les personnes étaient âgées de moins de 18 ans.

6. L'auteur savait ou aurait dû savoir que la personne ou les personnes étaient âgées de moins de 18 ans.

7. Le comportement s'est inscrit dans le cadre d'une série manifeste de comportements analogues dirigés contre ce groupe, ou pouvait en lui-même produire une telle destruction.

Génocide (*Statut TPIY,* *art. 4*). 1. Le Tribunal international est compétent pour poursuivre les personnes ayant commis le génocide, tel qu'il est défini au paragraphe 2 du présent article, ou l'un quelconque des actes énumérés au paragraphe 3 du présent article.

2. Le génocide s'entend de l'un quelconque des actes ci-après, commis dans l'intention de détruire, en tout ou en partie, un groupe national, ethnique, racial ou religieux, comme tel :

a) meurtre de membres du groupe ;

b) atteinte grave à l'intégrité physique ou mentale de membres du groupe ;

c) soumission intentionnelle du groupe à des conditions d'existence devant entraîner sa destruction physique totale ou partielle ;

d) mesures visant à entraver les naissances au sein du groupe ;

e) transfert forcé d'enfants du groupe à un autre groupe.

3. Seront punis les actes suivants :

a) le génocide ;
b) l'entente en vue de commettre le génocide ;
c) l'incitation directe et publique à commettre le génocide ;
d) la tentative de génocide ;
e) la complicité dans le génocide.

Génocide (*Statut TPIR,* *art. 2*). 1. Le Tribunal international pour le Rwanda est compétent pour poursuivre les personnes ayant commis un génocide, tel que ce crime est défini au paragraphe 2 du présent article, ou l'un quelconque des actes énumérés au paragraphe 3 du présent article.

2. Le génocide s'entend de l'un quelconque des actes ci-après, commis dans l'intention de détruire, en tout ou en partie, un groupe national, ethnique, racial ou religieux, comme tel :
a) Meurtre de membres du groupe ;
b) Atteinte grave à l'intégrité physique ou mentale de membres du groupe ;
c) Soumission intentionnelle du groupe à des conditions d'existence devant entraîner sa destruction physique totale ou partielle ;
d) Mesures visant à entraver les naissances au sein du groupe ;
e) Transfert forcé d'enfants du groupe à un autre groupe.
3. Seront punis les actes suivants :
a) Le génocide ;
b) L'entente en vue de commettre le génocide ;
c) L'incitation directe et publique à commettre le génocide ;
d) La tentative de génocide ;
e) La complicité dans le génocide.

Génocide par atteinte grave à l'intégrité physique ou mentale. *Voir Génocide – Crime de génocide.*

Génocide par imposition de mesures visant à entraver les naissances. *Voir Génocide – Crime de génocide.*

Génocide par meurtre. *Voir Génocide – Crime de génocide.*

Génocide par soumission intentionnelle à des conditions d'existence devant entraîner la destruction physique totale ou partielle d'un groupe. *Voir Génocide – Crime de génocide.*

Génocide par transfert forcé d'enfants. *Voir Génocide – Crime de génocide.*

Greffe *(Statut de Rome CPI, art. 43. Le greffe ; Voir aussi RPP – CPI, Chapitre 2. Composition et administration de la Cour. Section 3. Le Greffe. Sous-section 1ère. Dispositions générales relatives au Greffe. Règles 12, 13, 14, 15 ; Sous-section 2. Responsabilité du Greffe à l'égard des victimes et des témoins. Règles 16, 17, 18, 19 ; Sous-section 3. Conseil de la défense. Règles 20, 21, 22 ; Statut TPIY, art. 17. Le Greffe ; Voir aussi RPP- TPIY, Chapitre 3. Organisation du Tribunal. Section 5. Le Greffe ; Statut TPIR,* *art. 16. Le Greffe ; Voir aussi RPP- TPIR, Chapitre 3. Organisation du Tribunal. Section 5. Le Greffier).*

Statut de Rome CPI, *art. 43. Le greffe.* 1. Le Greffe est responsable des aspects non judiciaires de l'administration et du service de la Cour, sans préjudice des fonctions et attributions du Procureur définies à l'article 42.

2. Le Greffe est dirigé par le Greffier, qui est le responsable principal de l'administration de la Cour. Le Greffier exerce ses fonctions sous l'autorité du Président de la Cour.

3. Le Greffier et le Greffier adjoint doivent être des personnes d'une haute moralité et d'une grande compétence, ayant une excellente connaissance et une pratique courante d'au moins une des langues de travail de la Cour.

4. Les juges élisent le Greffier à la majorité absolue et au scrutin secret, en tenant compte des recommandations éventuelles de l'Assemblée des États Parties. Si le besoin s'en fait sentir, ils élisent de la même manière un greffier adjoint sur recommandation du Greffier.

5. Le Greffier est élu pour cinq ans, est rééligible une fois et exerce ses fonctions à plein temps. Le Greffier adjoint est élu pour cinq ans ou pour un mandat plus court, selon ce qui peut être décidé à la majorité absolue des juges ; il est appelé à exercer ses fonctions selon les exigences du service.

6. Le Greffier crée, au sein du Greffe, une division d'aide aux victimes et aux témoins. Cette division est chargée, en consultation avec le Bureau du Procureur, de conseiller et d'aider de toute manière appropriée les témoins, les victimes qui comparaissent devant la Cour et les autres personnes auxquelles les dépositions de ces témoins peuvent faire courir un risque, ainsi que de prévoir les mesures et les dispositions à prendre pour assurer leur protection et leur sécurité. Le personnel de la Division comprend des spécialistes de l'aide aux victimes de traumatismes, y compris de traumatismes consécutifs à des violences sexuelles. ***Voir aussi*** *: RPP – CPI, Chapitre 2. Composition et administration de la Cour. Section 3. Le Greffe. Sous-section 1ère. Dispositions générales relatives au Greffe. Règles 12, 13, 14, 15 ; Sous-section 2. Responsabilité du Greffe à l'égard des victimes et des témoins. Règles 16, 17, 18, 19 ; Sous-section 3. Conseil de la défense. Règles 20, 21, 22.*

Statut TPIY, *art. 17. Le Greffe.* 1. Le Greffe est chargé d'assurer l'administration et les services du Tribunal international.

2. Le Greffe se compose d'un greffier et des autres personnels nécessaires.

3. Le Greffier est désigné par le Secrétaire général après consultation du Président du Tribunal international pour un mandat de quatre ans renouvelable. Les conditions d'emploi du Greffier sont celles d'un sous-secrétaire général de l'Organisation des Nations Unies.

4. Le personnel du Greffe est nommé par le Secrétaire général sur recommandation du Greffier. ***Voir aussi*** *: RPP- TPIY, Chapitre 3. Organisation du Tribunal. Section 5. Le Greffe.*

Statut TPIR, *art. 16. Le Greffe.* 1. Le Greffe est chargé d'assurer l'administration et les services du Tribunal international pour le Rwanda.

2. Le Greffe se compose d'un greffier et des autres fonctionnaires nécessaires.

3. Le Greffier est désigné par le Secrétaire général, après consultation du Président du Tribunal international pour le Rwanda, pour un mandat de quatre ans renouvelable. Les conditions d'emploi du Greffier sont celles d'un sous-secrétaire général de l'Organisation des

Nations Unies.

4. Le personnel du Greffe est nommé par le Secrétaire général sur recommandation du Greffier. ***Voir aussi*** *: RPP- TPIR, Chapitre 3. Organisation du Tribunal. Section 5. Le Greffier.*

Grossesse forcée. Voir : *Crimes contre l'humanité, Crimes de guerre, Eléments des crimes.*

H

Homicide intentionnel. Voir : *Crimes de guerre, Eléments des crimes.*

Hommes de confiance *(Convention (III) de Genève relative au traitement des prisonniers de guerre, 12 août 1949. Titre III. Captivité. Section VI. Rapport des prisonniers de guerre avec les autorités. Chapitre I. Plaintes des prisonniers de guerre en raison du régime de la captivité. Art. 78. Chapitre II. Représentants des prisonniers de guerre. Art. 79 ; Art. 80 ; Art. 81). Art. 78.* Les prisonniers de guerre auront le droit de présenter aux autorités militaires au pouvoir desquelles ils se trouvent des requêtes concernant le régime de captivité auquel ils sont soumis.
Ils auront également, sans restriction, le droit de s'adresser soit par l'entremise de l'homme de confiance, soit directement s'ils l'estiment nécessaire, aux représentants des Puissances protectrices, pour leur indiquer les points sur lesquels ils auraient des plaintes à formuler à l'égard du régime de la captivité.
Ces requêtes et plaintes ne seront pas limitées ni considérées comme faisant partie du contingent de correspondance mentionné à l'article 71. Elles devront être transmises d'urgence. Elles ne pourront donner lieu à aucune punition, même si elles sont reconnues non fondées.
Les hommes de confiance pourront envoyer aux représentants des Puissances protectrices des rapports périodiques sur la situation dans les camps et les besoins des prisonniers de guerre.

Art. 79. Dans tous les lieux où se trouvent des prisonniers de guerre, à l'exception de ceux où se trouvent des officiers, les prisonniers éliront librement et au scrutin secret, tous les six mois, et de même en cas de vacance, des hommes de confiance chargés de les représenter auprès des autorités militaires, des Puissances protectrices, du Comité international de la Croix-Rouge et de tout autre organisme qui leur viendrait en aide. Ces hommes de confiance seront rééligibles.
Dans les camps d'officiers et assimilés ou dans les camps mixtes, l'officier prisonnier de guerre le plus ancien dans le grade le plus élevé sera reconnu comme l'homme de confiance. Dans les camps d'officiers, il sera assisté d'un ou de plusieurs conseillers choisis par les officiers ; dans les camps mixtes,

ses assistants seront choisis parmi les prisonniers de guerre autres que les officiers et élus par eux.
Dans les camps de travail pour prisonniers de guerre, des officiers prisonniers de guerre de même nationalité seront placés afin de remplir les fonctions administratives du camp incombant aux prisonniers de guerre. En outre, ces officiers pourront être élus aux postes d'hommes de confiance conformément aux dispositions du premier alinéa du présent article. Dans ce cas, les assistants de l'homme de confiance seront choisis parmi les prisonniers de guerre autres que des officiers.
Tout homme de confiance élu devra être agréé par la Puissance détentrice avant de pouvoir entrer en fonction. Si la Puissance détentrice refuse d'agréer un prisonnier de guerre élu par ses compagnons de captivité, elle devra donner à la Puissance protectrice les raisons de son refus.
Dans tous les cas, l'homme de confiance sera de même nationalité, langue et coutumes que les prisonniers de guerre qu'il représente. Ainsi, les prisonniers de guerre répartis dans des sections différentes d'un camp selon leur nationalité, langue ou coutumes, auront, pour chaque section, leur propre homme de confiance, conformément aux dispositions des alinéas précédents.

Art. 80. Les hommes de confiance devront contribuer au bien-être physique, moral et intellectuel des prisonniers de guerre.
En particulier, si les prisonniers décidaient d'organiser entre eux un système d'assistance mutuelle, cette organisation serait de la compétence des hommes de confiance, indépendamment des tâches spéciales qui leur sont confiées par d'autres dispositions de la présente Convention.
Les hommes de confiance ne seront pas responsables, du seul fait de leurs fonctions, des infractions commises par les prisonniers de guerre.

Art. 81. Les hommes de confiance ne seront astreints à aucun autre travail, si l'accomplissement de leur fonction devait en être rendue plus difficile.
Les hommes de confiance pourront désigner parmi les prisonniers les assistants qui leur sont nécessaires. Toutes facilités matérielles leur seront accordées et notamment certaines libertés de mouvement nécessaires à l'accomplissement de leurs tâches (visites de détachements de travail, réception des envois de secours, etc.).
Les hommes de confiance seront autorisés à visiter les locaux où sont internés les prisonniers de guerre et ceux-ci auront le droit de consulter librement leur homme de confiance.
Toutes facilités seront également accordées aux hommes de confiance pour leur correspondance postale et télégraphique avec les autorités détentrices, avec les Puissances protectrices, le Comité international de la Croix-Rouge et leurs délégués, avec les Commissions médicales mixtes, ainsi qu'avec les organismes qui viendraient en aide aux prisonniers de guerre. Les hommes de confiance des détachements de travail jouiront des mêmes facilités pour leur correspondance avec l'homme de confiance du camp principal. Ces

correspondances ne seront pas limitées ni considérées comme faisant partie du contingent mentionné à l'article 71.

Aucun homme de confiance ne pourra être transféré sans que le temps raisonnablement nécessaire lui ait été laissé pour mettre son successeur au courant des affaires en cours.

En cas de destitution, les motifs de cette décision seront communiqués à la Puissance protectrice. ***Voir aussi*** : Prisonniers de guerre. Représentants des prisonniers de guerre.

I

Infractions graves aux Conventions de Genève du 12 août 1949 et à leurs protocoles additionnels *(Convention (I) de Genève pour l'amélioration du sort des blessés et des malades dans les forces armées en campagne, 12 août 1949. Chapitre IX. De la répression des abus et des infractions. Art. 49 ; Art. 50. Convention (II) de Genève pour l'amélioration du sort des blessés, des malades et des naufragés des forces armées sur mer, 12 août 1949. Chapitre VIII. De la répression des abus et des infractions. Art. 50 ; Art. 51. Convention (III) de Genève relative au traitement des prisonniers de guerre, 12 août 1949. Titre VI. Exécution de la Convention. Section I. Dispositions générales. Art. 129 ; Art. 130. Convention (IV) de Genève relative à la protection des personnes civiles en temps de guerre, 12 août 1949. Titre IV. Exécution de la convention. Section 1. Dispositions générales. Art. 146 ; Art. 147. Protocole additionnel aux Conventions de Genève du 12 août 1949 relatif à la protection des victimes des conflits armés internationaux (Protocole I), 8 juin 1977. Titre II. Blessés, malades et naufragés. Section 1. Protection générale. Art. 11. Protection de la personne. Titre V. Exécution des conventions et du présent protocole. Section 2. Répression des infractions aux conventions ou au présent protocole. Art. 85. Répression des infractions au présent Protocole).*

Convention (I) de Genève pour l'amélioration du sort des blessés et des malades dans les forces armées en campagne*, 12 août 1949. Chapitre IX. De la répression des abus et des infractions. Art. 49.* Les Hautes Parties contractantes s'engagent à prendre toute mesure législative nécessaire pour fixer les sanctions pénales adéquates à appliquer aux personnes ayant commis, ou donné l'ordre de commettre, l'une ou l'autre des infractions graves à la présente Convention définies à l'article suivant.

Chaque Partie contractante aura l'obligation de rechercher les personnes prévenues d'avoir commis, ou d'avoir ordonné de commettre, l'une ou l'autre de ces infractions graves, et elle devra les déférer à ses propres tribunaux, quelle que soit leur nationalité. Elle pourra aussi, si elle le préfère, et selon les conditions prévues par sa propre législation, les remettre pour jugement à une autre Partie contractante intéressée à la poursuite, pour autant que cette Partie contractante ait retenu contre lesdites personnes des charges suffisantes.

Chaque Partie contractante prendra les mesures nécessaires pour faire cesser les actes contraires aux dispositions de la présente Convention, autres que les infractions graves définies à l'article suivant.
En toutes circonstances, les inculpés bénéficieront de garanties de procédure et de libre défense qui ne seront pas inférieures à celles prévues par les articles 105 et suivants de la Convention de Genève relative au traitement des prisonniers de guerre du 12 août 1949.

Art. 50. Les infractions graves visées à l'article précédent sont celles qui comportent l'un ou l'autre des actes suivants, s'ils sont commis contre des personnes ou des biens protégés par la Convention : l'homicide intentionnel, la torture ou les traitements inhumains, y compris les expériences biologiques, le fait de causer intentionnellement de grandes souffrances ou de porter des atteintes graves à l'intégrité physique ou à la santé, la destruction et l'appropriation de biens, non justifiées par des nécessités militaires et exécutées sur une grande échelle de façon illicite et arbitraire.

Convention (II) de Genève pour l'amélioration du sort des blessés, des malades et des naufragés des forces armées sur mer*, 12 août 1949. Chapitre VIII. De la répression des abus et des infractions. Art. 50.* Les Hautes Parties contractantes s'engagent à prendre toute mesure législative nécessaire pour fixer les sanctions pénales adéquates à appliquer aux personnes ayant commis, ou donné l'ordre de commettre, l'une ou l'autre des infractions graves à la présente Convention définies à l'article suivant.
Chaque Partie contractante aura l'obligation de rechercher les personnes prévenues d'avoir commis, ou d'avoir ordonné de commettre, l'une ou l'autre de ces infractions graves, et elle devra les déférer à ses propres tribunaux, quelle que soit leur nationalité. Elle pourra aussi, si elle le préfère, et selon les conditions prévues par sa propre législation, les remettre pour jugement à une autre Partie contractante intéressée à la poursuite, pour autant que cette Partie contractante ait retenu contre lesdites personnes des charges suffisantes.
Chaque Partie contractante prendra les mesures nécessaires pour faire cesser les actes contraires aux dispositions de la présente Convention, autres que les infractions graves définies à l'article suivant.
En toutes circonstances, les inculpés bénéficieront de garanties de procédure et de libre défense qui ne seront pas inférieures à celles prévues par les articles 105 et suivants de la Convention de Genève relative au traitement des prisonniers de guerre du 12 août 1949.

Art. 51. Les infractions graves visées à l'article précédent sont celles qui comportent l'un ou l'autre des actes suivants, s'ils sont commis contre des personnes ou des biens protégés par la Convention : l'homicide intentionnel, la torture ou les traitements inhumains, y compris les expériences biologiques, le fait de causer intentionnellement de grandes souffrances ou de porter des atteintes graves à l'intégrité physique ou à la santé, la destruction et l'appropriation de biens, non justifiées par des nécessités militaires et exécutées sur une grande échelle de façon illicite et arbitraire.

Convention (III) de Genève relative au traitement des prisonniers de guerre, 12 août 1949*. Titre VI. Exécution de la Convention. Section I. Dispositions générales. Art. 129.* Les Hautes Parties contractantes s'engagent à prendre toute mesure législative nécessaire pour fixer les sanctions pénales adéquates à appliquer aux personnes ayant commis, ou donné l'ordre de commettre, l'une ou l'autre des infractions graves à la présente Convention définies à l'article suivant.

Chaque Partie contractante aura l'obligation de rechercher les personnes prévenues d'avoir commis, ou d'avoir ordonné de commettre, l'une ou l'autre de ces infractions graves, et elle devra les déférer à ses propres tribunaux, quelle que soit leur nationalité. Elle pourra aussi, si elle le préfère, et selon les conditions prévues par sa propre législation, les remettre pour jugement à une autre Partie contractante intéressée à la poursuite, pour autant que cette Partie contractante ait retenu contre lesdites personnes des charges suffisantes.

Chaque Partie contractante prendra les mesures nécessaires pour faire cesser les actes contraires aux dispositions de la présente Convention, autres que les infractions graves définies à l'article suivant.

En toutes circonstances, les inculpés bénéficieront de garanties de procédure et de libre défense qui ne seront pas inférieures à celles prévues par les articles 105 et suivants de la présente Convention.

Art. 130. Les infractions graves visées à l'article précédent sont celles qui comportent l'un ou l'autre des actes suivants, s'ils sont commis contre des personnes ou des biens protégés par la Convention : l'homicide intentionnel, la torture ou les traitements inhumains, y compris les expériences biologiques, le fait de causer intentionnellement de grandes souffrances ou de porter des atteintes graves à l'intégrité physique ou à la santé, le fait de contraindre un prisonnier de guerre à servir dans les forces armées de la Puissance ennemie, ou celui de le priver de son droit d'être jugé régulièrement et impartialement selon les prescriptions de la présente Convention.

Convention (IV) de Genève relative à la protection des personnes civiles en temps de guerre, 12 août 1949*. Titre IV. Exécution de la convention. Section 1. Dispositions générales. Art. 146.* Les Hautes Parties contractantes s'engagent à prendre toute mesure législative nécessaire pour fixer les sanctions pénales adéquates à appliquer aux personnes ayant commis, ou donné l'ordre de commettre, l'une ou l'autre des infractions graves à la présente Convention définies à l'article suivant.

Chaque Partie contractante aura l'obligation de rechercher les personnes prévenues d'avoir commis, ou d'avoir ordonné de commettre, l'une ou l'autre de ces infractions graves, et elle devra les déférer à ses propres tribunaux, quelle que soit leur nationalité. Elle pourra aussi, si elle le préfère, et selon

les conditions prévues par sa propre législation, les remettre pour jugement à une autre Partie contractante intéressée à la poursuite, pour autant que cette Partie contractante ait retenu contre lesdites personnes des charges suffisantes.
Chaque Partie contractante prendra les mesures nécessaires pour faire cesser les actes contraires aux dispositions de la présente Convention, autres que les infractions graves définies à l'article suivant.
En toutes circonstances, les inculpés bénéficieront de garanties de procédure et de libre défense qui ne seront pas inférieures à celles prévues par les articles 105 et suivants de la Convention de Genève relative au traitement des prisonniers de guerre du 12 août 1949.

Art. 147. Les infractions graves visées à l'article précédent sont celles qui comportent l'un ou l'autre des actes suivants, s'ils sont commis contre des personnes ou des biens protégés par la Convention : l'homicide intentionnel, la torture ou les traitements inhumains, y compris les expériences biologiques, le fait de causer intentionnellement de grandes souffrances ou de porter des atteintes graves à l'intégrité physique ou à la santé, la déportation ou le transfert illégaux, la détention illégale, le fait de contraindre une personne protégée à servir dans les forces armées de la Puissance ennemie, ou celui de la priver de son droit d'être jugée régulièrement et impartialement selon les prescriptions de la présente Convention, la prise d'otages, la destruction et l'appropriation de biens non justifiées par des nécessités militaires et exécutées sur une grande échelle de façon illicite et arbitraire.

***Protocole additionnel aux Conventions de Genève du 12 août 1949 relatif à la protection des victimes des conflits armés internationaux (Protocole I)**, 8 juin 1977. Titre II. Blessés, malades et naufragés. Section 1. Protection générale. Art. 11. Protection de la personne.* 1. La santé et l'intégrité physiques ou mentales des personnes au pouvoir de la Partie adverse ou internées, détenues ou d'une autre manière privées de liberté en raison d'une situation visée à l'article premier ne doivent être compromises par aucun acte ni par aucune omission injustifiés. En conséquence, il est interdit de soumettre les personnes visées au présent article à un acte médical qui ne serait pas motivé par leur état de santé et qui ne serait pas conforme aux normes médicales généralement reconnues que la Partie responsable de l'acte appliquerait dans des circonstances médicales analogues à ses propres ressortissants jouissant de leur liberté.

2. Il est en particulier interdit de pratiquer sur ces personnes, même avec leur consentement : a) des mutilations physiques ;
b) des expériences médicales ou scientifiques ;
c) des prélèvements de tissus ou d'organes pour des transplantations, sauf si ces actes sont justifiés dans les conditions prévues au paragraphe 1.

3. Il ne peut être dérogé à l'interdiction visée au paragraphe 2 c que lorsqu'il s'agit de dons de sang en vue de transfusion ou de peau destinée à

des greffes, à la condition que ces dons soient volontaires et ne résultent pas de mesures de coercition ou de persuasion et qu'ils soient destinés à des fins thérapeutiques dans des conditions compatibles avec les normes médicales généralement reconnues et avec les contrôles effectués dans l'intérêt tant du donneur que du receveur.

4. Tout acte ou omission volontaire qui met gravement en danger la santé ou l'intégrité physiques ou mentales de toute personne au pouvoir d'une Partie autre que celle dont elle dépend et qui, soit contrevient à l'une des interdictions énoncées aux paragraphes 1 et 2, soit ne respecte pas les conditions prescrites au paragraphe 3, constitue une infraction grave au présent Protocole.

5. Les personnes définies au paragraphe 1 ont le droit de refuser toute intervention chirurgicale. En cas de refus, le personnel sanitaire doit s'efforcer d'obtenir une déclaration écrite à cet effet, signée ou reconnue par le patient.

6. Toute Partie au conflit doit tenir un dossier médical pour tout don de sang en vue de transfusion ou de peau destinée à des greffes par les personnes visées au paragraphe 1, si ce don est effectué sous la responsabilité de cette Partie. En outre, toute Partie au conflit doit s'efforcer de tenir un dossier de tous les actes médicaux entrepris à l'égard des personnes internées, détenues ou d'une autre manière privées de liberté en raison d'une situation visée à l'article premier. Ces dossiers doivent en tout temps être à la disposition de la Puissance protectrice aux fins d'inspection.

Titre V. Exécution des conventions et du présent protocole. Section 2. Répression des infractions aux conventions ou au présent protocole. Art. 85. Répression des infractions au présent Protocole. 1. Les dispositions des Conventions relatives à la répression des infractions et des infractions graves, complétées par la présente Section, s'appliquent à la répression des infractions et des infractions graves au présent Protocole.

2. Les actes qualifiés d'infractions graves dans les Conventions constituent des infractions graves au présent Protocole s'ils sont commis contre des personnes au pouvoir d'une Partie adverse protégées par les articles 44, 45 et 73 du présent Protocole, ou contre des blessés, des malades ou des naufragés de la Partie adverse protégés par le présent Protocole, ou contre le personnel sanitaire ou religieux, des unités sanitaires ou des moyens de transport sanitaire qui sont sous le contrôle de la Partie adverse et protégés par le présent Protocole.

3. Outre les infractions graves définies à l'article 11, les actes suivants, lorsqu'ils sont commis intentionnellement, en violation des dispositions pertinentes du présent Protocole, et qu'ils entraînent la mort ou causent des atteintes graves à l'intégrité physique ou à la santé, sont considérés comme des infractions graves au présent Protocole :

a) soumettre la population civile ou des personnes civiles à une attaque ;

b) lancer une attaque sans discrimination atteignant la population civile ou des biens de caractère civil, en sachant que cette attaque causera des pertes en vies humaines, des blessures aux personnes civiles ou des dommages aux biens de caractère civil, qui sont excessifs au sens de l'article 57, paragraphe 2 a iii ;
c) lancer une attaque contre des ouvrages ou installations contenant des forces dangereuses, en sachant que cette attaque causera des pertes en vies humaines, des blessures aux personnes civiles ou des dommages aux biens de caractère civil, qui sont excessifs au sens de l'article 57, paragraphe 2 a iii ;
d) soumettre à une attaque des localités non défendues et des zones démilitarisées ;
e) soumettre une personne à une attaque en la sachant hors de combat;
f) utiliser perfidement, en violation de l'article 37, le signe distinctif de la croix rouge, du croissant rouge ou du lion-et-soleil rouge ou d'autres signes protecteurs reconnus par les Conventions ou par le présent Protocole.

4. Outre les infractions graves définies aux paragraphes précédents et dans les Conventions, les actes suivants sont considérés comme des infractions graves au Protocole lorsqu'ils sont commis intentionnellement et en violation des Conventions ou du présent Protocole :
a) le transfert par la Puissance occupante d'une partie de sa population civile dans le territoire qu'elle occupe, ou la déportation ou le transfert à l'intérieur ou hors du territoire occupé de la totalité ou d'une partie de la population de ce territoire, en violation de l'article 49 de la IVe Convention ;
b) tout retard injustifié dans le rapatriement des prisonniers de guerre ou des civils ;
c) les pratiques de l'apartheid et les autres pratiques inhumaines et dégradantes, fondées sur la discrimination raciale, qui donnent lieu à des outrages à la dignité personnelle ;
d) le fait de diriger des attaques contre les monuments historiques, les œuvres d'art ou les lieux de culte clairement reconnus qui constituent le patrimoine culturel ou spirituel des peuples et auxquels une protection spéciale a été accordée en vertu d'un arrangement particulier, par exemple dans le cadre d'une organisation internationale compétente, provoquant ainsi leur destruction sur une grande échelle, alors qu'il n'existe aucune preuve de violation par la Partie adverse de l'article 53, alinéa b, et que les monuments historiques, œuvres d'art et lieux de culte en question ne sont pas situés à proximité immédiate d'objectifs militaires ;
e) le fait de priver une personne protégée par les Conventions ou visée au paragraphe 2 du présent article de son droit d'être jugée régulièrement et impartialement.

5. Sous réserve de l'application des Conventions et du présent Protocole, les infractions graves à ces instruments sont considérées comme des crimes de guerre.

Voir aussi : ***Tribunal pénal international pour l'ex-Yougoslavie – TPIY***. *Statut actualisé du TPIY*, adopté le 25 mai 1993, tel qu'amendé les 13 mai 1998, Résolution 1166 ; 30 novembre 2000, Résolution 1329 ; 17 mai 2002, Résolution 1411 ; 14 août 2002, Résolution 1431 ; 19 mai 2003, Résolution 1481 ; 20 avril 2005, Résolution 1597 ; 28 février 2006, Résolution 1660 ; 29 septembre 2008, Résolution 1837 ; 7 juillet 2009, Résolution 1877 : *Art. 1er. Compétence du Tribunal international.* Le Tribunal international est habilité à juger les personnes présumées responsables de violations graves du droit international humanitaire commises sur le territoire de l'ex-Yougoslavie depuis 1991, conformément aux dispositions du présent statut.

Art. 2. Infractions graves aux Conventions de Genève de 1949. Le Tribunal international est habilité à poursuivre les personnes qui commettent ou donnent l'ordre de commettre des infractions graves aux Conventions de Genève du 12 août 1949, à savoir les actes suivants dirigés contre des personnes ou des biens protégés aux termes des dispositions de la Convention de Genève pertinente :

a) l'homicide intentionnel ;

b) la torture ou les traitements inhumains, y compris les expériences biologiques ;

c) le fait de causer intentionnellement de grandes souffrances ou de porter des atteintes graves à l'intégrité physique ou à la santé ;

d) la destruction et l'appropriation de biens non justifiées par des nécessités militaires et exécutées sur une grande échelle de façon illicite et arbitraire ;

e) le fait de contraindre un prisonnier de guerre ou un civil à servir dans les forces armées de la puissance ennemie ;

f) le fait de priver un prisonnier de guerre ou un civil de son droit d'être jugé régulièrement et impartialement ;

g) l'expulsion ou le transfert illégal d'un civil ou sa détention illégale ;

h) la prise de civils en otages.

L

Liberté de pensée, de conscience, de religion et d'expression *(Pacte international relatif aux droits civils et politiques. New York, 16 décembre 1966. Troisième partie, Art. 18, Art. 19, Art. 20 – Convention de sauvegarde des droits de l'homme et des libertés fondamentales, Rome, 4.XI.1950 (Convention européenne des droits de l'homme). Art. 9. Liberté de pensée, de conscience et de religion ; Art. 10. Liberté d'expression - Convention américaine relative aux droits de l'Homme. Adoptée à San José, Costa Rica, le 22 novembre 1969. Art. 12. Liberté de conscience et de religion ; Art. 13. Liberté de pensée et d'expression).*

Pacte international relatif aux droits civils et politiques. *New York, 16 décembre 1966. Troisième partie. Art. 18.* 1. Toute personne a droit à la *liberté de pensée, de conscience et de religion* ; ce droit implique la liberté d'avoir ou d'adopter une religion ou une conviction de son choix, ainsi que la liberté de manifester sa religion ou sa conviction, individuellement ou en commun, tant en public qu'en privé, par le culte et l'accomplissement des rites, les pratiques et l'enseignement.

2. Nul ne subira de contrainte pouvant porter atteinte à sa liberté d'avoir ou d'adopter une religion ou une conviction de son choix.

3. La liberté de manifester sa religion ou ses convictions ne peut faire l'objet que des seules restrictions prévues par la loi et qui sont nécessaires à la protection de la sécurité, de l'ordre et de la santé publique, ou de la morale ou des libertés et droits fondamentaux d'autrui.

4. Les Etats parties au présent Pacte s'engagent à respecter la liberté des parents et, le cas échéant, des tuteurs légaux de faire assurer l'éducation religieuse et morale de leurs enfants conformément à leurs propres convictions.

Art. 19. 1. Nul ne peut être inquiété pour ses opinions.

2. Toute personne a droit à la *liberté d'expression* ; ce droit comprend la liberté de rechercher, de recevoir et de répandre des informations et des idées de toute espèce, sans considération de frontières, sous une forme orale, écrite, imprimée ou artistique, ou par tout autre moyen de son choix.

3. L'exercice des libertés prévues au par. 2 du présent article comporte des devoirs spéciaux et des responsabilités spéciales. Il peut en conséquence

être soumis à certaines restrictions qui doivent toutefois être expressément fixées par la loi et qui sont nécessaires :
a) Au respect des droits ou de la réputation d'autrui ;
b) A la sauvegarde de la sécurité nationale, de l'ordre public, de la santé ou de la moralité publiques.

Art. 20. 1. Toute propagande en faveur de la guerre est interdite par la loi.

2. Tout appel à la haine nationale, raciale ou religieuse qui constitue une incitation à la discrimination, à l'hostilité ou à la violence est interdit par la loi.

Convention de sauvegarde des droits de l'homme et des libertés fondamentales. *Rome, 4.XI.1950 (Convention européenne des droits de l'homme).*

Art. 9. Liberté de pensée, de conscience et de religion. 1. Toute personne a droit à la liberté de pensée, de conscience et de religion ; ce droit implique la liberté de changer de religion ou de conviction, ainsi que la liberté de manifester sa religion ou sa conviction individuellement ou collectivement, en public ou en privé, par le culte, l'enseignement, les pratiques et l'accomplissement des rites.

2. La liberté de manifester sa religion ou ses convictions ne peut faire l'objet d'autres restrictions que celles qui, prévues par la loi, constituent des mesures nécessaires, dans une société démocratique, à la sécurité publique, à la protection de l'ordre, de la santé ou de la morale publiques, ou à la protection des droits et libertés d'autrui.

Art. 10. Liberté d'expression. 1. Toute personne a droit à la liberté d'expression. Ce droit comprend la liberté d'opinion et la liberté de recevoir ou de communiquer des informations ou des idées sans qu'il puisse y avoir ingérence d'autorités publiques et sans considération de frontière. Le présent article n'empêche pas les Etats de soumettre les entreprises de radiodiffusion, de cinéma ou de télévision à un régime d'autorisations.

2. L'exercice de ces libertés comportant des devoirs et des responsabilités peut être soumis à certaines formalités, conditions, restrictions ou sanctions prévues par la loi, qui constituent des mesures nécessaires, dans une société démocratique, à la sécurité nationale, à l'intégrité territoriale ou à la sûreté publique, à la défense de l'ordre et à la prévention du crime, à la protection de la santé ou de la morale, à la protection de la réputation ou des droits d'autrui, pour empêcher la divulgation d'informations confidentielles ou pour garantir l'autorité et l'impartialité du pouvoir judiciaire.

Convention américaine relative aux droits de l'Homme. *Adoptée à San José, Costa Rica, le 22 novembre 1969. Art. 12. Liberté de conscience et de religion.* 1. Toute personne a droit à la liberté de conscience et de religion. Ce droit implique la liberté de garder sa religion ou ses croyances, ou de changer de religion ou de croyances, ainsi que la liberté de professer et de répandre sa foi ou ses croyances, individuellement ou collectivement, en public ou en privé.

2. Nul ne peut être l'objet de mesures de contrainte de nature à restreindre sa liberté de garder sa religion ou ses croyances, ou de changer de religion ou de croyances.

3. La liberté de manifester sa religion ou ses croyances ne peut faire l'objet d'autres restrictions que celles qui, prévues par la loi, sont nécessaires à la sécurité publique, à la protection de l'ordre, de la santé ou de la morale publics, ou à la sauvegarde des droits ou libertés d'autrui.

4. Les parents, et le cas échéant, les tuteurs, ont droit à ce que leurs enfants ou pupilles reçoivent l'éducation religieuse et morale conforme à leurs propres convictions.

Art. 13. Liberté de pensée et d'expression. 1. Toute personne a droit à la liberté de pensée et d'expression ; ce droit comprend la liberté de rechercher, de recevoir et de répandre des informations et des idées de toute espèce, sans considération de frontières, que ce soit oralement ou par écrit, sous une forme imprimée ou artistique, ou par tout autre moyen de son choix.

2. L'exercice du droit prévu au paragraphe précédent ne peut être soumis à aucune censure préalable, mais il comporte des responsabilités ultérieures qui, expressément fixées par la loi, sont nécessaires :

a. Au respect des droits ou à la réputation d'autrui ; ou

b. à la sauvegarde de la sécurité nationale, de l'ordre public, ou de la santé ou de la morale publiques.

3. La liberté d'expression ne peut être restreinte par des voies ou des moyens indirects, notamment par les monopoles d'Etat ou privés sur le papier journal, les fréquences radioélectriques, les outils ou le matériel de diffusion, ou par toute autre mesure visant à entraver la communication et la circulation des idées et des opinions.

4. Sans préjudice des dispositions du paragraphe 2 ci-dessus, les spectacles publics peuvent être soumis par la loi à la censure, uniquement pour en réglementer l'accès en raison de la protection morale des enfants et des adolescents.

5. Sont interdits par la loi toute propagande en faveur de la guerre, tout appel à la haine nationale, raciale ou religieuse, qui constituent des incitations à la violence, ainsi que toute autre action illégale analogue contre toute personne ou tout groupe de personnes déterminées, fondée sur des considérations de race, de couleur, de religion, de langue ou d'origine nationale, ou sur tous autres motifs.

Localités non défendues *(Protocole additionnel aux Conventions de Genève du 12 août 1949 relatif à la protection des victimes des conflits armés internationaux (Protocole I), 8 juin 1977. Titre IV. Population civile. Section I. Protection générale contre les effets des hostilités. Chapitre V. Localités et zones sous protection spéciale. Art. 59. Localités non* *défendues).* 1. Il est interdit aux Parties au conflit d'attaquer, par quelque moyen que ce soit, des localités non défendues.

2. Les autorités compétentes d'une Partie au conflit pourront déclarer localité non défendue tout lieu habité se trouvant à proximité ou à l'intérieur d'une zone où les forces armées sont en contact et qui est ouvert à l'occupation par une Partie adverse. Une telle localité doit remplir les conditions suivantes :

a) tous les combattants ainsi que les armes et le matériel militaire mobiles devront avoir été évacués ;

b) il ne doit pas être fait un usage hostile des installations ou des établissements militaires fixes ;

c) les autorités et la population ne commettront pas d'actes d'hostilité ;

d) aucune activité à l'appui d'opérations militaires ne doit être entreprise.

3. La présence, dans cette localité, de personnes spécialement protégées par les Conventions et le présent Protocole et de forces de police retenues à seule fin de maintenir l'ordre public n'est pas contraire aux conditions posées au paragraphe 2.

4. La déclaration faite en vertu du paragraphe 2 doit être adressée à la Partie adverse et doit déterminer et indiquer, de manière aussi précise que possible, les limites de la localité non défendue. La Partie au conflit qui reçoit la déclaration doit en accuser réception et traiter la localité comme une localité non défendue à moins que les conditions posées au paragraphe 2 ne soient pas effectivement remplies, auquel cas elle doit en informer sans délai la Partie qui aura fait la déclaration. Même lorsque les conditions posées au paragraphe 2 ne sont pas remplies, la localité continuera de bénéficier de la protection prévue par les autres dispositions du présent Protocole et les autres règles du droit international applicable dans les conflits armés.

5. Les Parties au conflit pourront se mettre d'accord sur la création des localités non défendues, même si ces localités ne remplissent pas les conditions posées au paragraphe 2. L'accord devrait déterminer et indiquer, de manière aussi précise que possible, les limites de la localité non défendue ; en cas de besoin, il peut fixer les modalités de contrôle.

6. La Partie au pouvoir de laquelle se trouve une localité faisant l'objet d'un tel accord doit la marquer, dans la mesure du possible, par des signes, à convenir avec l'autre Partie, qui doivent être placés en des endroits où ils seront clairement visibles, en particulier au périmètre et aux limites de la localité et sur les routes principales.

7. Une localité perd son statut de localité non défendue lorsqu'elle ne remplit plus les conditions posées au paragraphe 2 ou dans l'accord mentionné au paragraphe 5. Dans une telle éventualité, la localité continue de bénéficier de la protection prévue par les autres dispositions du présent Protocole et les autres règles du droit international applicable dans les conflits armés.

M

Mandat d'arrêt *(Statut de Rome CPI, Chapitre V. Enquête et poursuites. Art. 58. Délivrance par la chambre préliminaire d'un mandat d'arrêt ou d'une citation à comparaître - RPP – TPIY, Chapitre 5ème. Mise en accusation, Section 2 Ordonnances et mandats. Art. 54 Disposition générale ; (...) Art. 55. Exécution des mandats d'arrêt. Voir aussi : Art. 54 bis Ordonnance adressées aux Etats aux fins de production de documents ; Art. 56 Coopération des Etats ; Art. 57 Procédure après l'arrestation ; Art. 58 Dispositions de droit interne relatives à l'extradition ; Art. 59 Défaut d'exécution d'un mandat d'arrêt ou d'un ordre de transfert ; Art. 59 bis Transmission d'un mandat d'arrêt ; Art. 60 Publication de l'acte d'accusation ; Art. 61 Procédure en cas d'inexécution d'un mandat d'arrêt) - RPP – TPIR, Chapitre V. Mise en accusation, Section 2. Les ordonnances et les mandats. Art. 54 Disposition générale ; Art. 55: Exécution des mandats d'arrêt ; Art. 55 bis. Mandat d'arrêt à tous les Etats. Voir aussi : Art. 56 Coopération des Etats ; Art. 57 Procédure après l'arrestation : Art. 58 Dispositions de droit interne relatives à l'extradition ; Art. 59 Défaut d'exécution d'un mandat d'arrêt ou d'un ordre de transfert ; Art. 60 Publication de l'acte d'accusation ; Art. 61 Procédure en cas d'inexécution d'un mandat d'arrêt ; Art. 62 Comparution initiale de l'accusé et plaidoyer ; Art. 62 bis Procédure en cas d'accord sur le plaidoyer ; Art. 63 Interrogatoire de l'accusé ; Art. 64 Détention préventive ; Art. 65 Mise en liberté provisoire ; Art. 65 bis Conférence de mise en état).* ***Statut de Rome CPI, Chapitre V. Enquête et poursuites. Art. 58. Délivrance par la chambre préliminaire d'un mandat d'arrêt ou d'une citation à comparaître.*** 1. À tout moment après l'ouverture d'une enquête, la Chambre préliminaire délivre, sur requête du Procureur, un mandat d'arrêt contre une personne si, après examen de la requête et des éléments de preuve ou autres renseignements fournis par le Procureur, elle est convaincue :

a) Qu'il y a des motifs raisonnables de croire que cette personne a commis un crime relevant de la compétence de la Cour ; et

b) Que l'arrestation de cette personne apparaît nécessaire pour garantir:

i) Que la personne comparaîtra ;

ii) Qu'elle ne fera pas obstacle à l'enquête ou à la procédure devant la Cour, ni n'en compromettra le déroulement ; ou

iii) Le cas échéant, qu'elle ne poursuivra pas l'exécution du crime dont il s'agit ou d'un crime connexe relevant de la compétence de la Cour et se produisant dans les mêmes circonstances.

2. La requête du Procureur contient les éléments suivants :

a) Le nom de la personne visée et tous autres éléments utiles d'identification ;

b) Une référence précise au crime relevant de la compétence de la Cour que la personne est censée avoir commis ;

c) L'exposé succinct des faits dont il est allégué qu'ils constituent ce crime ;

d) Un résumé des éléments de preuve qui donnent des motifs raisonnables de croire que la personne a commis ce crime ; et

e) Les raisons pour lesquelles le Procureur estime qu'il est nécessaire de procéder à l'arrestation de cette personne.

3. Le mandat d'arrêt contient les éléments suivants :

a) Le nom de la personne visée et tous autres éléments utiles d'identification ;

b) Une référence précise au crime relevant de la compétence de la Cour qui justifie l'arrestation ; et

c) L'exposé succinct des faits dont il est allégué qu'ils constituent ce crime.

4. Le mandat d'arrêt reste en vigueur tant que la Cour n'en a pas décidé autrement.

5. Sur la base du mandat d'arrêt, la Cour peut demander l'arrestation provisoire ou l'arrestation et la remise de la personne conformément au chapitre IX.

6. Le Procureur peut demander à la Chambre préliminaire de modifier le mandat d'arrêt en requalifiant les crimes qui y sont visés ou en y ajoutant de nouveaux crimes. La Chambre préliminaire modifie le mandat d'arrêt si elle a des motifs raisonnables de croire que la personne a commis les crimes requalifiés ou les nouveaux crimes.

7. Le Procureur peut demander à la Chambre préliminaire de délivrer une citation à comparaître au lieu d'un mandat d'arrêt. Si la Chambre préliminaire est convaincue qu'il y a des motifs raisonnables de croire que la personne a commis le crime qui lui est imputé et qu'une citation à comparaître suffit à garantir qu'elle se présentera devant la Cour, elle délivre la citation, avec ou sans conditions restrictives de liberté (autres que la détention) si la législation nationale le prévoit.

La citation contient les éléments suivants :

a) Le nom de la personne visée et tous autres éléments utiles d'identification ;

b) La date de comparution ;

c) Une référence précise au crime relevant de la compétence de la Cour que la personne est censée avoir commis ; et

d) L'exposé succinct des faits dont il est allégué qu'ils constituent le crime.

La citation est notifiée à la personne qu'elle vise.

RPP – TPIY, Chapitre 5ème. Mise en accusation, Section 2 Ordonnances et mandats. *Art. 54 Disposition générale.* A la demande d'une des parties ou d'office un juge ou une Chambre de première instance peut délivrer les ordonnances, citations à comparaître, ordonnances de production ou de comparution forcées, mandats et ordres de transfert nécessaires aux fins de l'enquête, de la préparation ou de la conduite du procès. (...).
Art. 55. Exécution des mandats d'arrêt. Un mandat d'arrêt doit être signé par un juge permanent. Il comprend une ordonnance aux fins du transfert rapide de l'accusé au Tribunal, une fois son arrestation opérée. L'original du mandat d'arrêt est conservé par le Greffier, qui en fait des copies certifiées conformes portant le sceau du Tribunal.
Chaque copie certifiée conforme du mandat d'arrêt est accompagnée d'une copie de l'acte d'accusation certifiée conformément à l'article 47 G) et d'un rappel des droits de l'accusé prévus aux articles 21 du Statut et 42 et 43 du Règlement, *mutatis mutandis.* Si l'accusé ne comprend aucune des deux langues officielles du Tribunal et si le Greffier sait quelle langue l'accusé comprend, chaque copie certifiée conforme du mandat d'arrêt est également accompagnée d'une traduction dans ladite langue du document rappelant les droits de l'accusé. Sous réserve d'une ordonnance d'un juge ou d'une Chambre, le Greffier peut transmettre une copie certifiée conforme du mandat d'arrêt à la personne ou aux autorités auxquelles il est adressé, y compris aux autorités nationales de l'Etat sur le territoire ou sous la juridiction duquel l'accusé réside ou a eu sa dernière résidence connue, ou sur le territoire ou sous la juridiction duquel le Greffier pense qu'il est susceptible de se trouver.
Le Greffier signale à la personne ou aux autorités auxquelles le mandat d'arrêt est transmis que, au moment de son arrestation, l'accusé doit avoir lecture dans une langue qu'il comprend de l'acte d'accusation et du rappel de ses droits et qu'il doit être prévenu dans cette même langue qu'il a le droit de conserver le silence et que toute déclaration de sa part est enregistrée et peut être utilisée comme élément de preuve.
Nonobstant le paragraphe E) ci-dessus, si, au moment de son arrestation, l'accusé se voit signifier l'acte d'accusation et le rappel de ses droits, ou leur traduction, dans une langue qu'il comprend et qu'il peut lire, il n'est pas alors nécessaire de lui en donner lecture.
G) Lorsqu'un mandat d'arrêt délivré par le Tribunal est exécuté par les autorités d'un Etat, ou par une autorité ou une institution internationale appropriées, un membre du Bureau du Procureur peut être présent dès le moment de l'arrestation.
Voir aussi : *Art. 54 bis Ordonnance adressées aux Etats aux fins de production de documents ; Art. 56 Coopération des Etats ; Art. 57 Procédure après l'arrestation ; Art. 58 Dispositions de droit interne relatives à l'extradition ; Art. 59 Défaut d'exécution d'un mandat d'arrêt ou d'un ordre de transfert ; Art. 59 bis Transmission d'un mandat d'arrêt ; Art.*

60 Publication de l'acte d'accusation ; Art. 61 Procédure en cas d'inexécution d'un mandat d'arrêt.

RPP – TPIR, Chapitre V. Mise en accusation, Section 2. Les ordonnances et les mandats.

Art. 54 Disposition générale. A la demande d'une des parties ou de sa propre initiative, un juge ou une Chambre de première instance peut délivrer les ordonnances, citations à comparaître, assignations, injonctions, mandats et ordres de transfert nécessaires aux fins de l'enquête, de la préparation ou de la conduite du procès.

Art. 55. Exécution des mandats d'arrêt. A) Un mandat d'arrêt doit être signé par un juge et revêtu du sceau du Tribunal. Il est accompagné d'une copie de l'acte d'accusation et d'un document rappelant les droits de l'accusé. Au titre de ces droits figurent ceux qui sont énoncés à l'Article 20 du Statut et, *mutatis mutandis*, aux Articles 42 et 43 du Règlement, ainsi que le droit de conserver le silence et la mise en garde selon laquelle toute déclaration faite par l'accusé est enregistrée et peut être retenue contre lui.

B) Le Greffier transmet aux autorités nationales de l'Etat sur le territoire ou sous la juridiction ou le contrôle duquel l'accusé réside ou avait sa dernière résidence connue trois jeux de copies certifiées conformes des documents ci-après :

i) Le mandat d'arrêt et l'ordonnance de transfèrement au Tribunal ;

ii) L'acte d'accusation confirmé ;

iii) Le document rappelant les droits de l'accusé auquel est jointe, s'il y a lieu, une traduction dans une langue que celui-ci comprend.

C) Le Greffier donne instructions auxdites autorités :

i) D'arrêter l'accusé et de le transférer au Tribunal ;

ii) De notifier à l'accusé les documents susmentionnés ;

iii) De donner lecture à l'accusé des documents dans une langue qu'il comprend et de l'informer de ses droits dans cette langue ;

iv) De renvoyer au Tribunal un jeu desdits documents en y joignant la preuve qu'ils ont été notifiés à l'accusé.

D) Lorsqu'un mandat d'arrêt émis par le Tribunal est exécuté, un membre du Bureau du Procureur peut être présent à compter du moment de l'arrestation.

Art. 55 bis. Mandat d'arrêt à tous les Etats. A) A la demande du Procureur et s'il est convaincu que cela faciliterait l'arrestation d'un accusé susceptible de passer d'un Etat à un autre, ou que l'on ignore où il se trouve, un juge peut, sans recourir à la procédure décrite à l'article 61, et sous réserve du paragraphe B), adresser un mandat d'arrêt à tous les Etats.

B) Le Greffier transmet un tel mandat aux autorités nationales des Etats pour lesquels le Procureur le requiert.

Voir aussi : *Art. 56 Coopération des Etats ; Art. 57 Procédure après l'arrestation : Art. 58 Dispositions de droit interne relatives à l'extradition ; Art. 59 Défaut d'exécution d'un mandat d'arrêt ou d'un ordre de transfert ; Art. 60 Publication de l'acte d'accusation ; Art. 61 Procédure en cas* *d'inexécution d'un mandat d'arrêt ; Art. 62 Comparution initiale de l'accusé et plaidoyer ; Art. 62 bis Procédure en cas d'accord sur le plaidoyer ; Art. 63 Interrogatoire de l'accusé ; Art. 64 Détention préventive ; Art. 65 Mise en liberté provisoire ; Art. 65 bis Conférence de mise en état.*

Mercenaires *(Protocole additionnel aux Conventions de Genève du 12 août 1949 relatif à la protection des victimes des conflits armés internationaux (Protocole I), 8 juin 1977. Titre III. Méthodes et moyens de guerre. Statut de combattant et de prisonnier de guerre. Section II. Statut de combattant et de prisonnier de guerre. Art. 47 Mercenaires*). 1. Un mercenaire n'a pas droit au statut de combattant ou de prisonnier de guerre.

2. Le terme « mercenaire » s'entend de toute personne :

a) qui est spécialement recrutée dans le pays ou à l'étranger pour combattre dans un conflit armé ;

b) qui en fait prend une part directe aux hostilités ;

c) qui prend part aux hostilités essentiellement en vue d'obtenir un avantage personnel et à laquelle est effectivement promise, par une Partie au conflit ou en son nom, une rémunération matérielle nettement supérieure à celle qui est promise ou payée à des combattants ayant un rang et une fonction analogues dans les forces armées de cette Partie ;

d) qui n'est ni ressortissant d'une Partie au conflit, ni résident du territoire contrôlé par une Partie au conflit ;

e) qui n'est pas membre des forces armées d'une Partie au conflit ; et

f) qui n'a pas été envoyée par un Etat autre qu'une Partie au conflit en mission officielle en tant que membre des forces armées dudit Etat.

Meurtre. Voir : *Crimes contre l'humanité, Crimes de guerre, Eléments des crimes.*

Moyen de transport sanitaire *(Protocole additionnel aux Conventions de Genève du 12 août 1949 relatif à la protection des victimes des conflits armés internationaux (Protocole I), 8 juin 1977. Titre II. Blessés, malades et naufragés. Section I. Protection générale, art. 8. Terminologie).* Aux fins du présent Protocole : (...) g) l'expression « moyen de transport sanitaire » s'entend de tout moyen de transport, militaire ou civil, permanent ou temporaire, affecté exclusivement au transport sanitaire et placé sous la direction d'une autorité compétente d'une Partie au conflit.

Mutilation. Voir : *Crimes de guerre, Eléments des crimes.*

N

Naufragés *(Protocole additionnel aux Conventions de Genève du 12 août 1949 relatif à la protection des victimes des conflits armés internationaux (Protocole I), 8 juin 1977. Titre II. Blessés, malades et naufragés. Section I. Protection générale, art. 8. Terminologie).* Aux fins du présent Protocole : (...) b) le terme « naufragés » s'entend des personnes, militaires ou civiles, se trouvant dans une situation périlleuse en mer ou en d'autres eaux par suite de l'infortune qui les frappe ou qui frappe le navire ou l'aéronef les transportant, et qui s'abstiennent de tout acte d'hostilité. Ces personnes, à condition qu'elles continuent à s'abstenir de tout acte d'hostilité, continueront d'être considérées comme des naufragés pendant leur sauvetage jusqu'à ce qu'elles aient acquis un autre statut en vertu des Conventions ou du présent Protocole.

Navire et embarcation sanitaires *(Protocole additionnel aux Conventions de Genève du 12 août 1949 relatif à la protection des victimes des conflits armés internationaux (Protocole I), 8 juin 1977. Titre II. Blessés, malades et naufragés. Section I. Protection générale, art. 8. Terminologie).* Aux fins du présent Protocole : (...)
i) l'expression « navire et embarcation sanitaires » s'entend de tout moyen de transport sanitaire par eau.

NEPAD – Nouveau Partenariat pour le Développement de l'Afrique. Abuja, Nigeria, Octobre 2001. Document original. (...) *I. Introduction.* 1. Le présent Nouveau Partenariat pour le Développement de l'Afrique (NEPAD) est une promesse faite par les dirigeants africains, fondée sur une vision commune ainsi qu'une conviction ferme et partagée qu'il leur incombe d'urgence d'éradiquer la pauvreté, de placer leurs pays, individuellement et collectivement, sur la voie d'une croissance et d'un développement durables, tout en participant activement à l'économie et à la vie politique mondiales. Il est ancré dans la détermination des Africains de s'extirper eux-mêmes, ainsi que leur continent, du malaise du sous-développement et de l'exclusion d'une planète en cours de mondialisation.

2. La pauvreté et le retard de l'Afrique contrastent vivement avec la prospérité du monde développé. La marginalisation continue de l'Afrique du processus de mondialisation et l'exclusion sociale de la vaste majorité de ses peuples constituent une grave menace pour la stabilité mondiale.

3. Depuis les années 70, lorsque les pays d'Afrique sont devenus membres des institutions de la communauté internationale, le binôme crédit-aide est resté la base logique du développement de l'Afrique. Le crédit s'est traduit par l'impasse de la dette qui, de versements en rééchelonnements, continue d'entraver la croissance des pays d'Afrique. L'on est parvenu au bout de cette option. Quant à l'autre élément du binôme, l'aide, l'on a aussi observé la réduction de l'aide privée et le plafonnement de l'aide publique, contrairement aux objectifs des années 70.

4. En Afrique, 340 millions de personnes, soit la moitié de la population, vivent avec moins d'1 dollar EU par jour. Le taux de mortalité des enfants de moins de cinq ans y est de 140 pour 1000 et l'espérance de vie à la naissance de seulement 54 ans. 58 pour cent seulement de la population a accès à de l'eau potable. Le taux d'alphabétisation des personnes de plus de 15 ans est de 41 pour cent. Il n'y a que 18 lignes téléphoniques pour 1000 personnes en Afrique, par rapport à 146 dans le monde entier et 567 dans les pays à revenus élevés.

5. Le NEPAD exige le revirement de cette situation anormale en changeant les relations qui la soutiennent. Les Africains ne demandent ni une répétition de la dépendance par le biais de l'aide, ni des concessions marginales.

6. Nous sommes convaincus qu'une occasion historique se présente de mettre fin au fléau du sous-développement qui afflige l'Afrique. Les ressources, y compris le capital, la technologie et les compétences humaines, requises pour lancer une guerre mondiale contre la pauvreté et le sous-développement, sont abondantes et à notre portée. Pour mobiliser ces ressources et les utiliser correctement, ce qui est requis est un leadership courageux, imaginatif et vraiment résolu à déployer des efforts soutenus afin d'améliorer les conditions de vie et d'éradiquer la pauvreté, ainsi qu'un nouveau partenariat mondial fondé sur la responsabilité conjointe et l'intérêt mutuel.

7. Sur tout le continent, les Africains déclarent qu'ils ne se laisserons plus conditionner par les circonstances. Nous déterminerons notre propre destinée et nous ferons appel au reste du monde pour compléter nos efforts. Des signes de progrès et d'espoir sont déjà apparents. Le nombre de régimes démocratiques qui se sont engagés à protéger les droits de l'homme, à axer le développement sur l'individu et à promouvoir des économies de marché est en train de s'accroître. Les Africains ont commencé à manifester leur refus d'accepter un leadership économique et politique médiocre. Mais ces progrès sont inégaux et inadéquats et doivent être accélérés davantage.

8. Le NEPAD cherche à consolider et à accélérer ces gains. C'est un appel pour une nouvelle relation de partenariat entre l'Afrique et la communauté internationale, et en particulier les pays les plus fortement industrialisés, afin de franchir l'abîme du développement qui s'est élargi au fil de siècles de relations inégales. (…).

O

Ouvrages et installations contenant des forces dangereuses *(Protocole additionnel aux Conventions de Genève du 12 août 1949 relatif à la protection des victimes des conflits armés internationaux (Protocole I), 8 juin 1977. Titre IV. Population civile. Section I. Protection générale contre les effets des hostilités. Chapitre III. Biens de caractère civil. Art. 56. Protection des ouvrages et installations contenant des forces dangereuses).* 1. Les ouvrages d'art ou installations contenant des forces dangereuses, à savoir les barrages, les digues et les centrales nucléaires de production d'énergie électrique ne seront pas l'objet d'attaques, même s'ils constituent des objectifs militaires, lorsque de telles attaques peuvent provoquer la libération de ces forces et, en conséquence, causer des pertes sévères dans la population civile. Les autres objectifs militaires situés sur ces ouvrages ou installations ou à proximité ne doivent pas être l'objet d'attaques lorsque de telles attaques peuvent provoquer la libération de forces dangereuses et, en conséquence, causer des pertes sévères dans la population civile. (…).

P

Pacte international relatif aux droits civils et politiques.

New York, 16 décembre 1966 *(Préambule. Première partie, Art. 1 ; Art. 2 ; Art. 3 ; Art. 4. Troisième partie, Art. 6 ; Art. 7 ; Art. 8). Préambule.* Les Etats parties au présent Pacte,

Considérant que, conformément aux principes énoncés dans la Charte des Nations Unies, la reconnaissance de la dignité inhérente à tous les membres de la famille humaine et de leurs droits égaux et inaliénables constitue le fondement de la liberté, de la justice et de la paix dans le monde,

Reconnaissant que ces droits découlent de la dignité inhérente à la personne humaine,

Reconnaissant que, conformément à la Déclaration universelle des droits de l'homme, l'idéal de l'être humain libre, jouissant des libertés civiles et politiques et libéré de la crainte et de la misère, ne peut être réalisé que si des conditions permettant à chacun de jouir de ses droits civils et politiques, aussi bien que de ses droits économiques, sociaux et culturels, sont créées,

Considérant que la Charte des Nations Unies impose aux Etats l'obligation de promouvoir le respect universel et effectif des droits et des libertés de l'homme,

Prenant en considération le fait que l'individu a des devoirs envers autrui et envers la collectivité à laquelle il appartient et est tenu de s'efforcer de promouvoir et de respecter les droits reconnus dans le présent Pacte,

Sont convenus des articles suivants :

Première partie. Art. 1. 1. Tous les peuples ont le droit de disposer d'eux-mêmes. En vertu de ce droit, ils déterminent librement leur statut politique et assurent librement leur développement économique, social et culturel.

2. Pour atteindre leurs fins, tous les peuples peuvent disposer librement de leurs richesses et de leurs ressources naturelles, sans préjudice des obligations qui découlent de la coopération économique internationale, fondée sur le principe de l'intérêt mutuel, et du droit international. En aucun cas, un peuple ne pourra être privé de ses propres moyens de subsistance.

3. Les Etats parties au présent Pacte, y compris ceux qui ont la responsabilité d'administrer des territoires non autonomes et des territoires sous tutelle, sont tenus de faciliter la réalisation du droit des peuples à disposer d'eux-mêmes, et de respecter ce droit, conformément aux dispositions de la Charte des Nations Unies.

Deuxième partie Art. 2. 1. Les Etats parties au présent Pacte s'engagent à respecter et à garantir à tous les individus se trouvant sur leur territoire et relevant de leur compétence les droits reconnus dans le présent Pacte, sans distinction aucune, notamment de race, de couleur, de sexe, de langue, de religion, d'opinion politique ou de toute autre opinion, d'origine nationale ou sociale, de fortune, de naissance ou de toute autre situation.

2. Les Etats parties au présent Pacte s'engagent à prendre, en accord avec leurs procédures constitutionnelles et avec les dispositions du présent Pacte, les arrangements devant permettre l'adoption de telles mesures d'ordre législatif ou autre, propres à donner effet aux droits reconnus dans le présent Pacte qui ne seraient pas déjà en vigueur.

3. Les Etats parties au présent Pacte s'engagent à :

a) Garantir que toute personne dont les droits et libertés reconnus dans le présent Pacte auront été violés disposera d'un recours utile, alors même que la violation aurait été commise par des personnes agissant dans l'exercice de leurs fonctions officielles ;

b) Garantir que l'autorité compétente, judiciaire, administrative ou législative, ou toute autre autorité compétente selon la législation de l'Etat, statuera sur les droits de la personne qui forme le recours et à développer les possibilités de recours juridictionnel ;

c) Garantir la bonne suite donnée par les autorités compétentes à tout recours qui aura été reconnu justifié.

Art. 3. Les Etats parties au présent Pacte s'engagent à assurer le droit égal des hommes et des femmes de jouir de tous les droits civils et politiques énoncés dans le présent Pacte.

Art. 4. 1. Dans le cas où un danger public exceptionnel menace l'existence de la nation et est proclamé par un acte officiel, les Etats parties au présent Pacte peuvent prendre, dans la stricte mesure où la situation l'exige, des mesures dérogeant aux obligations prévues dans le présent Pacte, sous réserve que ces mesures ne soient pas incompatibles avec les autres obligations que leur impose le droit international et qu'elles n'entraînent pas une discrimination fondée uniquement sur la race, la couleur, le sexe, la langue, la religion ou l'origine sociale.

2. La disposition précédente n'autorise aucune dérogation aux articles 6, 7, 8 (par. 1 et 2), 11, 15, 16 et 18.

3. Les Etats parties au présent Pacte qui usent du droit de dérogation doivent, par l'entremise du Secrétaire général de l'Organisation des Nations Unies, signaler aussitôt aux autres Etats parties les dispositions auxquelles ils ont dérogé ainsi que les motifs qui ont provoqué cette dérogation. Une nouvelle communication sera faite par la même entremise, à la date à laquelle ils ont mis fin à ces dérogations. (…).

Troisième partie. Art. 6. 1. Le droit à la vie est inhérent à la personne humaine. Ce droit doit être protégé par la loi. Nul ne peut être arbitrairement privé de la vie.

2. Dans les pays où la peine de mort n'a pas été abolie, une sentence de mort ne peut être prononcée que pour les crimes les plus graves, conformément à la législation en vigueur au moment où le crime a été commis et qui ne doit pas être en contradiction avec les dispositions du présent Pacte ni avec la Convention pour la prévention et la répression du crime de génocide. Cette peine ne peut être appliquée qu'en vertu d'un jugement définitif rendu par un tribunal compétent.

3. Lorsque la privation de la vie constitue le crime de génocide, il est entendu qu'aucune disposition du présent article n'autorise un Etat partie au présent Pacte à déroger d'aucune manière à une obligation quelconque assumée en vertu des dispositions de la Convention pour la prévention et la répression du crime de génocide.

4. Tout condamné à mort a le droit de solliciter la grâce ou la commutation de la peine. L'amnistie, la grâce ou la commutation de la peine de mort peuvent dans tous les cas être accordées.

5. Une sentence de mort ne peut être imposée pour des crimes commis par des personnes âgées de moins de 18 ans et ne peut être exécutée contre des femmes enceintes.

6. Aucune disposition du présent article ne peut être invoquée pour retarder ou empêcher l'abolition de la peine capitale par un Etat partie au présent Pacte.

Art. 7. Nul ne sera soumis à la torture ni à des peines ou traitements cruels, inhumains ou dégradants. En particulier, il est interdit de soumettre une personne sans son libre consentement à une expérience médicale ou scientifique.

Art. 8. 1. Nul ne sera tenu en esclavage ; l'esclavage et la traite des esclaves, sous toutes leurs formes, sont interdits.

2. Nul ne sera tenu en servitude.

3. a) Nul ne sera astreint à accomplir un travail forcé ou obligatoire ;

b) L'alinéa a du présent paragraphe ne saurait être interprété comme interdisant, dans les pays où certains crimes peuvent être punis de détention accompagnée de travaux forcés, l'accomplissement d'une peine de travaux forcés, infligée par un tribunal compétent ;

c) N'est pas considéré comme « travail forcé ou obligatoire » au sens du présent paragraphe :

i) Tout travail ou service, non visé à l'al. b, normalement requis d'un individu qui est détenu en vertu d'une décision de justice régulière ou qui, ayant fait l'objet d'une telle décision, est libéré conditionnellement ;

ii) Tout service de caractère militaire et, dans les pays où l'objection de conscience est admise, tout service national exigé des objecteurs de conscience en vertu de la loi ;

iii) Tout service exigé dans les cas de force majeure ou de sinistres qui menacent la vie ou le bien-être de la communauté ;

iv) Tout travail ou tout service formant partie des obligations civiques normales. (…).

Pacte international relatif aux droits économiques, sociaux et culturels. New York, 16 décembre 1966 *(Préambule. Première partie. Art. 1. Deuxième partie. Art. 2 ; Art. 3 ; Art. 4 ; Art. 5 ; Troisième partie. Art. 6 ; Art. 7 ; Art. 8 ; Art. 9 ; Art. 10 ; Art. 11 ; Art. 12 ; Art. 13 ; Art. 14 ; Art. 15. Quatrième partie. Art. 16 (...) ; Art. 23 ; Art. 24 ; Art. 25 (...)).*

Préambule. Les Etats parties au présent Pacte,

Considérant que, conformément aux principes énoncés dans la Charte des Nations Unies, la reconnaissance de la dignité inhérente à tous les membres de la famille humaine et de leurs droits égaux et inaliénables constitue le fondement de la liberté, de la justice et de la paix dans le monde,

Reconnaissant que ces droits découlent de la dignité inhérente à la personne humaine, *Reconnaissant* que, conformément à la Déclaration universelle des droits de l'homme, l'idéal de l'être humain libre, libéré de la crainte et de la misère, ne peut être réalisé que si des conditions permettant à chacun de jouir de ses droits économiques, sociaux et culturels, aussi bien que de ses droits civils et politiques, sont créées,

Considérant que la Charte des Nations Unies impose aux Etats l'obligation de promouvoir le respect universel et effectif des droits et des libertés de l'homme,

Prenant en considération le fait que l'individu a des devoirs envers autrui et envers la collectivité à laquelle il appartient et est tenu de s'efforcer de promouvoir et de respecter les droits reconnus dans le présent Pacte,

Sont convenus des articles suivants :

Première partie. Art. 1. 1. Tous les peuples ont le droit de disposer d'eux-mêmes. En vertu de ce droit, ils déterminent librement leur statut politique et assurent librement leur développement économique, social et culturel.

2. Pour atteindre leurs fins, tous les peuples peuvent disposer librement de leurs richesses et de leurs ressources naturelles, sans préjudice des obligations qui découlent de la coopération économique internationale, fondée sur le principe de l'intérêt mutuel, et du droit international. En aucun cas, un peuple ne pourra être privé de ses propres moyens de subsistance.

3. Les Etats parties au présent Pacte, y compris ceux qui ont la responsabilité d'administrer des territoires non autonomes et des territoires sous tutelle, sont tenus de faciliter la réalisation du droit des peuples à disposer d'eux-mêmes, et de respecter ce droit, conformément aux dispositions de la Charte des Nations Unies.

Deuxième partie. Art. 2. 1. Chacun des Etats parties au présent Pacte s'engage à agir, tant par son effort propre que par l'assistance et la coopération internationales, notamment sur les plans économique et technique, au maximum de ses ressources disponibles, en vue d'assurer progressivement le plein exercice des droits reconnus dans le présent Pacte par tous les moyens appropriés, y compris en particulier l'adoption de mesures législatives.

2. Les Etats parties au présent Pacte s'engagent à garantir que les droits qui y sont énoncés seront exercés sans discrimination aucune fondée sur la race, la couleur, le sexe, la langue, la religion, l'opinion politique ou toute autre opinion, l'origine nationale ou sociale, la fortune, la naissance ou toute autre situation.

3. Les pays en voie de développement, compte dûment tenu des droits de l'homme et de leur économie nationale, peuvent déterminer dans quelle mesure ils garantiront les droits économiques reconnus dans le présent Pacte à des non-ressortissants.

Art. 3. Les Etats parties au présent Pacte s'engagent à assurer le droit égal qu'ont l'homme et la femme au bénéfice de tous les droits économiques, sociaux et culturels qui sont énumérés dans le présent Pacte.

Art. 4. Les Etats parties au présent Pacte reconnaissent que, dans la jouissance des droits assurés par l'Etat conformément au présent Pacte, l'Etat ne peut soumettre ces droits qu'aux limitations établies par la loi, dans la seule mesure compatible avec la nature de ces droits et exclusivement en vue de favoriser le bien-être général dans une société démocratique.

Art. 5. 1. Aucune disposition du présent Pacte ne peut être interprétée comme impliquant pour un Etat, un groupement ou un individu un droit quelconque de se livrer à une activité ou d'accomplir un acte visant à la destruction des droits ou libertés reconnus dans le présent Pacte ou à des limitations plus amples que celles prévues dans ledit Pacte.

2. Il ne peut être admis aucune restriction ou dérogation aux droits fondamentaux de l'homme reconnus ou en vigueur dans tout pays en vertu de lois, de conventions, de règlements ou de coutumes, sous prétexte que le présent Pacte ne les reconnaît pas ou les reconnaît à un moindre degré.

Troisième partie. Art. 6. 1. Les Etats parties au présent Pacte reconnaissent le droit au travail, qui comprend le droit qu'a toute personne d'obtenir la possibilité de gagner sa vie par un travail librement choisi ou accepté, et prendront des mesures appropriées pour sauvegarder ce droit.

2. Les mesures que chacun des Etats parties au présent Pacte prendra en vue d'assurer le plein exercice de ce droit doivent inclure l'orientation et la formation techniques et professionnelles, l'élaboration de programmes, de politiques et de techniques propres à assurer un développement économique, social et culturel constant et un plein emploi productif dans des conditions qui sauvegardent aux individus la jouissance des libertés politiques et économiques fondamentales.

Art. 7. Les Etats parties au présent Pacte reconnaissent le droit qu'a toute personne de jouir de conditions de travail justes et favorables, qui assurent notamment :

a) La rémunération qui procure, au minimum, à tous les travailleurs :
i) Un salaire équitable et une rémunération égale pour un travail de valeur égale sans distinction aucune ; en particulier, les femmes doivent avoir la garantie que les conditions de travail qui leur sont accordées ne sont pas inférieures à celles dont bénéficient les hommes et recevoir la même rémunération qu'eux pour un même travail ;
ii) Une existence décente pour eux et leur famille conformément aux dispositions du présent Pacte ;
b) La sécurité et l'hygiène du travail ;
c) La même possibilité pour tous d'être promus, dans leur travail, à la catégorie supérieure appropriée, sans autre considération que la durée des services accomplis et les aptitudes ;
d) Le repos, les loisirs, la limitation raisonnable de la durée du travail et les congés payés périodiques, ainsi que la rémunération des jours fériés.

Art. 8. 1. Les Etats parties au présent Pacte s'engagent à assurer :
a) Le droit qu'a toute personne de former avec d'autres des syndicats et de s'affilier au syndicat de son choix, sous la seule réserve des règles fixées par l'organisation intéressée, en vue de favoriser et de protéger ses intérêts économiques et sociaux. L'exercice de ce droit ne peut faire l'objet que des seules restrictions prévues par la loi et qui constituent des mesures nécessaires, dans une société démocratique, dans l'intérêt de la sécurité nationale ou de l'ordre public, ou pour protéger les droits et les libertés d'autrui.
b) Le droit qu'ont les syndicats de former des fédérations ou des confédérations nationales et le droit qu'ont celles-ci de former des organisations syndicales internationales ou de s'y affilier.
c) Le droit qu'ont les syndicats d'exercer librement leur activité, sans limitations autres que celles qui sont prévues par la loi et qui constituent des mesures nécessaires, dans une société démocratique, dans l'intérêt de la sécurité nationale ou de l'ordre public, ou pour protéger les droits et les libertés d'autrui.
d) Le droit de grève, exercé conformément aux lois de chaque pays.

2. Le présent article n'empêche pas de soumettre à des restrictions légales l'exercice de ces droits par les membres des forces armées, de la police ou de la fonction publique.

3. Aucune disposition du présent article ne permet aux Etats parties à la Convention de 1948 de l'Organisation internationale du Travail concernant la liberté syndicale et la protection du droit syndical de prendre des mesures législatives portant atteinte – ou d'appliquer la loi de façon à porter atteinte – aux garanties prévues dans ladite convention.

Art. 9. Les Etats parties au présent Pacte reconnaissent le droit de toute personne à la sécurité sociale, y compris les assurances sociales.

Art. 10. Les Etats parties au présent Pacte reconnaissent que :

1. Une protection et une assistance aussi larges que possible doivent être accordées à la famille, qui est l'élément naturel et fondamental de la société, en particulier pour sa formation et aussi longtemps qu'elle a la responsabilité de l'entretien et de l'éducation d'enfants à charge. Le mariage doit être librement consenti par les futurs époux.

2. Une protection spéciale doit être accordée aux mères pendant une période de temps raisonnable avant et après la naissance des enfants. Les mères salariées doivent bénéficier, pendant cette même période, d'un congé payé ou d'un congé accompagné de prestations de sécurité sociale adéquates.

3. Des mesures spéciales de protection et d'assistance doivent être prises en faveur de tous les enfants et adolescents, sans discrimination aucune pour des raisons de filiation ou autres. Les enfants et adolescents doivent être protégés contre l'exploitation économique et sociale. Le fait de les employer à des travaux de nature à compromettre leur moralité ou leur santé, à mettre leur vie en danger ou à nuire à leur développement normal doit être sanctionné par la loi. Les Etats doivent aussi fixer des limites d'âge au-dessous desquelles l'emploi salarié de la main-d'œuvre enfantine sera interdit et sanctionné par la loi.

Art. 11. 1. Les Etats parties au présent Pacte reconnaissent le droit de toute personne à un niveau de vie suffisant pour elle-même et sa famille, y compris une nourriture, un vêtement et un logement suffisants, ainsi qu'à une amélioration constante de ses conditions d'existence. Les Etats parties prendront des mesures appropriées pour assurer la réalisation de ce droit et ils reconnaissent à cet effet l'importance essentielle d'une coopération internationale librement consentie.

2. Les Etats parties au présent Pacte, reconnaissant le droit fondamental qu'a toute personne d'être à l'abri de la faim, adopteront, individuellement et au moyen de la coopération internationale, les mesures nécessaires, y compris des programmes concrets :

a) Pour améliorer les méthodes de production, de conservation et de distribution des denrées alimentaires par la pleine utilisation des connaissances techniques et scientifiques, par la diffusion de principes d'éducation nutritionnelle et par le développement ou la réforme des régimes agraires, de manière à assurer au mieux la mise en valeur et l'utilisation des ressources naturelles ;

b) Pour assurer une répartition équitable des ressources alimentaires mondiales par rapport aux besoins, compte tenu des problèmes qui se posent tant aux pays importateurs qu'aux pays exportateurs de denrées alimentaires.

Art. 12. 1. Les Etats parties au présent Pacte reconnaissent le droit qu'a toute personne de jouir du meilleur état de santé physique et mentale qu'elle soit capable d'atteindre.

2. Les mesures que les Etats parties au présent Pacte prendront en vue d'assurer le plein exercice de ce droit devront comprendre les mesures nécessaires pour assurer :

a) La diminution de la mortinatalité et de la mortalité infantile, ainsi que le développement sain de l'enfant ;
b) L'amélioration de tous les aspects de l'hygiène du milieu et de l'hygiène industrielle ;
c) La prophylaxie et le traitement des maladies épidémiques, endémiques, professionnelles et autres, ainsi que la lutte contre ces maladies ;
d) La création de conditions propres à assurer à tous des services médicaux et une aide médicale en cas de maladie.

Art. 13. 1. Les Etats parties au présent Pacte reconnaissent le droit de toute personne à l'éducation. Ils conviennent que l'éducation doit viser au plein épanouissement de la personnalité humaine et du sens de sa dignité et renforcer le respect des droits de l'homme et des libertés fondamentales. Ils conviennent en outre que l'éducation doit mettre toute personne en mesure de jouer un rôle utile dans une société libre, favoriser la compréhension, la tolérance et l'amitié entre toutes les nations et tous les groupes raciaux, ethniques ou religieux et encourager le développement des activités des Nations Unies pour le maintien de la paix.

2. Les Etats parties au présent Pacte reconnaissent qu'en vue d'assurer le plein exercice de ce droit :
a) L'enseignement primaire doit être obligatoire et accessible gratuitement à tous ;
b) L'enseignement secondaire, sous ses différentes formes, y compris l'enseignement secondaire technique et professionnel, doit être généralisé et rendu accessible à tous par tous les moyens appropriés et notamment par l'instauration progressive de la gratuité ;
c) L'enseignement supérieur doit être rendu accessible à tous en pleine égalité, en fonction des capacités de chacun, par tous les moyens appropriés et notamment par l'instauration progressive de la gratuité ;
d) L'éducation de base doit être encouragée ou intensifiée, dans toute la mesure possible, pour les personnes qui n'ont pas reçu d'instruction primaire ou qui ne l'ont pas reçue jusqu'à son terme ;
e) Il faut poursuivre activement le développement d'un réseau scolaire à tous les échelons, établir un système adéquat de bourses et améliorer de façon continue les conditions matérielles du personnel enseignant.

3. Les Etats parties au présent Pacte s'engagent à respecter la liberté des parents et, le cas échéant, des tuteurs légaux, de choisir pour leurs enfants des établissements autres que ceux des pouvoirs publics, mais conformes aux normes minimales qui peuvent être prescrites ou approuvées par l'Etat en matière d'éducation, et de faire assurer l'éducation religieuse et morale de leurs enfants conformément à leurs propres convictions.

4. Aucune disposition du présent article ne doit être interprétée comme portant atteinte à la liberté des individus et des personnes morales de créer et de diriger des établissements d'enseignement, sous réserve que les principes énoncés au par. 1 du présent article soient observés et que l'éducation

donnée dans ces établissements soit conforme aux normes minimales qui peuvent être prescrites par l'Etat.

Art. 14. Tout Etat partie au présent Pacte qui, au moment où il devient partie, n'a pas encore pu assurer dans sa métropole ou dans les territoires placés sous sa juridiction le caractère obligatoire et la gratuité de l'enseignement primaire s'engage à établir et à adopter, dans un délai de deux ans, un plan détaillé des mesures nécessaires pour réaliser progressivement, dans un nombre raisonnable d'années fixé par ce plan, la pleine application du principe de l'enseignement primaire obligatoire et gratuit pour tous.

Art. 15. 1. Les Etats parties au présent Pacte reconnaissent à chacun le droit :

a) De participer à la vie culturelle ;

b) De bénéficier du progrès scientifique et de ses applications ;

c) De bénéficier de la protection des intérêts moraux et matériels découlant de toute production scientifique, littéraire ou artistique dont il est l'auteur.

2. Les mesures que les Etats parties au présent Pacte prendront en vue d'assurer le plein exercice de ce droit devront comprendre celles qui sont nécessaires pour assurer le maintien, le développement et la diffusion de la science et de la culture.

3. Les Etats parties au présent Pacte s'engagent à respecter la liberté indispensable à la recherche scientifique et aux activités créatrices.

4. Les Etats parties au présent Pacte reconnaissent les bienfaits qui doivent résulter de l'encouragement et du développement de la coopération et des contacts internationaux dans le domaine de la science et de la culture.

Quatrième partie. Art. 16. 1. Les Etats parties au présent Pacte s'engagent à présenter, conformément aux dispositions de la présente partie du Pacte, des rapports sur les mesures qu'ils auront adoptées et sur les progrès accomplis en vue d'assurer le respect des droits reconnus dans le Pacte.

2. a) Tous les rapports sont adressés au Secrétaire général de l'Organisation des Nations Unies, qui en transmet copie au Conseil économique et social, pour examen, conformément aux dispositions du présent Pacte ;

b) Le Secrétaire général de l'Organisation des Nations Unies transmet également aux institutions spécialisées copie des rapports, ou de toutes parties pertinentes des rapports, envoyés par les Etats parties au présent Pacte qui sont également membres desdites institutions spécialisées, pour autant que ces rapports, ou parties de rapports, ont trait à des questions relevant de la compétence desdites institutions aux termes de leurs actes constitutifs respectifs. (…).

Art. 23. Les Etats parties au présent Pacte conviennent que les mesures d'ordre international destinées à assurer la réalisation des droits reconnus dans ledit Pacte comprennent notamment la conclusion de conventions, l'adoption de recommandations, la fourniture d'une assistance technique et l'organisation, en liaison avec les gouvernements intéressés, de réunions régionales et de réunions techniques aux fins de consultations et d'études.

Art. 24. Aucune disposition du présent Pacte ne doit être interprétée comme portant atteinte aux dispositions de la Charte des Nations Unies et des constitutions des institutions spécialisées qui définissent les responsabilités respectives des divers organes de l'Organisation des Nations Unies et des institutions spécialisées en ce qui concerne les questions traitées dans le présent Pacte.

Art. 25. Aucune disposition du présent Pacte ne sera interprétée comme portant atteinte au droit inhérent de tous les peuples à profiter et à user pleinement et librement de leurs richesses et ressources naturelles. (…).

Paix. Agenda pour la paix *(Nations Unies. Assemblée générale. Conseil de sécurité. Agenda pour la paix. Diplomatie préventive, rétablissement de la paix, maintien de la paix, consolidation de la paix après les conflits. Rapport présenté par le Secrétaire général en application de la Déclaration adoptée par la réunion au sommet du Conseil de sécurité le 31 janvier 1992. A/47/277 – S/24111, 17 juin 1992. Extraits. II. Définitions ; III. Diplomatie préventive. (...) Zones démilitarisées ; IV. Rétablissement de la paix. (...). Emploi de la force militaire). II. Définitions.* 20. Les termes "diplomatie préventive", "rétablissement de la paix" et "maintien de la paix" sont étroitement liés et, au sens où ils sont employés dans le présent rapport, se définissent comme suit :

La **diplomatie préventive** a pour objet d'éviter que des différends ne surgissent entre les parties, d'empêcher qu'un différend existant ne se transforme en conflit ouvert et, si un conflit éclate, de faire en sorte qu'il s'étende le moins possible.

Le **rétablissement de la paix** vise à rapprocher des parties hostiles, essentiellement par des moyens pacifiques tels que ceux prévus au Chapitre VI de la Charte des Nations Unies.

Le **maintien de la paix** consiste a établir une présence des Nations Unies sur le terrain, ce qui n'a jusqu'à présent été fait qu'avec l'assentiment de toutes les parties concernées, et s'est normalement traduit par un déploiement d'effectifs militaires et/ou de police des Nations Unies ainsi que, dans bien des cas, que de personnel civil. Cette technique élargit les possibilités de prévention des conflits aussi bien que de rétablissement de la paix.

21. Le présent rapport s'étend en outre à la notion connexe de **consolidation de la paix après les conflits**, action menée en vue de définir et d'étayer les structures propres à raffermir la paix afin d'éviter une reprise des hostilités. La *diplomatie préventive* vise à régler les conflits avant que la violence n'éclate ; le *rétablissement et le maintien de la paix* ont pour objet de mettre fin aux conflits et de préserver la paix une fois qu'elle a été

instaurée. En cas de succès, l'une et les autres débouchent sur la *consolidation de la paix* après les conflits, contribuant ainsi à empêcher que les actes de violence ne reprennent entre les nations et les peuples.

22. A elles quatre, et pourvu que tous les Etats Membres les appuient, ces modalités d'action peuvent apporter une contribution cohérente à l'instauration de la paix dans l'esprit de la Charte. (...).

III. Diplomatie préventive. (...) *Zones démilitarisées.*

33. Des zones démilitarisées ont été créées dans le passé à la suite d'un accord intervenu entre les parties à l'issue d'un conflit. Outre le déploiement de personnels des Nations Unies dans ces zones dans le cadre d'opérations de maintien de la paix, il faudrait désormais considérer de telles zones comme des formes de déploiement préventif; des deux côtés d'une frontière, avec l'accord des deux parties, afin de séparer des belligérants potentiels ; ou d'un seul côté de la frontière, à la demande de l'une des parties, pour écarter tout prétexte d'attaque. Les zones démilitarisées devront symboliser le souci de la communauté internationale d'empêcher un conflit. (...).

VI. Consolidation de la paix après les conflits. (...) 58. (...) De même que les zones démilitarisées peuvent aider la diplomatie préventive et le déploiement préventif à écarter les conflits, la démilitarisation peut être utile au maintien ou à la consolidation de la paix, après les conflits, en ce qu'elle renforce le sentiment de sécurité et encourage les parties à réorienter leurs énergies vers la reconstruction pacifique. (...) *IV. Rétablissement de la paix.* (...) *Emploi de la force militaire.*

42. L'idée maîtresse sur laquelle repose la notion de sécurité collective, telle que l'envisage la Charte, est que lorsque les moyens pacifiques échouent, les mesures visées au Chapitre VII doivent être utilisées, si le Conseil de sécurité le décide, pour maintenir ou rétablir la paix et la sécurité internationales en cas de "menace contre la paix, de rupture de la paix ou d'acte d'agression". Le Conseil n'a pas appliqué jusqu'ici la plus coercitive de ces mesures - l'action militaire prévue à l'Article 42. Dans le cas de la situation créée entre l'Iraq et le Koweït, il a choisi d'autoriser les Etats Membres à prendre des mesures en son nom. La Charte prévoit toutefois une approche détaillée qui mériterait désormais l'attention de tous les Etats Membres.

43. Aux termes de l'Article 42 de la Charte, le Conseil de sécurité a le pouvoir d'entreprendre une action militaire pour maintenir ou rétablir la paix et la sécurité internationales. Il ne peut le faire que lorsque tous les moyens pacifiques ont échoué, mais cette latitude est essentielle à la crédibilité de l'Organisation des Nations Unies en tant que garante de la sécurité internationale. Elle implique que soient conclus par le biais de négociations les accords spéciaux visés à l'Article 43 de la Charte, aux termes duquel les Etats Membres s'engagent à mettre à la disposition du Conseil de sécurité, aux fins prévues à l'Article 42, les forces armées, l'assistance et les facilités nécessaires, non seulement de manière ponctuelle mais aussi à titre

permanent. Etant donné la situation politique qui prévaut actuellement, pour la première fois depuis que la Charte a été adoptée, les obstacles qui se sont toujours opposés à la conclusion de ces accords spéciaux ne devraient plus exister. Le fait que des forces armées soient immédiatement disponibles pourrait, en lui-même, servir de moyen de dissuasion, car un agresseur potentiel saurait que le Conseil a un moyen d'action à sa disposition. Il est possible que les forces prévues à l'Article 43 ne soient jamais suffisamment nombreuses ou suffisamment bien équipées pour faire face à la menace d'une armée importante équipée d'armements modernes. En revanche, elles seraient utiles en cas de menace militaire de moindre ampleur. Je recommande que le Conseil de sécurité entame les négociations prévues à l'Article 43, avec l'aide du Comité d'état-major, auquel d'autres Etats pourraient être associés le cas échéant conformément au paragraphe 2 de l'Article 47 de la Charte. C'est dans le contexte du Chapitre VII qu'il convient, à mon sens, d'envisager le rôle du Comité d'état-major, et non dans un contexte d'opérations de maintien de la paix. (…).

VI. Consolidation de la paix après les conflits.

55. Pour être vraiment efficaces, les opérations de rétablissement et de maintien de la paix doivent également définir et étayer des structures propres à consolider la paix ainsi qu'à susciter confiance et tranquillité dans la population. En application d'accords sur la cessation de troubles civils, il peut s'agir notamment de désarmer les adversaires, de rétablir l'ordre, de recueillir les armes et éventuellement de les détruire, de rapatrier les réfugiés, de fournir un appui consultatif et une formation au personnel de sécurité, de surveiller des élections, de soutenir les efforts de protection des droits de l'homme, de réformer ou de renforcer les institutions gouvernementales, et de promouvoir des processus, formels ou informels, de participation politique.

56. Au lendemain d'une guerre internationale, la consolidation de la paix peut prendre la forme de projets concrets de coopération, deux ou plusieurs pays s'engageant ensemble dans une coopération dont le but ne serait pas seulement de contribuer au développement économique et social, mais aussi de renforcer la confiance, condition si décisive de la paix. Je pense par exemple à des projets dans le cadre desquels les Etats joindraient leurs forces pour développer l'agriculture, améliorer les transports ou utiliser des ressources qu'ils doivent partager, comme l'eau ou l'électricité, ou encore à des programmes communs qui permettraient de faire tomber les barrières entre nations en facilitant les voyages ou les échanges culturels et en exécutant des projets, mutuellement bénéfiques, axés sur la jeunesse et l'enseignement. Réduire les sentiments d'animosité au moyen d'échanges d'étudiants et d'enseignants ou de réformes des programmes scolaires peut être essentiel pour éviter que ne resurgissent des tensions culturelles et nationales qui risquent toujours de conduire à la reprise des hostilités.

57. Dans la gamme des efforts de paix, la notion de consolidation de la paix, en tant qu'instauration d'un environnement nouveau, doit être considérée comme faisant pendant à la diplomatie préventive, qui vise a éviter une rupture des conditions de paix. Lorsqu'un conflit éclate, les efforts de rétablissement et de maintien de la paix, qui se soutiennent mutuellement, entrent en jeu. Une fois qu'ils ont atteint les objectifs visés, il faut, pour asseoir la paix ainsi recouvrée sur des bases durables, que l'on s'attaque résolument, en coopération, aux causes économiques, sociales, culturelles et humanitaires du problème. La diplomatie préventive vise à éviter une crise ; la consolidation de la paix après les conflits vise à éviter qu'elle ne se reproduise. (...).

57. (...) De même que les *zones démilitarisées* peuvent aider la diplomatie préventive et le déploiement préventif à écarter les conflits, la démilitarisation peut être utile au maintien ou à la consolidation de la paix, après les conflits, en ce qu'elle renforce le sentiment de sécurité et encourage les parties à réorienter leurs énergies vers la reconstruction pacifique. (...).
Voir aussi : *Zones démilitarisées*

Perfidie et ruses de guerre *(Protocole additionnel aux Conventions de Genève du 12 août 1949 relatif à la protection des victimes des conflits armés internationaux (Protocole I), 8 juin 1977. Titre III. Méthodes et moyens de guerre. Statut de combattant et de prisonnier de guerre. Section I. Méthodes et moyens de guerre. Art. 37. Interdiction de la perfidie).* 1. Il est interdit de tuer, blesser ou capturer un adversaire en recourant à la perfidie. Constituent une perfidie les actes faisant appel, avec l'intention de la tromper, à la bonne foi d'un adversaire pour lui faire croire qu'il a le droit de recevoir ou l'obligation d'accorder la protection prévue par les règles du droit international applicable dans les conflits armés. Les actes suivants sont des exemples de perfidie :
a) feindre l'intention de négocier sous le couvert du pavillon parlementaire, ou feindre la reddition ;
b) feindre une incapacité due à des blessures ou à la maladie ;
c) feindre d'avoir le statut de civil ou de non-combattant ;
d) feindre d'avoir un statut protégé en utilisant des signes, emblèmes ou uniformes des Nations Unies, d'Etats neutres ou d'autres Etats non Parties au conflit.

2. Les ruses de guerre ne sont pas interdites. Constituent des ruses de guerre les actes qui ont pour but d'induire un adversaire en erreur ou de lui faire commettre des imprudences, mais qui n'enfreignent aucune règle du droit international applicable dans les conflits armés et qui, ne faisant pas appel à la bonne foi de l'adversaire en ce qui concerne la protection prévue par ce droit, ne sont pas perfides. Les actes suivants sont des exemples de

ruses de guerre : l'usage de camouflages, de leurres, d'opérations simulées et de faux renseignements.

Persécution. Voir : *Crimes contre l'humanité, Eléments des crimes.*

Personnel qualifié *(Protocole additionnel aux Conventions de Genève du 12 août 1949 relatif à la protection des victimes des conflits armés internationaux (Protocole I), 8 juin 1977. Titre I. Dispositions générales. Art. 6. Personnel qualifié).* 1. Dès le temps de paix, les Hautes Parties contractantes s'efforceront, avec l'aide des Sociétés nationales de la Croix-Rouge (Croissant-Rouge, Lion-et-Soleil-Rouge), de former un personnel qualifié en vue de faciliter l'application des Conventions et du présent Protocole et notamment l'activité des Puissances protectrices.

2. Le recrutement et la formation de ce personnel relèvent de la compétence nationale.

3. Le Comité international de la Croix-Rouge tiendra à la disposition des Hautes Parties contractantes les listes des personnes ainsi formées que les Hautes Parties contractantes auraient établies et lui auraient communiquées à cette fin.

4. Les conditions dans lesquelles ce personnel sera utilisé en dehors du territoire national feront, dans chaque cas, l'objet d'accords spéciaux entre les Parties intéressées.

Personnel religieux *(Protocole additionnel aux Conventions de Genève du 12 août 1949 relatif à la protection des victimes des conflits armés internationaux (Protocole I), 8 juin 1977. Titre II. Blessés, malades et naufragés. Section I. Protection générale, art. 8. Terminologie).* Aux fins du présent Protocole : (...) d) l'expression «personnel religieux» s'entend des personnes, militaires ou civiles, telles que les aumôniers, exclusivement vouées à leur ministère et attachées :

i) soit aux forces armées d'une Partie au conflit ;

ii) soit aux unités sanitaires ou aux moyens de transport sanitaire d'une Partie au conflit ;

iii) soit aux unités sanitaires ou aux moyens de transport sanitaire visés à l'article 9, paragraphe 2 ;

iv) soit aux organismes de protection civile d'une Partie au conflit ; le rattachement du personnel religieux à ces unités peut être permanent ou temporaire et les dispositions pertinentes prévues à l'alinéa k s'appliquent à ce personnel.

Art. 9. Champ d'application (...). 2. Les dispositions pertinentes des articles 27 et 32 de la Ire Convention s'appliquent aux unités et moyens de transport sanitaires permanents (autres que les navires-hôpitaux, auxquels

l'article 25 de la IIe Convention s'applique), ainsi qu'à leur personnel, mis à la disposition d'une Partie au conflit à des fins humanitaires :
a) par un Etat neutre ou un autre Etat non Partie à ce conflit ;
b) par une société de secours reconnue et autorisée de cet Etat ;
c) par une organisation internationale impartiale de caractère humanitaire.
(...) Alinéa k). Sont "permanents" le personnel sanitaire, les unités sanitaires et les moyens de transport sanitaire affectés exclusivement à des fins sanitaires pour une durée indéterminée. Sont "temporaires" le personnel sanitaire, les unités sanitaires et les moyens de transport sanitaire utilisés exclusivement à des fins sanitaires pour des périodes limitées, pendant toute la durée de ces périodes. A moins qu'elles ne soient autrement qualifiées, les expressions "personnel sanitaire", "unité sanitaire" et "moyen de transport sanitaire" couvrent un personnel, des unités ou des moyens de transport qui peuvent être soit permanents soit temporaires.

Personnel sanitaire *(Protocole additionnel aux Conventions de Genève du 12 août 1949 relatif à la protection des victimes des conflits armés internationaux (Protocole I), 8 juin 1977. Titre II. Blessés, malades et naufragés. Section I. Protection générale, art. 8. Terminologie).* Aux fins du présent Protocole : (...) c) l'expression «personnel sanitaire » s'entend des personnes exclusivement affectées par une Partie au conflit soit aux fins sanitaires énumérées à l'alinéa e, soit à l'administration d'unités sanitaires, soit encore au fonctionnement ou à l'administration de moyens de transport sanitaire. Ces affectations peuvent être permanentes ou temporaires. L'expression couvre :
i) le personnel sanitaire, militaire ou civil, d'une Partie au conflit, y compris celui qui est mentionné dans les Ire et IIe Conventions, et celui qui est affecté à des organismes de protection civile ;
ii) le personnel sanitaire des Sociétés nationales de la Croix-Rouge (Croissant-Rouge, Lion-et-Soleil-Rouge) et autres sociétés nationales de secours volontaires dûment reconnues et autorisées par une Partie au conflit ;
iii) le personnel sanitaire des unités ou moyens de transport sanitaire visés à l'article 9, paragraphe 2. *Art. 9. Champ d'application (...).* 2. Les dispositions pertinentes des articles 27 et 32 de la Ire Convention s'appliquent aux unités et moyens de transport sanitaires permanents (autres que les navires-hôpitaux, auxquels l'article 25 de la IIe Convention s'applique), ainsi qu'à leur personnel, mis à la disposition d'une Partie au conflit à des fins humanitaires :
a) par un Etat neutre ou un autre Etat non Partie à ce conflit ;
b) par une société de secours reconnue et autorisée de cet Etat ;
c) par une organisation internationale impartiale de caractère humanitaire.
Personnel sanitaire, unités sanitaires et moyens de transport sanitaire permanents et temporaires *(Protocole additionnel aux Conventions de*

Genève du 12 août 1949 relatif à la protection des victimes des conflits armés internationaux (Protocole I), 8 juin 1977. Titre II. Blessés, malades et naufragés. Section I. Protection générale, art. 8. Terminologie). Aux fins du présent Protocole : (...) k) sont "permanents" le personnel sanitaire, les unités sanitaires et les moyens de transport sanitaire affectés exclusivement à des fins sanitaires pour une durée indéterminée. Sont "temporaires" le personnel sanitaire, les unités sanitaires et les moyens de transport sanitaire utilisés exclusivement à des fins sanitaires pour des périodes limitées, pendant toute la durée de ces périodes. A moins qu'elles ne soient autrement qualifiées, les expressions "personnel sanitaire", "unité sanitaire" et "moyen de transport sanitaire" couvrent un personnel, des unités ou des moyens de transport qui peuvent être soit permanents soit temporaires.

Personnes civiles et population civile *(Protocole additionnel aux Conventions de Genève du 12 août 1949 relatif à la protection des victimes des conflits armés internationaux (Protocole I), 8 juin 1977. Titre IV. Population civile. Section I. Protection générale contre les effets des hostilités. Chapitre II. Personnes civiles et population civile. Art. 50. Définition des personnes civiles et de la population civile).* 1. Est considérée comme civile toute personne n'appartenant pas à l'une des catégories visées à l'article 4 A, 1), 2), 3), et 6) de la IIIe Convention et à l'article 43 du présent Protocole. En cas de doute, ladite personne sera considérée comme civile.

2. La population civile comprend toutes les personnes civiles.

3. La présence au sein de la population civile de personnes isolées ne répondant pas à la définition de personne civile ne prive pas cette population de sa qualité.

Convention (III) de Genève relative au traitement des prisonniers de guerre, 12 août 1949. Art. 4. A. Sont prisonniers de guerre, au sens de la présente Convention, les personnes qui, appartenant à l'une des catégories suivantes, sont tombées au pouvoir de l'ennemi :

1) les membres des forces armées d'une Partie au conflit, de même que les membres des milices et des corps de volontaires faisant partie de ces forces armées ;

2) les membres des autres milices et les membres des autres corps de volontaires, y compris ceux des mouvements de résistance organisés, appartenant à une Partie au conflit et agissant en dehors ou à l'intérieur de leur propre territoire, même si ce territoire est occupé, pourvu que ces milices ou corps de volontaires, y compris ces mouvements de résistance organisés, remplissent les conditions suivantes :

a) d'avoir à leur tête une personne responsable pour ses subordonnés ;

b) d'avoir un signe distinctif fixe et reconnaissable à distance ;

c) de porter ouvertement les armes ;

d) de se conformer, dans leurs opérations, aux lois et coutumes de la guerre ;

3) les membres des forces armées régulières qui se réclament d'un gouvernement ou d'une autorité non reconnus par la Puissance détentrice ; (...) 6) la population d'un territoire non occupé qui, à l'approche de l'ennemi, prend spontanément les armes pour combattre les troupes d'invasion sans avoir eu le temps de se constituer en forces armées régulières, si elle porte ouvertement les armes et si elle respecte les lois et coutumes de la guerre.

Protocole additionnel aux Conventions de Genève du 12 août 1949 relatif à la protection des victimes des conflits armés internationaux (Protocole I), 8 juin 1977. Art. 43. Forces armées. 1. Les forces armées d'une Partie à un conflit se composent de toutes les forces, tous les groupes et toutes les unités armés et organisés qui sont placés sous un commandement responsable de la conduite de ses subordonnés devant cette Partie, même si celle-ci est représentée par un gouvernement ou une autorité non reconnus par une Partie adverse. Ces forces armées doivent être soumises à un régime de discipline interne qui assure, notamment, le respect des règles du droit international applicable dans les conflits armés.

2. Les membres des forces armées d'une Partie à un conflit (autres que le personnel sanitaire et religieux visé à l'article 33 de la IIIe Convention) sont des combattants, c'est-à-dire ont le droit de participer directement aux hostilités.

3. La Partie à un conflit qui incorpore, dans ses forces armées, une organisation paramilitaire ou un service armé chargé de faire respecter l'ordre, doit le notifier aux autres Parties au conflit.

Pillage. Voir : *Crimes de guerre, Eléments des crimes.*

Population et développement. Conférence internationale sur la population et le développement, Le Caire (Egypte), 5-13 septembre 1994 *(Programme d'action. Chapitre 1er. Préambule ; Chapitre 2. Principes). Chapitre 1er. Préambule.* 1.1 La Conférence internationale sur la population et le développement de 1994 se réunit à un moment déterminant de l'histoire de la coopération internationale. Avec la reconnaissance croissante de l'interdépendance de la population, du développement et de l'environnement à l'échelle mondiale, le moment n'a jamais été aussi propice à l'adoption de politiques macro-économiques et socio-économiques de nature à assurer une croissance économique soutenue dans le cadre du développement durable de tous les pays et à la mobilisation des ressources humaines et financières en vue de résoudre les problèmes de la planète. Jamais auparavant la communauté mondiale n'avait eu à sa disposition autant de moyens, de connaissances, de technologies aussi puissantes qui, s'ils sont convenablement réorientés, pourraient favoriser une croissance économique soutenue et un développement durable. Néanmoins, l'utilisation efficace des ressources, des connaissances et des technologies est entravée par des obstacles politiques et économiques à l'échelon national et international. En conséquence, bien que de vastes ressources soient disponibles depuis un certain temps, leur utilisation en faveur d'un développement socialement équitable et écologiquement rationnel a été très sensiblement limitée.

1.2 Le monde a connu des changements considérables au cours de ces 20 dernières années. Des progrès notables ont été accomplis dans de nombreux domaines importants pour le bien-être humain grâce aux efforts déployés à l'échelon national et international. Toutefois, les pays en développement se heurtent encore à de graves difficultés économiques et à un environnement économique international défavorable, et le nombre de personnes vivant dans la pauvreté absolue a augmenté dans beaucoup de pays. Dans le monde entier, nombre des ressources indispensables à la survie et au bien-être des générations futures s'amenuisent et la dégradation de l'environnement s'intensifie, sous l'effet de modes de production et de consommation non viables, d'une croissance démographiques sans précédent, d'une pauvreté généralisée et persistante et de l'inégalité sociale et économique. Des problèmes écologiques, comme le changement de climat de la planète, résultant en grande partie de modes de production et de consommation non viables, aggravent les menaces qui pèsent sur le bien-être des générations futures. Il se forme un consensus mondial sur la nécessité d'intensifier la coopération internationale en matière de population dans le cadre du développement durable dont les grandes lignes sont définies dans le programme Action 21. Des grands progrès ont été accomplis à cet égard, mais il reste encore beaucoup à faire.

1.3 On évalue actuellement la population mondiale à 5,6 milliards d'habitants. Le taux de croissance diminue, mais l'accroissement de la population en chiffres absolus se poursuit, dépassant actuellement 86 millions de personnes par an. La population devrait continuer de s'accroître chaque année de plus de 86 millions de personnes jusqu'en l'an 2015.

1.4 Pendant les six années qui restent de la décennie déterminante que nous vivons, les nations du monde par leur action ou leur inaction choisiront entre divers scénarios démographiques. Les variantes basse, moyenne et haute des projections démographiques de l'Organisation des Nations Unies pour les 20 prochaines années correspondent respectivement à 7,1 milliards, 7,5 milliards et 7,8 milliards d'habitants. Cette différence de 720 millions de personnes sur une vingtaine d'années seulement est supérieure à la population actuelle du continent africain. À l'horizon plus lointain, les projections divergent encore plus radicalement. D'ici à 2050, la projection basse de l'ONU prévoit une population mondiale de 7,9 milliards d'habitants, la projection moyenne 9,8 milliards et la projection haute 11,9 milliards. La réalisation des buts et objectifs préconisés dans le présent programme d'action sur 20 ans, qui relève nombre de défis fondamentaux qui se posent à l'humanité tout entière s'agissant de population, de santé, d'éducation et de développement, assurera une croissance démographique mondiale pendant cette période et au-delà à un niveau inférieur à la projection moyenne des Nations Unies.

1.5 La Conférence internationale sur la population et le développement n'est pas un événement isolé. Son programme d'action fondé sur le très large consensus international qui s'est formé depuis la Conférence mondiale sur la population de Bucarest en 1974 et la Conférence internationale sur la population de Mexico en 1984, traite des grandes questions relatives à la population, la croissance économique soutenue et le développement durable et de leur interdépendance, et des progrès dans le domaine de l'éducation, de la situation économique et du renforcement du pouvoir des femmes. La Conférence de 1994 a expressément reçu un mandat plus large sur les questions touchant au développement que les conférences précédentes sur la population, ce qui traduit une prise de conscience croissante du fait que la population, la pauvreté, les modes de production et de consommation et d'autres menaces pesant sur l'environnement sont des questions si étroitement imbriquées qu'aucune d'entre elles ne peut être examinée isolément.

1.6 La Conférence internationale sur la population et le développement constitue le prolongement d'autres importantes activités internationales récentes, et ses recommandations devraient appuyer, suivre et prendre pour base les accords intervenus dans le cadre de :

a) La Conférence mondiale chargée d'examiner et d'évaluer les résultats de la Décennie des Nations Unies pour les femmes : Égalité, développement et paix, tenue à Nairobi en 1985 ;
b) Le Sommet mondial pour les enfants, tenu à New York en 1990 ;
c) La Conférence des Nations Unies sur l'environnement et le développement, tenue à Rio de Janeiro en 1992 ;
d) La Conférence mondiale sur la nutrition, tenue à Rome en 1992 ;
e) La Conférence mondiale sur les droits de l'homme, tenue à Vienne en 1993 ;
f) L'Année internationale des populations autochtones, 1993, préludant à la Décennie internationale des populations autochtones ;
g) La Conférence mondiale sur le développement durable des petits États insulaires en développement, tenue à la Barbade en 1994 ;
h) L'Année internationale de la famille, 1994.

1.7 Les résultats de la Conférence sont étroitement liés et apporteront des contributions importantes à d'autres grandes conférences qui doivent se tenir en 1995 et 1996, à savoir le Sommet mondial pour le développement social, la quatrième Conférence mondiale sur les femmes : lutte pour l'égalité, le développement et la paix et la deuxième Conférence des Nations Unies sur les établissements humains (Habitat II), l'élaboration du programme pour le développement, ainsi que la célébration du cinquantenaire de l'Organisation des Nations Unies. Ces manifestations devraient donner davantage d'ampleur à l'appel que lancera la Conférence de 1994 en faveur d'un accroissement des investissements dans les ressources humaines et d'un nouveau programme d'action visant à renforcer les moyens d'action des femmes pour leur permettre de participer pleinement à tous les niveaux de la vie sociale, économique et politique de leurs collectivités.

1.8 Au cours des 20 dernières années, de nombreuses régions du monde ont connu des changements démographiques, sociaux, économiques, écologiques et politiques notables. Beaucoup de pays ont fait des progrès sensibles pour élargir l'accès aux soins de santé en matière de reproduction et abaisser les taux de natalité, tout en faisant reculer les taux de mortalité et en relevant les niveaux d'instruction et de revenus, notamment grâce à l'amélioration de l'éducation des femmes et de leur situation économique. Si les progrès réalisés au cours des deux dernières décennies, qu'il s'agisse notamment de l'utilisation accrue de contraceptifs, de la baisse de la mortalité maternelle, de la mise en œuvre de plans et de projets axés sur le développement durable et le renforcement des programmes d'éducation, incitent à l'optimisme quant à l'application efficace du présent programme d'action, il reste cependant beaucoup à faire. Le monde dans son ensemble a changé, et cette évolution ouvre des perspectives nouvelles et prometteuses pour traiter les problèmes de population et de développement. On notera, en particulier, les profonds changements d'attitude de la population mondiale et de ses dirigeants à l'égard de la santé en matière de reproduction, de la planification familiale et de la croissance démographique, qui se traduisent, entre autres, par la nouvelle conception globale de la santé de la reproduction, y compris la planification familiale et la santé en matière de sexualité, telle qu'elle est définie dans le programme d'action. Le fait que de nombreux gouvernements ont réaffirmé leur engagement en faveur de l'élaboration de politiques relatives à la population et de programmes de planification familiale dénote une tendance particulièrement encourageante. À cet égard, une croissance économique soutenue dans le cadre du développement durable mettra les pays mieux à même de faire face à la pression démographique prévue ; elle facilitera la transition démographique dans les pays où il existe un déséquilibre entre les taux de croissance démographique et les objectifs sociaux, économiques et écologiques et elle permettra de mieux intégrer le volet population dans les autres politiques de développement.

1.9 Pris dans leur ensemble, les objectifs et les mesures proposés en matière de population et de développement dans le présent programme d'action permettront d'apporter une réponse aux problèmes critiques et interdépendants qui se posent dans les domaines de la population et de la croissance économique soutenue dans le cadre du développement durable. À cet effet, il faudra mobiliser des ressources suffisantes aux niveaux national et international, ainsi que des ressources nouvelles et supplémentaires pour les pays en développement en faisant appel à tous les mécanismes de financement disponibles, y compris les sources multilatérales, bilatérales et privées. Des ressources financières sont également nécessaires pour renforcer la capacité des institutions nationales, régionales, sous-régionales et internationales de mettre en œuvre le présent programme d'action.

1.10 Au cours des 20 prochaines années, on assistera probablement à un nouvel exode rural, alors que se poursuivront les fortes migrations entre les pays. Ces mouvements comptent pour une large part dans les mutations économiques qui interviennent dans le monde et posent aussi de nouveaux problèmes graves. Il faut donc accorder plus d'importance à ces questions dans les politiques relatives à la population et au développement. En l'an 2015, près de 56 % de la population mondiale devrait vivre en zone urbaine, contre moins de 45 % en 1994. Or, c'est dans les pays en développement que le phénomène d'urbanisation sera le plus rapide. Dans ces pays, la population urbaine, qui était de 26 % seulement en 1975, devrait atteindre 50 % d'ici à 2015. Cette évolution pèsera d'un poids énorme sur les services et les équipements sociaux existants qui, pour la plupart, ne pourront pas suivre le rythme de l'urbanisation.

1.11 Il sera nécessaire d'intensifier, au cours des 5, 10 et 20 prochaines années, les activités multiples qui ont trait à la population et au développement, en ayant à l'esprit l'importance cruciale que revêt une stabilisation rapide de la population mondiale si l'on veut parvenir à un développement durable. Le présent programme d'action, qui porte sur toutes ces questions et d'autres encore et qui constitue un cadre général et intégré, vise à améliorer la qualité de la vie de la population mondiale actuelle et des générations futures. Les recommandations qu'il contient concernant les mesures à prendre sont formulées dans un esprit de consensus et de coopération internationale, en tenant compte du fait que l'élaboration et la mise en œuvre de politiques relatives à la population sont du ressort de chaque pays et doivent prendre en considération sa situation économique, sociale et environnementale, dans le plein respect de la diversité des valeurs religieuses et éthiques, des traditions culturelles et des convictions philosophiques dont se réclame sa population, ainsi que la responsabilité partagée, mais différenciée, de tous les peuples du monde face à leur avenir commun.

1.12 Le présent programme d'action recommande à la communauté internationale un ensemble de buts importants en matière de population et de développement, assortis d'objectifs tant qualitatifs que quantitatifs qui se complètent et qui sont d'une importance critique pour atteindre les buts en question. Ces buts et objectifs sont notamment : la croissance économique soutenue dans le cadre du développement durable ; l'éducation, en particulier celle des filles ; l'équité et l'égalité entre les sexes ; la réduction de la mortalité infantile, juvénile et maternelle ; et l'accès universel aux services de santé de la reproduction, y compris la planification familiale et la santé en matière de sexualité.

1.13 Bon nombre des objectifs quantitatifs et qualitatifs énoncés dans le présent programme d'action exigent manifestement des ressources supplémentaires, que l'on pourrait obtenir en partie en redéfinissant les priorités aux niveaux individuel, national et international. Mais aucune des mesures requises, qu'elles soient considérées séparément ou conjointement, n'est onéreuse au regard du développement mondial actuel ou des dépenses militaires.

Quelques-unes n'exigeraient que peu, ou pas de ressources financières supplémentaires, car elles concernent des changements de style de vie, de normes sociales ou de politiques gouvernementales que peut, dans une large mesure, susciter et encourager une action accrue de la part des citoyens et des responsables politiques. Quant aux mesures qui impliquent une augmentation des dépenses publiques dans les 20 prochaines années, elles exigeront des engagements supplémentaires de la part des pays en développement comme des pays développés. Cela n'ira pas sans poser de grandes difficultés à un certain nombre de pays en développement et à certains pays à économie en transition dont les ressources sont extrêmement limitées.

1.14 Le présent programme d'action tient compte du fait qu'on ne peut attendre des gouvernements qu'ils atteignent à eux seuls, en 20 ans, les buts et objectifs de la Conférence internationale sur la population et le développement. Tous les membres et les groupes de la société ont le droit, et même le devoir, de participer activement aux efforts déployés pour atteindre ces buts. L'intérêt accru manifesté pour cette question par les organisations non gouvernementales, tout d'abord dans le cadre de la Conférence des Nations Unies sur l'environnement et le développement et de la Conférence mondiale sur les droits de l'homme puis au cours des présents débats, témoigne d'une évolution considérable et souvent rapide des relations entre les gouvernements et nombre de ces organisations. Dans presque tous les pays, de nouvelles formes de partenariat se font jour entre les pouvoirs publics, les entreprises, les organisations non gouvernementales et les groupes représentatifs de la collectivité, et ce partenariat aura un effet direct et positif sur la mise en œuvre du présent programme d'action.

1.15 Si la Conférence internationale sur la population et le développement ne crée pas de nouvel instrument international concernant les droits de l'homme, elle réaffirme cependant que les normes relatives aux droits de l'homme universellement reconnues s'appliquent à tous les aspects des programmes en matière de population. Elle est aussi la dernière occasion offerte à la communauté internationale au XXe siècle d'affronter collectivement les problèmes critiques et interdépendants qui se posent dans les domaines de la population et du développement. La mise en œuvre du présent programme nécessitera de définir les bases d'action communes, en respectant pleinement les différentes valeurs religieuses et éthiques et les diverses traditions culturelles. Les résultats de cette conférence se mesureront à la force des engagements spécifiques qui seront pris et aux actions qui seront entreprises pour les concrétiser, dans le cadre d'un nouveau partenariat mondial entre tous les pays et les peuples du monde, fondé sur la reconnaissance de la responsabilité partagée, mais différenciée, que nous avons les uns envers les autres et à l'égard de cette planète qui est notre foyer.

Chapitre 2. Principes.

La mise en œuvre des recommandations figurant dans le programme d'action est un droit souverain que chaque pays exerce de manière compatible avec ses lois nationales et ses priorités en matière de développement, en respectant pleinement les diverses religions, les valeurs éthiques et les origines culturelles de son peuple, et en se conformant aux principes des droits de l'homme universellement reconnus. La coopération internationale et la solidarité universelle, guidées par les principes de la Charte des Nations Unies et conçues dans un esprit de collaboration, sont indispensables pour améliorer la qualité de la vie des peuples du monde. Dans l'examen du mandat de la Conférence internationale sur la population et le développement et de son thème général, à savoir les rapports entre la population, la croissance économique soutenue et le développement durable, ainsi que dans leurs délibérations, les participants ont pris et continuent à prendre pour guides l'ensemble de principes ci-après :

Principe 1. Tous les êtres humains naissent libres et égaux en dignité et en droits. Chacun peut se prévaloir de tous les droits et de toutes les libertés proclamés dans la Déclaration universelle des droits de l'homme, sans distinction aucune, notamment de race, de couleur, de sexe, de langue, de religion, d'opinion politique ou de toute autre opinion, d'origine nationale ou sociale, de fortune, de naissance ou de toute autre situation. Chacun a le droit à la vie, à la liberté et à la sécurité de sa personne.

Principe 2. Les êtres humains sont au centre des préoccupations relatives au développement durable. Ils ont droit à une vie saine et productive en harmonie avec la nature. Ils constituent la ressource la plus importante et la plus précieuse de toute nation. Les pays doivent veiller à ce que tous les individus aient la possibilité de développer au maximum leur potentiel. Les individus ont droit à un niveau de vie suffisant pour eux-mêmes et leurs familles, y compris une alimentation, des vêtements, un logement, un approvisionnement en eau et un système d'assainissement adéquats.

Principe 3. Le droit au développement est un droit universel et inaliénable qui fait partie intégrante des droits de l'homme fondamentaux, et la personne humaine est le sujet central du développement. Si le développement favorise la jouissance de tous les droits de l'homme, l'insuffisance de développement ne peut être invoquée pour justifier une limitation des droits de l'homme internationalement reconnus. Le droit au développement doit être mis en œuvre de façon à satisfaire équitablement les besoins des générations présentes et futures en matière de population, de développement et d'environnement.

Principe 4. Promouvoir l'égalité entre les sexes et l'équité ainsi qu'assurer la promotion des femmes et l'élimination de toutes les formes de violence à leur encontre, et veiller à ce que les femmes aient les moyens de maîtriser leur fécondité sont des éléments capitaux des programmes relatifs à la population et au développement. Les droits des femmes et des fillettes font inaliénablement, intégralement et indissociablement partie des droits universels de la personne humaine. L'égale et la pleine participation des femmes à la vie civile, culturelle, économique, politique et sociale aux niveaux national, régional et international, et l'élimination de toutes les formes de discrimination fondées sur le sexe sont des objectifs prioritaires pour la communauté internationale.

Principe 5. Les objectifs et les politiques relatifs à la population font partie intégrante du développement culturel, économique et social dont le but principal est d'améliorer la qualité de la vie de tous.

Principe 6. Le développement durable, en tant que moyen d'assurer un niveau de bien-être équitablement réparti entre tous aujourd'hui et dans l'avenir, exige que les rapports entre population, ressources, environnement et développement soient pleinement reconnus, correctement gérés et équilibrés de façon harmonieuse et dynamique. Afin de parvenir à un développement durable et à une meilleure qualité de vie pour tous, les États devraient réduire et éliminer les modes de production et de consommation non viables et promouvoir des politiques appropriées, y compris des politiques relatives à la population, pour satisfaire aux besoins des générations présentes sans compromettre la capacité des générations futures à satisfaire les leurs.

Principe 7. Tous les États et tous les peuples doivent coopérer à la tâche essentielle de l'élimination de la pauvreté, qui constitue une condition indispensable du développement durable, afin de réduire les différences de niveaux de vie et de mieux répondre aux besoins de la majorité de la population mondiale. Il faut accorder une priorité spéciale à la situation et aux besoins spécifiques des pays en développement, en particulier des pays les moins avancés. Il faut faire en sorte que les pays dont l'économie est en transition soient pleinement intégrés dans l'économie mondiale.

Principe 8. Tout individu a le droit de jouir du meilleur état de santé physique et mentale qu'il soit capable d'atteindre. Les États devraient prendre toutes les mesures appropriées pour assurer, sur la base de l'égalité de l'homme et de la femme, un accès universel aux services de santé, y compris ceux qui ont trait à la santé en matière de reproduction, qui comprend la planification familiale et la santé en matière de sexualité. Les programmes de santé de la reproduction devraient offrir la plus vaste gamme possible de services sans aucun recours à la contrainte. Tout couple et tout individu a le droit fondamental de décider librement et en toute responsabilité du nombre de ses enfants et de l'espacement de leur naissance, et de disposer de l'information, de l'éducation et des moyens voulus en la matière.

Principe 9. La famille est l'unité de base de la société et devrait être renforcée en tant que telle. Elle doit bénéficier d'une protection et d'un appui aussi complets que possible. Aux différents systèmes culturels, politiques et sociaux correspondent différentes formes de familles. Le mariage doit être conclu avec le libre consentement des futurs conjoints et l'époux et l'épouse devraient être des partenaires égaux.

Principe 10. Chacun a droit à l'éducation, laquelle doit viser à permettre le plein développement des ressources humaines, de la dignité et des possibilités de la personne humaine, notamment chez les femmes et les fillettes. L'éducation devrait être conçue de façon à renforcer le respect des droits de l'homme et des libertés fondamentales, y compris en ce qui concerne la population et le développement. Les responsables de l'éducation de l'enfant doivent être guidés par la recherche de l'intérêt supérieur de ce dernier, étant entendu que cette responsabilité incombe au premier chef aux parents.

Principe 11. Tous les États et toutes les familles devraient accorder le rang de priorité le plus élevé possible à l'enfant. Ce dernier a le droit de jouir d'un niveau de vie suffisant pour assurer son bien-être, ainsi que le droit d'avoir accès aux meilleurs services de santé possibles et le droit à l'éducation. L'enfant a le droit de recevoir des soins et l'appui des parents, de la famille et de la société, et d'être protégé par des mesures législatives, administratives, sociales et éducatives appropriées contre toute forme de violence, d'atteinte ou de brutalités physiques ou mentales, d'abandon ou de négligence, de mauvais traitements ou d'exploitation, notamment la vente, le trafic, les sévices sexuels et le trafic de ses organes.

Principe 12. Les pays qui accueillent des migrants en situation régulière devraient veiller à ce que ces personnes et leur famille soient traitées convenablement et bénéficient de services de protection sociale adéquats, et devraient assurer leur sûreté physique et leur sécurité en ayant à l'esprit la situation et les besoins spéciaux des pays, en particulier ceux des pays en développement, et s'efforcer d'atteindre ces objectifs ou impératifs à l'égard des migrants en situation irrégulière, conformément aux dispositions des conventions et des autres instruments et documents internationaux pertinents. Les pays devraient garantir à tous les migrants la jouissance de tous les droits fondamentaux de la personne humaine énoncés dans la Déclaration universelle des droits de l'homme.

Principe 13. Devant la persécution, toute personne a le droit de chercher asile et de bénéficier de l'asile dans d'autres pays. Les États ont à l'égard des réfugiés les responsabilités stipulées dans la Convention de Genève relative au statut des réfugiés et à son Protocole de 1967.

Principe 14. Lorsqu'ils examinent les besoins des populations autochtones dans les domaines démographiques et du développement, les États devraient prendre en compte et protéger l'identité, la culture et les intérêts de ces populations et leur permettre de participer pleinement à la vie sociale et politique du pays, en particulier lorsqu'il s'agit de leur santé, de leur éducation et de leur bien-être.
Principe 15. La croissance économique soutenue, dans le cadre du développement durable, et le progrès social exigent que la croissance repose sur une base large et offre des possibilités égales à tous. Tous les pays devraient reconnaître qu'ils ont des responsabilités à la fois communes et différentes. Les pays développés admettent la responsabilité qui leur incombe dans l'effort international axé sur le développement durable et devraient s'efforcer davantage encore d'encourager une croissance soutenue et de réduire les déséquilibres d'une façon qui puisse être profitable à tous les pays, en particulier aux pays en développement. (…).

Présomption d'innocence *(Déclaration universelle des droits de l'homme, Paris, 10 décembre 1948. Art. 11, alinéa 1 ; Pacte international relatif aux droits civils et politiques. Conclu à New York, le 16 décembre 1966. Art. 14, alinéa 2 ; Convention de sauvegarde des droits de l'homme et des libertés fondamentales. Rome, 4.XI.1950 (telle qu'amendée par les Protocoles nos 11 et 14 accompagnée du Protocole additionnel et des Protocoles nos 4, 6, 7, 12 et 13), art. 6. Droit à un procès équitable. Alinéa 2 ; Statut de Rome CPI. Chapitre VI. Le procès, art. 66. Présomption d'innocence ; TPIY - Règlement portant régime de détention des personnes en attente de jugement ou d'appel devant le Tribunal ou détenues sur l'ordre du Tribunal (« Règlement sur la détention préventive »). Principes fondamentaux, art. 5 ; TPIR -Règlement portant régime de détention des personnes en attente de jugement ou d'appel devant le Tribunal ou détenues sur l'ordre du Tribunal (« Règlement sur la détention préventive »). Dispositions fondamentales, art. 5).*

Déclaration universelle des droits de l'homme, Paris, 10 décembre 1948. Art. 11. 1. Toute personne accusée d'un acte délictueux est présumée innocente jusqu'à ce que sa culpabilité ait été légalement établie au cours d'un procès public où toutes les garanties nécessaires à sa défense lui auront été assurées.

Pacte international relatif aux droits civils et politiques. Conclu à New York, le 16 décembre 1966. Art. 14. 2. Toute personne accusée d'une infraction pénale est présumée innocente jusqu'à ce que sa culpabilité ait été légalement établie.

Convention de sauvegarde des droits de l'homme et des libertés fondamentales. Rome, 4.XI.1950 (telle qu'amendée par les Protocoles nos 11 et 14 accompagnée du Protocole additionnel et des Protocoles nos 4, 6, 7,

12 et 13), art. 6. Droit à un procès équitable. 2. Toute personne accusée d'une infraction est présumée innocente jusqu'à ce que sa culpabilité ait été légalement établie.

Statut de Rome CPI. Chapitre VI. Le procès, art. 66. Présomption d'innocence. 1. Toute personne est présumée innocente jusqu'à ce que sa culpabilité ait été établie devant la Cour conformément au droit applicable.

2. Il incombe au Procureur de prouver la culpabilité de l'accusé.

3. Pour condamner l'accusé, la Cour doit être convaincue de sa culpabilité au-delà de tout doute raisonnable.

TPIY - Règlement portant régime de détention des personnes en attente de jugement ou d'appel devant le Tribunal ou détenues sur l'ordre du Tribunal (« Règlement sur la détention préventive »). Principes fondamentaux, art. 5. Tout détenu autre qu'une personne condamnée par le Tribunal est présumé innocent tant qu'il n'a pas été reconnu coupable et doit à tout moment être traité en tant que tel.

TPIR - Règlement portant régime de détention des personnes en attente de jugement ou d'appel devant le Tribunal ou détenues sur l'ordre du Tribunal (« Règlement sur la détention préventive »). Dispositions fondamentales, art. 5. Tout détenu autre qu'une personne condamnée par le Tribunal est présumé innocent tant qu'il n'a pas été reconnu coupable et doit à tout moment être traité en tant que tel.

Prise d'otages. Voir : *Crimes de guerre, Eléments des crimes.*

Prisonniers de guerre *(Convention (III) de Genève relative au traitement des prisonniers de guerre, 12 août 1949. Titre I. Dispositions générales. Art. 4 A) B) C) ; Art. 5. Titre II. Protection des prisonniers de guerre. Art. 12 ; Art. 13 ; Art. 14 ; Art. 15 ; Art. 16. Titre III. Captivité. Section VI. Rapport des prisonniers de guerre avec les autorités. Chapitre I. Plaintes des prisonniers de guerre en raison du régime de la captivité. Art. 78. Chapitre II. Représentants des prisonniers de guerre. Art. 79 ; Art. 80 ; Art. 81). Titre I. Dispositions générales. Art. 4.* A. Sont prisonniers de guerre, au sens de la présente Convention, les personnes qui, appartenant à l'une des catégories suivantes, sont tombées au pouvoir de l'ennemi :

1) les membres des forces armées d'une Partie au conflit, de même que les membres des milices et des corps de volontaires faisant partie de ces forces armées ;

2) les membres des autres milices et les membres des autres corps de volontaires, y compris ceux des mouvements de résistance organisés, appartenant à une Partie au conflit et agissant en dehors ou à l'intérieur de leur propre territoire, même si ce territoire est occupé, pourvu que ces milices ou corps de volontaires, y compris ces mouvements de résistance organisés, remplissent les conditions suivantes :

a) d'avoir à leur tête une personne responsable pour ses subordonnés ;
b) d'avoir un signe distinctif fixe et reconnaissable à distance ;
c) de porter ouvertement les armes ;
d) de se conformer, dans leurs opérations, aux lois et coutumes de la guerre ;
3) les membres des forces armées régulières qui se réclament d'un gouvernement ou d'une autorité non reconnus par la Puissance détentrice ;
4) les personnes qui suivent les forces armées sans en faire directement partie, telles que les membres civils d'équipages d'avions militaires, correspondants de guerre, fournisseurs, membres d'unités de travail ou de services chargés du bien-être des forces armées, à condition qu'elles en aient reçu l'autorisation des forces armées qu'elles accompagnent, celles-ci étant tenues de leur délivrer à cet effet une carte d'identité semblable au modèle annexé ;
5) les membres des équipages, y compris les commandants, pilotes et apprentis, de la marine marchande et les équipages de l'aviation civile des Parties au conflit qui ne bénéficient pas d'un traitement plus favorable en vertu d'autres dispositions du droit international ;
6) la population d'un territoire non occupé qui, à l'approche de l'ennemi, prend spontanément les armes pour combattre les troupes d'invasion sans avoir eu le temps de se constituer en forces armées régulières, si elle porte ouvertement les armes et si elle respecte les lois et coutumes de la guerre.
B. Bénéficieront également du traitement réservé par la présente Convention aux prisonniers de guerre :
1) les personnes appartenant ou ayant appartenu aux forces armées du pays occupé si, en raison de cette appartenance, la Puissance occupante, même si elle les a initialement libérées pendant que les hostilités se poursuivent en dehors du territoire qu'elle occupe, estime nécessaire de procéder à leur internement, notamment après une tentative de ces personnes non couronnée de succès pour rejoindre les forces armées auxquelles elles appartiennent et qui sont engagées dans le combat, ou lorsqu'elles n'obtempèrent pas à une sommation qui leur est faite aux fins d'internement ;
2) les personnes appartenant à l'une des catégories énumérées au présent article que des Puissances neutres ou non belligérantes ont reçues sur leur territoire et qu'elles sont tenues d'interner en vertu du droit international, sous réserve de tout traitement plus favorable que ces Puissances jugeraient bon de leur accorder et exception faite des dispositions des articles 8, 10, 15, 30 cinquième alinéa, 58 à 67 inclus, 92, 126 et, lorsque des relations diplomatiques existent entre les Parties au conflit et la Puissance neutre ou non belligérante intéressée, des dispositions qui concernent la Puissance protectrice. Lorsque de telles relations diplomatiques existent, les Parties au conflit dont dépendent ces personnes seront autorisées à exercer à l'égard de celles-ci les fonctions dévolues aux Puissances protectrices par la présente Convention sans préjudice de celles que ces Parties exercent normalement en vertu des usages et des traités diplomatiques et consulaires.

C. Le présent article réserve le statut du personnel médical et religieux tel qu'il est prévu à l'article 33 de la présente Convention.

Art. 5. La présente Convention s'appliquera aux personnes visées à l'article 4 dès qu'elles seront tombées au pouvoir de l'ennemi et jusqu'à leur libération et leur rapatriement définitifs. S'il y a doute sur l'appartenance à l'une des catégories énumérées à l'article 4 des personnes qui ont commis un acte de belligérance et qui sont tombées aux mains de l'ennemi, lesdites personnes bénéficieront de la protection de la présente Convention en attendant que leur statut ait été déterminé par un tribunal compétent.

Titre II. Protection des prisonniers de guerre. Art. 12. Les prisonniers de guerre sont au pouvoir de la Puissance ennemie, mais non des individus ou des corps de troupe qui les ont fait prisonniers. Indépendamment des responsabilités individuelles qui peuvent exister, la Puissance détentrice est responsable du traitement qui leur est appliqué.

Les prisonniers de guerre ne peuvent être transférés par la Puissance détentrice qu'à une Puissance partie à la Convention et lorsque la Puissance détentrice s'est assurée que la Puissance en question est désireuse et à même d'appliquer la Convention. Quand des prisonniers sont ainsi transférés, la responsabilité de l'application de la Convention incombera à la Puissance qui a accepté de les accueillir pendant le temps qu'ils lui seront confiés.

Néanmoins, au cas où cette Puissance manquerait à ses obligations d'exécuter les dispositions de la Convention, sur tout point important, la Puissance par laquelle les prisonniers de guerre ont été transférés doit, à la suite d'une notification de la Puissance protectrice, prendre des mesures efficaces pour remédier à la situation, ou demander que lui soient renvoyés les prisonniers de guerre. Il devra être satisfait à cette demande.

Art. 13. Les prisonniers de guerre doivent être traités en tout temps avec humanité. Tout acte ou omission illicite de la part de la Puissance détentrice entraînant la mort ou mettant gravement en danger la santé d'un prisonnier de guerre en son pouvoir est interdit et sera considéré comme une grave infraction à la présente Convention. En particulier, aucun prisonnier de guerre ne pourra être soumis à une mutilation physique ou à une expérience médicale ou scientifique de quelque nature qu'elle soit qui ne serait pas justifiée par le traitement médical du prisonnier intéressé et qui ne serait pas dans son intérêt.

Les prisonniers de guerre doivent de même être protégés en tout temps, notamment contre tout acte de violence ou d'intimidation, contre les insultes et la curiosité publique.

Les mesures de représailles à leur égard sont interdites.

Art. 14. Les prisonniers de guerre ont droit en toutes circonstances au respect de leur personne et de leur honneur.

Les femmes doivent être traitées avec tous les égards dus à leur sexe et bénéficier en tous cas d'un traitement aussi favorable que celui qui est accordé aux hommes.

Les prisonniers de guerre conservent leur pleine capacité civile telle qu'elle existait au moment où ils ont été faits prisonniers. La Puissance détentrice ne pourra en limiter l'exercice soit sur son territoire, soit en dehors, que dans la mesure où la captivité l'exige.

Art. 15. La Puissance détentrice des prisonniers de guerre sera tenue de pourvoir gratuitement à leur entretien et de leur accorder gratuitement les soins médicaux que nécessite leur état de santé.

Art. 16. Compte tenu des dispositions de la présente Convention relatives au grade ainsi qu'au sexe, et sous réserve de tout traitement privilégié qui serait accordé aux prisonniers de guerre en raison de leur état de santé, de leur âge ou de leurs aptitudes professionnelles, les prisonniers doivent tous être traités de la même manière par la Puissance détentrice, sans aucune distinction de caractère défavorable, de race, de nationalité, de religion, d'opinions politiques ou autre, fondée sur des critères analogues.

Titre III. Captivité. Section VI. Rapport des prisonniers de guerre avec les autorités. Chapitre I. Plaintes des prisonniers de guerre en raison du régime de la captivité. Art. 78. Les prisonniers de guerre auront le droit de présenter aux autorités militaires au pouvoir desquelles ils se trouvent des requêtes concernant le régime de captivité auquel ils sont soumis.

Ils auront également, sans restriction, le droit de s'adresser soit par l'entremise de l'homme de confiance, soit directement s'ils l'estiment nécessaire, aux représentants des Puissances protectrices, pour leur indiquer les points sur lesquels ils auraient des plaintes à formuler à l'égard du régime de la captivité.

Ces requêtes et plaintes ne seront pas limitées ni considérées comme faisant partie du contingent de correspondance mentionné à l'article 71. Elles devront être transmises d'urgence. Elles ne pourront donner lieu à aucune punition, même si elles sont reconnues non fondées.

Les hommes de confiance pourront envoyer aux représentants des Puissances protectrices des rapports périodiques sur la situation dans les camps et les besoins des prisonniers de guerre. *Chapitre II. Représentants des prisonniers de guerre. Art. 79.* Dans tous les lieux où se trouvent des prisonniers de guerre, à l'exception de ceux où se trouvent des officiers, les prisonniers éliront librement et au scrutin secret, tous les six mois, et de même en cas de vacance, des hommes de confiance chargés de les représenter auprès des autorités militaires, des Puissances protectrices, du Comité international de la Croix-Rouge et de tout autre organisme qui leur viendrait en aide. Ces hommes de confiance seront rééligibles.

Dans les camps d'officiers et assimilés ou dans les camps mixtes, l'officier prisonnier de guerre le plus ancien dans le grade le plus élevé sera reconnu comme l'homme de confiance. Dans les camps d'officiers, il sera assisté d'un ou de plusieurs conseillers choisis par les officiers ; dans les camps mixtes, ses assistants seront choisis parmi les prisonniers de guerre autres que les officiers et élus par eux.

Dans les camps de travail pour prisonniers de guerre, des officiers prisonniers de guerre de même nationalité seront placés afin de remplir les fonctions administratives du camp incombant aux prisonniers de guerre. En outre, ces officiers pourront être élus aux postes d'hommes de confiance conformément aux dispositions du premier alinéa du présent article. Dans ce cas, les assistants de l'homme de confiance seront choisis parmi les prisonniers de guerre autres que des officiers.

Tout homme de confiance élu devra être agréé par la Puissance détentrice avant de pouvoir entrer en fonction. Si la Puissance détentrice refuse d'agréer un prisonnier de guerre élu par ses compagnons de captivité, elle devra donner à la Puissance protectrice les raisons de son refus.

Dans tous les cas, l'homme de confiance sera de même nationalité, langue et coutumes que les prisonniers de guerre qu'il représente. Ainsi, les prisonniers de guerre répartis dans des sections différentes d'un camp selon leur nationalité, langue ou coutumes, auront, pour chaque section, leur propre homme de confiance, conformément aux dispositions des alinéas précédents.

Art. 80. Les hommes de confiance devront contribuer au bien-être physique, moral et intellectuel des prisonniers de guerre.

En particulier, si les prisonniers décidaient d'organiser entre eux un système d'assistance mutuelle, cette organisation serait de la compétence des hommes de confiance, indépendamment des tâches spéciales qui leur sont confiées par d'autres dispositions de la présente Convention.

Les hommes de confiance ne seront pas responsables, du seul fait de leurs fonctions, des infractions commises par les prisonniers de guerre.

Art. 81. Les hommes de confiance ne seront astreints à aucun autre travail, si l'accomplissement de leur fonction devait en être rendue plus difficile.

Les hommes de confiance pourront désigner parmi les prisonniers les assistants qui leur sont nécessaires. Toutes facilités matérielles leur seront accordées et notamment certaines libertés de mouvement nécessaires à l'accomplissement de leurs tâches (visites de détachements de travail, réception des envois de secours, etc.).

Les hommes de confiance seront autorisés à visiter les locaux où sont internés les prisonniers de guerre et ceux-ci auront le droit de consulter librement leur homme de confiance.

Toutes facilités seront également accordées aux hommes de confiance pour leur correspondance postale et télégraphique avec les autorités détentrices, avec les Puissances protectrices, le Comité international de la Croix-Rouge et leurs délégués, avec les Commissions médicales mixtes, ainsi qu'avec les organismes qui viendraient en aide aux prisonniers de guerre. Les hommes de confiance des détachements de travail jouiront des mêmes facilités pour leur correspondance avec l'homme de confiance du camp principal. Ces correspondances ne seront pas limitées ni considérées comme faisant partie du contingent mentionné à l'article 71.

Aucun homme de confiance ne pourra être transféré sans que le temps raisonnablement nécessaire lui ait été laissé pour mettre son successeur au courant des affaires en cours.
En cas de destitution, les motifs de cette décision seront communiqués à la Puissance protectrice. ***Voir aussi*** : Hommes de confiance. Représentants des prisonniers de guerre.

Procureur – Bureau du Procureur *(Statut de Rome CPI, art. 42. Le bureau du Procureur ; Voir aussi RPP – CPI, Chapitre 2. Composition et administration de la Cour. Section 2. Le Bureau du Procureur. Règles 9, 10, 11 ; Statut TPIY, art. 16. Le Procureur ; Voir aussi RPP – TPIY, Chapitre 3. Organisation du Tribunal. Section 6. Le Procureur ; Statut TPIR, art. 15. Le Procureur ; Voir aussi RPP – TPIR, Chapitre 3. Organisation du Tribunal. Section 6. Le Procureur).*
Statut de Rome CPI, art. 42. Le bureau du Procureur. 1. Le Bureau du Procureur agit indépendamment en tant qu'organe distinct au sein de la Cour. Il est chargé de recevoir les communications et tout renseignement dûment étayé concernant les crimes relevant de la compétence de la Cour, de les examiner, de conduire les enquêtes et de soutenir l'accusation devant la Cour. Ses membres ne sollicitent ni n'acceptent d'instructions d'aucune source extérieure.

2. Le Bureau est dirigé par le Procureur. Celui-ci a toute autorité sur la gestion et l'administration du Bureau, y compris le personnel, les installations et les autres ressources. Le Procureur est secondé par un ou plusieurs procureurs adjoints, habilités à procéder à tous les actes que le présent Statut requiert du Procureur. Le Procureur et les procureurs adjoints sont de nationalités différentes. Ils exercent leurs fonctions à plein temps.

3. Le Procureur et les procureurs adjoints doivent jouir d'une haute considération morale et avoir de solides compétences et une grande expérience pratique en matière de poursuites ou de procès dans des affaires pénales. Ils doivent avoir une excellente connaissance et une pratique courante d'au moins une des langues de travail de la Cour.

4. Le Procureur est élu au scrutin secret par l'Assemblée des États Parties, à la majorité absolue des membres de celle-ci. Les procureurs adjoints sont élus de la même façon sur une liste de candidats présentée par le Procureur. Le Procureur présente trois candidats pour chaque poste de procureur adjoint à pourvoir. À moins qu'il ne soit décidé d'un mandat plus court au moment de leur élection, le Procureur et les procureurs adjoints exercent leurs fonctions pendant neuf ans et ne sont pas rééligibles. (…) ***Voir aussi*** *: RPP – CPI, Chapitre 2. Composition et administration de la Cour. Section 2. Le Bureau du Procureur. Règles 9, 10, 11.*
Statut TPIY, art. 16. Le Procureur. 1. Le Procureur est responsable de l'instruction des dossiers et de l'exercice de la poursuite contre les auteurs de

violations graves du droit international humanitaire commises sur le territoire de l'ex-Yougoslavie depuis le 1er janvier 1991.

2. Le Procureur, qui est un organe distinct au sein du Tribunal international, agit en toute indépendance. Il ne sollicite ni ne reçoit d'instructions d'aucun gouvernement ni d'aucune autre source.

3. Le Bureau du Procureur se compose du Procureur et du personnel qualifié qui peut être nécessaire.

4. Le Procureur est nommé par le Conseil de sécurité sur proposition du Secrétaire général. Il doit être de haute moralité, d'une compétence notoire et avoir une solide expérience de l'instruction des affaires criminelles et de la poursuite. Son mandat est de quatre ans, et il est rééligible. Ses conditions d'emploi sont celles d'un secrétaire général adjoint de l'Organisation des Nations Unies.

5. Le personnel du Bureau du Procureur est nommé par le Secrétaire général sur recommandation du Procureur. ***Voir aussi*** *: RPP – TPIY, Chapitre 3. Organisation du Tribunal. Section 6. Le Procureur.*

Statut TPIR, art. 15. Le Procureur. 1. Le Procureur est responsable de l'instruction des dossiers et de l'exercice de la poursuite contre les personnes présumées responsables de violations graves du droit international humanitaire commises sur le territoire du Rwanda et les citoyens rwandais présumés responsables de telles violations commises sur le territoire d'États voisins entre le 1er janvier et le 31 décembre 1994.

2. Le Procureur, qui est un organe distinct au sein du Tribunal pénal international pour le Rwanda, agit en toute indépendance. Il ne sollicite ni ne reçoit d'instructions d'aucun gouvernement ni d'aucune autre source.

3. Le Bureau du Procureur se compose du Procureur et du personnel qualifié qui peut être nécessaire.

4. Le Procureur est nommé par le Conseil de sécurité sur proposition du Secrétaire général. Il ou elle doit être de haute moralité, d'une compétence notoire et avoir une solide expérience de l'instruction des affaires criminelles et des poursuites. Son mandat est de quatre ans et peut être reconduit. Ses conditions d'emploi sont celles d'un secrétaire général adjoint de l'Organisation des Nations Unies.

5. Le personnel du Bureau du Procureur est nommé par le Secrétaire Général sur recommandation du Procureur. ***Voir aussi*** *: RPP – TPIR, Chapitre 3. Organisation du Tribunal. Section 6. Le Procureur.*

Prostitution forcée. Voir : *Crimes contre l'humanité, Crimes de guerre, Eléments des crimes.*

Protection civile dans les territoires occupés *(Protocole additionnel aux Conventions de Genève du 12 août 1949 relatif à la protection des victimes des conflits armés internationaux (Protocole I), 8* *juin 1977. Titre IV. Population civile. Section I. Protection générale contre les effets des hostilités. Chapitre VI. Protection civile. Art. 63. Protection civile dans les territoires occupés).* 1. Dans les territoires occupés, les organismes civils de protection civile recevront des autorités les facilités nécessaires à l'accomplissement de leurs tâches. En aucune circonstance leur personnel ne doit être astreint à des activités qui entraveraient l'exécution convenable de ces tâches. La Puissance occupante ne pourra apporter à la structure ou au personnel de ces organismes aucun changement qui pourrait porter préjudice à l'accomplissement efficace de leur mission. Ces organismes civils de protection civile ne seront pas obligés d'accorder priorité aux ressortissants ou aux intérêts de cette Puissance.

2. La Puissance occupante ne doit pas obliger, contraindre ou inciter les organismes civils de protection civile à accomplir leurs tâches d'une façon préjudiciable en quoi que ce soit aux intérêts de la population civile.

3. La Puissance occupante peut, pour des raisons de sécurité, désarmer le personnel de protection civile.

4. La Puissance occupante ne doit ni détourner de leur usage propre ni réquisitionner les bâtiments ou le matériel appartenant à des organismes de protection civile ou utilisés par ceux-ci lorsque ce détournement ou cette réquisition portent préjudice à la population civile.

5. La Puissance occupante peut réquisitionner ou détourner ces moyens, à condition de continuer à observer la règle générale établie au paragraphe 4 et sous réserve des conditions particulières suivantes :

a) que les bâtiments ou le matériel soient nécessaires pour d'autres besoins de la population civile ; et

b) que la réquisition ou le détournement ne dure qu'autant que cette nécessité existe.

6. La Puissance occupante ne doit ni détourner ni réquisitionner les abris mis à la disposition de la population civile ou nécessaires aux besoins de cette population.

Protection civile, organismes de protection civile, personnel et matériel des organismes de protection civile

(Protocole additionnel aux Conventions de Genève du 12 août 1949 relatif à la protection des victimes des conflits armés internationaux (Protocole I), 8 juin 1977. Titre IV. Population civile. Section I. Protection générale contre les effets des hostilités. Chapitre VI. Protection civile. Art. 61. Définition et champ d'application). Aux fins du présent Protocole :

a) l'expression « protection civile » s'entend de l'accomplissement de toutes les tâches humanitaires, ou de plusieurs d'entre elles, mentionnées ci-après, destinées à protéger la population civile contre les dangers des hostilités ou des catastrophes et à l'aider à surmonter leurs effets immédiats ainsi qu'à assurer les conditions nécessaires à sa survie. Ces tâches sont les suivantes :

i) service de l'alerte ;
ii) évacuation ;
iii) mise à disposition et organisation d'abris ;
iv) mise en œuvre des mesures d'obscurcissement ;
v) sauvetage ;
vi) services sanitaires y compris premiers secours et assistance religieuse ;
vii) lutte contre le feu ;
viii) repérage et signalisation des zones dangereuses ;
ix) décontamination et autres mesures de protection analogues ;
x) hébergement et approvisionnements d'urgence ;
xi) aide en cas d'urgence pour le rétablissement et le maintien de l'ordre dans les zones sinistrées ;
xii) rétablissement d'urgence des services d'utilité publique indispensables ;
xiii) services funéraires d'urgence ;
xiv) aide à la sauvegarde des biens essentiels à la survie ;
xv) activités complémentaires nécessaires à l'accomplissement de l'une quelconque des tâches mentionnées ci-dessus, comprenant la planification et l'organisation mais ne s'y limitant pas ; b) l'expression « organismes de protection civile » s'entend des établissements et autres unités qui sont mis sur pied ou autorisés par les autorités compétentes d'une Partie au conflit pour accomplir l'une quelconque des tâches mentionnées à l'alinéa a et qui sont exclusivement affectés et utilisés à ces tâches ;
c) le terme « personnel » des organismes de protection civile s'entend des personnes qu'une Partie au conflit affecte exclusivement à l'accomplissement des tâches énumérées à l'alinéa a, y compris le personnel assigné exclusivement à l'administration de ces organismes par l'autorité compétente de cette Partie ;
d) le terme « matériel » des organismes de protection civile s'entend de l'équipement, des approvisionnements et des moyens de transport que ces organismes utilisent pour accomplir les tâches énumérées à l'alinéa a.

Protection de l'environnement naturel *(Protocole additionnel aux Conventions de Genève du 12 août 1949 relatif à la protection des victimes des conflits armés internationaux (Protocole I), 8 juin 1977. Titre IV. Population civile. Section I. Protection générale contre les effets des hostilités. Chapitre III. Biens de caractère civil. Art. 55. Protection de l'environnement naturel).* 1. La guerre sera conduite en veillant à protéger l'environnement naturel contre des dommages étendus, durables et graves. Cette protection inclut l'interdiction d'utiliser des méthodes ou moyens de guerre conçus pour causer ou dont on peut attendre qu'ils causent de tels dommages à l'environnement naturel, compromettant, de ce fait, la santé ou la survie de la population.

2. Les attaques contre l'environnement naturel à titre de représailles sont interdites.

Protection de la personne *(Protocole additionnel aux Conventions de Genève du 12 août 1949 relatif à la protection des victimes des conflits armés internationaux (Protocole I), 8 juin 1977. Titre II. Blessés, malades et naufragés. Section I. Protection générale. Art. 11. Protection de la personne).* 1. La santé et l'intégrité physiques ou mentales des personnes au pouvoir de la Partie adverse ou internées, détenues ou d'une autre manière privées de liberté en raison d'une situation visée à l'article premier ne doivent être compromises par aucun acte ni par aucune omission injustifiés. En conséquence, il est interdit de soumettre les personnes visées au présent article à un acte médical qui ne serait pas motivé par leur état de santé et qui ne serait pas conforme aux normes médicales généralement reconnues que la Partie responsable de l'acte appliquerait dans des circonstances médicales analogues à ses propres ressortissants jouissant de leur liberté.

2. Il est en particulier interdit de pratiquer sur ces personnes, même avec leur consentement : a) des mutilations physiques ;
b) des expériences médicales ou scientifiques ;
c) des prélèvements de tissus ou d'organes pour des transplantations, sauf si ces actes sont justifiés dans les conditions prévues au paragraphe 1.

3. Il ne peut être dérogé à l'interdiction visée au paragraphe 2 c que lorsqu'il s'agit de dons de sang en vue de transfusion ou de peau destinée à des greffes, à la condition que ces dons soient volontaires et ne résultent pas de mesures de coercition ou de persuasion et qu'ils soient destinés à des fins thérapeutiques dans des conditions compatibles avec les normes médicales généralement reconnues et avec les contrôles effectués dans l'intérêt tant du donneur que du receveur.

4. Tout acte ou omission volontaire qui met gravement en danger la santé ou l'intégrité physiques ou mentales de toute personne au pouvoir d'une Partie autre que celle dont elle dépend et qui, soit contrevient à l'une des interdictions énoncées aux paragraphes 1 et 2, soit ne respecte pas les conditions prescrites au paragraphe 3, constitue une infraction grave au présent Protocole.

5. Les personnes définies au paragraphe 1 ont le droit de refuser toute intervention chirurgicale. En cas de refus, le personnel sanitaire doit s'efforcer d'obtenir une déclaration écrite à cet effet, signée ou reconnue par le patient.

6. Toute Partie au conflit doit tenir un dossier médical pour tout don de sang en vue de transfusion ou de peau destinée à des greffes par les personnes visées au paragraphe 1, si ce don est effectué sous la responsabilité de cette Partie. En outre, toute Partie au conflit doit s'efforcer de tenir un dossier de tous les actes médicaux entrepris à l'égard des

personnes internées, détenues ou d'une autre manière privées de liberté en raison d'une situation visée à l'article premier. Ces dossiers doivent en tout temps être à la disposition de la Puissance protectrice aux fins d'inspection.

Protection de la population civile *(Protocole additionnel aux Conventions de Genève du 12 août 1949 relatif à la protection des victimes des conflits armés internationaux (Protocole I), 8 juin 1977. Titre IV. Population civile. Section I. Protection générale contre les effets des hostilités. Chapitre II. Personnes civiles et population civile. Art. 51. Protection de la population civile ; Chapitre IV. Mesures de précaution. Art. 57. Précautions dans l'attaque ; Art. 58. Précautions contre les effets des attaques). Art. 51. Protection de la population civile.* 1. La population civile et les personnes civiles jouissent d'une protection générale contre les dangers résultant d'opérations militaires. En vue de rendre cette protection effective, les règles suivantes, qui s'ajoutent aux autres règles du droit international applicable, doivent être observées en toutes circonstances.

2. Ni la population civile en tant que telle ni les personnes civiles ne doivent être l'objet d'attaques. Sont interdits les actes ou menaces de violence dont le but principal est de répandre la terreur parmi la population civile.

3. Les personnes civiles jouissent de la protection accordée par la présente Section, sauf si elles participent directement aux hostilités et pendant la durée de cette participation.

4. Les attaques sans discrimination sont interdites. L'expression « attaques sans discrimination » s'entend :

a) des attaques qui ne sont pas dirigées contre un objectif militaire déterminé ;

b) des attaques dans lesquelles on utilise des méthodes ou moyens de combat qui ne peuvent pas être dirigés contre un objectif militaire déterminé ; ou

c) des attaques dans lesquelles on utilise des méthodes ou moyens de combat dont les effets ne peuvent pas être limités comme le prescrit le présent Protocole ; et qui sont, en conséquence, dans chacun de ces cas, propres à frapper indistinctement des objectifs militaires et des personnes civiles ou des biens de caractère civil.

5. Seront, entre autres, considérés comme effectués sans discrimination les types d'attaques suivants :

a) les attaques par bombardement, quels que soient les méthodes ou moyens utilisés, qui traitent comme un objectif militaire unique un certain nombre d'objectifs militaires nettement espacés et distincts situés dans une ville, un village ou toute autre zone contenant une concentration analogue de personnes civiles ou de biens de caractère civil ;

b) les attaques dont on peut attendre qu'elles causent incidemment des pertes en vies humaines dans la population civile, des blessures aux personnes civiles, des dommages aux biens de caractère civil, ou une combinaison de ces pertes et dommages, qui seraient excessifs par rapport à l'avantage militaire concret et direct attendu.

6. Sont interdites les attaques dirigées à titre de représailles contre la population civile ou des personnes civiles.

7. La présence ou les mouvements de la population civile ou de personnes civiles ne doivent pas être utilisés pour mettre certains points ou certaines zones à l'abri d'opérations militaires, notamment pour tenter de mettre des objectifs militaires à l'abri d'attaques ou de couvrir, favoriser ou gêner des opérations militaires. Les Parties au conflit ne doivent pas diriger les mouvements de la population civile ou des personnes civiles pour tenter de mettre des objectifs militaires à l'abri des attaques ou de couvrir des opérations militaires.

8. Aucune violation de ces interdictions ne dispense les Parties au conflit de leurs obligations juridiques à l'égard de la population civile et des personnes civiles, y compris l'obligation de prendre les mesures de précaution prévues par l'article 57.

Art. 57. Précautions dans l'attaque. 1. Les opérations militaires doivent être conduites en veillant constamment à épargner la population civile, les personnes civiles et les biens de caractère civil.

2. En ce qui concerne les attaques, les précautions suivantes doivent être prises :

a) ceux qui préparent ou décident une attaque doivent :

i) faire tout ce qui est pratiquement possible pour vérifier que les objectifs à attaquer ne sont ni des personnes civiles, ni des biens de caractère civil, et ne bénéficient pas d'une protection spéciale, mais qu'ils sont des objectifs militaires au sens du paragraphe 2 de l'article 52, et que les dispositions du présent Protocole n'en interdisent pas l'attaque ;

ii) prendre toutes les précautions pratiquement possibles quant au choix des moyens et méthodes d'attaque en vue d'éviter et, en tout cas, de réduire au minimum les pertes en vies humaines dans la population civile, les blessures aux personnes civiles et les dommages aux biens de caractère civil qui pourraient être causés incidemment ;

iii) s'abstenir de lancer une attaque dont on peut attendre qu'elle cause incidemment des pertes en vies humaines dans la population civile, des blessures aux personnes civiles, des dommages aux biens de caractère civil, ou une combinaison de ces pertes et dommages, qui seraient excessifs par rapport à l'avantage militaire concret et direct attendu ;

b) une attaque doit être annulée ou interrompue lorsqu'il apparaît que son objectif n'est pas militaire ou qu'il bénéficie d'une protection spéciale ou que l'on peut attendre qu'elle cause incidemment des pertes en vies humaines dans la population civile, des blessures aux personnes civiles, des dommages aux biens de caractère civil, ou une combinaison de ces pertes et dommages, qui seraient excessifs par rapport à l'avantage militaire concret et direct attendu ;

c) dans le cas d'attaques pouvant affecter la population civile, un avertissement doit être donné en temps utile et par des moyens efficaces, à moins que les circonstances ne le permettent pas.

3. Lorsque le choix est possible entre plusieurs objectifs militaires pour obtenir un avantage militaire équivalent, ce choix doit porter sur l'objectif dont on peut penser que l'attaque présente le moins de danger pour les personnes civiles ou pour les biens de caractère civil.

4. Dans la conduite des opérations militaires sur mer ou dans les airs, chaque Partie au conflit doit prendre, conformément aux droits et aux devoirs qui découlent pour elle des règles du droit international applicable dans les conflits armés, toutes les précautions raisonnables pour éviter des pertes en vies humaines dans la population civile et des dommages aux biens de caractère civil.

5. Aucune disposition du présent article ne peut être interprétée comme autorisant des attaques contre la population civile, les personnes civiles ou les biens de caractère civil.

Art. 58. Précautions contre les effets des attaques. Dans toute la mesure de ce qui est pratiquement possible, les Parties au conflit :

a) s'efforceront, sans préjudice de l'article 49 de la IVe Convention, d'éloigner du voisinage des objectifs militaires la population civile, les personnes civiles et les biens de caractère civil soumis à leur autorité ;

b) éviteront de placer des objectifs militaires à l'intérieur ou à proximité des zones fortement peuplées ;

c) prendront les autres précautions nécessaires pour protéger contre les dangers résultant des opérations militaires la population civile, les personnes civiles et les biens de caractère civil soumis à leur autorité.

Protection des biens culturels et des lieux de culte

(Protocole additionnel aux Conventions de Genève du 12 août 1949 relatif à la protection des victimes des conflits armés internationaux (Protocole I), 8 juin 1977. Titre IV. Population civile. Section I. Protection générale contre les effets des hostilités. Chapitre III. Biens de caractère civil. Art. 53. Protection des biens culturels et des lieux de culte). Sans préjudice des dispositions de la Convention de La Haye du 14 mai 1954 pour la protection des biens culturels en cas de conflit armé et d'autres instruments internationaux pertinents, il est interdit :

a) de commettre tout acte d'hostilité dirigé contre les monuments historiques, les œuvres d'art ou les lieux de culte qui constituent le patrimoine culturel ou spirituel des peuples ;

b) d'utiliser ces biens à l'appui de l'effort militaire ;

c) de faire de ces biens l'objet de représailles.

Protection des biens indispensables à la survie de la population civile *(Protocole additionnel aux Conventions de Genève du 12 août 1949 relatif à la protection des victimes des conflits armés internationaux (Protocole I), 8 juin 1977. Titre IV. Population civile. Section I. Protection générale contre les effets des hostilités. Chapitre III. Biens de caractère civil. Art. 54. Protection des biens indispensables à la survie de la population civile).* 1. Il est interdit d'utiliser contre les civils la famine comme méthode de guerre.

2. Il est interdit d'attaquer, de détruire, d'enlever ou de mettre hors d'usage des biens indispensables à la survie de la population civile, tels que des denrées alimentaires et les zones agricoles qui les produisent, les récoltes, le bétail, les installations et réserves d'eau potable et les ouvrages d'irrigation, en vue d'en priver, à raison de leur valeur de subsistance, la population civile ou la Partie adverse, quel que soit le motif dont on s'inspire, que ce soit pour affamer des personnes civiles, provoquer leur déplacement ou pour toute autre raison.

3. Les interdictions prévues au paragraphe 2 ne s'appliquent pas si les biens énumérés sont utilisés par une Partie adverse :
a) pour la subsistance des seuls membres de ses forces armées ;
b) à d'autres fins que cet approvisionnement, mais comme appui direct d'une action militaire, à condition toutefois de n'engager en aucun cas, contre ces biens, des actions dont on pourrait attendre qu'elles laissent à la population civile si peu de nourriture ou d'eau qu'elle serait réduite à la famine ou forcée de se déplacer.

4. Ces biens ne devront pas être l'objet de représailles.

5. Compte tenu des exigences vitales de toute Partie au conflit pour la défense de son territoire national contre l'invasion, des dérogations aux interdictions prévues au paragraphe 2 sont permises à une Partie au conflit sur un tel territoire se trouvant sous son contrôle si des nécessités militaires impérieuses l'exigent.

Protection des enfants *(Protocole additionnel aux Conventions de Genève du 12 août 1949 relatif à la protection des victimes des conflits armés internationaux (Protocole I), 8 juin 1977. Titre IV. Population civile. Section III. Traitement des personnes au pouvoir d'une partie au conflit. Chapitre II. Mesures en faveur des femmes et des enfants. Art. 77. Protection des enfants ; Art. 78. Evacuation des enfants). Art. 77. Protection des enfants.* 1. Les enfants doivent faire l'objet d'un respect particulier et doivent être protégés contre toute forme d'attentat à la pudeur. Les Parties au conflit leur apporteront les soins et l'aide dont ils ont besoin du fait de leur âge ou pour toute autre raison.

2. Les Parties au conflit prendront toutes les mesures possibles dans la pratique pour que les enfants de moins de quinze ans ne participent pas

directement aux hostilités, notamment en s'abstenant de les recruter dans leurs forces armées. Lorsqu'elles incorporent des personnes de plus de quinze ans mais de moins de dix-huit ans, les Parties au conflit s'efforceront de donner la priorité aux plus âgées.

3. Si, dans des cas exceptionnels et malgré les dispositions du paragraphe 2, des enfants qui n'ont pas quinze ans révolus participent directement aux hostilités et tombent au pouvoir d'une Partie adverse, ils continueront à bénéficier de la protection spéciale accordée par le présent article, qu'ils soient ou non prisonniers de guerre.

4. S'ils sont arrêtés, détenus ou internés pour des raisons liées au conflit armé, les enfants seront gardés dans des locaux séparés de ceux des adultes, sauf dans le cas de familles logées en tant qu'unités familiales comme le prévoit le paragraphe 5 de l'article 75.

5. Une condamnation à mort pour une infraction liée au conflit armé ne sera pas exécutée contre les personnes qui n'avaient pas dix-huit ans au moment de l'infraction.

Art. 75. Garanties fondamentales, paragraphe 5. Les femmes privées de liberté pour des motifs en relation avec le conflit armé seront gardées dans des locaux séparés de ceux des hommes. Elles seront placées sous la surveillance immédiate de femmes. Toutefois, si des familles sont arrêtées, détenues ou internées, l'unité de ces familles sera préservée autant que possible pour leur logement.

Art. 78. Evacuation des enfants. 1. Aucune Partie au conflit ne doit procéder à l'évacuation, vers un pays étranger, d'enfants autres que ses propres ressortissants, à moins qu'il ne s'agisse d'une évacuation temporaire rendue nécessaire par des raisons impérieuses tenant à la santé ou à un traitement médical des enfants ou, sauf dans un territoire occupé, à leur sécurité. Lorsqu'on peut atteindre les parents ou les tuteurs, leur consentement écrit à cette évacuation est nécessaire. Si on ne peut pas les atteindre, l'évacuation ne peut se faire qu'avec le consentement écrit des personnes à qui la loi ou la coutume attribue principalement la garde des enfants. La Puissance protectrice contrôlera toute évacuation de cette nature, d'entente avec les Parties intéressées, c'est-à-dire la Partie qui procède à l'évacuation, la Partie qui reçoit les enfants et toute Partie dont les ressortissants sont évacués. Dans tous les cas, toutes les Parties au conflit prendront toutes les précautions possibles dans la pratique pour éviter de compromettre l'évacuation.

2. Lorsqu'il est procédé à une évacuation dans les conditions du paragraphe 1, l'éducation de chaque enfant évacué, y compris son éducation religieuse et morale telle que la désirent ses parents, devra être assurée d'une façon aussi continue que possible.

3. Afin de faciliter le retour dans leur famille et dans leur pays des enfants évacués conformément aux dispositions du présent article, les autorités de la Partie qui a procédé à l'évacuation et, lorsqu'il conviendra, les

autorités du pays d'accueil, établiront, pour chaque enfant, une fiche accompagnée de photographies qu'elles feront parvenir à l'Agence centrale de recherches du Comité international de la Croix-Rouge. Cette fiche portera, chaque fois que cela sera possible et ne risquera pas de porter préjudice à l'enfant, les renseignements suivants :
a) le(s) nom(s) de l'enfant ;
b) le(s) prénom(s) de l'enfant ;
c) le sexe de l'enfant ;
d) le lieu et la date de naissance (ou, si cette date n'est pas connue, l'âge approximatif) ;
e) les nom et prénom du père ;
f) les nom et prénom de la mère et éventuellement son nom de jeune fille ;
g) les proches parents de l'enfant ;
h) la nationalité de l'enfant ;
i) la langue maternelle de l'enfant et toute autre langue qu'il parle ;
j) l'adresse de la famille de l'enfant ;
k) tout numéro d'identification donné à l'enfant ;
l) l'état de santé de l'enfant ;
m) le groupe sanguin de l'enfant ;
n) d'éventuels signes particuliers ;
o) la date et le lieu où l'enfant a été trouvé ;
p) la date à laquelle et le lieu où l'enfant a quitté son pays ;
q) éventuellement la religion de l'enfant ;
r) l'adresse actuelle de l'enfant dans le pays d'accueil ;
s) si l'enfant meurt avant son retour, la date, le lieu et les circonstances de sa mort et le lieu de sa sépulture.

Protection des femmes *(Protocole additionnel aux Conventions de Genève du 12 août 1949 relatif à la protection des victimes des conflits armés internationaux (Protocole I), 8 juin 1977. Titre IV. Population civile. Section III. Traitement des personnes au pouvoir d'une partie au conflit. Chapitre II. Mesures en faveur des femmes et des enfants. Art. 76. Protection des femmes).* 1. Les femmes doivent faire l'objet d'un respect particulier et seront protégées, notamment contre le viol, la contrainte à la prostitution et toute autre forme d'attentat à la pudeur.
2. Les cas des femmes enceintes et des mères d'enfants en bas âge dépendant d'elles qui sont arrêtées, détenues ou internées pour des raisons liées au conflit armé seront examinés en priorité absolue.
3. Dans toute la mesure du possible, les Parties au conflit s'efforceront d'éviter que la peine de mort soit prononcée contre les femmes enceintes ou les mères d'enfants en bas âge dépendant d'elles pour une infraction commise en relation avec le conflit armé. Une condamnation à mort contre ces femmes pour une telle infraction ne sera pas exécutée.

Protection des journalistes. Mesures de protection des journalistes *(Protocole additionnel aux Conventions de Genève du 12 août 1949 relatif à la protection des victimes des conflits armés internationaux (Protocole I), 8 juin 1977. Titre IV. Population civile. Section III. Traitement des personnes au pouvoir d'une partie au conflit. Chapitre III. Journalistes. Art. 79. Mesures de protection des journalistes).* 1. Les journalistes qui accomplissent des missions professionnelles périlleuses dans des zones de conflit armé seront considérés comme des personnes civiles au sens de l'article 50, paragraphe 1.

2. Ils seront protégés en tant que tels conformément aux Conventions et au présent Protocole, à la condition de n'entreprendre aucune action qui porte atteinte à leur statut de personnes civiles et sans préjudice du droit des correspondants de guerre accrédités auprès des forces armées de bénéficier du statut prévu par l'article 4 A.4, de la IIIe Convention.

3. Ils pourront obtenir une carte d'identité conforme au modèle joint à l'Annexe II au présent Protocole. Cette carte, qui sera délivrée par le gouvernement de l'Etat dont ils sont les ressortissants, ou sur le territoire duquel ils résident ou dans lequel se trouve l'agence ou l'organe de presse qui les emploie, attestera de la qualité de journaliste de son détenteur.

Protection des ouvrages et installations contenant des forces dangereuses *(Protocole additionnel aux Conventions de Genève du 12 août 1949 relatif à la protection des victimes des conflits armés internationaux (Protocole I), 8 juin 1977. Titre IV. Population civile. Section I. Protection générale contre les effets des hostilités. Chapitre III. Biens de caractère civil. Art. 56. Protection des ouvrages et installations contenant des forces dangereuses).* 1. Les ouvrages d'art ou installations contenant des forces dangereuses, à savoir les barrages, les digues et les centrales nucléaires de production d'énergie électrique ne seront pas l'objet d'attaques, même s'ils constituent des objectifs militaires, lorsque de telles attaques peuvent provoquer la libération de ces forces et, en conséquence, causer des pertes sévères dans la population civile. Les autres objectifs militaires situés sur ces ouvrages ou installations ou à proximité ne doivent pas être l'objet d'attaques lorsque de telles attaques peuvent provoquer la libération de forces dangereuses et, en conséquence, causer des pertes sévères dans la population civile.

2. La protection spéciale contre les attaques prévues au paragraphe 1 ne peut cesser :

a) pour les barrages ou les digues, que s'ils sont utilisés à des fins autres que leur fonction normale et pour l'appui régulier, important et direct d'opérations militaires, et si de telles attaques sont le seul moyen pratique de faire cesser cet appui ;

b) pour les centrales nucléaires de production d'énergie électrique, que si elles fournissent du courant électrique pour l'appui régulier, important et direct d'opérations militaires, et si de telles attaques sont le seul moyen pratique de faire cesser cet appui ;
c) pour les autres objectifs militaires situés sur ces ouvrages ou installations ou à proximité, que s'ils sont utilisés pour l'appui régulier, important et direct d'opérations militaires, et si de telles attaques sont le seul moyen pratique de faire cesser cet appui.

3. Dans tous les cas, la population civile et les personnes civiles continuent de bénéficier de toutes les protections qui leur sont conférées par le droit international, y compris des mesures de précaution prévues par l'article 57. Si la protection cesse et si l'un des ouvrages, l'une des installations ou l'un des objectifs militaires mentionnés au paragraphe 1 est attaqué, toutes les précautions possibles dans la pratique doivent être prises pour éviter que les forces dangereuses soient libérées.

4. Il est interdit de faire de l'un des ouvrages, de l'une des installations ou de l'un des objectifs militaires mentionnés au paragraphe 1 l'objet de représailles.

5. Les Parties au conflit s'efforceront de ne pas placer d'objectifs militaires à proximité des ouvrages ou installations mentionnés au paragraphe 1. Néanmoins, les installations établies à seule fin de défendre les ouvrages ou installations protégés contre les attaques sont autorisées et ne doivent pas être elles-mêmes l'objet d'attaques, à condition qu'elles ne soient pas utilisées dans les hostilités, sauf pour les actions défensives nécessaires afin de répondre aux attaques contre les ouvrages ou installations protégés et que leur armement soit limité aux armes qui ne peuvent servir qu'à repousser une action ennemie contre les ouvrages ou installations protégés.

6. Les Hautes Parties contractantes et les Parties au conflit sont instamment invitées à conclure entre elles d'autres accords pour assurer une protection supplémentaire des biens contenant des forces dangereuses.

7. Pour faciliter l'identification des biens protégés par le présent article, les Parties au conflit pourront les marquer au moyen d'un signe spécial consistant en un groupe de trois cercles orange vif disposés sur un même axe comme il est spécifié à l'article 16 de l'Annexe I au présent Protocole [à l'article 17 de l'Annexe révisée]. L'absence d'une telle signalisation ne dispense en rien les Parties au conflit des obligations découlant du présent article.

Protection des personnes ayant pris part aux hostilités

(Protocole additionnel aux Conventions de Genève du 12 août 1949 relatif à la protection des victimes des conflits armés internationaux (Protocole I), 8 juin 1977. Titre III. Méthodes et moyens de guerre. Statut de combattant et de prisonnier de guerre. Section II. Statut de combattant et de prisonnier de

guerre. Art. 45. Protection des personnes ayant pris part aux hostilités ; Section III. Traitement des personnes au pouvoir d'une partie au conflit. Chapitre I. Champ d'application et protection des personnes et des biens. Art. 75. Garanties fondamentales). Art. 45. Protection des personnes ayant pris part aux hostilités.

1. Une personne qui prend part à des hostilités et tombe au pouvoir d'une Partie adverse est présumée être prisonnier de guerre et par conséquent se trouve protégée par la IIIe Convention lorsqu'elle revendique le statut de prisonnier de guerre, ou qu'il apparaît qu'elle a droit au statut de prisonnier de guerre, ou lorsque la Partie dont elle dépend revendique pour elle ce statut par voie de notification à la Puissance qui la détient ou à la Puissance protectrice. S'il existe un doute quelconque au sujet de son droit au statut de prisonnier de guerre, cette personne continue à bénéficier de ce statut et, par suite, de la protection de la IIIe Convention et du présent Protocole, en attendant que son statut soit déterminé par un tribunal compétent. 2. Si une personne tombée au pouvoir d'une Partie adverse n'est pas détenue comme prisonnier de guerre et doit être jugée par cette Partie pour une infraction liée aux hostilités, elle est habilitée à faire valoir son droit au statut de prisonnier de guerre devant un tribunal judiciaire et à obtenir que cette question soit tranchée. Chaque fois que la procédure applicable le permet, la question doit être tranchée avant qu'il soit statué sur l'infraction. Les représentants de la Puissance protectrice ont le droit d'assister aux débats au cours desquels cette question doit être tranchée, sauf dans le cas exceptionnel où ces débats ont lieu à huis clos dans l'intérêt de la sûreté de l'Etat. Dans ce cas, la Puissance détentrice doit en aviser la Puissance protectrice.

3. Toute personne qui, ayant pris part à des hostilités, n'a pas droit au statut de prisonnier de guerre et ne bénéficie pas d'un traitement plus favorable conformément à la IVe Convention a droit, en tout temps, à la protection de l'article 75 du présent Protocole. En territoire occupé, une telle personne, sauf si elle est détenue pour espionnage, bénéficie également, nonobstant les dispositions de l'article 5 de la IVe Convention, des droits de communication prévus par ladite Convention.

Section III. Traitement des personnes au pouvoir d'une partie au conflit. Chapitre I. Champ d'application et protection des personnes et des biens. Art. 75. Garanties fondamentales.

1. Dans la mesure où elles sont affectées par une situation visée à l'article premier du présent Protocole, les personnes qui sont au pouvoir d'une Partie au conflit et qui ne bénéficient pas d'un traitement plus favorable en vertu des Conventions et du présent Protocole seront traitées avec humanité en toutes circonstances et bénéficieront au moins des protections prévues par le présent article sans aucune distinction de caractère défavorable fondée sur la race, la couleur, le sexe, la langue, la religion ou la croyance, les opinions politiques ou autres, l'origine nationale ou sociale, la fortune, la naissance ou une autre situation, ou tout autre critère analogue. Chacune des Parties

respectera la personne, l'honneur, les convictions et les pratiques religieuses de toutes ces personnes.

2. Sont et demeureront prohibés en tout temps et en tout lieu les actes suivants, qu'ils soient commis par des agents civils ou militaires :

a) les atteintes portées à la vie, à la santé et au bien-être physique ou mental des personnes, notamment :

i) le meurtre ;

ii) la torture sous toutes ses formes, qu'elle soit physique ou mentale ;

iii) les peines corporelles ; et

iv) les mutilations ;

b) les atteintes à la dignité de la personne, notamment les traitements humiliants et dégradants, la prostitution forcée et toute forme d'attentat à la pudeur ;

c) la prise d'otages ;

d) les peines collectives ; et

e) la menace de commettre l'un quelconque des actes précités.

3. Toute personne arrêtée, détenue ou internée pour des actes en relation avec le conflit armé sera informée sans retard, dans une langue qu'elle comprend, des raisons pour lesquelles ces mesures ont été prises. Sauf en cas d'arrestation ou de détention du chef d'une infraction pénale, cette personne sera libérée dans les plus brefs délais possibles et, en tout cas, dès que les circonstances justifiant l'arrestation, la détention ou l'internement auront cessé d'exister.

4. Aucune condamnation ne sera prononcée ni aucune peine exécutée à l'encontre d'une personne reconnue coupable d'une infraction pénale commise en relation avec le conflit armé si ce n'est en vertu d'un jugement préalable rendu par un tribunal impartial et régulièrement constitué, qui se conforme aux principes généralement reconnus d'une procédure judiciaire régulière comprenant les garanties suivantes :

a) la procédure disposera que tout prévenu doit être informé sans délai des détails de l'infraction qui lui est imputée et assurera au prévenu avant et pendant son procès tous les droits et moyens nécessaires à sa défense ;

b) nul ne peut être puni pour une infraction si ce n'est sur la base d'une responsabilité pénale individuelle ;

c) nul ne sera accusé ou condamné pour des actions ou omissions qui ne constituaient pas un acte délictueux d'après le droit national ou international qui lui était applicable au moment où elles ont été commises. De même, il ne sera infligé aucune peine plus forte que celle qui était applicable au moment où l'infraction a été commise. Si, postérieurement à cette infraction, la loi prévoit l'application d'une peine plus légère, le délinquant doit en bénéficier ;

d) toute personne accusée d'une infraction est présumée innocente jusqu'à ce que sa culpabilité ait été légalement établie ;

e) toute personne accusée d'une infraction a le droit d'être jugée en sa présence ;

f) nul ne peut être forcé de témoigner contre lui-même ou de s'avouer coupable ;
g) toute personne accusée d'une infraction a le droit d'interroger ou de faire interroger les témoins à charge et d'obtenir la comparution et l'interrogatoire des témoins à décharge dans les mêmes conditions que les témoins à charge ;
h) aucune personne ne peut être poursuivie ou punie par la même Partie pour une infraction ayant déjà fait l'objet d'un jugement définitif d'acquittement ou de condamnation rendu conformément au même droit et à la même procédure judiciaire ;
i) toute personne accusée d'une infraction a droit à ce que le jugement soit rendu publiquement ;
j) toute personne condamnée sera informée, au moment de sa condamnation, de ses droits de recours judiciaires et autres ainsi que des délais dans lesquels ils doivent être exercés.

5. Les femmes privées de liberté pour des motifs en relation avec le conflit armé seront gardées dans des locaux séparés de ceux des hommes. Elles seront placées sous la surveillance immédiate de femmes. Toutefois, si des familles sont arrêtées, détenues ou internées, l'unité de ces familles sera préservée autant que possible pour leur logement.

6. Les personnes arrêtées, détenues ou internées pour des motifs en relation avec le conflit armé bénéficieront des protections accordées par le présent article jusqu'à leur libération définitive, leur rapatriement ou leur établissement, même après la fin du conflit armé.

7. Pour que ne subsiste aucun doute en ce qui concerne la poursuite et le jugement des personnes accusées de crimes de guerre ou de crimes contre l'humanité, les principes suivants seront appliqués :
a) les personnes qui sont accusées de tels crimes devraient être déférées aux fins de poursuite et de jugement conformément aux règles du droit international applicable ; et
b) toute personne qui ne bénéficie pas d'un traitement plus favorable en vertu des Conventions ou du présent Protocole se verra accorder le traitement prévu par le présent article, que les crimes dont elle est accusée constituent ou non des infractions graves aux Conventions ou au présent Protocole.

8. Aucune disposition du présent article ne peut être interprétée comme limitant ou portant atteinte à toute autre disposition plus favorable accordant, en vertu des règles du droit international applicable, une plus grande protection aux personnes couvertes par le paragraphe 1.

Protection des unités sanitaires *(Protocole additionnel aux Conventions de Genève du 12 août 1949 relatif à la protection des victimes des conflits armés internationaux (Protocole I), 8 juin 1977. Titre II. Blessés, malades et naufragés. Section I. Protection générale. Art. 12. Protection des* *unités sanitaires).* 1. Les unités sanitaires doivent en tout temps être respectées et protégées et ne doivent pas être l'objet d'attaques.

2. Le paragraphe 1 s'applique aux unités sanitaires civiles pour autant qu'elles remplissent l'une des conditions suivantes :
a) appartenir à l'une des Parties au conflit ;
b) être reconnues et autorisées par l'autorité compétente de l'une des Parties au conflit ;
c) être autorisées conformément aux articles 9, paragraphe 2, du présent Protocole, ou 27 de la Ire Convention.

3. Les Parties au conflit sont invitées à se communiquer l'emplacement de leurs unités sanitaires fixes. L'absence d'une telle notification ne dispense aucune des Parties d'observer les dispositions du paragraphe 1.

4. En aucune circonstance, les unités sanitaires ne doivent être utilisées pour tenter de mettre des objectifs militaires à l'abri d'attaques. Chaque fois que cela sera possible, les Parties au conflit veilleront à ce que les unités sanitaires soient situées de telle façon que des attaques contre des objectifs militaires ne mettent pas ces unités sanitaires en danger.

Protection des victimes et des témoins *(Statut de Rome CPI. Chapitre VI. Le procès, art. 68. Protection et participation au procès des victimes et des témoins ; RPP – CPI, Section 3. Victimes et témoins, Sous-section 2. Protection des victimes et des témoins - Statut TPIY, art. 22. Protection des victimes et des témoins ; RPP – TPIY, art. 69. Protection des victimes et des témoins - Statut TPIR, art. 21. Protection des victimes et des témoins ; RPP – TPIR, art. 69. Protection des victimes et des témoins).*

Statut de Rome CPI. Chapitre VI. Le procès, art. 68. Protection et participation au procès des victimes et des témoins. 1. La Cour prend les mesures propres à protéger la sécurité, le bien-être physique et psychologique, la dignité et le respect de la vie privée des victimes et des témoins. Ce faisant, elle tient compte de tous les facteurs pertinents, notamment l'âge, le sexe tel que défini à l'article 7, paragraphe 3, et l'état de santé, ainsi que la nature du crime, en particulier, mais sans s'y limiter, lorsque celui-ci s'accompagne de violences à caractère sexuel, de violences à caractère sexiste ou de violences contre des enfants. Le Procureur prend ces mesures en particulier au stade de l'enquête et des poursuites. Ces mesures ne doivent être ni préjudiciables ni contraires aux droits de la défense et aux exigences d'un procès équitable et impartial.

2. Par exception au principe de la publicité des débats énoncé à l'article 67, les Chambres de la Cour peuvent, pour protéger les victimes et les témoins ou un accusé, ordonner le huis clos pour une partie quelconque de la procédure ou permettre que les dépositions soient recueillies par des moyens électroniques ou autres moyens spéciaux. Ces mesures sont appliquées en particulier à l'égard d'une victime de violences sexuelles ou d'un enfant qui

est victime ou témoin, à moins que la Cour n'en décide autrement compte tenu de toutes les circonstances, en particulier des vues de la victime ou du témoin.

3. Lorsque les intérêts personnels des victimes sont concernés, la Cour permet que leurs vues et préoccupations soient exposées et examinées, à des stades de la procédure qu'elle estime appropriés et d'une manière qui n'est ni préjudiciable ni contraire aux droits de la défense et aux exigences d'un procès équitable et impartial. Ces vues et préoccupations peuvent être exposées par les représentants légaux des victimes lorsque la Cour l'estime approprié, conformément au Règlement de procédure et de preuve.

4. La Division d'aide aux victimes et aux témoins peut conseiller le Procureur et la Cour sur les mesures de protection, les dispositions de sécurité et les activités de conseil et d'aide visées à l'article 43, paragraphe 6.

5. Lorsque la divulgation d'éléments de preuve et de renseignements en vertu du présent Statut risque de mettre gravement en danger un témoin ou les membres de sa famille, le Procureur peut, dans toute procédure engagée avant l'ouverture du procès, s'abstenir de divulguer ces éléments de preuve ou renseignements et en présenter un résumé. De telles mesures doivent être appliquées d'une manière qui n'est ni préjudiciable ni contraire aux droits de la défense et aux exigences d'un procès équitable et impartial.

6. Un État peut demander que soient prises les mesures nécessaires pour assurer la protection de ses fonctionnaires ou agents et la protection d'informations confidentielles ou sensibles. ***Voir aussi :*** *RPP – CPI, Section 3. Victimes et témoins, Sous-section 2. Protection des victimes et des témoins. Règle 87. Mesures de protection ; Règle 88. Mesures spéciales ; Sous-section 3. Participation des victimes à la procédure ; Règle 89. Demandes relatives à la participation des victimes à la procédure ; Règle 90. Représentation légale des victimes ; Règle 91. Participation du représentant légal à la procédure ; Règle 92. Notification aux victimes et à leurs représentants légaux ; Règle 93. Avis des victimes ou de leurs représentants légaux ; Sous-section 4. Réparation en faveur des victimes ; Règle 94. Procédure à suivre en cas de demandes présentées par les victimes ; Règle 95. Procédure à suivre lorsque la Cour agit de son propre chef ; Règle 96. Publicité donnée aux procédures en réparation ; Règle 97. Évaluation de la réparation ; Règle 98. Fonds au profit des victimes ; Règle 99. Coopération et mesures conservatoires aux fins de confiscation en vertu de l'alinéa e) du paragraphe 3 de l'article 57 et du paragraphe 4 de l'article 75.*

Statut TPIY, art. 22. Protection des victimes et des témoins. Le Tribunal international prévoit dans ses règles de procédure et de preuve des mesures de protection des victimes et des témoins. Les mesures de protection comprennent, sans y être limitées, la tenue d'audiences à huis clos et la protection de l'identité des victimes.

Voir aussi : *RPP – TPIY, art. 69. Protection des victimes et des témoins.*

A) Dans des cas exceptionnels, le Procureur peut demander à un juge ou à la Chambre de première instance d'ordonner la non-divulgation de l'identité d'une victime ou d'un témoin pour empêcher qu'ils ne courent un danger ou des risques, et ce jusqu'au moment où ils seront placés sous la protection du Tribunal.
B) En déterminant les mesures de protection destinées aux victimes ou témoins, le juge ou la Chambre de première instance peut consulter la Section d'aide aux victimes et aux témoins.
C) Sans préjudice des dispositions de l'article 75 ci-dessous, l'identité de cette victime ou de ce témoin devra être divulguée avant le commencement du procès et dans des délais permettant à la défense de se préparer.
Statut TPIR, art. 21. Protection des victimes et des témoins. Le Tribunal international pour le Rwanda prévoit dans son Règlement de procédure et de preuve des mesures de protection des victimes et des témoins. Les mesures de protection comprennent, sans y être limitées, la tenue d'audiences à huis clos et la protection de l'identité des victimes.
Voir aussi : *RPP – TPIR, art. 69. Protection des victimes et des témoins.*
A) Dans des cas exceptionnels, chacune des deux parties peut demander à la Chambre de première instance d'ordonner la non-divulgation de l'identité d'une victime ou d'un témoin pour empêcher qu'ils ne courent un danger ou des risques, et ce, jusqu'au moment où la Chambre en décidera autrement.
B) Lorsqu'elle arrête des mesures de protection des victimes ou des témoins, la Chambre peut consulter la Section d'aide aux victimes et aux témoins.
C) Sous réserve de l'Article 75, l'identité des victimes ou des témoins doit être divulguée dans des délais prescrits par la Chambre de première instance, pour accorder au Procureur et à la défense le temps nécessaire à leur préparation.

Protection du personnel sanitaire et religieux civil

(Protocole additionnel aux Conventions de Genève du 12 août 1949 relatif à la protection des victimes des conflits armés internationaux (Protocole I), 8 juin 1977. Titre II. Blessés, malades et naufragés. Section I. Protection générale. Art. 15. Protection du personnel sanitaire et religieux civil). 1. Le personnel sanitaire civil sera respecté et protégé.

2. En cas de besoin, toute assistance possible doit être donnée au personnel sanitaire civil dans une zone où les services sanitaires civils seraient désorganisés en raison des combats.

3. La Puissance occupante donnera toute assistance au personnel sanitaire civil dans les territoires occupés pour lui permettre d'accomplir au mieux sa mission humanitaire. La Puissance occupante ne peut pas exiger de ce personnel que cette mission s'accomplisse en priorité au profit de qui que ce soit, sauf pour des raisons médicales. Ce personnel ne sera pas astreint à des tâches incompatibles avec sa mission humanitaire.

4. Le personnel sanitaire civil pourra se rendre sur les lieux où ses services sont indispensables, sous réserve des mesures de contrôle et de sécurité que la Partie au conflit intéressée jugerait nécessaires.

5. Le personnel religieux civil sera respecté et protégé. Les dispositions des Conventions et du présent Protocole relatives à la protection et à l'identification du personnel sanitaire lui sont applicables.

Protection et soins *(Protocole additionnel aux Conventions de Genève du 12 août 1949 relatif à la protection des victimes des conflits armés internationaux (Protocole I), 8 juin 1977. Titre II. Blessés, malades et naufragés. Section I. Protection générale. Art. 10. Protection et soins).* 1. Tous les blessés, malades et naufragés, à quelque Partie qu'ils appartiennent, doivent être respectés et protégés.

2. Ils doivent en toute circonstance être traités avec humanité et recevoir, dans toute la mesure du possible et dans les délais les plus brefs, les soins médicaux qu'exige leur état. Aucune distinction fondée sur des critères autres que médicaux ne doit être faite entre eux.

Protection générale *(Protocole additionnel aux Conventions de Genève du 12 août 1949 relatif à la protection des victimes des conflits armés internationaux (Protocole I), 8 juin 1977. Titre IV. Population civile. Section I. Protection générale contre les effets des hostilités. Chapitre VI. Protection civile. Art. 62. Protection générale ; Art. 52. Protection générale des biens de caractère civil). Art. 62. Protection générale.* 1. Les organismes civils de protection civile ainsi que leur personnel doivent être respectés et protégés, conformément aux dispositions du présent Protocole et notamment aux dispositions de la présente Section. Ils ont le droit de s'acquitter de leurs tâches de protection civile, sauf en cas de nécessité militaire impérieuse.

2. Les dispositions du paragraphe 1 s'appliquent également aux civils qui, bien que n'appartenant pas à des organismes civils de protection civile, répondent à un appel des autorités compétentes et accomplissent sous leur contrôle des tâches de protection civile.

3. Les bâtiments et le matériel utilisés à des fins de protection civile ainsi que les abris destinés à la population civile sont régis par l'article 52. Les biens utilisés à des fins de protection civile ne peuvent être ni détruits ni détournés de leur destination, sauf par la Partie à laquelle ils appartiennent.

Art. 52. Protection générale des biens de caractère civil). 1. Les biens de caractère civil ne doivent être l'objet ni d'attaques ni de représailles. Sont biens de caractère civil tous les biens qui ne sont pas des objectifs militaires au sens du paragraphe 2.

2. Les attaques doivent être strictement limitées aux objectifs militaires. En ce qui concerne les biens, les objectifs militaires sont limités aux biens qui, par leur nature, leur emplacement, leur destination ou leur utilisation

apportent une contribution effective à l'action militaire et dont la destruction totale ou partielle, la capture ou la neutralisation offre en l'occurrence un avantage militaire précis.

3. En cas de doute, un bien qui est normalement affecté à un usage civil, tel qu'un lieu de culte, une maison, un autre type d'habitation ou une école, est présumé ne pas être utilisé en vue d'apporter une contribution effective à l'action militaire.

Protection générale de la mission médicale *(Protocole additionnel aux Conventions de Genève du 12 août 1949 relatif à la protection des victimes des conflits armés internationaux (Protocole I), 8 juin 1977. Titre II. Blessés, malades et naufragés. Section I. Protection générale. Art. 16. Protection générale de la mission médicale).* 1. Nul ne sera puni pour avoir exercé une activité de caractère médical conforme à la déontologie, quels qu'aient été les circonstances ou les bénéficiaires de cette activité.

2. Les personnes exerçant une activité de caractère médical ne peuvent être contraintes d'accomplir des actes ou d'effectuer des travaux contraires à la déontologie ou aux autres règles médicales qui protègent les blessés et les malades, ou aux dispositions des Conventions ou du présent Protocole, ni de s'abstenir d'accomplir des actes exigés par ces règles et dispositions.

3. Aucune personne exerçant une activité médicale ne doit être contrainte de donner à quiconque appartenant soit à une Partie adverse, soit à la même Partie qu'elle, sauf dans les cas prévus par la loi de cette dernière, des renseignements concernant les blessés et les malades qu'elle soigne ou qu'elle a soignés si elle estime que de tels renseignements peuvent porter préjudice à ceux-ci ou à leur famille. Les règlements régissant la notification obligatoire des maladies transmissibles doivent, néanmoins, être respectés.

Protection générale des biens de caractère civil *(Protocole additionnel aux Conventions de Genève du 12 août 1949 relatif à la protection des victimes des conflits armés internationaux (Protocole I), 8 juin 1977. Titre IV. Population civile. Section I. Protection générale contre les effets des hostilités. Chapitre III. Biens de caractère civil. Art. 52. Protection générale des biens de caractère civil).* 1. Les biens de caractère civil ne doivent être l'objet ni d'attaques ni de représailles. Sont biens de caractère civil tous les biens qui ne sont pas des objectifs militaires au sens du paragraphe 2.

2. Les attaques doivent être strictement limitées aux objectifs militaires. En ce qui concerne les biens, les objectifs militaires sont limités aux biens qui, par leur nature, leur emplacement, leur destination ou leur utilisation apportent une contribution effective à l'action militaire et dont la destruction

totale ou partielle, la capture ou la neutralisation offre en l'occurrence un avantage militaire précis.

3. En cas de doute, un bien qui est normalement affecté à un usage civil, tel qu'un lieu de culte, une maison, un autre type d'habitation ou une école, est présumé ne pas être utilisé en vue d'apporter une contribution effective à l'action militaire.

Protocole additionnel à la Convention des Nations Unies contre la criminalité transnationale organisée visant à prévenir, réprimer et punir la traite des personnes, en particulier des femmes et des enfants. Conclu à New York le 15 novembre 2000.

Préambule. Les Etats parties au présent Protocole,

Déclarant qu'une action efficace visant à prévenir et combattre la traite des personnes, en particulier des femmes et des enfants, exige de la part des pays d'origine, de transit et de destination une approche globale et internationale, comprenant des mesures destinées à prévenir une telle traite, à punir les trafiquants et à protéger les victimes de cette traite, notamment en faisant respecter leurs droits fondamentaux internationalement reconnus,

Tenant compte du fait que, malgré l'existence de divers instruments internationaux qui renferment des règles et des dispositions pratiques visant à lutter contre l'exploitation des personnes, en particulier des femmes et des enfants, il n'y a aucun instrument universel qui porte sur tous les aspects de la traite des personnes,

Préoccupés par le fait que, en l'absence d'un tel instrument, les personnes vulnérables à une telle traite ne seront pas suffisamment protégées,

Rappelant la résolution 53/111 de l'Assemblée générale du 9 décembre 1998, dans laquelle l'Assemblée a décidé de créer un comité intergouvernemental spécial à composition non limitée chargé d'élaborer une convention internationale générale contre la criminalité transnationale organisée et d'examiner s'il y avait lieu d'élaborer, notamment, un instrument international de lutte contre la traite des femmes et des enfants,

Convaincus que le fait d'adjoindre à la Convention des Nations Unies contre la criminalité transnationale organisée un instrument international visant à prévenir, réprimer et punir la traite des personnes, en particulier des femmes et des enfants, aidera à prévenir et combattre ce type de criminalité,

Sont convenus de ce qui suit : (…).

Protocole de Kyoto à la Convention-cadre des Nations Unies sur les changements climatiques. Kyoto, 11 décembre 1997 *(Préambule ; Art. 1 ; Art. 3). Préambule. Les Parties au présent Protocole,*

Étant Parties à la Convention-cadre des Nations Unies sur les changements climatiques (ci-après dénommée la « Convention »),
Soucieuses d'atteindre l'objectif ultime de la Convention tel qu'il est énoncé à l'article 2 de celle-ci,
Rappelant les dispositions de la Convention,
Guidées par l'article 3 de la Convention,
Agissant en application du Mandat de Berlin adopté par la Conférence des Parties à la Convention à sa première session dans la décision 1/CP.1,
Sont convenues de ce qui suit :

Art. 1er. Aux fins du présent Protocole, les définitions énoncées à l'article premier de la Convention sont applicables. En outre :

1. On entend par « Conférence des Parties » la Conférence des Parties à la Convention.

2. On entend par « Convention » la Convention-cadre des Nations Unies sur les changements climatiques, adoptée à New York le 9 mai 1992.

3. On entend par « Groupe d'experts intergouvernemental sur l'évolution du climat » le Groupe d'experts intergouvernemental sur l'évolution du climat créé conjointement par l'Organisation météorologique mondiale et le Programme des Nations Unies pour l'environnement en 1988.

4. On entend par « Protocole de Montréal » le Protocole de Montréal de 1987 relatif à des substances qui appauvrissent la couche d'ozone, adopté à Montréal le 16 septembre 1987, tel qu'il a été adapté et modifié ultérieurement.

5. On entend par « Parties présentes et votantes » les Parties présentes qui expriment un vote affirmatif ou négatif.

6. On entend par « Partie », sauf indication contraire du contexte, une Partie au présent Protocole.

7. On entend par « Partie visée à l'annexe I » toute Partie figurant à l'annexe I de la Convention, compte tenu des modifications susceptibles d'être apportées à ladite annexe, ou toute Partie qui a fait une notification conformément à l'alinéa g) du paragraphe 2 de l'article 4 de la Convention. (…).

Art. 3. 1. Les Parties visées à l'annexe I font en sorte, individuellement ou conjointement, que leurs émissions anthropiques agrégées, exprimées en équivalent-dioxyde de carbone, des gaz à effet de serre indiqués à l'annexe A ne dépassent pas les quantités qui leur sont attribuées, calculées en fonction de leurs engagements chiffrés en matière de limitation et de réduction des émissions inscrits à l'annexe B et conformément aux dispositions du présent article, en vue de réduire le total de leurs émissions de ces gaz d'au moins 5 % par rapport au niveau de 1990 au cours de la période d'engagement allant de 2008 à 2012.

2. Chacune des Parties visées à l'annexe I devra avoir accompli en 2005, dans l'exécution de ses engagements au titre du présent Protocole, des progrès dont elle pourra apporter la preuve.

3. Les variations nettes des émissions de gaz à effet de serre par les sources et de l'absorption par les puits résultant d'activités humaines directement liées au changement d'affectation des terres et à la foresterie et limitées au boisement, au reboisement et au déboisement depuis 1990, variations qui correspondent à des variations vérifiables des stocks de carbone au cours de chaque période d'engagement, sont utilisées par les Parties visées à l'annexe I pour remplir leurs engagements prévus au présent article. Les émissions des gaz à effet de serre par les sources et l'absorption par les puits associées à ces activités sont notifiées de manière transparente et vérifiable et examinées conformément aux articles 7 et 8.

4. Avant la première session de la Conférence des Parties agissant comme réunion des Parties au présent Protocole, chacune des Parties visées à l'annexe I fournit à l'Organe subsidiaire de conseil scientifique et technologique, pour examen, des données permettant de déterminer le niveau de ses stocks de carbone en 1990 et de procéder à une estimation des variations de ses stocks de carbone au cours des années suivantes. À sa première session, ou dès que possible par la suite, la Conférence des Parties agissant comme réunion des Parties au présent Protocole arrête les modalités, règles et lignes directrices à appliquer pour décider quelles activités anthropiques supplémentaires ayant un rapport avec les variations des émissions par les sources et de l'absorption par les puits des gaz à effet de serre dans les catégories constituées par les terres agricoles et le changement d'affectation des terres et la foresterie doivent être ajoutées aux quantités attribuées aux Parties visées à l'annexe I ou retranchées de ces quantités et pour savoir comment procéder à cet égard, compte tenu des incertitudes, de la nécessité de communiquer des données transparentes et vérifiables, du travail méthodologique du Groupe d'experts intergouvernemental sur l'évolution du climat, des conseils fournis par l'Organe subsidiaire de conseil scientifique et technologique conformément à l'article 5 et des décisions de la Conférence des Parties. Cette décision vaut pour la deuxième période d'engagement et pour les périodes suivantes. Une Partie peut l'appliquer à ces activités anthropiques supplémentaires lors de la première période d'engagement pour autant que ces activités aient eu lieu depuis 1990.

5. Les Parties visées à l'annexe I qui sont en transition vers une économie de marché et dont l'année ou la période de référence a été fixée conformément à la décision 9/CP.2, adoptée par la Conférence des Parties à sa deuxième session, remplissent leurs engagements au titre du présent article en se fondant sur l'année ou la période de référence. Toute autre Partie visée à l'annexe I qui est en transition vers une économie de marché et qui n'a pas encore établi sa communication initiale en application de l'article 12 de la Convention peut aussi notifier à la Conférence des Parties agissant comme réunion des Parties au présent Protocole son intention de retenir une année ou une période de référence historique autre que 1990 pour remplir ses

engagements au titre du présent article. La Conférence des Parties agissant comme réunion des Parties au présent Protocole se prononce sur l'acceptation de cette notification.

6. Compte tenu du paragraphe 6 de l'article 4 de la Convention, la Conférence des Parties agissant comme réunion des Parties au présent Protocole accorde aux Parties visées à l'annexe I qui sont en transition vers une économie de marché une certaine latitude dans l'exécution de leurs engagements autres que ceux visés au présent article.

7. Au cours de la première période d'engagements chiffrés en matière de limitation et de réduction des émissions, allant de 2008 à 2012, la quantité attribuée à chacune des Parties visées à l'annexe I est égale au pourcentage, inscrit pour elle à l'annexe B, de ses émissions anthropiques agrégées, exprimées en équivalent-dioxyde de carbone, des gaz à effet de serre indiqués à l'annexe A en 1990, ou au cours de l'année ou de la période de référence fixée conformément au paragraphe 5 ci-dessus, multiplié par cinq. Les Parties visées à l'annexe I pour lesquelles le changement d'affectation des terres et la foresterie constituaient en 1990 une source nette d'émissions de gaz à effet de serre prennent en compte dans leurs émissions correspondant à l'année ou à la période de référence, aux fins du calcul de la quantité qui leur est attribuée, les émissions anthropiques agrégées par les sources, exprimées en équivalent-dioxyde de carbone, déduction faite des quantités absorbées par les puits en 1990, telles qu'elles résultent du changement d'affectation des terres.

8. Toute Partie visée à l'annexe I peut choisir 1995 comme année de référence aux fins du calcul visé au paragraphe 7 ci-dessus pour les hydrofluorocarbones, les hydrocarbures perfluorés et l'hexafluorure de soufre.

9. Pour les Parties visées à l'annexe I, les engagements pour les périodes suivantes sont définis dans des amendements à l'annexe B du présent Protocole qui sont adoptés conformément aux dispositions du paragraphe 7 de l'article 21. La Conférence des Parties agissant comme réunion des Parties au présent Protocole entame l'examen de ces engagements sept ans au moins avant la fin de la première période d'engagement visée au paragraphe 1 ci-dessus.

10. Toute unité de réduction des émissions, ou toute fraction d'une quantité attribuée, qu'une Partie acquiert auprès d'une autre Partie conformément aux dispositions des articles 6 ou 17 est ajoutée à la quantité attribuée à la Partie qui procède à l'acquisition.

11. Toute unité de réduction des émissions, ou toute fraction d'une quantité attribuée, qu'une Partie cède à une autre Partie conformément aux dispositions des articles 6 ou 17 est soustraite de la quantité attribuée à la Partie qui procède à la cession.

12. Toute unité de réduction certifiée des émissions qu'une Partie acquiert auprès d'une autre Partie conformément aux dispositions de l'article 12 est ajoutée à la quantité attribuée à la Partie qui procède à l'acquisition.

13. Si les émissions d'une Partie visée à l'annexe I au cours d'une période d'engagement sont inférieures à la quantité qui lui est attribuée en vertu du présent article, la différence est, à la demande de cette Partie, ajoutée à la quantité qui lui est attribuée pour les périodes d'engagement suivantes.

14. Chacune des Parties visées à l'annexe I s'efforce de s'acquitter des engagements mentionnés au paragraphe 1 ci-dessus de manière à réduire au minimum les conséquences sociales, environnementales et économiques néfastes pour les pays en développement Parties, en particulier ceux qui sont désignés aux paragraphes 8 et 9 de l'article 4 de la Convention. Dans le droit fil des décisions pertinentes de la Conférence des Parties concernant l'application de ces paragraphes, la Conférence des Parties agissant comme réunion des Parties au présent Protocole examine, à sa première session, les mesures nécessaires pour réduire au minimum les effets des changements climatiques et/ou l'impact des mesures de riposte sur les Parties mentionnées dans ces paragraphes. Parmi les questions à examiner figurent notamment la mise en place du financement, l'assurance et le transfert de technologies. (...).

Puissance protectrice *(Protocole additionnel aux Conventions de Genève du 12 août 1949 relatif à la protection des victimes des conflits armés internationaux (Protocole I), 8 juin 1977. Titre I. Dispositions générales. Art. 2. Définitions).* Aux fins du présent Protocole : (...) c) l'expression « Puissance protectrice » s'entend d'un Etat neutre ou d'un autre Etat non Partie au conflit qui, désigné par une Partie au conflit et accepté par la Partie adverse, est disposé à exercer les fonctions assignées à la Puissance protectrice aux termes des Conventions et du présent Protocole.

R

Recours à la force *(Charte des Nations Unies, San Francisco, 26 juin 1945, Chapitre VII. Action en cas de menace contre la paix, de rupture de la paix et d'acte d'agression. Art. 39, Art. 40, Art. 41, Art. 42, Art. 43, Art. 44, Art. 45, Art. 46, Art. 47, Art. 48, Art. 49, Art. 50, Art. 51).Art. 39.* Le Conseil de sécurité constate l'existence d'une menace contre la paix, d'une rupture de la paix ou d'un acte d'agression et fait des recommandations ou décide quelles mesures seront prises conformément aux Articles 41 et 42 pour maintenir ou rétablir la paix et la sécurité internationales.

Art. 40. Afin d'empêcher la situation de s'aggraver, le Conseil de sécurité, avant de faire les recommandations ou de décider des mesures à prendre conformément à l'Article 39, peut inviter les parties intéressées à se conformer aux mesures provisoires qu'il juge nécessaires ou souhaitables. Ces mesures provisoires ne préjugent en rien les droits, les prétentions ou la position des parties intéressées. En cas de non-exécution de ces mesures provisoires, le Conseil de sécurité tient dûment compte de cette défaillance.

Art. 41. Le Conseil de sécurité peut décider quelles mesures n'impliquant pas l'emploi de la force armée doivent être prises pour donner effet à ses décisions, et peut inviter les Membres des Nations Unies à appliquer ces mesures. Celles-ci peuvent comprendre l'interruption complète ou partielle des relations économiques et des communications ferroviaires, maritimes, aériennes, postales, télégraphiques, radioélectriques et des autres moyens de communication, ainsi que la rupture des relations diplomatiques.

Art. 42. Si le Conseil de sécurité estime que les mesures prévues à l'Article 41 seraient inadéquates ou qu'elles se sont révélées telles, il peut entreprendre, au moyen de forces aériennes, navales ou terrestres, toute action qu'il juge nécessaire au maintien ou au rétablissement de la paix et de la sécurité internationales. Cette action peut comprendre des démonstrations, des mesures de blocus et d'autres opérations exécutées par des forces aériennes, navales ou terrestres de Membres des Nations Unies.

Art. 43. 1. Tous les Membres des Nations Unies, afin de contribuer au maintien de la paix et de la sécurité internationales, s'engagent à mettre à la disposition du Conseil de sécurité, sur son invitation et conformément à un accord spécial ou à des accords spéciaux, les forces armées, l'assistance et les facilités, y compris le droit de passage, nécessaires au maintien de la paix et de la sécurité internationales.

2. L'accord ou les accords susvisés fixeront les effectifs et la nature de ces forces, leur degré de préparation et leur emplacement général, ainsi que la nature des facilités et de l'assistance à fournir.

3. L'accord ou les accords seront négociés aussitôt que possible, sur l'initiative du Conseil de sécurité. Ils seront conclus entre le Conseil de sécurité et des Membres de l'Organisation, ou entre le Conseil de sécurité et des groupes de Membres de l'Organisation, et devront être ratifiés par les Etats signataires selon leurs règles constitutionnelles respectives.

Art. 44. Lorsque le Conseil de sécurité a décidé de recourir à la force, il doit, avant d'inviter un Membre non représenté au Conseil à fournir des forces armées en exécution des obligations contractées en vertu de l'Article 43, convier ledit Membre, si celui-ci le désire, à participer aux décisions du Conseil de sécurité touchant l'emploi de contingents des forces armées de ce Membre.

Art. 45. Afin de permettre à l'Organisation de prendre d'urgence des mesures d'ordre militaire, des Membres des Nations Unies maintiendront des contingents nationaux de forces aériennes immédiatement utilisables en vue de l'exécution combinée d'une action coercitive internationale. Dans les limites prévues par l'accord spécial ou les accords spéciaux mentionnés à l'Article 43, le Conseil de sécurité, avec l'aide du Comité d'état-major, fixe l'importance et le degré de préparation de ces contingents et établit des plans prévoyant leur action combinée.

Art. 46. Les plans pour l'emploi de la force armée sont établis par le Conseil de sécurité avec l'aide du Comité d'état-major.

Art. 47. 1. Il est établi un Comité d'état-major chargé de conseiller et d'assister le Conseil de sécurité pour tout ce qui concerne les moyens d'ordre militaire nécessaires au Conseil pour maintenir la paix et la sécurité internationales, l'emploi et le commandement des forces mises à sa disposition, la réglementation des armements et le désarmement éventuel.

2. Le Comité d'état-major se compose des chefs d'état-major des membres permanents du Conseil de sécurité ou de leurs représentants. Il convie tout Membre des Nations Unies qui n'est pas représenté au Comité d'une façon permanente à s'associer à lui, lorsque la participation de ce Membre à ses travaux lui est nécessaire pour la bonne exécution de sa tâche.

3. Le Comité d'état-major est responsable, sous l'autorité du Conseil de sécurité, de la direction stratégique de toutes forces armées mises à la disposition du Conseil. Les questions relatives au commandement de ces forces seront réglées ultérieurement.

4. Des sous-comités régionaux du Comité d'état-major peuvent être établis par lui avec l'autorisation du Conseil de sécurité et après consultation des organismes régionaux appropriés.

Art. 48. 1. Les mesures nécessaires à l'exécution des décisions du Conseil de sécurité pour le maintien de la paix et de la sécurité internationales sont prises par tous les Membres des Nations Unies ou certains d'entre eux, selon l'appréciation du Conseil.

2. Ces décisions sont exécutées par les Membres des Nations Unies directement et grâce à leur action dans les organismes internationaux appropriés dont ils font partie.

Art. 49. Les Membres des Nations Unies s'associent pour se prêter mutuellement assistance dans l'exécution des mesures arrêtées par le Conseil de sécurité.

Art. 50. Si un Etat est l'objet de mesures préventives ou coercitives prises par le Conseil de sécurité, tout autre Etat, qu'il soit ou non Membre des Nations Unies, s'il se trouve en présence de difficultés économiques particulières dues à l'exécution desdites mesures, a le droit de consulter le Conseil de sécurité au sujet de la solution de ces difficultés.

Art. 51. Aucune disposition de la présente Charte ne porte atteinte au droit naturel de légitime défense, individuelle ou collective, dans le cas où un Membre des Nations Unies est l'objet d'une agression armée, jusqu'à ce que le Conseil de sécurité ait pris les mesures nécessaires pour maintenir la paix et la sécurité internationales. Les mesures prises par des Membres dans l'exercice de ce droit de légitime défense sont immédiatement portées à la connaissance du Conseil de sécurité et n'affectent en rien le pouvoir et le devoir qu'a le Conseil, en vertu de la présente Charte, d'agir à tout moment de la manière qu'il juge nécessaire pour maintenir ou rétablir la paix et la sécurité internationales.

Réduction en esclavage. Voir : *Crimes contre l'humanité, Eléments des crimes.*

Réfugié *(Convention relative au statut des réfugiés. Genève, 28 juillet 1951. Chapitre I. Dispositions générales, Art. 1. Définition du terme « réfugié » ; Résolution 2198 (XXI) de l'Assemblée générale (1966) ; Protocole relatif au statut des réfugiés (1967).*

Convention relative au statut des réfugiés. *Genève, 28 juillet 1951. Chapitre I. Dispositions générales, Art. 1. Définition du terme «réfugié ».*

A. Aux fins de la présente Convention, le terme « réfugié » s'appliquera à toute personne :

1. Qui a été considérée comme réfugiée en application des Arrangements du 12 mai 1926 et du 30 juin 1928, ou en application des Conventions du 28 octobre 1933 et du 10 février 1938 et du Protocole du 14 septembre 1939, ou encore en application de la Constitution de l'Organisation internationale pour les réfugiés ; Les décisions de non-éligibilité prises par l'Organisation internationale pour les réfugiés pendant la durée de son mandat ne font pas obstacle à ce que la qualité de réfugié soit accordée à des personnes qui remplissent les conditions prévues au paragraphe 2 de la présente section ;

2. Qui, par suite d'événements survenus avant le premier janvier 1951 et craignant avec raison d'être persécutée du fait de sa race, de sa religion, de sa nationalité, de son appartenance à un certain groupe social ou de ses opinions politiques, se trouve hors du pays dont elle a la nationalité et qui ne peut ou, du fait de cette crainte, ne veut se réclamer de la protection de ce pays ; ou qui, si elle n'a pas de nationalité et se trouve hors du pays dans lequel elle avait sa résidence habituelle à la suite de tels événements, ne peut ou, en raison de ladite crainte, ne veut y retourner.
Dans le cas d'une personne qui a plus d'une nationalité, l'expression «du pays dont elle a la nationalité » vise chacun des pays dont cette personne a la nationalité. Ne sera pas considérée comme privée de la protection du pays dont elle a la nationalité, toute personne qui, sans raison valable fondée sur une crainte justifiée, ne s'est pas réclamée de la protection de l'un des pays dont elle a la nationalité.
B. 1. Aux fins de la présente Convention, les mots « événements survenus avant le premier janvier 1951 » figurant à l'article 1, section A, pourront être compris dans le sens de soit a) « événements survenus avant le premier janvier 1951 en Europe »; soit b) «événements survenus avant le premier janvier 1951 en Europe ou ailleurs » ; et chaque Etat Contractant fera, au moment de la signature, de la ratification ou de l'adhésion, une déclaration précisant la portée qu'il entend donner à cette expression au point de vue des obligations assumées par lui en vertu de la présente Convention.
2. Tout Etat Contractant qui a adopté la formule a pourra à tout moment étendre ses obligations en adoptant la formule b par notification adressée au Secrétaire général des Nations Unies.
C. Cette Convention cessera, dans les cas ci-après, d'être applicable à toute personne visée par les dispositions de la section A ci-dessus :
1. Si elle s'est volontairement réclamée à nouveau de la protection du pays dont elle a la nationalité ; ou
2. Si, ayant perdu sa nationalité, elle l'a volontairement recouvrée ; ou
3. Si elle a acquis une nouvelle nationalité et jouit de la protection du pays dont elle a acquis la nationalité ; ou
4. Si elle est retournée volontairement s'établir dans le pays qu'elle a quitté ou hors duquel elle est demeurée de crainte d'être persécutée ; ou
5. Si, les circonstances à la suite desquelles elle a été reconnue comme réfugiée ayant cessé d'exister, elle ne peut plus continuer à refuser de se réclamer de la protection du pays dont elle a la nationalité ;
Etant entendu, toutefois, que les dispositions du présent paragraphe ne s'appliqueront pas à tout réfugié visé au paragraphe 1 de la section A du présent article qui peut invoquer, pour refuser de se réclamer de la protection du pays dont il a la nationalité, des raisons impérieuses tenant à des persécutions antérieures ;
6. S'agissant d'une personne qui n'a pas de nationalité, si, les circonstances à la suite desquelles elle a été reconnue comme réfugiée ayant

cessé d'exister, elle est en mesure de retourner dans le pays dans lequel elle avait sa résidence habituelle ;

Etant entendu, toutefois, que les dispositions du présent paragraphe ne s'appliqueront pas à tout réfugié visé au paragraphe 1 de la section A du présent article qui peut invoquer, pour refuser de retourner dans le pays dans lequel il avait sa résidence habituelle, des raisons impérieuses tenant à des persécutions antérieures.

D. Cette Convention ne sera pas applicable aux personnes qui bénéficient actuellement d'une protection ou d'une assistance de la part d'un organisme ou d'une institution des Nations Unies autre que le Haut Commissaire des Nations Unies pour les réfugiés.

Lorsque cette protection ou cette assistance aura cessé pour une raison quelconque, sans que le sort de ces personnes ait été définitivement réglé, conformément aux résolutions y relatives adoptées par l'Assemblée générale des Nations Unies, ces personnes bénéficieront de plein droit du régime de cette Convention.

E. Cette Convention ne sera pas applicable à une personne considérée par les autorités compétentes du pays dans lequel cette personne a établi sa résidence comme ayant les droits et les obligations attachés à la possession de la nationalité de ce pays.

F. Les dispositions de cette Convention ne seront pas applicables aux personnes dont on aura des raisons sérieuses de penser :

a) qu'elles ont commis un crime contre la paix, un crime de guerre ou un crime contre l'humanité, au sens des instruments internationaux élaborés pour prévoir des dispositions relatives à ces crimes ;

b) qu'elles ont commis un crime grave de droit commun en dehors du pays d'accueil avant d'y être admises comme réfugiés ;

c) qu'elles se sont rendues coupables d'agissements contraires aux buts et aux principes des Nations Unies. (…).

Résolution 2198 (XXI) de l'Assemblée générale *(1966)*

Protocole relatif au statut des réfugiés

L'Assemblée générale,

Considérant que la Convention relative au statut des réfugiés signée à Genève le 28 juillet 1951 (1) ne s'applique qu'aux personnes qui sont devenues des réfugiés par suite d'événements survenus avant le 1er janvier 1951,

Considérant que de nouvelles catégories de réfugiés sont apparues depuis que la Convention a été adoptée et que, de ce fait, lesdits réfugiés peuvent ne pas être admis au bénéfice de la Convention,

Considérant qu'il est souhaitable que le même statut s'applique à tous les réfugiés couverts par la définition donnée dans la Convention, sans qu'il soit tenu compte de la date limite du 1er janvier 1951,

Prenant note de la recommandation du Comité exécutif du programme du Haut Commissaire des Nations Unies pour les réfugiés (2), tendant à ce que le projet de protocole relatif au statut des réfugiés soit présenté à l'Assemblée générale, après examen par le Conseil économique et social, afin que le Secrétaire général de l'Organisation des Nations Unies puisse être autorisé à ouvrir le protocole à l'adhésion des gouvernements dans les meilleurs délais,

Considérant que, par sa résolution 1186 (XLI) du 18 novembre 1966, le Conseil économique et social a pris note avec approbation du projet de protocole figurant dans l'additif au rapport annuel du Haut Commissaire des Nations Unies pour les réfugiés et ayant trait aux mesures propres à élargir la portée de la Convention en ce qui concerne les personnes auxquelles elle s'applique(3), et a transmis l'additif à l'Assemblée générale,

1. Prend acte du Protocole relatif au statut des réfugiés dont le texte (3) figure dans l'additif au rapport du Haut Commissaire des Nations Unies pour les réfugiés ;

2. Prie le Secrétaire général de communiquer le texte du Protocole aux Etats visés à l'article V dudit Protocole en vue de les mettre en mesure d'y adhérer(4).

1495e séance plénière, 16 décembre 1966

(1) Nations Unies, Recueil des Traités, vol. 189 (1954), no 2545.

(2) Voir A/6311/Rev.1/Add.1, deuxième partie, paragraphe 38.

(3) Ibid., première partie, paragraphe 2.

(4) Le Protocole a été signé par le Président de l'Assemblée générale et par le Secrétaire général le 31 janvier 1967. Source : http://www.unhcr.fr/4b14f4a62.html

***Protocole relatif au statut des réfugiés** (1967)*

Les Etats parties au présent protocole,

Considérant que la Convention relative au statut des réfugiés signée à Genève le 28 juillet 1951 (ci-après dénommée la Convention) ne s'applique qu'aux personnes qui sont devenues réfugiés par suite d'événements survenus avant le 1er janvier 1951,

Considérant que de nouvelles catégories de réfugiés sont apparues depuis que la Convention a été adoptée et que, de ce fait, lesdits réfugiés peuvent ne pas être admis au bénéfice de la Convention,

Considérant qu'il est souhaitable que le même statut s'applique à tous les réfugiés couverts par la définition donnée dans la Convention sans qu'il soit tenu compte de la date limite du 1er janvier 1951,

Sont convenus de ce qui suit :

Article premier

Disposition générale

1. Les Etats parties au présent Protocole s'engagent à appliquer aux réfugiés, tels qu'ils sont définis ci-après, les articles 2 à 34 inclus de la Convention.

2. Aux fins du présent Protocole, le terme "réfugié", sauf en ce qui concerne l'application du paragraphe 3 du présent article, s'entend de toute

personne répondant à la définition donnée à l'article premier de la Convention comme si les mots "par suite d'événements survenus avant le 1er janvier 1951 et ..." et les mots "... à la suite de tels événements" ne figuraient pas au paragraphe 2 de la section A de l'article premier.

3. Le présent Protocole sera appliqué par les Etats qui y sont parties sans aucune limitation géographique ; toutefois, les déclarations déjà faites, en vertu de l'alinéa a du paragraphe 1 de la section B de l'article premier de la Convention par des Etats déjà parties à celle-ci, s'appliqueront aussi sous le régime du présent Protocole, à moins que les obligations de l'Etat déclarant n'aient été étendues conformément au paragraphe 2 de la section B de l'article premier de la Convention. (…). La Convention de 1951 relative au statut des réfugiés constitue le document-clé dans la définition du réfugié, ses droits et les obligations légales des Etats. Le protocole de 1967 a retiré les restrictions géographiques et temporelles limitant à l'origine l'application de la Convention.

Règlement pacifique des différends *(Charte des Nations Unies, San Francisco, 26 juin 1945, Chapitre VI, Art. 33, Art. 34, Art. 35, Art. 36, Art. 37, Art. 38).*

Art. 33. 1. Les parties à tout différend dont la prolongation est susceptible de menacer le maintien de la paix et de la sécurité internationales doivent en rechercher la solution, avant tout, par voie de négociation, d'enquête, de médiation, de conciliation, d'arbitrage, de règlement judiciaire, de recours aux organismes ou accords régionaux, ou par d'autres moyens pacifiques de leur choix.

2. Le Conseil de sécurité, s'il le juge nécessaire, invite les parties à régler leur différend par de tels moyens.

Art. 34. Le Conseil de sécurité peut enquêter sur tout différend ou toute situation qui pourrait entraîner un désaccord entre nations ou engendrer un différend, afin de déterminer si la prolongation de ce différend ou de cette situation semble devoir menacer le maintien de la paix et de la sécurité internationales.

Art. 35. 1. Tout Membre de l'Organisation peut attirer l'attention du Conseil de sécurité ou de l'Assemblée générale sur un différend ou une situation de la nature visée dans l'Article 34.

2. Un Etat qui n'est pas Membre de l'Organisation peut attirer l'attention du Conseil de sécurité ou de l'Assemblée générale sur tout différend auquel il est partie, pourvu qu'il accepte préalablement, aux fins de ce différend, les obligations de règlement pacifique prévues dans la présente Charte.

3. Les actes de l'Assemblée générale relativement aux affaires portées à son attention en vertu du présent Article sont soumis aux dispositions des Articles 11 et 12.

Art. 36. 1. Le Conseil de sécurité peut, à tout moment de l'évolution d'un différend de la nature mentionnée à l'Article 33 ou d'une situation analogue, recommander les procédures ou méthodes d'ajustement appropriées.

2. Le Conseil de sécurité devra prendre en considération toutes procédures déjà adoptées par les parties pour le règlement de ce différend.

3. En faisant les recommandations prévues au présent Article, le Conseil de sécurité doit aussi tenir compte du fait que, d'une manière générale, les différends d'ordre juridique devraient être soumis par les parties à la Cour internationale de Justice conformément aux dispositions du Statut de la Cour.

Art. 37. 1. Si les parties à un différend de la nature mentionnée à l'Article 33 ne réussissent pas à le régler par les moyens indiqués audit Article, elles le soumettent au Conseil de sécurité.

2. Si le Conseil de sécurité estime que la prolongation du différend semble, en fait, menacer le maintien de la paix et de la sécurité internationales, il décide s'il doit agir en application de l'Article 36 ou recommander tels termes de règlement qu'il juge appropriés.

Art. 38. Sans préjudice des dispositions des Articles 33 à 37, le Conseil de sécurité peut, si toutes les parties à un différend le demandent, faire des recommandations à celles-ci en vue d'un règlement pacifique de ce différend.

Règles du droit international applicable dans les conflits armés *(Protocole additionnel aux Conventions de Genève du 12 août 1949 relatif à la protection des victimes des conflits armés internationaux (Protocole I), 8 juin 1977. Titre I. Dispositions générales. Art. 2. Définitions).* Aux fins du présent Protocole : (...) b) l'expression « règles du droit international applicable dans les conflits armés » s'entend des règles énoncées dans les accords internationaux auxquels participent les Parties au conflit ainsi que des principes et règles du droit international généralement reconnus qui sont applicables aux conflits armés.

Remise *(Statut de Rome CPI, art. 102. Emploi des termes, a) ; Statut de Rome CPI, art. 89. Remise de certaines personnes à la cour ; Statut de Rome CPI, art. 101. Règle de la spécialité ; RPP – CPI, Règle 184. Dispositions pour la remise ; Statut de Rome CPI, art. 91. Contenu de la demande d'arrestation et de remise).*

Statut de Rome CPI, art. 102. Emploi des termes. Aux fins du présent Statut : a) On entend par « remise » le fait pour un État de livrer une personne à la Cour en application du présent Statut. (...).

Statut de Rome CPI, art. 89. Remise de certaines personnes à la cour. 1. La Cour peut présenter à tout État sur le territoire duquel une personne est susceptible de se trouver une demande, accompagnée des pièces justificatives indiquées à l'article 91, tendant à ce que cette personne soit arrêtée et lui soit remise, et sollicite la coopération de cet État pour l'arrestation et la remise de la personne. Les États Parties répondent à toute demande d'arrestation et de remise conformément aux dispositions du présent chapitre et aux procédures prévues par leur législation nationale.

2. Lorsque la personne dont la remise est sollicitée saisit une juridiction nationale d'une contestation fondée sur le principe *ne bis in idem*, comme prévu à l'article 20, l'État requis consulte immédiatement la Cour pour savoir s'il y a eu en l'espèce une décision sur la recevabilité. S'il a été décidé que l'affaire est recevable, l'État requis donne suite à la demande. Si la décision sur la recevabilité est pendante, l'État requis peut différer l'exécution de la demande jusqu'à ce que la Cour ait statué.

3. a) Les États Parties autorisent le transport à travers leur territoire, conformément aux procédures prévues par leur législation nationale, de toute personne transférée à la Cour par un autre État, sauf dans le cas où le transit par leur territoire gênerait ou retarderait la remise.

b) Une demande de transit est transmise par la Cour conformément à l'article 87. Elle contient :

i) Le signalement de la personne transportée ;

ii) Un bref exposé des faits et de leur qualification juridique ; et

iii) Le mandat d'arrêt et de remise ;

c) La personne transportée reste détenue pendant le transit.

d) Aucune autorisation n'est nécessaire si la personne est transportée par voie aérienne et si aucun atterrissage n'est prévu sur le territoire de l'État de transit.

e) Si un atterrissage imprévu a lieu sur le territoire de l'État de transit, celui-ci peut exiger de la Cour la présentation d'une demande de transit dans les formes prescrites à l'alinéa b). L'État de transit place la personne transportée en détention jusqu'à la réception de la demande de transit et l'accomplissement effectif du transit. Toutefois, la détention au titre du présent alinéa ne peut se prolonger au-delà de 96 heures après l'atterrissage imprévu si la demande n'est pas reçue dans ce délai.

4. Si la personne réclamée fait l'objet de poursuites ou exécute une peine dans l'État requis pour un crime différent de celui pour lequel sa remise à la Cour est demandée, cet État, après avoir décidé d'accéder à la demande de la Cour, consulte celle-ci.

Statut de Rome CPI, art. 101. Règle de la spécialité. 1. Une personne remise à la Cour en application du présent Statut ne peut être poursuivie, punie ou détenue à raison de comportements antérieurs à sa remise, à moins que ceux-ci ne soient constitutifs des crimes pour lesquels elle a été remise.

2. La Cour peut solliciter de l'État qui lui a remis une personne une dérogation aux conditions posées au paragraphe 1. Elle fournit au besoin des renseignements supplémentaires conformément à l'article 91. Les États Parties sont habilités à accorder une dérogation à la Cour et doivent s'efforcer de le faire.

RPP – CPI, Règle 184. Dispositions pour la remise. 1. Lorsque la personne recherchée par la Cour peut être remise, l'État requis en informe immédiatement le Greffier.

2. L'intéressé est remis à la Cour à la date et suivant les modalités convenues entre les autorités de l'État requis et le Greffier.

3. Si les circonstances rendent la remise impossible à la date convenue, les autorités de l'État requis et le Greffier conviennent d'une nouvelle date et des modalités de la remise.

4. Le Greffier se tient en rapport avec les autorités de l'État hôte au sujet des dispositions à prendre pour la remise de la personne à la Cour.

Statut de Rome CPI, art. 91. Contenu de la demande d'arrestation et de remise. 1. Une demande d'arrestation et de remise est faite par écrit. En cas d'urgence, elle peut être faite par tout moyen laissant une trace écrite, à condition d'être confirmée selon les modalités prévues à l'article 87, paragraphe 1, alinéa a).

2. Si la demande concerne l'arrestation et la remise d'une personne faisant l'objet d'un mandat d'arrêt délivré par la Chambre préliminaire en vertu de l'article 58, elle contient ou est accompagnée d'un dossier contenant les pièces justificatives suivantes :

a) Le signalement de la personne recherchée, suffisant pour l'identifier, et des renseignements sur le lieu où elle se trouve probablement ;

b) Une copie du mandat d'arrêt ; et

c) Les documents, déclarations et renseignements qui peuvent être exigés dans l'État requis pour procéder à la remise ; toutefois, les exigences de l'État requis ne doivent pas être plus lourdes dans ce cas que dans celui des demandes d'extradition présentées en application de traités ou arrangements conclus entre l'État requis et d'autres États et devraient même, si possible, l'être moins, eu égard au caractère particulier de la Cour.

3. Si la demande concerne l'arrestation et la remise d'une personne qui a déjà été reconnue coupable, elle contient ou est accompagnée d'un dossier contenant les pièces justificatives suivantes :

a) Une copie de tout mandat d'arrêt visant cette personne ;

b) Une copie du jugement ;

c) Des renseignements attestant que la personne recherchée est bien celle visée par le jugement ; et

d) Si la personne recherchée a été condamnée à une peine, une copie de la condamnation, avec, dans le cas d'une peine d'emprisonnement, indication du temps déjà accompli et du temps restant à accomplir.

4. À la demande de la Cour, un État Partie tient avec celle-ci, soit d'une manière générale, soit à propos d'une question particulière, des consultations sur les conditions prévues par sa législation interne qui pourraient s'appliquer selon le paragraphe 2, alinéa c). Lors de ces consultations, l'État Partie informe la Cour des exigences particulières de sa législation.

S

Signal distinctif *(Protocole additionnel aux Conventions de Genève du 12 août 1949 relatif à la protection des victimes des conflits armés internationaux (Protocole I), 8 juin 1977. Titre II. Blessés, malades et naufragés. Section I. Protection générale, art. 8. Terminologie).* Aux fins du présent Protocole : (...) m) l'expression «signal distinctif » s'entend de tout moyen de signalisation destiné exclusivement à permettre l'identification des unités et moyens de transport sanitaires, prévu au Chapitre III de l'Annexe I au présent Protocole.

Signe distinctif *(Protocole additionnel aux Conventions de Genève du 12 août 1949 relatif à la protection des victimes des conflits armés internationaux (Protocole I), 8 juin 1977. Titre II. Blessés, malades et naufragés. Section I. Protection générale, art. 8. Terminologie).* Aux fins du présent Protocole : (...) l) l'expression « signe distinctif » s'entend du signe distinctif de la croix rouge, du croissant rouge ou du lion-et-soleil rouge, sur fond blanc, quand il est utilisé pour la protection des unités et moyens de transport sanitaires et du personnel sanitaire et religieux et de son matériel.

Stérilisation forcée. Voir : *Crimes contre l'humanité, Crimes de guerre, Eléments des crimes.*

Substitut *(Protocole additionnel aux Conventions de Genève du 12 août 1949 relatif à la protection des victimes des conflits armés internationaux (Protocole I), 8 juin 1977. Titre I. Dispositions générales. Art. 2. Définitions ; Art. 5. Désignation des Puissances protectrices et de leur substitut ; Art. 1. Principes généraux et champ d'application ; Art. 4. Statut juridique des Parties au conflit). Art. 2. Définitions.* Aux fins du présent Protocole : (...) d) l'expression «substitut» s'entend d'une organisation qui remplace la Puissance protectrice conformément à l'article 5.

Art. 5. Désignation des Puissances protectrices et de leur substitut. 1. Il est du devoir des Parties à un conflit, dès le début de ce conflit, d'assurer le respect et la mise en œuvre des Conventions et du présent Protocole par l'application du système des Puissances protectrices, y compris notamment la désignation et l'acceptation de ces Puissances conformément aux paragraphes ci-après. Les Puissances protectrices seront chargées de sauvegarder les intérêts des Parties au conflit.

2. Dès le début d'une situation visée à l'article premier, chacune des Parties au conflit désignera sans délai une Puissance protectrice aux fins d'application des Conventions et du présent Protocole et autorisera, également sans délai et aux mêmes fins, l'activité d'une Puissance protectrice que la Partie adverse aura désignée et qu'elle-même aura acceptée comme telle.

3. Si une Puissance protectrice n'a pas été désignée ou acceptée dès le début d'une situation visée à l'article premier, le Comité international de la Croix-Rouge, sans préjudice du droit de toute autre organisation humanitaire impartiale de faire de même, offrira ses bons offices aux Parties au conflit en vue de la désignation sans délai d'une Puissance protectrice agréée par les Parties au conflit. A cet effet, il pourra notamment demander à chaque Partie de lui remettre une liste d'au moins cinq Etats que cette Partie estime acceptables pour agir en son nom en qualité de Puissance protectrice vis-à-vis d'une Partie adverse et demander à chacune des Parties adverses de remettre une liste d'au moins cinq Etats qu'elle accepterait comme Puissance protectrice de l'autre Partie ; ces listes devront être communiquées au Comité dans les deux semaines qui suivront la réception de la demande ; il les comparera et sollicitera l'accord de tout Etat dont le nom figurera sur les deux listes.

4. Si, en dépit de ce qui précède, il y a défaut de Puissance protectrice, les Parties au conflit devront accepter sans délai l'offre que pourrait faire le Comité international de la Croix-Rouge ou toute autre organisation présentant toutes garanties d'impartialité et d'efficacité, après dues consultations avec lesdites Parties et compte tenu des résultats de ces consultations, d'agir en qualité de substitut. L'exercice de ses fonctions par un tel substitut est subordonné au consentement des Parties au conflit ; les Parties au conflit mettront tout en œuvre pour faciliter la tâche du substitut dans l'accomplissement de sa mission conformément aux Conventions et au présent Protocole.

5. Conformément à l'article 4, la désignation et l'acceptation de Puissances protectrices aux fins d'application des Conventions et du présent Protocole n'auront pas d'effet sur le statut juridique des Parties au conflit ni sur celui d'un territoire quelconque, y compris un territoire occupé.

6. Le maintien des relations diplomatiques entre les Parties au conflit ou le fait de confier à un Etat tiers la protection des intérêts d'une Partie et de ceux de ses ressortissants conformément aux règles du droit international concernant les relations diplomatiques ne fait pas obstacle à la désignation de Puissances protectrices aux fins d'application des Conventions et du présent Protocole.

7. Toutes les fois qu'il est fait mention ci-après dans le présent Protocole de la Puissance protectrice, cette mention désigne également le substitut.

Art. 1. Principes généraux et champ d'application. 1. Les Hautes Parties contractantes s'engagent à respecter et à faire respecter le présent Protocole en toutes circonstances.

2. Dans les cas non prévus par le présent Protocole ou par d'autres accords internationaux, les personnes civiles et les combattants restent sous la sauvegarde et sous l'empire des principes du droit des gens, tels qu'ils résultent des usages établis, des principes de l'humanité et des exigences de la conscience publique.

3. Le présent Protocole, qui complète les Conventions de Genève du 12 août 1949 pour la protection des victimes de la guerre, s'applique dans les situations prévues par l'article 2 commun à ces Conventions.

4. Dans les situations visées au paragraphe précédent sont compris les conflits armés dans lesquels les peuples luttent contre la domination coloniale et l'occupation étrangère et contre les régimes racistes dans l'exercice du droit des peuples à disposer d'eux-mêmes, consacré dans la Charte des Nations Unies et dans la Déclaration relative aux principes du droit international touchant les relations amicales et la coopération entre les Etats conformément à la Charte des Nations Unies.

Art. 4. Statut juridique des Parties au conflit. L'application des Conventions et du présent Protocole ainsi que la conclusion des accords prévus par ces instruments n'auront pas d'effet sur le statut juridique des Parties au conflit. Ni l'occupation d'un territoire ni l'application des Conventions et du présent Protocole n'affecteront le statut juridique du territoire en question.

T

Torture *(Pacte international relatif aux droits civils et politiques. Conclu à New York le 16 décembre 1966. Art. 7 ; Convention contre la torture et autres peines ou traitements cruels, inhumains ou dégradants. Conclue à New York le 10 décembre 1984. Art. 1 ; Convention de sauvegarde des droits de l'homme et des libertés fondamentales. Rome, 4.XI.1950 (Convention européenne des droits de l'homme). Art. 3 ; Voir aussi : Crimes contre l'humanité et Crimes de guerre).*

Pacte international relatif aux droits civils et politiques*. Conclu à New York le 16 décembre 1966. Art. 7.* Nul ne sera soumis à la torture ni à des peines ou traitements cruels, inhumains ou dégradants. En particulier, il est interdit de soumettre une personne sans son libre consentement à une expérience médicale ou scientifique.

Convention contre la torture et autres peines ou traitements cruels, inhumains ou dégradants*. Conclue à New York le 10 décembre 1984. Art. 1.* 1. Aux fins de la présente Convention, le terme « *torture* » désigne tout acte par lequel une douleur ou des souffrances aiguës, physiques ou mentales, sont intentionnellement infligées à une personne aux fins notamment d'obtenir d'elle ou d'une tierce personne des renseignements ou des aveux, de la punir d'un acte qu'elle ou une tierce personne a commis ou est soupçonnée d'avoir commis, de l'intimider ou de faire pression sur elle ou d'intimider ou de faire pression sur une tierce personne, ou pour tout autre motif fondé sur une forme de discrimination quelle qu'elle soit, lorsqu'une telle douleur ou de telles souffrances sont infligées par un agent de la fonction publique ou tout autre personne agissant à titre officiel ou à son instigation ou avec son consentement exprès ou tacite. Ce terme ne s'étend pas à la douleur ou aux souffrances résultant uniquement de sanctions légitimes, inhérentes à ces sanctions ou occasionnées par elles.

2. Cet article est sans préjudice de tout instrument international ou de toute loi nationale qui contient ou peut contenir des dispositions de portée plus large.

Convention de sauvegarde des droits de l'homme et des libertés fondamentales*. Rome, 4.XI.1950 (Convention européenne des droits de l'homme). Art. 3. Interdiction de la torture.* Nul ne peut être soumis à la torture ni à des peines ou traitements inhumains ou dégradants.

Voir aussi : Crimes contre l'humanité, Crimes de guerre, Eléments des crimes.

Traite des personnes *(Protocole additionnel à la Convention des Nations Unies contre la criminalité transnationale organisée visant à prévenir, réprimer et punir la traite des personnes, en particulier des femmes et des enfants. Conclu à New York le 15 novembre 2000. I. Dispositions générales, Art. 3 Terminologie).* Aux fins du présent Protocole :
a) l'expression « traite des personnes » désigne le recrutement, le transport, le transfert, l'hébergement ou l'accueil de personnes, par la menace de recours ou le recours à la force ou à d'autres formes de contrainte, par enlèvement, fraude, tromperie, abus d'autorité ou d'une situation de vulnérabilité, ou par l'offre ou l'acceptation de paiements ou d'avantages pour obtenir le consentement d'une personne ayant autorité sur une autre aux fins d'exploitation. L'exploitation comprend, au minimum, l'exploitation de la prostitution d'autrui ou d'autres formes d'exploitation sexuelle, le travail ou les services forcés, l'esclavage ou les pratiques analogues à l'esclavage, la servitude ou le prélèvement d'organes ;
b) le consentement d'une victime de la traite des personnes à l'exploitation envisagée, telle qu'énoncée à l'alinéa a) du présent article, est indifférent lorsque l'un quelconque des moyens énoncés à l'alinéa a) a été utilisé ;
c) le recrutement, le transport, le transfert, l'hébergement ou l'accueil d'un enfant aux fins d'exploitation sont considérés comme une « traite des personnes » même s'ils ne font appel à aucun des moyens énoncés à l'alinéa a) du présent article ;
d) le terme « enfant » désigne toute personne âgée de moins de 18 ans.

Traitement inhumain. Voir : *Crimes de guerre, Eléments des crimes*

Traitements cruels. Voir : *Crimes de guerre, Eléments des crimes.*

Transfert, direct ou indirect, par une puissance occupante d'une partie de sa population civile dans le territoire qu'elle occupe, ou déportation ou transfert à l'intérieur ou hors du territoire occupé de la totalité ou d'une partie de la population de ce territoire. Voir : *Crimes de guerre, Eléments des crimes.*

Transport sanitaire *(Protocole additionnel aux Conventions de Genève du 12 août 1949 relatif à la protection des victimes des conflits armés internationaux (Protocole I), 8 juin 1977. Titre II. Blessés, malades et naufragés. Section I. Protection générale, art. 8. Terminologie).* Aux fins du présent Protocole : (…) f) l'expression «transport sanitaire » s'entend du transport par terre, par eau ou par air des blessés, des malades et des naufragés, du personnel sanitaire et religieux et du matériel sanitaire protégés par les Conventions et le présent Protocole.

Tribunal Militaire International de Nuremberg. Accord de Londres du 8 août 1945 – Statut du Tribunal Militaire International de Nuremberg. *Accord entre le Gouvernement Provisoire de la République Française et les Gouvernements des Etats-Unis d'Amérique, du Royaume Uni de Grande-Bretagne et d'Irlande du Nord et de l'Union des Républiques Socialistes Soviétiques concernant la poursuite et le châtiment des grands criminels de guerre des Puissances européennes de l'Axe.*

Considérant que les Nations Unies ont, à diverses reprises, proclamé leur intention de traduire en justice les criminels de guerre ;

Considérant que la Déclaration publiée à Moscou le 30 octobre 1943 sur les atrocités allemandes en Europe occupée a spécifié que les officiers et les soldats allemands et les membres du parti nazi qui sont responsables d'atrocités et de crimes, ou qui ont pris volontairement part à leur accomplissement, seront renvoyés dans les pays où leurs forfaits abominables ont été perpétrés, afin qu'ils puissent être jugés et punis conformément aux lois de ces pays libérés et des Gouvernements libres qui y sont établis ;

Considérant que cette Déclaration était faite sous réserve du cas des grands criminels, dont les crimes sont sans localisation géographique précise et qui seront punis par une décision commune des Gouvernements alliés ;

En conséquence, le Gouvernement Provisoire de la République Française et les Gouvernements des Etats-Unis d'Amérique, du Royaume Uni de Grande-Bretagne et d'Irlande du Nord et de l'Union des Républiques Socialistes Soviétiques (dénommés ci-après "les Signataires"), agissant dans l'intérêt de toutes les Nations Unies, ont, par leurs représentants dûment autorisés, conclu le présent Accord.

Art. 1er. Un Tribunal Militaire International sera établi après consultation avec le Conseil de Contrôle en Allemagne pour juger les criminels de guerre dont les crimes sont sans localisation géographique précise, qu'ils soient accusés individuellement, ou à titre de membres d'organisations ou de groupements, ou à ce double titre.

Art. 2. La constitution, la juridiction et les fonctions du Tribunal Militaire International sont prévues dans le Statut annexé au présent Accord, ce Statut formant partie intégrante de l'Accord. (…).

Statut du Tribunal Militaire International. *(...) II. - Juridiction et principes généraux.*

Art. 6. Le Tribunal établi par l'Accord mentionné à l'article premier ci-dessus pour le jugement et le châtiment des grands criminels de guerre des pays européens de l'Axe sera compétent pour juger et punir toutes personnes

qui, agissant pour le compte des pays européens de l'Axe, auront commis, individuellement ou à titre de membres d'organisations, l'un quelconque des crimes suivants :
Les actes suivants, ou l'un quelconque d'entre eux sont des crimes soumis à la juridiction du Tribunal et entraînant une responsabilité individuelle :
a) Les *crimes contre la Paix* : c'est-à-dire la direction, la préparation, le déclenchement ou la poursuite d'une guerre d'agression, ou d'une guerre de violation des traités, assurances ou accords internationaux, ou la participation à un plan concerté ou à un complot pour l'accomplissement de l'un quelconque des actes qui précèdent ;
b) Les *crimes de guerre* : c'est-à-dire les violations des lois et coutumes de guerre. Ces violations comprennent, sans y être limitées, l'assassinat, les mauvais traitements ou la déportation pour des travaux forcés, ou pour tout autre but, des populations civiles dans les territoires occupés, l'assassinat ou les mauvais traitements des prisonniers de guerre ou des personnes en mer, l'exécution des otages, le pillage des biens publics ou privés, la destruction sans motif des villes et des villages ou la dévastation que ne justifient pas les exigences militaires ;
c) Les *crimes contre l'Humanité* : c'est-à-dire l'assassinat, l'extermination, la réduction en esclavage, la déportation, et tout autre acte inhumain commis contre toutes populations civiles, avant ou pendant la guerre, ou bien les persécutions pour des motifs politiques, raciaux ou religieux lorsque ces actes ou persécutions, qu'ils aient constitué ou non une violation du droit interne du pays où ils ont été perpétrés, ont été commis à la suite de tout crime rentrant dans la compétence du Tribunal, ou en liaison avec ce crime.
Les dirigeants, organisateurs, provocateurs ou complices qui ont pris part à l'élaboration ou à l'exécution d'un plan concerté ou d'un complot pour commettre l'un quelconque des crimes ci-dessus définis sont responsables de tous les actes accomplis par toutes personnes, en exécution de ce plan.

Art. 7. La situation officielle des accusés, soit comme chefs d'Etat, soit comme hauts fonctionnaires, ne sera considérée ni comme une excuse absolutoire, ni comme un motif à diminution de la peine.

Art. 8. Le fait que l'accusé a agi conformément aux instructions de son gouvernement ou d'un supérieur hiérarchique ne le dégagera pas de sa responsabilité, mais pourra être considéré comme un motif de diminution de la peine, si le Tribunal décide que la justice l'exige.

Art. 9. Lors d'un procès intenté contre tout membre d'un groupement ou d'une organisation quelconques, le Tribunal pourra déclarer (à l'occasion de tout acte dont cet individu pourrait être reconnu coupable) que le groupement, ou l'organisation à laquelle il appartenait était une organisation criminelle.
Après avoir reçu l'Acte d'accusation, le Tribunal devra faire connaître, de la manière qu'il jugera opportune, que le Ministère Public a l'intention de demander au Tribunal de faire une déclaration en ce sens et tout membre de

l'organisation aura le droit de demander au Tribunal à être entendu par celui-ci, sur la question du caractère criminel de l'organisation. Le Tribunal aura compétence pour accéder à cette demande ou la rejeter, le Tribunal pourra fixer le mode selon lequel les requérants seront représentés et entendus. (…).

Tribunal pénal international pour l'ex-Yougoslavie (TPIY) Le Tribunal pénal international pour l'ex-Yougoslavie (TPIY) a été créé par la résolution 827 du 25 mai 1993 du Conseil de sécurité, agissant en vertu du Chapitre VII de la Charte des Nations Unies. Conformément aux dispositions de son statut, il « est habilité à juger les personnes (physiques) présumées responsables de violations graves du droit international humanitaire commises sur le territoire de l'ex-Yougoslavie depuis 1991 », à savoir : les infractions graves aux Conventions de Genève de 1949, les violations des lois ou coutumes de la guerre, le génocide, les crimes contre l'humanité. Le TPIY siège à La Haye (Pays-Bas). Le Statut du TPIY est subordonné à la résolution 1966 (2010) du Conseil de sécurité de l'ONU en vertu de laquelle le Mécanisme international pour les Tribunaux pénaux internationaux (MTPI) a été créé et dans laquelle le Conseil de sécurité a décidé que « le Statut du Mécanisme et les Statuts du TPIY et du TPIR s'appliquent sans préjudice des dispositions transitoires prises à l'annexe 2 (de la résolution de 2010) ».

Tribunal pénal international pour le Rwanda (TPIR)

Le Tribunal pénal international pour le Rwanda (TPIR) a été créé par la résolution 955 du 8 novembre 1994 du Conseil de sécurité, agissant en vertu du Chapitre VII de la Charte des Nations Unies. Conformément aux dispositions de son statut, il était « habilité à juger les personnes (physiques) présumées responsables de violations graves du droit international humanitaire commises sur le territoire du Rwanda et les citoyens rwandais présumés responsables de telles violations commises sur le territoire d'États voisins entre le 1er janvier et le 31 décembre 1994 », à savoir : le génocide, les crimes contre l'humanité, les violations de l'article 3 commun aux Conventions de Genève du 12 août 1949 et du Protocole additionnel II. Le tribunal siégeait à Arusha (Tanzanie), sa chambre d'appel à La Haye (Pays-Bas) et avait des bureaux à Kigali (Rwanda). Entré en fonction en 1995, le TPIR a fermé ses portes le 31 décembre 2015. Le jugement de présumés génocidaires ne s'est pas pour autant arrêté avec la fermeture du TPIR. Celui-ci a transmis des affaires au Mécanisme pour les tribunaux pénaux internationaux de l'ONU (MTPI), chargé d'assurer le suivi des dossiers et de préserver l'héritage des Tribunaux pénaux internationaux. C'est dans ce sens que les données relatives au TPIR conservent toute leur place dans cet ouvrage. Les juridictions nationales peuvent également se saisir d'affaires concernant le génocide rwandais de 1994. Tel est le cas du Rwanda, de la France, de la Belgique, de l'Allemagne ou de la Finlande.

U

Unités sanitaires *(Protocole additionnel aux Conventions de Genève du 12 août 1949 relatif à la protection des victimes des conflits armés internationaux (Protocole I), 8 juin 1977. Titre II. Blessés, malades et naufragés. Section I. Protection générale, art. 8. Terminologie).* Aux fins du présent Protocole : (...) e) l'expression «unités sanitaires » s'entend des établissements et autres formations, militaires ou civils, organisés à des fins sanitaires, à savoir la recherche, l'évacuation, le transport, le diagnostic ou le traitement - y compris les premiers secours - des blessés, des malades et des naufragés, ainsi que la prévention des maladies. Elle couvre entre autres les hôpitaux et autres unités similaires, les centres de transfusion sanguine, les centres et instituts de médecine préventive et les centres d'approvisionnement sanitaire, ainsi que les dépôts de matériel sanitaire et de produits pharmaceutiques de ces unités. Les unités sanitaires peuvent être fixes ou mobiles, permanentes ou temporaires.

Utilisation, conscription ou enrôlement d'enfants (« *Enfants-soldats* »). Voir : *Crimes de guerre, Eléments des crimes.*

Utilisation de boucliers humains. Voir : *Crimes de guerre, Eléments des crimes.*

Utilisation indue d'un pavillon parlementaire. Voir : *Crimes de guerre, Eléments des crimes.*

Utilisation indue des signes distinctifs prévus par les Conventions de Genève. Voir : *Crimes de guerre, Eléments des crimes.*

Utilisation indue du drapeau, des insignes ou de l'uniforme de l'ennemi. Voir : *Crimes de guerre, Eléments des crimes.*

Utilisation indue du drapeau, des insignes ou de l'uniforme des Nations Unies. Voir : *Crimes de guerre, Eléments des crimes.*

V

Véhicule sanitaire *(Protocole additionnel aux Conventions de Genève du 12 août 1949 relatif à la protection des victimes des conflits armés internationaux (Protocole I), 8 juin 1977. Titre II. Blessés, malades et naufragés. Section I. Protection générale, art. 8. Terminologie).* Aux fins du présent Protocole : (…) h) l'expression «véhicule sanitaire » s'entend de tout moyen de transport sanitaire par terre.

Victime *(RPP – CPI, Section 3. Victimes et témoins ; Sous-section première. Définition et principe général applicables aux victimes ; Règle 85. Définition des victimes ; Convention internationale pour la protection de toutes les personnes contre les disparitions forcées. Adoptée le 20 décembre 2006 par l'Assemblée générale des nations Unies. Première partie, Art. 24).*
RPP – CPI, Section 3. Victimes et témoins ; Sous-section première. Définition et principe général applicables aux victimes ; Règle 85. Définition des victimes.
Aux fins du Statut et du Règlement :
a) Le terme « victime » s'entend de toute personne physique qui a subi un préjudice du fait de la commission d'un crime relevant de la compétence de la Cour ;
b) Le terme « victime » peut aussi s'entendre de toute organisation ou institution dont un bien consacré à la religion, à l'enseignement, aux arts, aux sciences ou à la charité, un monument historique, un hôpital ou quelque autre lieu ou objet utilisé à des fins humanitaires a subi un dommage direct.
Convention internationale pour la protection de toutes les personnes contre les disparitions forcées. Adoptée le 20 décembre 2006 par l'Assemblée générale des nations Unies. Première partie, Art. 24. 1. Aux fins de la présente Convention, on entend par « victime » la personne disparue et toute personne physique ayant subi un préjudice direct du fait d'une disparition forcée.

2. Toute victime a le droit de savoir la vérité sur les circonstances de la disparition forcée, le déroulement et les résultats de l'enquête et le sort de la personne disparue. Tout État partie prend les mesures appropriées à cet égard.

3. Tout État partie prend toutes les mesures appropriées pour la recherche, la localisation et la libération des personnes disparues et, en cas de décès, pour la localisation, le respect et la restitution de leurs restes.

4. Tout État partie garantit, dans son système juridique, à la victime d'une disparition forcée le droit d'obtenir réparation et d'être indemnisée rapidement, équitablement et de manière adéquate.

5. Le droit d'obtenir réparation visé au paragraphe 4 du présent article couvre les dommages matériels et moraux ainsi que, le cas échéant, d'autres formes de réparation telles que :

a) La restitution ;

b) La réadaptation ;

c) La satisfaction, y compris le rétablissement de la dignité et de la réputation ;

d) Des garanties de non-répétition.

6. Sans préjudice de l'obligation de poursuivre l'enquête jusqu'à l'élucidation du sort de la personne disparue, tout État partie prend les dispositions appropriées concernant la situation légale des personnes disparues dont le sort n'est pas élucidé et de leurs proches, notamment dans des domaines tels que la protection sociale, les questions financières, le droit de la famille et les droits de propriété.

7. Tout État partie garantit le droit de former des organisations et des associations ayant pour objet de contribuer à l'établissement des circonstances de disparitions forcées et du sort des personnes disparues ainsi qu'à l'assistance aux victimes de disparition forcée, et de participer librement à de telles organisations ou associations.

Viol. Voir : *Crimes contre l'humanité, Crimes de guerre, Eléments des crimes.*

Violation du droit à un procès équitable. Voir : *Crimes de guerre, Eléments des crimes.*

Violations de l'Article 3 commun aux Conventions de Genève et du Protocole additionnel II (*Statut TPIR, art. 4*). Le Tribunal international pour le Rwanda est habilité à poursuivre les personnes qui commettent ou donnent l'ordre de commettre des violations graves de l'Article 3 commun aux Conventions de Genève du 12 août 1949 pour la protection des victimes en temps de guerre, et du Protocole additionnel II auxdites Conventions du 8 juin 1977. Ces violations comprennent, sans s'y limiter :

a) Les atteintes portées à la vie, à la santé et au bien-être physique ou mental des personnes, en particulier le meurtre, de même que les traitements cruels tels que la torture, les mutilations ou toutes formes de peines corporelles ;
b) Les punitions collectives ;
c) La prise d'otages ;
d) Les actes de terrorisme ;
e) Les atteintes à la dignité de la personne, notamment les traitements humiliants et dégradants, le viol, la contrainte à la prostitution et tout attentat à la pudeur ;
f) Le pillage ;
g) Les condamnations prononcées et les exécutions effectuées sans un jugement préalable rendu par un tribunal régulièrement constitué, assorti des garanties judiciaires reconnues comme indispensables par les peuples civilisés ;
h) La menace de commettre les actes précités.

Violations des lois ou coutumes de la guerre *(Statut TPIY, art. 3).* Le Tribunal international est compétent pour poursuivre les personnes qui commettent des violations des lois ou coutumes de la guerre. Ces violations comprennent, sans y être limitées :
a) l'emploi d'armes toxiques ou d'autres armes conçues pour causer des souffrances inutiles ;
b) la destruction sans motif des villes et des villages ou la dévastation que ne justifient pas les exigences militaires ;
c) l'attaque ou le bombardement, par quelque moyen que ce soit, de villes, villages, habitations ou bâtiments non défendus ;
d) la saisie, la destruction ou l'endommagement délibéré d'édifices consacrés à la religion, à la bienfaisance et à l'enseignement, aux arts et aux sciences, à des monuments historiques, à des œuvres d'art et à des œuvres de caractère scientifique ;
e) le pillage de biens publics ou privés.

Z

Zone de contact. Aéronefs sanitaires dans des zones de contact ou similaires *(Protocole additionnel aux Conventions de Genève du 12 août 1949 relatif à la protection des victimes des conflits armés internationaux (Protocole I), 8 juin 1977. Titre II. Blessés, malades et naufragés. Section II. Transports maritimes. Art. 26. Aéronefs sanitaires dans des zones de contact ou similaires).* 1. Dans les parties de la zone de contact dominées en fait par des forces amies, ainsi que dans les zones qu'en fait aucune force ne domine clairement, et dans l'espace aérien correspondant, la protection des aéronefs sanitaires ne peut être pleinement efficace que si un accord préalable est intervenu entre les autorités militaires compétentes des Parties au conflit ainsi qu'il est prévu par l'article 29. En l'absence d'un tel accord, les aéronefs sanitaires opèrent à leurs seuls risques ; les aéronefs sanitaires devront néanmoins être respectés lorsqu'ils auront été reconnus comme tels.

2. L'expression « zone de contact » s'entend de toute zone terrestre où les éléments avancés des forces opposées sont au contact les uns des autres, particulièrement là où ils sont exposés à des tirs directs à partir du sol.

Zones démilitarisées *(Protocole additionnel aux Conventions de Genève du 12 août 1949 relatif à la protection des victimes des conflits armés internationaux (Protocole I), 8 juin 1977. Titre IV. Population civile. Section I. Protection générale contre les effets des hostilités. Chapitre V. Localités et zones sous protection spéciale. Art. 60. Zones démilitarisées).* 1. Il est interdit aux Parties au conflit d'étendre leurs opérations militaires aux zones auxquelles elles auront conféré par accord le statut de zone démilitarisée si cette extension est contraire aux dispositions d'un tel accord.

2. Cet accord sera exprès ; il pourra être conclu verbalement ou par écrit, directement ou par l'entremise d'une Puissance protectrice ou d'une organisation humanitaire impartiale, et consister en des déclarations réciproques et concordantes. Il pourra être conclu aussi bien en temps de paix qu'après l'ouverture des hostilités et devrait déterminer et indiquer, de manière aussi précise que possible, les limites de la zone démilitarisée ; il fixera, en cas de besoin, les modalités de contrôle.

3. L'objet d'un tel accord sera normalement une zone remplissant les conditions suivantes :

a) tous les combattants, ainsi que les armes et le matériel militaire mobiles, devront avoir été évacués ;
b) il ne sera pas fait un usage hostile des installations ou des établissements militaires fixes ;
c) les autorités et la population ne commettront pas d'actes d'hostilité ;
d) toute activité liée à l'effort militaire devra avoir cessé. Les Parties au conflit s'entendront au sujet de l'interprétation à donner à la condition posée à l'alinéa d et au sujet des personnes, autres que celles mentionnées au paragraphe 4, à admettre dans la zone démilitarisée.

4. La présence, dans cette zone, de personnes spécialement protégées par les Conventions et par le présent Protocole et de forces de police retenues à seule fin de maintenir l'ordre public n'est pas contraire aux conditions posées au paragraphe 3.

5. La Partie au pouvoir de laquelle se trouve une telle zone doit la marquer, dans la mesure du possible, par des signes à convenir avec l'autre Partie, qui doivent être placés en des endroits où ils seront clairement visibles, en particulier au périmètre et aux limites de la zone et sur les routes principales.

6. Si les combats se rapprochent d'une zone démilitarisée, et si les Parties au conflit ont conclu un accord à cet effet, aucune d'elles ne pourra utiliser cette zone à des fins liées à la conduite des opérations militaires, ni abroger unilatéralement son statut.

7. En cas de violation substantielle par l'une des Parties au conflit des dispositions des paragraphes 3 ou 6, l'autre Partie sera libérée des obligations découlant de l'accord conférant à la zone le statut de zone démilitarisée. Dans une telle éventualité, la zone perdra son statut, mais continuera de bénéficier de la protection prévue par les autres dispositions du présent Protocole et les autres règles du droit international applicable dans les conflits armés. ***Voir aussi*** : *Paix. Agenda pour la paix.*

TERMES ET EXPRESSIONS

A

B

C

D

E

F

G

H

I

L

M

N

O

P

R

S

T

U

V

Z

TEXTES DE REFERENCE

A

Accord de Copenhague. 18 Décembre 2009 (Changements climatiques).

Accord de Paris (Changements climatiques). Nations Unies. FCCC/CP/2015/L.9. Convention-cadre sur les changements climatiques. Distr. Limitée. 12 décembre 2015. Français. Original : anglais. *Conférence des Parties*. Vingt et unième session. Paris, 30 novembre-11 décembre 2015. Point 4 b) de l'ordre du jour. Plateforme de Durban pour une action renforcée (décision 1/CP.17). Adoption d'un protocole, d'un autre instrument juridique ou d'un texte convenu d'un commun accord ayant force juridique, élaboré au titre de la Convention et applicable à toutes les Parties. *Adoption de l'Accord de Paris.* Proposition du Président. Projet de décision -/CP.21.

Accord de Londres du 8 août 1945 – Statut du Tribunal Militaire International de Nuremberg. Accord entre le Gouvernement Provisoire de la République Française et les Gouvernements des Etats-Unis d'Amérique, du Royaume Uni de Grande-Bretagne et d'Irlande du Nord et de l'Union des Républiques Socialistes Soviétiques concernant la poursuite et le châtiment des grands criminels de guerre des Puissances européennes de l'Axe.

Action 21 (ou Agenda 21) et développement durable. Nations Unies. Assemblée Générale. Conférence des Nations Unies sur l'environnement et le développement (dite aussi Sommet de la Terre). Rio de Janeiro, 3-14 juin 1992. Plan d'action pour le XXIe siècle.

Agenda pour la paix. Nations Unies. Assemblée générale. Conseil de sécurité. Agenda pour la paix. Diplomatie préventive, rétablissement de la paix, maintien de la paix, consolidation de la paix après les conflits. Rapport présenté par le Secrétaire général en application de la Déclaration adoptée par la réunion au sommet du Conseil de sécurité le 31 janvier 1992. A/47/277 – S/24111, 17 juin 1992.

C

Charte Africaine des droits de l'Homme et des Peuples. Adoptée le 27 juin 1981 à Nairobi, Kenya, lors de la 18e Conférence de l'Organisation de l'Unité Africaine (OUA). Entrée en vigueur le 21 octobre 1986.

Charte arabe des droits de l'Homme. Adoptée le 22 mai 2004, à Tunis (Tunisie), lors du 16ème Sommet de la Ligue des Etats arabes, entrée en vigueur le 15 mars 2008.

Charte des droits fondamentaux de l'Union européenne (2000/C 364/01) - Journal officiel des Communautés européennes, 18.12.2000.

Charte des Nations Unies, San Francisco, 26 juin 1945.

Conférence des Nations Unies sur l'environnement et le développement (« Sommet de la Terre »). Rio de Janeiro, 3-14 juin 1992.

Conférence internationale sur la population et le développement, Le Caire (Egypte), 5-13 septembre 1994. Programme d'action.
Convention américaine relative aux droits de l'Homme. Adoptée à San José, Costa Rica, le 22 novembre 1969.

Convention-cadre des Nations Unies sur les changements climatiques. New York, 9 mai 1992.

Convention contre la torture et autres peines ou traitements cruels, inhumains ou dégradants. New York, 10 décembre 1984.

Convention de sauvegarde des droits de l'homme et des libertés fondamentales *(telle qu'amendée par les Protocoles nos 11 et 14. Voir aussi le Protocole additionnel et les Protocoles nos 4, 6, 7, 12 et 13).* Rome, 4 novembre 1950 (Convention européenne des droits de l'homme).

Convention des Nations Unies contre la criminalité transnationale organisée. New York, 15 novembre 2000.

Convention des Nations Unies sur la lutte contre la désertification dans les pays gravement touchés par la sécheresse et/ou la désertification, en particulier en Afrique. Paris, 17 juin 1994.

Convention interaméricaine contre le terrorisme. AG/RES. 1840 XXXII-O/02 - Résolution adoptée à la première séance plénière tenue le 3 juin 2002.

Convention internationale pour la protection de toutes les personnes contre les disparitions forcées. Adoptée le 20 décembre 2006 par l'Assemblée générale des nations Unies.

Convention internationale sur l'élimination de toutes les formes de discrimination raciale. New York, 21 décembre 1965.

Convention internationale sur la protection des droits de tous les travailleurs migrants et des membres de leur famille. Adoptée par l'Assemblée générale dans sa résolution 45/158 du 18 décembre 1990.

Convention pour la prévention et la répression du crime du génocide. New York, 9 décembre 1948.

Convention relative au statut des réfugiés. Genève, 28 juillet 1951.

Convention relative aux droits de l'enfant. New York, 20 novembre 1989.

Convention relative aux droits des personnes handicapées du 13 décembre 2006.

Convention sur la diversité biologique. Rio de Janeiro, 5 juin 1992.

Convention sur l'élimination de toutes les formes de discrimination à l'égard des femmes. New York, 18 décembre 1979.

Conventions de Genève du 12 août 1949 : Ire Convention, IIe Convention, IIIe Convention et IVe Convention *(Protocole additionnel aux Conventions de Genève du 12 août 1949 relatif à la protection des victimes des conflits armés internationaux (Protocole I), 8 juin 1977. Titre I. Dispositions générales. Art. 2. Définitions). Voir aussi les trois Protocoles additionnels : Protocole additionnel aux Conventions de Genève du 12 août 1949 relatif à la protection des victimes des conflits armés internationaux (Protocole I), 8 juin 1977 ; Protocole additionnel aux Conventions de Genève du 12 août 1949 relatif à la protection des victimes des conflits armés non internationaux (Protocole II), 8 juin 1977 ; Protocole additionnel aux Conventions de Genève du 12 août 1949 relatif à l'adoption d'un signe distinctif additionnel (Protocole III), 8 décembre 2005.*

D

Déclaration de Copenhague sur le développement social. Nations Unies. Sommet mondial pour le développement social. Copenhague-Danemark, 6-12 mars 1995. Annexe I. Déclaration de Copenhague sur le développement social.

Déclaration d'Istanbul sur les Etablissements humains. Conférence des Nations Unies sur les établissements humains (Habitat II), Istanbul (Turquie), 3-14 juin 1996.

Déclaration de Johannesburg sur le développement durable. Nations Unies, A/CONF.199/L.6/Rev.2. Sommet mondial pour le développement durable. Johannesburg, (Afrique du Sud) 26 août-4 septembre 2002.

Déclaration de Rio sur l'environnement et le développement. Nations Unies, Assemblée Générale, A/CONF.151/26 (Vol. I), 12 août 1992.

Déclaration des droits de l'homme et du citoyen de 1789. Versailles, 26 août 1789.

Déclaration de Stockholm sur l'environnement. 16 juin 1972. Déclaration de la conférence des Nations Unies sur l'environnement. Stockholm, 5-16 juin 1972.

Déclaration du Millénaire. Résolution adoptée par l'Assemblée Générale des Nations Unies [*sans renvoi à une grande commission (A/55/L.2)*] – 52/2. Déclaration du Millénaire. 8e séance plénière, 8 septembre 2000.

Déclaration et Programme d'action de Vienne. Conférence mondiale sur les droits de l'homme. Vienne, Autriche, 14-15 juin 1993.

Déclaration sur le droit au développement. Adoptée par l'Assemblée générale des Nations Unies dans sa résolution 41/128 du 4 décembre 1986.

Déclaration universelle des droits de l'homme. Paris, 10 décembre 1948.

E

Eléments des crimes. Statut de Rome de la Cour pénale internationale.

N

NEPAD – Nouveau Partenariat pour le Développement de l'Afrique. Abuja, Nigeria, Octobre 2001. Document original.

P

Pacte international relatif aux droits civils et politiques. Conclu à New York, le 16 décembre 1966.

Pacte international relatif aux droits économiques, sociaux et culturels. New York, 16 décembre 1966.

Protocole additionnel à la Convention des Nations Unies contre la criminalité transnationale organisée visant à prévenir, réprimer et punir la traite des personnes, en particulier des femmes et des enfants. Conclu à New York le 15 novembre 2000.

Protocole additionnel aux Conventions de Genève du 12 août 1949 relatif à l'adoption d'un signe distinctif additionnel (Protocole III), 8 décembre 2005.

Protocole additionnel aux Conventions de Genève du 12 août 1949 relatif à la protection des victimes des conflits armés internationaux (Protocole I), 8 juin 1977.

Protocole additionnel aux Conventions de Genève du 12 août 1949 relatif à la protection des victimes des conflits armés non internationaux (Protocole II), 8 juin 1977.

Protocole de Kyoto à la Convention-cadre des Nations Unies sur les changements climatiques. Kyoto, 11 décembre 1997.

Protocole portant Statut de la Cour africaine de justice et des droits de l'homme. Adopté par la onzième session ordinaire de la conférence tenue le 1er juillet 2008 à Sharm El-Sheikh, Egypte.

R

Règlement de procédure et de preuve de la Cour pénale internationale.

Règlement de procédure et de preuve du Tribunal pénal international pour le Rwanda.

Règlement de procédure et de preuve du Tribunal pénal international pour l'ex-Yougoslavie.

Règlement portant régime de détention des personnes en attente de jugement ou d'appel devant le Tribunal (pénal international pour le Rwanda) ou détenues sur l'ordre du Tribunal (« Règlement sur la détention préventive »).

Règlement portant régime de détention des personnes en attente de jugement ou d'appel devant le Tribunal (pénal international pour l'ex-Yougoslavie) ou détenues sur l'ordre du Tribunal (« Règlement sur la détention préventive »).

S

Statut de la Cour africaine de justice et des droits de l'homme (Protocole portant Statut de la Cour africaine de justice et des droits de l'homme. Adopté par la onzième session ordinaire de la conférence tenue le 1er juillet 2008 à Sharm El-Sheikh, Egypte).

Statut de la Cour européenne des droits de l'homme.

Statut de la Cour interaméricaine des droits de l'homme. Approuvé par la Résolution N1 448 adoptée par l'Assemblée générale de l'OEA à sa neuvième session ordinaire tenue à La Paz, Bolivie, en octobre 1979.

Statut de la Cour internationale de justice.

Statut de Rome de la Cour pénale internationale.

Statut du Tribunal pénal international pour le Rwanda.

Statut du Tribunal pénal international pour l'ex-Yougoslavie.

ANNEXE

Texte intégral de l'Accord de Paris

Nations Unies
FCCC/CP/2015/L.9
Convention-cadre sur les changements climatiques
Distr. limitée
12 décembre 2015
Français
Original : anglais

Conférence des Parties
Vingt et unième session
Paris, 30 novembre-11 décembre 2015
Point 4 b) de l'ordre du jour
Plateforme de Durban pour une action renforcée (décision 1/CP.17)
Adoption d'un protocole, d'un autre instrument juridique ou d'un texte convenu d'un commun accord ayant force juridique, élaboré au titre de la Convention et applicable à toutes les Parties

Adoption de l'Accord de Paris
Proposition du Président
Projet de décision -/CP.21

La Conférence des Parties,
Rappelant la décision 1/CP.17 relative à la création du Groupe de travail spécial de la plateforme de Durban pour une action renforcée,
Rappelant également les articles 2, 3 et 4 de la Convention,
Rappelant en outre les décisions *pertinentes* de la Conférence des Parties, notamment ses décisions 1/CP.16, 2/CP.18, 1/CP.19 et 1/CP.20,
Saluant l'adoption de la résolution A/RES/70/1 de l'Assemblée générale des Nations Unies, intitulée « Transformer notre monde : le Programme de développement durable à l'horizon 2030 », en particulier de son objectif 13, ainsi que l'adoption du Programme d'action d'Addis-Abeba par la troisième Conférence internationale sur le financement du développement et l'adoption du Cadre de Sendai pour la réduction des risques de catastrophe,
Reconnaissant que les changements climatiques représentent une menace immédiate et potentiellement irréversible pour les sociétés humaines et la planète et qu'ils nécessitent donc la coopération la plus large possible de tous les pays ainsi que leur participation dans le cadre d'une riposte internationale efficace et appropriée, en vue d'accélérer la réduction des émissions mondiales de gaz à effet de serre,

Reconnaissant également qu'il faudra fortement réduire les émissions mondiales pour atteindre l'objectif ultime de la Convention et *soulignant* qu'il est urgent de faire face aux changements climatiques,

Considérant que les changements climatiques sont un sujet de préoccupation pour l'humanité tout entière, les Parties devraient, lorsqu'elles prennent des mesures pour faire face à ces changements, respecter, promouvoir et prendre en considération leurs obligations respectives concernant les droits de l'homme, le droit à la santé, les droits des peuples autochtones, des communautés locales, des migrants, des enfants, des personnes handicapées et des personnes en situation vulnérable, et le droit au développement, ainsi que l'égalité des sexes, l'autonomisation des femmes et l'équité entre les générations,

Considérant également les besoins et les préoccupations spécifiques des pays en développement parties résultant de l'impact des mesures de riposte mises en œuvre et, à cet égard, les décisions 5/CP.7, 1/CP.10, 1/CP.16 et 8/CP.17,

Insistant avec une vive préoccupation sur l'urgence de combler l'écart significatif entre l'effet global des engagements d'atténuation pris par les Parties en termes d'émissions annuelles mondiales de gaz à effet de serre jusqu'à 2020 et les profils d'évolution des émissions globales compatibles avec la perspective de contenir l'élévation de la température moyenne de la planète nettement en dessous de 2 °C par rapport aux niveaux préindustriels et de poursuivre l'action menée pour limiter l'élévation des températures à 1,5 °C,

Soulignant également que le relèvement du niveau d'ambition avant 2020 peut jeter les bases d'un relèvement de l'ambition après 2020,

Insistant sur l'urgence d'accélérer la mise en œuvre de la Convention et de son Protocole de Kyoto en vue de relever l'ambition après 2020,

Reconnaissant qu'il est urgent d'accroître l'appui fourni par les pays développés parties sous la forme de ressources financières, de technologies et d'un renforcement des capacités, de manière prévisible, afin de permettre une action renforcée avant 2020 par les pays en développement parties,

Soulignant les effets bénéfiques durables de mesures ambitieuses et précoces, notamment sous la forme de réductions importantes du coût des efforts futurs d'atténuation et d'adaptation,

Considérant la nécessité de promouvoir l'accès universel à l'énergie durable dans les pays en développement, en particulier en Afrique, en renforçant le déploiement d'énergies renouvelables,

Convenant de soutenir et de promouvoir la coopération régionale et internationale afin de mobiliser une action climatique plus forte et plus ambitieuse de la part de toutes les Parties et des autres acteurs, y compris de la société civile, du secteur privé, des institutions financières, des villes et autres autorités infranationales, des communautés locales et des peuples autochtones,

I. Adoption

1. *Décide* d'adopter l'Accord de Paris en vertu de la Convention-cadre des Nations Unies sur les changements climatiques (ci-après dénommé « l'Accord ») figurant dans l'annexe ;
2. *Prie* le Secrétaire général de l'Organisation des Nations Unies d'être le Dépositaire de l'Accord et de l'ouvrir à la signature à New York (États-Unis d'Amérique), du 22 avril 2016 au 21 avril 2017 ;
3. *Invite* le Secrétaire général à organiser une cérémonie de haut niveau pour la signature de l'Accord le 22 avril 2016 ;
4. *Invite également* toutes les Parties à la Convention à signer l'Accord à l'occasion de la cérémonie devant être organisée par le Secrétaire général, ou au moment qui leur semblera le plus opportun, ainsi qu'à déposer dans les meilleurs délais leurs instruments respectifs de ratification, d'acceptation, d'approbation ou d'adhésion, selon le cas ;
5. *Reconnaît* que les Parties à la Convention peuvent provisoirement appliquer toutes les dispositions de l'Accord en attendant son entrée en vigueur, et *demande* aux Parties d'informer le Dépositaire de toute application provisoire ainsi décidée ;
6. *Note* que le Groupe de travail spécial de la plateforme de Durban pour une action renforcée a mené à bien ses travaux, conformément au paragraphe 4 de la décision 1/CP.17 ;
7. *Décide* de créer le Groupe de travail spécial de l'Accord de Paris auquel s'appliquent, *mutatis mutandis*, les mêmes dispositions que celles régissant l'élection des membres du Bureau du Groupe de travail spécial de la plateforme de Durban pour une action renforcée (1) ;

(1) Dispositions approuvées au paragraphe 2 de la décision 2/CP.18.

8. *Décide également* que le Groupe de travail spécial de l'Accord de Paris préparera l'entrée en vigueur de l'Accord et la convocation de la première session de la Conférence des Parties agissant comme réunion des Parties à l'Accord de Paris ;
9. *Décide en outre* de superviser la mise en œuvre du programme de travail découlant des demandes pertinentes figurant dans la présente décision ;
10. *Demande* au Groupe de travail spécial de l'Accord de Paris de rendre compte régulièrement à la Conférence des Parties de l'avancement de ses travaux et de mener à bien ses travaux avant la première session de la Conférence des Parties agissant comme réunion des Parties à l'Accord de Paris ;
11. *Décide* que le Groupe de travail spécial de l'Accord de Paris tiendra ses sessions à partir de 2016 parallèlement aux sessions des organes subsidiaires de la Convention et élaborera des projets de décision que la Conférence des Parties recommandera à la Conférence des Parties agissant comme réunion

des Parties à l'Accord de Paris pour examen et adoption à sa première session ;

II. Contributions prévues déterminées au niveau national

12. *Se félicite* des contributions prévues déterminées au niveau national que les Parties ont communiquées conformément à l'alinéa b) du paragraphe 2 de la décision 1/CP.19 ;

13. *Renouvelle* son invitation à toutes les Parties qui ne l'ont pas encore fait de faire part au secrétariat de leurs contributions prévues déterminées au niveau national en vue d'atteindre l'objectif de la Convention tel qu'il est énoncé en son article 2 dès que possible et bien avant la vingt-deuxième session de la Conférence des Parties (novembre 2016) et d'une manière propre à améliorer la clarté, la transparence et la compréhension des contributions prévues déterminées au niveau national ;

14. *Demande* au secrétariat de continuer à publier les contributions prévues déterminées au niveau national communiquées par les Parties sur le site Web de la Convention ;

15. *Renouvelle* son appel aux pays développés parties, aux entités chargées d'assurer le fonctionnement du Mécanisme financier et à toute autre organisation en mesure de le faire pour qu'ils fournissent un appui aux fins de l'établissement et de la communication des contributions prévues déterminées au niveau national des Parties qui pourraient avoir besoin d'un tel appui ;

16. *Prend note* du rapport de synthèse sur l'effet global des contributions prévues déterminées au niveau national communiquées par les Parties au 1er octobre 2015, figurant dans le document FCCC/CP/2015/7 ;

17. *Note avec préoccupation* que les niveaux des émissions globales de gaz à effet de serre en 2025 et 2030 estimés sur la base des contributions prévues déterminées au niveau national ne sont pas compatibles avec des scénarios au moindre coût prévoyant une hausse de la température de 2 °C, mais se traduisent par un niveau prévisible d'émissions de 55 gigatonnes en 2030, et *note également* que des efforts de réduction des émissions beaucoup plus importants que ceux associés aux contributions prévues déterminées au niveau national seront nécessaires pour contenir l'élévation de la température de la planète en dessous de 2 °C par rapport aux niveaux préindustriels en ramenant les émissions à 40 gigatonnes ou en dessous de 1,5 °C par rapport aux niveaux préindustriels en ramenant les émissions à un niveau devant être défini dans le rapport spécial mentionné au paragraphe 21 ci-après ;

18. *Prend note également*, dans ce contexte, des besoins d'adaptation exprimés par bon nombre de pays en développement parties dans leurs contributions prévues déterminées au niveau national ;

19. *Charge* le secrétariat de mettre à jour le rapport de synthèse mentionné au paragraphe 16 ci-dessus de manière à prendre en compte toutes les

informations figurant dans les contributions prévues déterminées au niveau national communiquées par les Parties conformément à la décision 1/CP.20 pour le 4 avril 2016 au plus tard et de le rendre disponible pour le 2 mai 2016 au plus tard ;
20. *Décide* d'organiser un dialogue de facilitation entre les Parties pour faire le point en 2018 des efforts collectifs déployés par les Parties en vue d'atteindre l'objectif à long terme énoncé au paragraphe 1 de l'article 4 de l'Accord et d'éclairer l'établissement des contributions déterminées au niveau national conformément au paragraphe 8 de l'article 4 de l'Accord ;
21. *Invite* le Groupe d'experts intergouvernemental sur l'évolution du climat à présenter un rapport spécial en 2018 sur les conséquences d'un réchauffement planétaire supérieur à 1,5 °C par rapport aux niveaux préindustriels et les profils connexes d'évolution des émissions mondiales de gaz à effet de serre ;

III. Décisions visant à donner effet à l'Accord

Atténuation

22. *Invite* les Parties à communiquer leur première contribution déterminée au niveau national au plus tard au moment du dépôt de leurs instruments respectifs de ratification, d'adhésion ou d'approbation de l'Accord de Paris. Si une Partie a communiqué une contribution prévue déterminée au niveau national avant son adhésion à l'Accord, ladite Partie sera considérée comme ayant satisfait à cette disposition, à moins qu'elle n'en décide autrement ;
23. *Engage* les Parties dont la contribution prévue déterminée au niveau national soumise en application de la décision 1/CP.20 comporte un calendrier jusqu'à 2025 à communiquer d'ici à 2020 une nouvelle contribution déterminée au niveau national et à le faire ensuite tous les cinq ans conformément au paragraphe 9 de l'article 4 de l'Accord ;
24. *Demande* aux Parties dont la contribution prévue déterminée au niveau national soumise en application de la décision 1/CP.20 comporte un calendrier jusqu'à 2030 à communiquer ou à actualiser d'ici à 2020 cette contribution et à le faire ensuite tous les cinq ans conformément au paragraphe 9 de l'article 4 de l'Accord ;
25. *Décide* que les Parties communiquent au secrétariat leurs contributions déterminées au niveau national visées à l'article 4 de l'Accord au moins neuf à douze mois avant la réunion pertinente de la Conférence des Parties agissant comme réunion des Parties à l'Accord de Paris en vue de faciliter la clarté, la transparence et la compréhension de ces contributions, dans le cadre notamment d'un rapport de synthèse établi par le secrétariat ;
26. *Demande* au Groupe de travail spécial de l'Accord de Paris de formuler d'autres directives sur les caractéristiques des contributions déterminées au niveau national pour examen et adoption par la Conférence des Parties

agissant comme réunion des Parties à l'Accord de Paris à sa première session ;

27. *Convient* que les informations devant être fournies par les Parties communiquant leurs contributions déterminées au niveau national, pour améliorer la clarté, la transparence et la compréhension, peuvent inclure selon qu'il convient, entre autres, des informations chiffrables sur le point de référence (y compris, s'il y a lieu, une année de référence), les calendriers et/ou périodes de mise en œuvre, la portée et le champ d'application, les processus de planification, les hypothèses et les démarches méthodologiques, notamment ceux utilisés pour estimer et comptabiliser les émissions anthropiques de gaz à effet de serre et, le cas échéant, les absorptions, et une information précisant en quoi la Partie considère que sa contribution déterminée au niveau national est équitable et ambitieuse, au regard de sa situation nationale, et en quoi elle contribue à la réalisation de l'objectif de la Convention tel qu'il est énoncé en son article 2 ;

28. *Demande* au Groupe de travail spécial de l'Accord de Paris de formuler d'autres directives concernant les informations à fournir par les Parties pour améliorer la clarté, la transparence et la compréhension des contributions déterminées au niveau national pour examen et adoption par la Conférence des Parties agissant comme réunion des Parties à l'Accord de Paris à sa première session ;

29. *Demande également* à l'Organe subsidiaire de mise en œuvre d'élaborer des modalités et procédures pour le fonctionnement et l'utilisation du registre public mentionné au paragraphe 12 de l'article 4 de l'Accord, pour examen et adoption par la Conférence des Parties agissant comme réunion des Parties à l'Accord de Paris à sa première session ;

30. *Demande en outre* au secrétariat de mettre à disposition un registre public provisoire au premier semestre de 2016 pour l'enregistrement des contributions déterminées au niveau national soumises en application de l'article 4 de l'Accord, en attendant l'adoption par la Conférence des Parties agissant comme réunion des Parties à l'Accord de Paris des modalités et procédures visées au paragraphe 29 ci-dessus ;

31. *Demande* au Groupe de travail spécial de l'Accord de Paris d'élaborer, en s'inspirant des démarches établies en vertu de la Convention, et de ses instruments juridiques connexes le cas échéant, des directives pour la comptabilisation des contributions déterminées au niveau national des Parties, telles que visées au paragraphe 13 de l'article 4 de l'Accord, pour examen et adoption par la Conférence des Parties agissant comme réunion des Parties à l'Accord de Paris à sa première session, qui garantissent que :

a) Les Parties rendent compte des émissions anthropiques et des absorptions conformément aux méthodes et aux paramètres de mesure communs évalués par le Groupe d'experts intergouvernemental sur l'évolution du climat et adoptés par la Conférence des Parties agissant comme réunion des Parties à l'Accord de Paris ;

b) Les Parties veillent à la cohérence méthodologique, notamment en ce qui concerne les niveaux de référence, entre la communication et la mise en œuvre des communications déterminées au niveau national ;
c) Les Parties s'efforcent d'inclure toutes les catégories d'émissions anthropiques ou d'absorptions dans leurs contributions déterminées au niveau national et, dès lors qu'une source, un puits ou une activité est pris en compte, continuent de l'inclure ;
d) Les Parties indiquent les raisons pour lesquelles d'éventuelles catégories d'émissions anthropiques ou d'absorptions sont exclues ;
32. *Décide* que les Parties appliquent les directives mentionnées au paragraphe 31 ci-dessus à partir de la deuxième contribution déterminée au niveau national et pour les contributions ultérieures et que les Parties peuvent décider d'appliquer ces directives dès leur première contribution déterminée au niveau national ;
33. *Décide également* que le Forum sur l'impact des mesures de riposte mises en œuvre, relevant des organes subsidiaires, est maintenu et qu'il concourt à l'application de l'Accord ;
34. *Décide en outre* que l'Organe subsidiaire de conseil scientifique et technologique et l'Organe subsidiaire de mise en œuvre recommandent, pour examen et adoption par la Conférence des Parties agissant comme réunion des Parties à l'Accord de Paris à sa première session, les modalités de fonctionnement, le programme de travail et les fonctions du Forum sur l'impact des mesures de riposte mises en œuvre pour remédier aux effets de la mise en œuvre de mesures de riposte en vertu de l'Accord en intensifiant la coopération entre les Parties pour comprendre les incidences des mesures d'atténuation prises en vertu de l'Accord et en renforçant l'échange d'informations, d'expériences et de bonnes pratiques entre les Parties en vue d'accroître leur résilience face à ces incidences ;
35. *Décide* que les directives formulées conformément au paragraphe 31 ci-dessus garantissent qu'un double comptage est évité sur la base d'un ajustement correspondant par les Parties pour les émissions anthropiques par les sources et/ou les absorptions par les puits prises en compte dans leurs contributions déterminées au niveau national en vertu de l'Accord ;
36. *Invite* les Parties à communiquer, d'ici à 2020, au secrétariat leurs stratégies de développement à faible émission de gaz à effet de serre à long terme pour le milieu du siècle conformément au paragraphe 19 de l'article 4 de l'Accord, et *charge* le secrétariat de publier sur le site Web de la Convention les stratégies de développement à faible émission de gaz à effet de serre communiquées par les Parties ;
37. *Demande* à l'Organe subsidiaire de conseil scientifique et technologique d'élaborer et de recommander les directives visées au paragraphe 2 de l'article 6 de l'Accord pour adoption par la Conférence des Parties agissant comme réunion des Parties à l'Accord de Paris à sa première session, notamment les directives visant à ce qu'un double comptage soit évité sur la

base d'un ajustement correspondant par les Parties tant pour les émissions anthropiques par les sources que pour les absorptions par les puits prises en compte dans leurs contributions déterminées au niveau national en vertu de l'Accord ;

38. *Recommande* à la Conférence des Parties agissant comme réunion des Parties à l'Accord de Paris d'adopter les règles, modalités et procédures applicables au mécanisme pour le développement durable établi par le paragraphe 4 de l'article 6 de l'Accord sur la base des critères suivants :

a) La participation volontaire autorisée par chaque Partie concernée ;

b) Les retombées bénéfiques à long terme réelles et mesurables liées à l'atténuation des changements climatiques ;

c) La portée précise des activités ;

d) Les réductions des émissions s'ajoutant à celles qui se produiraient autrement ;

e) La vérification et la certification des réductions des émissions résultant des activités d'atténuation des entités opérationnelles désignées ;

f) L'expérience et les enseignements retirés des mécanismes existants et des démarches adoptées au titre de la Convention et de ses instruments juridiques connexes ;

39. *Demande* à l'Organe subsidiaire de conseil scientifique et technologique d'élaborer et de recommander des règles, modalités et procédures pour le mécanisme visé au paragraphe 38 ci-dessus pour examen et adoption par la Conférence des Parties agissant comme réunion des Parties à l'Accord de Paris à sa première session ;

40. *Demande également* à l'Organe subsidiaire de conseil scientifique et technologique d'entreprendre un programme de travail relevant du cadre pour les démarches non fondées sur le marché en matière de développement durable mentionné au paragraphe 8 de l'article 6 de l'Accord, l'objectif étant d'étudier comment renforcer les liens et créer des synergies entre, entre autres, l'atténuation, l'adaptation, le financement, le transfert de technologies et le renforcement des capacités, et comment faciliter la mise en œuvre et la coordination des démarches non fondées sur le marché ;

41. *Demande en outre* à l'Organe subsidiaire de conseil scientifique et technologique de recommander un projet de décision sur le programme de travail mentionné au paragraphe 40 ci-dessus, en tenant compte des vues des Parties, pour examen et adoption par la Conférence des Parties agissant comme réunion des Parties à l'Accord de Paris à sa première session ;

Adaptation

42. *Demande* au Comité de l'adaptation et au Groupe d'experts des pays les moins avancés d'élaborer conjointement des modalités en vue de reconnaître les efforts d'adaptation des pays en développement parties, comme il est prévu au paragraphe 3 de l'article 7 de l'Accord, et de formuler des

recommandations pour examen et adoption par la Conférence des Parties agissant comme réunion des Parties à l'Accord de Paris à sa première session ;

43. *Demande également* au Comité de l'adaptation, compte tenu de son mandat et de son deuxième plan de travail triennal, et en vue de formuler des recommandations pour examen et adoption par la Conférence des Parties agissant comme réunion des Parties à l'Accord de Paris à sa première session :

a) D'examiner, en 2017, les activités des dispositifs institutionnels relatifs à l'adaptation mis en place au titre de la Convention en vue de déterminer comment améliorer, le cas échéant, la cohérence de leurs activités, de manière à répondre de façon adéquate aux besoins des Parties ;

b) D'étudier des méthodes pour évaluer les besoins d'adaptation en vue d'aider les pays en développement sans leur imposer une charge excessive ;

44. *Invite* l'ensemble des organisations des Nations Unies et des institutions financières internationales, régionales et nationales compétentes à fournir aux Parties, par l'intermédiaire du secrétariat, des informations sur la manière dont leurs programmes d'aide au développement et de financement de l'action climatique incorporent des mesures de protection contre les risques climatiques et de résilience aux changements climatiques ;

45. *Demande* aux Parties de renforcer la coopération régionale en matière d'adaptation s'il y a lieu et de créer, si besoin est, des centres et réseaux régionaux, en particulier dans les pays en développement, compte tenu du paragraphe 13 de la décision 1/CP.16 ;

46. *Demande également* au Comité de l'adaptation et au Groupe d'experts des pays les moins avancés, en collaboration avec le Comité permanent du financement et d'autres institutions compétentes, d'élaborer des méthodes et de formuler des recommandations pour examen et adoption par la Conférence des Parties agissant comme réunion des Parties à l'Accord de Paris à sa première session sur :

a) L'adoption des mesures nécessaires pour faciliter la mobilisation de l'appui à l'adaptation dans les pays en développement dans le contexte de la limitation de l'élévation de la température moyenne de la planète mentionnée à l'article 2 de l'Accord ;

b) L'examen du caractère adéquat et de l'efficacité de l'adaptation et de l'appui visé à l'alinéa c) du paragraphe 14 de l'article 7 de l'Accord ;

47. *Demande en outre* au Fonds vert pour le climat d'accélérer la fourniture de l'appui destiné aux pays les moins avancés et aux autres pays en développement parties pour la formulation des plans nationaux d'adaptation, conformément aux décisions 1/CP.16 et 5/CP.17, ainsi que la mise en œuvre ultérieure des politiques, projets et programmes qu'ils auront définis ;

Pertes et préjudices

48. *Décide* de maintenir, après l'examen auquel il sera procédé en 2016, le Mécanisme international de Varsovie relatif aux pertes et préjudices liés aux incidences des changements climatiques ;

49. *Demande* au Comité exécutif du Mécanisme international de Varsovie de créer un centre d'échange d'informations sur le transfert des risques qui puisse servir de source centrale de données sur l'assurance et le transfert des risques de façon à faciliter les efforts déployés par les Parties pour mettre au point et appliquer des stratégies globales de gestion des risques ;

50. *Demande également* au Comité exécutif du Mécanisme international de Varsovie, agissant conformément à ses procédures et à son mandat, de créer une équipe spéciale pour compléter et mettre à profit les travaux des organes et groupes d'experts existant au titre de la Convention, dont le Comité de l'adaptation et le Groupe d'experts des pays les moins avancés, ainsi que ceux des organisations et organes d'experts compétents extérieurs à la Convention, en les mobilisant selon qu'il convient, en vue d'élaborer des recommandations relatives à des démarches intégrées propres à prévenir et réduire les déplacements de population liés aux effets néfastes des changements climatiques et à y faire face ;

51. *Demande en outre* au Comité exécutif du Mécanisme international de Varsovie d'entreprendre ses travaux à sa prochaine réunion en vue de la mise en œuvre concrète des dispositions figurant aux paragraphes 49 et 50 ci-dessus, et de rendre compte des progrès accomplis dans son rapport annuel ;

52. *Convient* que l'article 8 de l'Accord ne peut donner lieu ni servir de fondement à aucune responsabilité ni indemnisation ;

Financement

53. *Décide* que, dans la mise en œuvre de l'Accord, les ressources financières fournies aux pays en développement devraient renforcer l'application de leurs politiques, stratégies, règlements, plans d'action et mesures de lutte contre les changements climatiques tant en matière d'atténuation que d'adaptation de façon à contribuer à la réalisation de l'objet de l'Accord tel que défini à l'article 2 ;

54. *Décide en outre* que, conformément au paragraphe 3 de l'article 9 de l'Accord, les pays développés entendent poursuivre leur objectif collectif actuel de mobilisation jusqu'en 2025 dans l'optique de mesures concrètes d'atténuation et d'une mise en œuvre transparente ; avant 2025, la Conférence des Parties agissant comme réunion des Parties à l'Accord de Paris fixe un nouvel objectif chiffré collectif à partir d'un niveau plancher de 100 milliards de dollars par an, en tenant compte des besoins et des priorités des pays en développement ;

55. *Reconnaît* l'importance de ressources financières adéquates et prévisibles, y compris des paiements liés à des résultats, s'il y a lieu, aux fins de la mise en œuvre de démarches générales et d'incitations positives visant à réduire les émissions imputables au déboisement et à la dégradation des forêts, du rôle de la conservation et de la gestion durable des forêts et du renforcement des stocks de carbone forestiers, ainsi que d'autres modes d'action, tels que des démarches communes en matière d'atténuation et d'adaptation pour la gestion intégrale et durable des forêts, tout en réaffirmant l'importance des avantages non liés au carbone qui sont associés à de telles démarches, et en encourageant la coordination de l'appui provenant, entre autres, de sources publiques et privées, bilatérales et multilatérales, telles que le Fonds vert pour le climat et d'autres sources, en application des décisions pertinentes de la Conférence des Parties ;
56. *Décide* d'engager, à sa vingt-deuxième session, un processus visant à recenser les informations que doivent communiquer les Parties conformément au paragraphe 5 de l'article 9 de l'Accord en vue de formuler des recommandations pour examen et adoption par la Conférence des Parties agissant comme réunion des Parties à l'Accord de Paris à sa première session ;
57. *Décide également* de veiller à ce que la communication d'informations conformément au paragraphe 7 de l'article 9 de l'Accord suive les modalités, procédures et lignes directrices visées au paragraphe 96 ci-dessous ;
58. *Demande* à l'Organe subsidiaire de conseil scientifique et technologique de définir des modalités de comptabilisation des ressources financières fournies et mobilisées par des interventions publiques conformément au paragraphe 7 de l'article 9 de l'Accord pour examen par la Conférence des Parties à sa vingt-quatrième session (novembre 2018), en vue d'adresser une recommandation pour examen et adoption par la Conférence des Parties agissant comme réunion des Parties à l'Accord de Paris à sa première session ;
59. *Décide* que le Fonds vert pour le climat et le Fonds pour l'environnement mondial, entités chargées d'assurer le fonctionnement du Mécanisme financier, ainsi que le Fonds pour les pays les moins avancés et le Fonds spécial pour les changements climatiques, administrés par le Fonds pour l'environnement mondial, concourent à l'application de l'Accord ;
60. *Considère* que le Fonds pour l'adaptation peut concourir à l'application de l'Accord, sous réserve des décisions pertinentes de la Conférence des Parties agissant comme réunion des Parties au Protocole de Kyoto et de la Conférence des Parties agissant comme réunion des Parties à l'Accord de Paris ;
61. *Invite* la Conférence des Parties agissant comme réunion des Parties au Protocole de Kyoto à examiner la question évoquée au paragraphe 60 ci-dessus et à faire une recommandation à la Conférence des Parties agissant comme réunion des Parties à l'Accord de Paris à sa première session ;

62. *Recommande* que la Conférence des Parties agissant comme réunion des Parties à l'Accord de Paris donne aux entités chargées d'assurer le fonctionnement du Mécanisme financier de la Convention des directives sur les politiques, les priorités en matière de programme et les critères d'admissibilité liés à l'Accord pour transmission par la Conférence des Parties ;
63. *Décide* que les directives à l'intention des entités chargées d'assurer le fonctionnement du Mécanisme financier de la Convention qui figurent dans les décisions pertinentes de la Conférence des Parties, y compris celles arrêtées avant l'adoption de l'Accord, s'appliquent *mutatis mutandis* ;
64. *Décide également* que le Comité permanent du financement concourt à l'application de l'Accord conformément à ses fonctions et responsabilités établies dans le cadre de la Conférence des Parties ;
65. *Demande instamment* aux institutions qui concourent à l'application de l'Accord d'améliorer la coordination et la fourniture de ressources à l'appui des stratégies impulsées par les pays grâce à des procédures simplifiées et efficaces de demande et d'approbation et à un appui continu à la planification préalable à l'intention des pays en développement parties, notamment aux pays les moins avancés et aux petits États insulaires en développement, selon qu'il convient ;

Mise au point et transfert de technologies

66. *Prend note du* rapport d'activité du Comité exécutif de la technologie sur les directives relatives à la mise en œuvre renforcée des résultats des évaluations des besoins technologiques dont il est question dans le document FCCC/SB/2015/INF.3 ;
67. *Décide* de renforcer le Mécanisme technologique et demande au Comité exécutif de la technologie ainsi qu'au Centre et au Réseau des technologies climatiques, d'entreprendre, en apportant leur concours à l'application de l'Accord, de nouveaux travaux concernant, entre autres :
a) La recherche, la mise au point et la démonstration de technologies ;
b) Le développement et le développement des capacités et des technologies endogènes ;
68. *Demande* à l'Organe subsidiaire de conseil scientifique et technologique d'entreprendre, à sa quarante-quatrième session (mai 2016), l'élaboration du cadre technologique institué en application du paragraphe 4 de l'article 10 de l'Accord et de faire part de ses conclusions à la Conférence des Parties, afin qu'elle fasse une recommandation sur ce cadre à la Conférence des Parties agissant comme réunion des Parties à l'Accord de Paris, pour examen et adoption à sa première session, compte tenu du fait que le cadre devrait faciliter, entre autres :
a) La réalisation et l'actualisation des évaluations des besoins technologiques, ainsi que la mise en œuvre renforcée de leurs résultats, en

particulier des plans d'action et idées de projet en matière de technologie, grâce à l'élaboration de projets bancables ;
b) La fourniture d'un appui financier et technique renforcé à la mise en œuvre des résultats des évaluations des besoins technologiques ;
c) L'évaluation des technologies qui sont prêtes à être transférées ;
d) La mise en place de conditions propices et l'élimination des obstacles à la mise au point et au transfert de technologies socialement et écologiquement rationnelles ;
69. *Décide* que le Comité exécutif de la technologie et le Centre et le Réseau des technologies climatiques rendent compte à la Conférence des Parties agissant comme réunion des Parties à l'Accord de Paris, par l'intermédiaire des organes subsidiaires, des activités qu'ils exécutent à l'appui de la mise en œuvre de l'Accord ;
70. *Décide également* de procéder à une évaluation périodique de l'efficacité et du caractère adéquat de l'appui fourni au Mécanisme technologique pour la mise en œuvre de l'Accord sur les questions ayant trait à la mise au point et au transfert de technologies ;
71. *Demande* à l'Organe subsidiaire de mise en œuvre de commencer, à sa quarante-quatrième session, à préciser la portée et les modalités de l'évaluation périodique visée au paragraphe 70 ci-dessus, compte tenu de l'examen du Centre et du Réseau des technologies climatiques dont il est question au paragraphe 20 de l'annexe VII de la décision 2/CP.17 et des modalités du bilan mondial visé à l'article 14 de l'Accord, pour examen et adoption par la Conférence des Parties à sa vingt-cinquième session (novembre 2019) ;

Renforcement des capacités

72. *Décide* de créer le Comité de Paris sur le renforcement des capacités, qui sera chargé de remédier aux lacunes et de répondre aux besoins, actuels et nouveaux, liés à l'exécution d'activités de renforcement des capacités dans les pays en développement parties et d'intensifier encore les efforts de renforcement des capacités, notamment la cohérence et la coordination des activités menées dans ce domaine au titre de la Convention ;
73. *Décide également* que le Comité de Paris sur le renforcement des capacités administrera et supervisera le plan de travail mentionné au paragraphe 74 ci-après ;
74. *Décide en outre* de lancer un plan de travail pour la période 2016-2020 prévoyant les activités suivantes :
a) Évaluer les moyens d'accroître les synergies par la coopération et d'éviter tout double emploi parmi les organes existants créés en application de la Convention qui exécutent des activités de renforcement des capacités, notamment en collaborant avec des institutions établies dans le cadre de la Convention ou extérieures à celle-ci ;

b) Recenser les lacunes et les besoins en matière de capacités et recommander des moyens d'y faire face ;
c) Promouvoir la mise au point et la diffusion d'outils et de méthodes servant au renforcement des capacités ;
d) Favoriser la coopération mondiale, régionale, nationale et infranationale ;
e) Recenser et recueillir les bonnes pratiques, difficultés, expériences et enseignements tirés des travaux sur le renforcement des capacités menés par les organes créés en application de la Convention ;
f) Étudier la manière dont les pays en développement parties peuvent s'approprier la création et le maintien de capacités dans le temps et l'espace ;
g) Recenser les possibilités de renforcer les capacités aux niveaux national, régional et infranational ;
h) Favoriser le dialogue, la coordination, la collaboration et la cohérence entre les processus et initiatives relevant de la Convention, notamment en échangeant des informations sur les activités et stratégies de renforcement des capacités des organes créés en application de la Convention ;
i) Donner au secrétariat des directives sur la mise à jour et le développement du portail en ligne consacré au renforcement des capacités ;

75. *Décide* que le Comité de Paris sur le renforcement des capacités examinera chaque année un domaine ou un thème lié à l'amélioration des échanges techniques consacrés au renforcement des capacités, afin de mettre à jour les connaissances sur les succès obtenus et les problèmes rencontrés dans le développement efficace des capacités dans un domaine particulier ;

76. *Demande* à l'Organe subsidiaire de mise en œuvre d'organiser pendant ses sessions des réunions annuelles du Comité de Paris sur le renforcement des capacités ;

77. *Demande aussi* à l'Organe subsidiaire de mise en œuvre d'élaborer le mandat du Comité de Paris sur le renforcement des capacités dans le contexte du troisième examen complet de la mise en œuvre du cadre pour le renforcement des capacités, en tenant compte également des paragraphes 75, 76, 77 et 78 ci-dessus et des paragraphes 82 et 83 ci-dessous, afin de recommander un projet de décision sur la question, pour examen et adoption par la Conférence des Parties à sa vingt-deuxième session ;

78. *Invite* les Parties à faire part de leurs observations sur la composition du Comité de Paris sur le renforcement des capacités avant le 9 mars 2016 (2) ;

(2) Les Parties devraient communiquer leurs observations par l'intermédiaire du portail prévu à cet effet à l'adresse http://www.unfccc.int/5900.

79. *Charge* le secrétariat de rassembler les observations mentionnées ci-dessus au paragraphe 84 dans un document de la série Misc pour examen par l'Organe subsidiaire de mise en œuvre à sa quarante-quatrième session ;

80. *Décide* que les contributions au Comité de Paris sur le renforcement des capacités comprendront notamment des communications, les résultats du

troisième examen complet de la mise en œuvre du cadre pour le renforcement des capacités, le rapport de synthèse annuel du secrétariat sur la mise en œuvre du cadre pour le renforcement des capacités dans les pays en développement, le rapport de compilation-synthèse du secrétariat sur les travaux de renforcement des capacités des organes créés en application de la Convention et du Protocole de Kyoto, et les rapports sur le Forum de Durban et le portail consacré au renforcement des capacités ;

81. *Demande* au Comité de Paris sur le renforcement des capacités d'établir des rapports intermédiaires techniques annuels sur ses activités et de les communiquer aux sessions de l'Organe subsidiaire de mise en œuvre qui coïncident avec les sessions de la Conférence des Parties ;

82. *Demande également* à la Conférence des Parties d'examiner, à sa vingt-cinquième session (novembre 2019), les progrès accomplis par le Comité de Paris sur le renforcement des capacités, la nécessité d'une prolongation de son mandat, son efficacité et son renforcement, et de prendre toute décision qu'elle juge appropriée, afin d'adresser des recommandations à la Conférence des Parties agissant comme réunion des Parties à l'Accord de Paris, à sa première session, au sujet de l'amélioration des dispositifs institutionnels relatifs au renforcement des capacités en application du paragraphe 5 de l'article 8 de l'Accord ;

83. *Engage* toutes les Parties à veiller à ce que l'éducation, la formation et la sensibilisation du public prévues à l'article 6 de la Convention et à l'article 12 de l'Accord soient bien prises en compte dans leur contribution au renforcement des capacités ;

84. *Invite* la Conférence des Parties agissant comme réunion des Parties à l'Accord de Paris à étudier à sa première session les moyens de développer la formation, la sensibilisation, la participation du public et l'accès de la population à l'information, de façon à renforcer l'action engagée au titre de l'Accord ;

Transparence des mesures et de l'appui

85. *Décide* de mettre en place une Initiative de renforcement des capacités pour la transparence afin de développer les capacités institutionnelles et techniques avant 2020 et après cette date. Cette initiative aidera les pays en développement parties qui le demandent à satisfaire en temps voulu aux critères renforcés de transparence tels que définis à l'article 13 de l'Accord ;

86. *Décide également* que l'Initiative de renforcement des capacités pour la transparence visera à :

a) Renforcer les institutions nationales chargées des activités liées à la transparence conformément aux priorités nationales ;

b) Fournir les outils, la formation et l'assistance permettant de se conformer aux dispositions de l'article 13 de l'Accord ;

c) Contribuer progressivement à une plus grande transparence ;

87. *Exhorte et engage* le Fonds pour l'environnement mondial à prendre des dispositions pour appuyer la mise en place et la poursuite de l'Initiative de renforcement des capacités pour la transparence en tant que priorité en matière de notification, notamment en allouant des contributions volontaires aux pays en développement au titre de la sixième opération de reconstitution des ressources du Fonds et des opérations de reconstitution qui suivront, en complément de l'appui déjà fourni par le Fonds pour l'environnement mondial ;
88. *Décide* d'évaluer la mise en œuvre de l'Initiative de renforcement des capacités pour la transparence dans le contexte du septième examen du mécanisme financier ;
89. *Demande* que le Fonds pour l'environnement mondial, en tant qu'entité chargée d'assurer le fonctionnement du mécanisme financier, fasse figurer dans son rapport annuel à la Conférence des Parties, à compter de 2016, des informations sur l'avancement des travaux relatifs à la conception, à la mise au point et à la mise en œuvre de l'Initiative de renforcement des capacités pour la transparence visée au paragraphe 85 ci-dessus ;
90. *Décide* que conformément au paragraphe 2 de l'article 13 de l'Accord, les pays en développement disposeront d'une certaine flexibilité pour la mise en œuvre des dispositions de cet article, s'agissant notamment de la portée, de la fréquence et du niveau de détail à prévoir en matière de notification et du champ d'application de l'examen, et que celui-ci pourrait prévoir des examens dans le pays de caractère facultatif, tandis que la flexibilité en question sera prise en compte dans l'élaboration des modalités, procédures et lignes directrices visées au paragraphe 92 ci-dessous ;
91. *Décide également* que toutes les Parties, à l'exception des pays les moins avancés parties et des petits États insulaires en développement, soumettent les informations mentionnées aux paragraphes 7, 8, 9 et 10 de l'article 13 selon qu'il convient mais au minimum tous les deux ans, et que les pays les moins avancés parties et les petits États insulaires en développement pourront soumettre ces informations comme ils le jugent bon ;
92. *Demande* au Groupe de travail spécial de l'Accord de Paris d'élaborer des recommandations relatives aux modalités, procédures et lignes directrices en application du paragraphe 13 de l'article 13 de l'Accord, et de définir l'année de leur premier examen et des examens et actualisations qui suivront, selon que de besoin, à intervalles réguliers, pour que la Conférence des Parties les examine à sa vingt-quatrième session, en vue de les transmettre à la Conférence des Parties agissant comme réunion des Parties à l'Accord de Paris, pour adoption à sa première session ;
93. *Demande également* au Groupe de travail spécial de l'Accord de Paris, aux fins de l'élaboration des recommandations relatives aux modalités, procédures et lignes directrices visées au paragraphe 98 ci-dessus, de tenir notamment compte des points suivants :

a) Importance de mesures propres à faciliter progressivement une meilleure notification et une plus grande transparence ;
b) Nécessité d'accorder une certaine flexibilité aux pays en développement parties qui en ont besoin en fonction de leurs capacités ;
c) Nécessité de promouvoir la transparence, l'exactitude, l'exhaustivité, la cohérence et la comparabilité ;
d) Nécessité d'éviter tout double emploi ainsi que toute charge excessive pour les Parties comme pour le secrétariat ;
e) Nécessité de faire en sorte que les Parties maintiennent au moins la fréquence et la qualité des notifications conformément à leurs obligations respectives au titre de la Convention ;
f) Nécessité d'éviter un double comptage ;
g) Nécessité de veiller à l'intégrité environnementale ;
94. *Demande en outre* au Groupe de travail spécial de l'Accord de Paris, lors de l'élaboration des modalités, procédures et lignes directrices visées ci-dessus au paragraphe 98, de tirer parti de l'expérience acquise dans le cadre d'autres processus pertinents en cours découlant de la Convention et de prendre en considération ces processus ;
95. *Demande* au Groupe de travail spécial de l'Accord de Paris, lors de l'élaboration des modalités, procédures et lignes directrices visées ci-dessus au paragraphe 98, de prendre notamment en considération :
a) Les types de flexibilité dont disposent les pays en développement qui en ont besoin en fonction de leurs capacités ;
b) La cohérence entre les méthodes communiquées dans la contribution déterminée au niveau national et les méthodes utilisées pour rendre compte des progrès accomplis dans la réalisation des contributions déterminées au niveau national des différentes Parties ;
c) Le fait que les Parties fournissent des informations sur l'action engagée et la planification en matière d'adaptation, y compris, le cas échéant, leur plans nationaux d'adaptation en vue d'échanger collectivement des informations et de partager les enseignements à retenir ;
d) L'appui reçu, renforçant celui fourni pour l'adaptation et l'atténuation grâce notamment aux tableaux communs de notification de l'aide, en tenant compte des points examinés par l'Organe subsidiaire de conseil scientifique et technique sur les méthodes de communication d'informations financières, et améliorant la notification par les pays en développement de l'appui reçu, notamment de son utilisation, de son impact et de ses résultats estimés ;
e) Les informations figurant dans les évaluations biennales et les autres rapports du Comité permanent du financement et d'autres organes compétents relevant de la Convention ;
f) Des informations sur les incidences sociales et économiques des mesures de riposte ;
96. *Demande également* au Groupe de travail de l'Accord de Paris, lors de l'élaboration des recommandations relatives aux modalités, procédures et

lignes directrices visées au paragraphe 92 ci-dessus, d'accroître la transparence de l'appui fourni conformément à l'article 9 de l'Accord ;
97. *Demande en outre* au Groupe de travail de l'Accord de Paris de rendre compte de l'avancement des travaux sur les modalités, procédures et lignes directrices visées au paragraphe 92 ci-dessus aux futures sessions de la Conférence des Parties, ces travaux devant être achevés au plus tard en 2018;
98. *Décide* que les modalités, procédures et lignes directrices visées au paragraphe 92 ci-dessus s'appliquent lors de l'entrée en vigueur de l'Accord de Paris ;
99. *Décide aussi* que les modalités, procédures et lignes directrices relatives au présent cadre de transparence s'appuient sur le système de mesure, de notification et de vérification établi par les paragraphes 40 à 47 et 60 à 64 de la décision 1/CP.16 et les paragraphes 12 à 62 de la décision 2/CP.17 puis le remplacent immédiatement après la soumission des rapports biennaux finaux et des rapports biennaux actualisés ;

Bilan mondial

100. *Demande* au Groupe de travail spécial de l'Accord de Paris d'identifier les sources de données pour le bilan mondial visé à l'article 14 de l'Accord et de faire rapport à la Conférence des Parties, afin que celle-ci adresse une recommandation à la Conférence des Parties agissant comme réunion des Parties à l'Accord de Paris, pour examen et adoption à sa première session, s'agissant notamment, mais pas uniquement, des éléments suivants :
a) Informations sur :
i) L'effet global des contributions déterminées au niveau national communiquées par les Parties ;
ii) L'état des efforts d'adaptation, de l'appui, des expériences et des priorités, tel qu'il ressort des communications visées aux paragraphes 10 et 11 de l'article 7 de l'Accord et des rapports visés au paragraphe 7 de l'article 13 de l'Accord ;
iii) La mobilisation d'un appui et l'appui fourni ;
b) Les rapports les plus récents du Groupe d'experts intergouvernemental sur l'évolution du climat ;
c) Les rapports des organes subsidiaires ;
101. *Demande également* à l'Organe subsidiaire de conseil scientifique et technologique de donner des conseils sur la manière dont les évaluations du Groupe d'experts intergouvernemental sur l'évolution du climat peuvent éclairer le bilan de la mise en œuvre de l'Accord en application de l'article 14 de l'Accord, et de rendre compte de cette question au Groupe de travail spécial de l'Accord de Paris à sa deuxième session ;
102. *Demande en outre* au Groupe de travail spécial de l'Accord de Paris d'élaborer les modalités relatives au bilan mondial visé à l'article 14 de l'Accord et d'en rendre compte à la Conférence des Parties, en vue

d'adresser une recommandation à la Conférence des Parties agissant comme réunion des Parties à l'Accord de Paris, pour examen et adoption à sa première session ;

Facilitation de la mise en œuvre et du respect des dispositions

103. *Décide* que le comité visé au paragraphe 2 de l'article 15 de l'Accord est constitué de 12 membres ayant des compétences reconnues dans les domaines scientifiques, techniques, socioéconomiques ou juridiques pertinents, qui sont élus par la Conférence des Parties agissant comme réunion des Parties à l'Accord de Paris sur la base d'une représentation géographique équitable, dont deux membres pour chacun des cinq groupes régionaux représentés à l'Organisation des Nations Unies, un membre désigné par les petits États insulaires en développement et un autre par les pays les moins avancés, tout en tenant compte de l'objectif d'un équilibre entre les sexes ;
104. *Demande* au Groupe de travail spécial de l'Accord de Paris d'élaborer des modalités et des procédures pour le bon fonctionnement du comité visé au paragraphe 2 de l'article 15 de l'Accord, en vue d'achever ses travaux sur les modalités et procédures en question pour examen et adoption par la Conférence des Parties agissant comme réunion des Parties à l'Accord de Paris à sa première session ;

Clauses finales

105. *Demande également* au secrétariat, uniquement aux fins de l'article 21 de l'Accord, de présenter sur son site Web à la date d'adoption de l'Accord ainsi que dans le rapport de la Conférence des Parties sur sa vingt et unième session des informations sur le volume total et le volume en pourcentage les plus récents des émissions de gaz à effet de serre communiqués par les Parties à la Convention dans leurs communications nationales, leurs rapports d'inventaire des gaz à effet de serre, leurs rapports biennaux reports ou leurs rapports biennaux actualisés ;

IV. Action renforcée avant 2020

106. *Décide* de faire en sorte que les efforts d'atténuation soient portés au plus haut niveau possible avant 2020, notamment en :
a) Demandant instamment à toutes les Parties au Protocole de Kyoto qui ne l'ont pas encore fait de ratifier et d'appliquer l'Amendement de Doha au Protocole de Kyoto ;
b) Demandant instamment à toutes les Parties qui ne l'ont pas encore fait de prendre des engagements en matière d'atténuation au titre des Accords de Cancún et de les respecter ;

c) Réaffirmant sa détermination, exprimée aux paragraphes 3 et 4 de sa décision 1/CP.19, à accélérer la pleine application des décisions constituant le résultat convenu conformément à la décision 1/CP.13 et de rehausser le niveau d'ambition au cours de la période allant jusqu'à 2020 afin de garantir le maximum d'efforts possibles en faveur de l'atténuation au titre de la Convention par toutes les Parties ;

d) Invitant les pays en développement parties qui ne l'ont pas fait à soumettre dès que possible leur premier rapport biennal actualisé ;

e) Demandant instamment à toutes les Parties de participer en temps voulu aux processus actuels de mesure, de notification et de vérification au titre des Accords de Cancún, afin de faire état des progrès réalisés dans la mise en œuvre des engagements en matière d'atténuation ;

107. *Encourage* les Parties à promouvoir l'annulation volontaire, par les Parties et les autres acteurs, sans double comptage d'unités délivrées au titre du Protocole de Kyoto, y compris d'unités de réduction certifiée des émissions qui sont encore valables pour la deuxième période d'engagement ;

108. *Demande instamment* aux Parties, qu'elles soient hôtes ou acheteuses, de rendre compte de manière transparente des résultats en matière d'atténuation transférés au niveau international, y compris les résultats qui servent à respecter les engagements internationaux, et les unités d'émissions délivrées au titre du Protocole de Kyoto, afin de promouvoir l'intégrité environnementale et d'éviter un double comptage ;

109. *Reconnaît* l'intérêt social, économique et environnemental des mesures d'atténuation volontaires et leurs retombées bénéfiques sur l'adaptation, la santé et le développement durable ;

110. *Décide* de renforcer, au cours de la période 2016-2020, le processus actuel d'examen technique des mesures d'atténuation tel que défini à l'alinéa a) du paragraphe 5 de la décision 1/CP.19 et au paragraphe 19 de la décision 1/CP.20, en tenant compte des données scientifiques les plus récentes, notamment en :

a) Encourageant les Parties, les organes de la Convention et les organisations internationales à participer à ce processus, le cas échéant en coopération avec les parties prenantes compétentes non parties à la Convention, afin d'échanger leurs expériences et leurs suggestions, notamment celles issues d'événements régionaux, et à collaborer pour faciliter la mise en œuvre de politiques, pratiques et mesures recensées au cours du processus en conformité avec les priorités nationales en matière de développement durable ;

b) S'efforçant d'améliorer, en consultation avec les Parties, l'accès et la participation à ce processus d'experts de pays en développement parties et d'entités non parties à la Convention ;

c) Demandant au Comité exécutif de la technologie et au Centre et au Réseau des technologies climatiques, conformément à leurs mandats respectifs :

i) De participer aux réunions techniques d'experts et de redoubler d'efforts pour aider les Parties à accélérer la mise en œuvre de politiques, pratiques et mesures recensées au cours du processus ;
ii) De faire régulièrement le point au cours des réunions techniques d'experts sur les progrès accomplis en vue de favoriser la mise en œuvre de politiques, pratiques et mesures précédemment recensées au cours du processus ;
iii) De donner des informations sur leurs activités au titre du processus dans leur rapport annuel conjoint à la Conférence des Parties ;
d) Encourageant les Parties à utiliser de manière efficace le Centre et le Réseau des technologies climatiques pour obtenir de l'aide en vue d'élaborer des propositions de projet viables sur les plans économique, environnemental et social dans les domaines présentant un potentiel d'atténuation élevé qui ont été recensés au cours du processus ;
111. *Encourage* les entités chargées d'assurer le fonctionnement du Mécanisme financier de la Convention à participer aux réunions techniques d'experts et à informer les participants de leur contribution en vue de faire avancer la mise en œuvre des politiques, pratiques et mesures recensées au cours du processus d'examen technique ;
112. *Charge* le secrétariat d'organiser le processus visé au paragraphe 110 ci-dessus et d'en diffuser les résultats, notamment en :
a) Organisant, en consultation avec le Comité exécutif de la technologie et les organisations spécialisées compétentes, des réunions techniques d'experts régulières sur des politiques, pratiques et mesures précises représentant les meilleures pratiques et susceptibles d'être amplifiées et reproduites ; b) Actualisant chaque année, à la suite des réunions mentionnées à l'alinéa a) du paragraphe 112 ci-dessus et en temps opportun pour servir de contribution au résumé à l'intention des décideurs visé à l'alinéa c) du paragraphe 112 ci-après, un rapport technique sur les effets bénéfiques en matière d'atténuation et les autres retombées bénéfiques des politiques, pratiques et mesures visant à relever le niveau d'ambition en matière d'atténuation, ainsi que sur les solutions envisageables pour soutenir leur mise en œuvre ; ces informations devraient être facilement accessibles en ligne ;
c) Rédigeant, en consultation avec les champions dont il est question au paragraphe 122 ci-après, un résumé à l'intention des décideurs qui contient des informations sur des politiques, pratiques et mesures précises représentant les meilleures pratiques et susceptibles d'être amplifiées et reproduites, et des solutions envisageables pour soutenir leur mise en œuvre, ainsi que des initiatives de collaboration intéressantes, et en publiant le résumé au moins deux mois avant chaque session de la Conférence des Parties, afin qu'il serve de contribution à la réunion de haut niveau visée au paragraphe 121 ci-après ;
113. *Décide* que le processus visé au paragraphe 110 ci-dessus devrait être organisé conjointement par l'Organe subsidiaire de mise en œuvre et

l'Organe subsidiaire de conseil scientifique et technologique et se dérouler jusqu'en 2020 ;
114. *Décide également* de procéder en 2017 à une évaluation du processus visé au paragraphe 110 ci-dessus, en vue d'améliorer son efficacité ;
115. *Décide* d'accroître de manière urgente et adéquate l'appui apporté par les pays développés parties en matière de ressources financières, de technologies et de renforcement des capacités afin de rehausser le niveau d'ambition des mesures prises par les Parties avant 2020, et à cet égard *demande fermement* aux pays développés parties d'amplifier leur aide financière, en suivant une feuille de route concrète afin d'atteindre l'objectif consistant à dégager ensemble 100 milliards de dollars des États Unis par an d'ici à 2020 pour l'atténuation et l'adaptation tout en augmentant sensiblement le financement de l'adaptation par rapport aux niveaux actuels et de continuer à fournir un appui approprié en matière de technologies et de renforcement des capacités ;
116. *Décide* de mener un dialogue de facilitation parallèlement à la vingt-deuxième session de la Conférence des Parties afin d'évaluer les progrès accomplis dans la mise en œuvre des paragraphes 3 et 4 de la décision 1/CP.19 et de recenser les possibilités d'accroître les ressources financières fournies, y compris pour la mise au point et le transfert de technologies et le renforcement des capacités, en vue de recenser les moyens de relever le niveau d'ambition des efforts d'atténuation de toutes les Parties, notamment en recensant les possibilités d'accroître l'apport et la mobilisation d'un appui et d'instaurer des cadres propices ;
117. *Note avec satisfaction* les résultats du Programme d'action Lima-Paris, qui s'appuient sur le sommet sur le climat organisé le 23 septembre 2014 par le Secrétaire général de l'ONU ;
118. *Se félicite* des efforts déployés par les entités non parties afin de développer leurs actions en faveur du climat, et encourage l'affichage de ces actions sur le portail des acteurs non étatiques pour l'action climatique (3).

(3) http://climateaction.unfccc.int/.

119. *Encourage* les Parties à œuvrer étroitement avec les entités non parties, afin de favoriser le renforcement des activités d'atténuation et d'adaptation ;
120. *Encourage* aussi les entités non parties à accroître leur participation aux processus visés au paragraphe 110 ci-dessus et au paragraphe 125 ci-après ;
121. *Décide* de convoquer en application du paragraphe 21 de la décision 1/CP.20, en s'appuyant sur le Programme d'action Lima-Paris et parallèlement à chaque session de la Conférence des Parties pendant la période de 2016-2020, une réunion de haut niveau qui sert à :
a) Renforcer encore la participation de haut niveau à la mise en œuvre des politiques et mesures découlant des processus visés au paragraphe 110 ci-

dessus et au paragraphe 125 ci-après, en prenant appui sur le résumé à l'intention des décideurs visé à l'alinéa c) du paragraphe 112 c) ci-dessus ;
b) Donner la possibilité d'annoncer des activités, initiatives et coalitions volontaires, nouvelles ou renforcées, notamment la mise en œuvre de politiques, pratiques et mesures découlant des processus visés au paragraphe 110 ci-dessus et au paragraphe 125 ci-après et exposées dans le résumé à l'intention des décideurs visé à l'alinéa c) du paragraphe 112 ci-dessus ;
c) Dresser le bilan des progrès réalisés et prendre en compte les activités, initiatives et coalitions volontaires, nouvelles ou renforcées ;
d) Donner des possibilités constructives et régulières de participation effective de haut niveau de responsables de Parties, d'organisations internationales, d'initiatives internationales de coopération et d'entités non parties ;
122. *Décide* que deux champions de haut niveau seront nommés afin d'agir pour le compte de la Présidence de la Conférence des Parties pour faciliter par une participation renforcée de haut niveau pendant la période 2016-2020 l'exécution efficace des activités actuelles et l'intensification et l'introduction d'activités, d'initiatives et de coalitions volontaires, nouvelles ou renforcées, notamment en :
a) Collaborant avec le Secrétaire exécutif et avec le Président en fonction de la Conférence des Parties et son successeur pour coordonner la réunion annuelle de haut niveau dont il est question au paragraphe 121 ci-dessus ;
b) Collaborant avec les Parties et les entités non parties intéressées, notamment afin de donner suite aux initiatives volontaires du Programme d'action Lima-Paris ;
c) Donnant des directives au secrétariat au sujet de l'organisation des réunions techniques d'experts dont il est question à l'alinéa a) du paragraphe 112 ci-dessus et à l'alinéa a) du paragraphe 130 ci-après ;
123. *Décide aussi* que les champions de haut niveau visés au paragraphe 122 ci-dessus devraient normalement avoir chacun un mandat de deux ans qui, pendant une année complète, se chevaucherait avec celui de l'autre, afin d'assurer la continuité comme suit :
a) Le Président de la Conférence des Parties à sa vingt et unième session devrait nommer un champion pour un mandat d'un an qui commencerait le jour de sa nomination et irait jusqu'au dernier jour de la vingt-deuxième session de la Conférence des Parties ;
b) Le Président de la Conférence des Parties à sa vingt-deuxième session devrait nommer un champion pour un mandat de deux ans qui commencerait le jour de sa nomination et irait jusqu'au dernier jour de la vingt-troisième session de la Conférence des Parties (novembre 2017) ;
c) Ensuite, chaque Président suivant de la Conférence des Parties devrait nommer un champion pour deux ans qui succéderait au champion précédent dont le mandat se serait achevé ;

124. *Invite* toutes les Parties intéressées et les organisations compétentes à appuyer les activités des champions visés au paragraphe 122 ci-dessus ;
125. *Décide* de lancer, pendant la période 2016-2020, un processus d'examen technique des mesures d'adaptation ;
126. *Décide aussi* que le processus d'examen technique des mesures d'adaptation visé au paragraphe 125 ci-dessus recensera, dans la mesure du possible, les possibilités concrètes en vue de renforcer la résilience, de réduire les vulnérabilités, ainsi que d'accroître la connaissance et la mise en œuvre des mesures d'adaptation ;
127. *Décide également* que le processus d'examen technique visé au paragraphe 125 ci-dessus devrait être organisé conjointement par l'Organe subsidiaire de mise en œuvre et l'Organe subsidiaire de conseil scientifique et technologique, et mené par le Comité de l'adaptation ;
128. *Décide* que le processus visé au paragraphe 125 ci-dessus sera mené en:
a) Facilitant l'échange des bonnes pratiques, expériences et enseignements tirés ;
b) Recensant des mesures susceptibles de renforcer considérablement la mise en œuvre de mesures d'adaptation, y compris les mesures qui pourraient accroître la diversification de l'économie et avoir des retombées bénéfiques dans le domaine de l'atténuation ;
c) Promouvant une action concertée en matière d'adaptation ;
d) Recensant les possibilités de renforcer des cadres propices et d'accroître l'appui à l'adaptation dans le contexte de politiques, pratiques et mesures précises ;
129. *Décide aussi* que le processus d'examen technique des mesures d'adaptation visé au paragraphe 125 ci-dessus prendra en compte les processus, modalités, produits, résultats et enseignements tirés du processus d'examen technique des mesures d'atténuation visé au paragraphe 110 ci-dessus ;
130. *Charge* le secrétariat d'appuyer le processus d'examen technique visé au paragraphe 125 ci-dessus en :
a) Organisant régulièrement des réunions techniques d'experts sur des politiques, stratégies et mesures précises ;
b) Rédigeant chaque année, sur la base des réunions mentionnées à l'alinéa a) du paragraphe 130 ci-dessus et en temps voulu pour servir de contribution au résumé à l'intention des décideurs dont il est question à l'alinéa c) du paragraphe 112 ci-dessus, un rapport technique sur les possibilités de renforcer les mesures d'adaptation ainsi que sur les options envisageables pour appuyer leur mise en œuvre, les informations à ce titre devant être facilement accessibles en ligne ;
131. *Décide* qu'en menant le processus visé au paragraphe 125 ci-dessus, le Comité de l'adaptation associera les dispositifs actuels relatifs aux programmes de travail, organes et institutions relevant de la Convention qui s'occupent de l'adaptation, étudiera les moyens de les prendre en compte, de

dégager des synergies avec eux et de s'appuyer sur eux, de façon à accroître la cohérence et à en tirer le meilleur parti possible ;
132. *Décide aussi* d'organiser, parallèlement à l'évaluation visée au paragraphe 120 ci-dessus, une évaluation du processus visé au paragraphe 125 ci-dessus, afin d'améliorer son efficacité ;
133. *Invite* les Parties et les organisations ayant le statut d'observateur à présenter leurs vues sur les possibilités mentionnées au paragraphe 126 ci-dessus pour le 3 février 2016 au plus tard ;

V. Entités non parties

134. *Se félicite* des efforts déployés par toutes les entités non parties afin de faire face et de répondre aux changements climatiques, y compris ceux de la société civile, du secteur privé, des institutions financières, des villes et des autres autorités infranationales ;
135. *Invite* les entités non parties visées au paragraphe 134 ci-dessus à amplifier leurs efforts et à appuyer des mesures destinées à réduire les émissions et/ou renforcer la résilience et diminuer la vulnérabilité aux effets néfastes des changements climatiques, et à faire état de ces efforts par le biais du portail des acteurs non étatiques pour l'action climatique (4) visé au paragraphe 118 ci-dessus ;

(4) http://climateaction.unfccc.int/.

136. *Reconnaît* la nécessité de renforcer les connaissances, technologies, pratiques et activités des communautés locales et des peuples autochtones destinées à faire face et à répondre aux changements climatiques et met en place une plateforme pour l'échange des données d'expérience et la mise en commun des meilleures pratiques en matière d'atténuation et d'adaptation de manière holistique et intégrée ;
137. *Reconnaît aussi* combien il importe de fournir des incitations aux activités de réduction des émissions, s'agissant notamment d'outils tels que les politiques nationales et la tarification du carbone ;

VI. Questions administratives et budgétaires

138. *Prend note* du montant estimatif des incidences budgétaires des activités confiées au secrétariat et dont il est question dans la présente décision, et demande que les mesures que le secrétariat est appelé à prendre en application de la présente décision soient mises en œuvre sous réserve de la disponibilité de ressources financières ;
139. *Souligne* qu'il est urgent de mettre à disposition des ressources supplémentaires pour mettre en œuvre les mesures pertinentes, notamment

celles mentionnées dans la présente décision, et exécuter le programme de travail visé au paragraphe 9 ci-dessus ;
140. *Demande instamment* aux Parties de verser des contributions volontaires afin que la présente décision soit mise en œuvre en temps voulu.

Annexe - Accord de Paris

Les Parties au présent Accord,

Étant parties à la Convention-cadre des Nations Unies sur les changements climatiques, ci-après dénommée « la Convention »,

Agissant en application de la plateforme de Durban pour une action renforcée adoptée par la décision 1/CP.17 de la Conférence des Parties à la Convention à sa dix-septième session,

Soucieuses d'atteindre l'objectif de la Convention, et guidées par ses principes, y compris le principe de l'équité et des responsabilités communes mais différenciées et des capacités respectives, eu égard aux contextes nationaux différents,

Reconnaissant la nécessité d'une riposte efficace et progressive à la menace pressante des changements climatiques en se fondant sur les meilleures connaissances scientifiques disponibles,

Reconnaissant aussi les besoins spécifiques et la situation particulière des pays en développement parties, surtout de ceux qui sont particulièrement vulnérables aux effets néfastes des changements climatiques, comme le prévoit la Convention,

Tenant pleinement compte des besoins spécifiques et de la situation particulière des pays les moins avancés en ce qui concerne le financement et le transfert de technologies,

Reconnaissant que les Parties peuvent être touchées non seulement par les changements climatiques, mais aussi par les effets des mesures de riposte à ces changements,

Soulignant qu'il existe des liens intrinsèques entre l'action et la riposte face aux changements climatiques et à leurs effets et un accès équitable au développement durable et à l'élimination de la pauvreté,

Reconnaissant la priorité fondamentale consistant à protéger la sécurité alimentaire et à venir à bout de la faim, et la vulnérabilité particulière des systèmes de production alimentaire aux effets néfastes des changements climatiques,

Tenant compte des impératifs d'une transition juste pour la population active et de la création d'emplois décents et de qualité conformément aux priorités de développement définies au niveau national,

Conscientes que les changements climatiques sont un sujet de préoccupation pour l'humanité toute entière et que, lorsqu'elles prennent des mesures face à ces changements, les Parties devraient respecter, promouvoir et prendre en considération leurs obligations respectives concernant les droits de l'homme, le droit à la santé, les droits des peuples autochtones, des communautés locales, des migrants, des enfants, des personnes handicapées et des personnes en situation vulnérable et le droit au développement, ainsi que l'égalité des sexes, l'autonomisation des femmes et l'équité entre les générations,

Reconnaissant l'importance de la conservation et, le cas échéant, du renforcement des puits et réservoirs des gaz à effet de serre visés dans la Convention,

Notant qu'il importe de veiller à l'intégrité de tous les écosystèmes, y compris les océans, et à la protection de la biodiversité, reconnue par certaines cultures comme la Terre nourricière, et notant l'importance pour certaines de la notion de « justice climatique », dans l'action menée face aux changements climatiques,

Affirmant l'importance de l'éducation, de la formation, de la sensibilisation, de la participation du public, de l'accès de la population à l'information et de la coopération à tous les niveaux sur les questions traitées dans le présent Accord,

Reconnaissant l'importance de la participation des pouvoirs publics à tous les niveaux et des divers acteurs, conformément aux législations nationales respectives des Parties, dans la lutte contre les changements climatiques,

Reconnaissant également que des modes de vie durables et des modes durables de consommation et de production, les pays développés parties montrant la voie, jouent un rôle important pour faire face aux changements climatiques,

Sont convenues de ce qui suit :

Article premier

Aux fins du présent Accord, les définitions énoncées à l'article premier de la Convention sont applicables. En outre :

1. On entend par « Convention » la Convention-cadre des Nations Unies sur les changements climatiques, adoptée à New York le 9 mai 1992 ;

2. On entend par « Conférence des Parties » la Conférence des Parties à la Convention ;

3. On entend par « Partie » une Partie au présent Accord.

Article 2

1. Le présent Accord, en contribuant à la mise en œuvre de la Convention, notamment de son objectif, vise à renforcer la riposte mondiale à la menace des changements climatiques, dans le contexte du développement durable et de la lutte contre la pauvreté, notamment en :

a) Contenant l'élévation de la température moyenne de la planète nettement en dessous de 2 °C par rapport aux niveaux préindustriels et en poursuivant l'action menée pour limiter l'élévation des températures à 1,5 °C par rapport aux niveaux préindustriels, étant entendu que cela réduirait sensiblement les risques et les effets des changements climatiques ;

b) Renforçant les capacités d'adaptation aux effets néfastes des changements climatiques et en promouvant la résilience à ces changements et un développement à faible émission de gaz à effet de serre, d'une manière qui ne menace pas la production alimentaire ;

c) Rendant les flux financiers compatibles avec un profil d'évolution vers un développement à faible émission de gaz à effet de serre et résilient aux changements climatiques.

2. Le présent Accord sera appliqué conformément à l'équité et au principe des responsabilités communes mais différenciées et des capacités respectives, eu égard aux contextes nationaux différents.

Article 3

À titre de contributions déterminées au niveau national à la riposte mondiale aux changements climatiques, il incombe à toutes les Parties d'engager et de communiquer des efforts ambitieux au sens des articles 4, 7, 9, 10, 11 et 13 en vue de réaliser l'objet du présent Accord tel qu'énoncé à l'article 2. Les efforts de toutes les Parties représenteront, à terme, une progression, tout en reconnaissant la nécessité d'aider les pays en développement parties pour que le présent Accord soit appliqué efficacement.

Article 4

1. En vue d'atteindre l'objectif de température à long terme énoncé à l'article 2, les Parties cherchent à parvenir au plafonnement mondial des émissions de gaz à effet de serre dans les meilleurs délais, étant entendu que le plafonnement prendra davantage de temps pour les pays en développement parties, et à opérer des réductions rapidement par la suite conformément aux meilleures données scientifiques disponibles de façon à parvenir à un équilibre entre les émissions anthropiques par les sources et les absorptions anthropiques par les puits de gaz à effet de serre au cours de la deuxième moitié du siècle, sur la base de l'équité, et dans le contexte du développement durable et de la lutte contre la pauvreté.

2. Chaque Partie établit, communique et actualise les contributions déterminées au niveau national successives qu'elle prévoit de réaliser. Les Parties prennent des mesures internes pour l'atténuation en vue de réaliser les objectifs desdites contributions.

3. La contribution déterminée au niveau national suivante de chaque Partie représentera une progression par rapport à la contribution déterminée au niveau national antérieure et correspondra à son niveau d'ambition le plus élevé possible, compte tenu de ses responsabilités communes mais

différenciées et de ses capacités respectives, eu égard aux contextes nationaux différents.

4. Les pays développés parties continuent de montrer la voie en assumant des objectifs de réduction des émissions en chiffres absolus à l'échelle de l'économie. Les pays en développement parties devraient continuer d'accroître leurs efforts d'atténuation, et sont encouragés à passer progressivement à des objectifs de réduction ou de limitation des émissions à l'échelle de l'économie eu égard aux contextes nationaux différents.

5. Un appui est fourni aux pays en développement parties pour l'application du présent article, conformément aux articles 9, 10 et 11, étant entendu qu'un appui renforcé en faveur des pays en développement parties leur permettra de prendre des mesures plus ambitieuses.

6. Les pays les moins avancés et les petits États insulaires en développement peuvent établir et communiquer des stratégies, plans et mesures de développement à faible émission de gaz à effet de serre correspondant à leur situation particulière.

7. Les retombées bénéfiques, dans le domaine de l'atténuation, des mesures d'adaptation et/ou des plans de diversification économique des Parties peuvent contribuer aux résultats d'atténuation en application du présent article.

8. En communiquant leurs contributions déterminées au niveau national, toutes les Parties présentent l'information nécessaire à la clarté, la transparence et la compréhension conformément à la décision 1/CP.21 et à toutes les décisions pertinentes de la Conférence des Parties agissant comme réunion des Parties à l'Accord de Paris.

9. Chaque Partie communique une contribution déterminée au niveau national tous les cinq ans conformément à la décision 1/CP.21 et à toutes les décisions pertinentes de la Conférence des Parties agissant comme réunion des Parties à l'Accord de Paris et en tenant compte des résultats du bilan mondial prévu à l'article 14.

10. La Conférence des Parties agissant comme réunion des Parties à l'Accord de Paris examine des calendriers communs pour les contributions déterminées au niveau national à sa première session.

11. Une Partie peut à tout moment modifier sa contribution déterminée au niveau national afin d'en relever le niveau d'ambition, conformément aux directives adoptées par la Conférence des Parties agissant comme réunion des Parties à l'Accord de Paris.

12. Les contributions déterminées au niveau national communiquées par les Parties sont consignées dans un registre public tenu par le secrétariat.

13. Les Parties rendent compte de leurs contributions déterminées au niveau national. Dans la comptabilisation des émissions et des absorptions anthropiques correspondant à leurs contributions déterminées au niveau national, les Parties promeuvent l'intégrité environnementale, la transparence, l'exactitude, l'exhaustivité, la comparabilité et la cohérence, et

veillent à ce qu'un double comptage soit évité, conformément aux directives adoptées par la Conférence des Parties agissant comme réunion des Parties à l'Accord de Paris.

14. Dans le contexte de leurs contributions déterminées au niveau national, lorsqu'elles indiquent et appliquent des mesures d'atténuation concernant les émissions et les absorptions anthropiques, les Parties devraient tenir compte, selon qu'il convient, des méthodes et des directives en vigueur conformément à la Convention, compte tenu des dispositions du paragraphe 13 du présent article.

15. Les Parties tiennent compte, dans la mise en œuvre du présent Accord, des préoccupations des Parties dont l'économie est particulièrement touchée par les effets des mesures de riposte, en particulier les pays en développement parties.

16. Les Parties, y compris les organisations régionales d'intégration économique et leurs États membres, qui se sont mises d'accord pour agir conjointement en application du paragraphe 2 du présent article, notifient au secrétariat les termes de l'accord pertinent, y compris le niveau d'émissions attribué à chaque Partie pendant la période considérée, au moment de communiquer leurs contributions déterminées au niveau national. Le secrétariat informe à son tour les Parties à la Convention et les signataires des termes de l'accord.

17. Chaque partie à un accord de ce type est responsable de son niveau d'émissions indiqué dans l'accord visé au paragraphe 16 ci-dessus conformément aux paragraphes 13 et 14 du présent article et aux articles 13 et 15.

18. Si des Parties agissant conjointement le font dans le cadre d'une organisation régionale d'intégration économique qui est elle-même partie au présent Accord, et en concertation avec elle, chaque État membre de cette organisation régionale d'intégration économique, à titre individuel et conjointement avec l'organisation régionale d'intégration économique, est responsable de son niveau d'émissions indiqué dans l'accord communiqué en application du paragraphe 16 du présent article conformément aux paragraphes 13 et 14 du présent article et aux articles 13 et 15.

19. Toutes les Parties s'emploient à formuler et communiquer des stratégies à long terme de développement à faible émission de gaz à effet de serre, en gardant à l'esprit l'article 2 compte tenu de leurs responsabilités communes mais différenciées et de leurs capacités respectives, eu égard aux contextes nationaux différents.

Article 5

1. Les Parties devraient prendre des mesures pour conserver et, le cas échéant, renforcer les puits et réservoirs de gaz à effet de serre comme le prévoit l'alinéa d) du paragraphe 1 de l'article 4 de la Convention, notamment les forêts.

2. Les Parties sont invitées à prendre des mesures pour appliquer et étayer, notamment par des versements liés aux résultats, le cadre existant défini dans les directives et les décisions pertinentes déjà adoptées en vertu de la Convention pour : les démarches générales et les mesures d'incitation positive concernant les activités liées à la réduction des émissions résultant du déboisement et de la dégradation des forêts, et le rôle de la conservation, de la gestion durable des forêts et de l'accroissement des stocks de carbone forestiers dans les pays en développement ; et d'autres démarches générales, notamment des démarches conjointes en matière d'atténuation et d'adaptation pour la gestion intégrale et durable des forêts, tout en réaffirmant qu'il importe de promouvoir, selon qu'il convient, les avantages non liés au carbone associés à de telles démarches.

Article 6

1. Les Parties reconnaissent que certaines Parties décident d'agir volontairement en concertation dans la mise en œuvre de leurs contributions déterminées au niveau national pour relever le niveau d'ambition de leurs mesures d'atténuation et d'adaptation et pour promouvoir le développement durable et l'intégrité environnementale.

2. Les Parties, lorsqu'elles mènent à titre volontaire des démarches concertées passant par l'utilisation de résultats d'atténuation transférés au niveau international aux fins des contributions déterminées au niveau national, promeuvent le développement durable et garantissent l'intégrité environnementale et la transparence, y compris en matière de gouvernance, et appliquent un système fiable de comptabilisation, afin notamment d'éviter un double comptage, conformément aux directives adoptées par la Conférence des Parties agissant comme réunion des Parties à l'Accord de Paris.

3. L'utilisation de résultats d'atténuation transférés au niveau international pour réaliser les contributions déterminées au niveau national en vertu du présent Accord revêt un caractère volontaire et est soumise à l'autorisation des Parties participantes.

4. Il est établi un mécanisme pour contribuer à l'atténuation des émissions de gaz à effet de serre et promouvoir le développement durable, placé sous l'autorité de la Conférence des Parties agissant comme réunion des Parties à l'Accord de Paris, dont il suit les directives, à l'intention des Parties, qui l'utilisent à titre volontaire. Il est supervisé par un organe désigné par la Conférence des Parties agissant comme réunion des Parties à l'Accord de Paris, et a pour objet de :

a) Promouvoir l'atténuation des émissions de gaz à effet de serre tout en favorisant le développement durable ;

b) Promouvoir et faciliter la participation à l'atténuation des gaz à effet de serre d'entités publiques et privées autorisées par une Partie ;

c) Contribuer à la réduction des niveaux d'émissions dans la Partie hôte, qui bénéficiera d'activités d'atténuation donnant lieu à des réductions d'émissions qui peuvent aussi être utilisées par une autre Partie pour remplir sa contribution déterminée au niveau national ;

d) Permettre une atténuation globale des émissions mondiales.

5. Les réductions d'émissions résultant du mécanisme visé au paragraphe 4 du présent article ne sont pas utilisées pour établir la réalisation de la contribution déterminée au niveau national de la Partie hôte, si elles sont utilisées par une autre Partie pour établir la réalisation de sa propre contribution déterminée au niveau national.

6. La Conférence des Parties agissant comme réunion des Parties à l'Accord de Paris veille à ce qu'une part des fonds provenant d'activités menées au titre du mécanisme visé au paragraphe 4 du présent article soit utilisée pour couvrir les dépenses administratives ainsi que pour aider les pays en développement parties qui sont particulièrement vulnérables aux effets néfastes des changements climatiques à financer le coût de l'adaptation.

7. La Conférence des Parties agissant comme réunion des Parties à l'Accord de Paris adopte des règles, des modalités et des procédures pour le mécanisme visé au paragraphe 4 du présent article à sa première session.

8. Les Parties reconnaissent l'importance de démarches non fondées sur le marché intégrées, globales et équilibrées dont les Parties disposent pour les aider dans la mise en œuvre de leur contribution déterminée au niveau national, dans le contexte du développement durable et de l'élimination de la pauvreté, d'une manière coordonnée et efficace, notamment par l'atténuation, l'adaptation, le financement, le transfert de technologies et le renforcement des capacités, selon qu'il convient. Ces démarches visent à :

a) Promouvoir l'ambition en matière d'atténuation et d'adaptation ;

b) Renforcer la participation publique et privée à la mise en œuvre des contributions déterminées au niveau national ;

c) Activer des possibilités de coordination entre les instruments et les dispositifs institutionnels pertinents.

9. Il est défini un cadre pour les démarches non fondées sur le marché en matière de développement durable afin de promouvoir les démarches non fondées sur le marché visées au paragraphe 8 du présent article.

Article 7

1. Les Parties établissent l'objectif mondial en matière d'adaptation consistant à renforcer les capacités d'adaptation, à accroître la résilience aux changements climatiques et à réduire la vulnérabilité à ces changements, en vue de contribuer au développement durable et de garantir une riposte

adéquate en matière d'adaptation dans le contexte de l'objectif de température énoncé à l'article 2.

2. Les Parties reconnaissent que l'adaptation est un problème mondial qui se pose à tous, comportant des dimensions locales, infranationales, nationales, régionales et internationales, et que c'est un élément clef de la riposte mondiale à long terme face aux changements climatiques, à laquelle elle contribue, afin de protéger les populations, les moyens d'existence et les écosystèmes, en tenant compte des besoins urgents et immédiats des pays en développement parties qui sont particulièrement vulnérables aux effets néfastes des changements climatiques.

3. Les efforts d'adaptation des pays en développement parties sont reconnus conformément aux modalités qui seront adoptées par la Conférence des Parties agissant comme réunion des Parties à l'Accord de Paris, à sa première session.

4. Les Parties reconnaissent que l'adaptation, à l'heure actuelle et dans une large mesure, est une nécessité, que des niveaux d'atténuation plus élevés peuvent rendre moins nécessaires des efforts supplémentaires dans le domaine de l'adaptation, et que des niveaux d'adaptation plus élevés peuvent supposer des coûts d'adaptation plus importants.

5. Les Parties reconnaissent que l'action pour l'adaptation devrait suivre une démarche impulsée par les pays, sensible à l'égalité des sexes, participative et totalement transparente, prenant en considération les groupes, les communautés et les écosystèmes vulnérables, et devrait tenir compte et s'inspirer des meilleures données scientifiques disponibles et, selon qu'il convient, des connaissances traditionnelles, du savoir des peuples autochtones et des systèmes de connaissances locaux, en vue d'intégrer l'adaptation dans les politiques et les mesures socioéconomiques et environnementales pertinentes, s'il y a lieu.

6. Les Parties reconnaissent l'importance de l'appui et de la coopération internationale aux efforts d'adaptation et la nécessité de prendre en considération les besoins des pays en développement parties, notamment de ceux qui sont particulièrement vulnérables aux effets néfastes des changements climatiques.

7. Les Parties devraient intensifier leur coopération en vue d'améliorer l'action pour l'adaptation, compte tenu du Cadre de l'adaptation de Cancún, notamment afin :

a) D'échanger des renseignements, des bonnes pratiques, des expériences et des enseignements, y compris, selon qu'il convient, pour ce qui est des connaissances scientifiques, de la planification, des politiques et de la mise en œuvre relatives aux mesures d'adaptation ;

b) De renforcer les dispositifs institutionnels, notamment ceux relevant de la Convention qui concourent à l'application du présent Accord, pour faciliter la synthèse des informations et des connaissances pertinentes et la fourniture d'un appui et de conseils techniques aux Parties ;

c) D'améliorer les connaissances scientifiques sur le climat, y compris la recherche, l'observation systématique du système climatique et les systèmes d'alerte précoce, d'une manière qui soutienne les services climatiques et appuie la prise de décisions ;

d) D'aider les pays en développement parties à recenser les pratiques efficaces et les besoins en matière d'adaptation, les priorités, l'appui fourni et l'appui reçu aux mesures et efforts d'adaptation, ainsi que les problèmes et les lacunes selon des modalités qui promeuvent les bonnes pratiques ;

e) D'accroître l'efficacité et la pérennité des mesures d'adaptation.

8. Les institutions et les organismes spécialisés des Nations Unies sont invités à appuyer les efforts des Parties visant à réaliser les mesures définies au paragraphe 7 du présent article, compte tenu des dispositions du paragraphe 5 du présent article.

9. Chaque Partie entreprend, selon qu'il convient, des processus de planification de l'adaptation et met en œuvre des mesures qui consistent notamment à mettre en place ou à renforcer des plans, politiques et/ou contributions utiles, y compris en faisant intervenir :

a) La réalisation de mesures, d'annonces et/ou d'initiatives dans le domaine de l'adaptation ;

b) Le processus visant à formuler et réaliser des plans nationaux d'adaptation ;

c) L'évaluation des effets des changements climatiques et de la vulnérabilité à ces changements en vue de formuler des mesures prioritaires déterminées au niveau national, compte tenu des populations, des lieux et des écosystèmes vulnérables ;

d) Le suivi et l'évaluation des plans, des politiques, des programmes et des mesures d'adaptation et les enseignements à retenir ;

e) Le renforcement de la résilience des systèmes socioéconomiques et écologiques, notamment par la diversification économique et la gestion durable des ressources naturelles.

10. Chaque Partie devrait, selon qu'il convient, présenter et actualiser périodiquement une communication sur l'adaptation, où pourront figurer ses priorités, ses besoins en matière de mise en œuvre et d'appui, ses projets et ses mesures, sans imposer de charge supplémentaire aux pays en développement parties.

11. La communication sur l'adaptation dont il est question au paragraphe 10 du présent article est, selon qu'il convient, soumise et actualisée périodiquement, intégrée à d'autres communications ou documents ou présentée parallèlement, notamment dans un plan national d'adaptation, dans une contribution déterminée au niveau national conformément au paragraphe 2 de l'article 3, et/ou dans une communication nationale.

12. La communication relative à l'adaptation mentionnée au paragraphe 10 du présent article est consignée dans un registre public tenu par le secrétariat.

13. Un appui international renforcé est fourni en permanence aux pays en développement parties aux fins de l'application des paragraphes 7, 9, 10 et 11 du présent article, conformément aux dispositions des articles 9, 10 et 11.

14. Le bilan mondial prévu à l'article 14 vise notamment à :

a) Prendre en compte les efforts d'adaptation des pays en développement parties ;

b) Renforcer la mise en œuvre de mesures d'adaptation en tenant compte de la communication sur l'adaptation mentionnée au paragraphe 10 du présent article ;

c) Examiner l'adéquation et l'efficacité de l'adaptation et de l'appui fourni en matière d'adaptation ;

d) Examiner les progrès d'ensemble accomplis dans la réalisation de l'objectif mondial en matière d'adaptation énoncé au paragraphe 1 du présent article.

Article 8

1. Les Parties reconnaissent la nécessité d'éviter et de réduire au minimum les pertes et préjudices liés aux effets néfastes des changements climatiques, notamment les phénomènes météorologiques extrêmes et les phénomènes qui se manifestent lentement, et d'y remédier, ainsi que le rôle joué par le développement durable dans la réduction du risque de pertes et préjudices.

2. Le Mécanisme international de Varsovie relatif aux pertes et préjudices liés aux incidences des changements climatiques est placé sous l'autorité de la Conférence des Parties agissant comme réunion des Parties à l'Accord de Paris, dont il suit les directives, et peut être amélioré et renforcé conformément aux décisions de la Conférence des Parties agissant comme réunion des Parties à l'Accord de Paris.

3. Les Parties devraient améliorer la compréhension, l'action et l'appui, notamment par le biais du Mécanisme international de Varsovie, selon que de besoin, dans le cadre de la coopération et de la facilitation, eu égard aux pertes et préjudices liés aux effets néfastes des changements climatiques ;

4. En conséquence, les domaines de coopération et de facilitation visant à améliorer la compréhension, l'action et l'appui sont notamment les suivants :

a) Les systèmes d'alerte précoce ;

b) La préparation aux situations d'urgence ;

c) Les phénomènes qui se manifestent lentement ;

d) Les phénomènes susceptibles de causer des pertes et préjudices irréversibles et permanents ;

e) L'évaluation et la gestion complètes des risques ;

f) Les dispositifs d'assurance dommages, la mutualisation des risques climatiques et les autres solutions en matière d'assurance ;

g) Les pertes autres que économiques ;

h) La résilience des communautés, des moyens de subsistance et des écosystèmes.

5. Le Mécanisme international de Varsovie collabore avec les organes et groupes d'experts relevant de l'Accord, ainsi qu'avec les organisations et les organes d'experts compétents qui n'en relèvent pas.

Article 9

1. Les pays développés parties fournissent des ressources financières pour venir en aide aux pays en développement parties aux fins tant de l'atténuation que de l'adaptation dans la continuité de leurs obligations au titre de la Convention.

2. Les autres Parties sont invitées à fournir ou à continuer de fournir ce type d'appui à titre volontaire.

3. Dans le cadre d'un effort mondial, les pays développés parties devraient continuer de montrer la voie en mobilisant des moyens de financement de l'action climatique provenant d'un large éventail de sources, d'instruments et de filières, compte tenu du rôle notable que jouent les fonds publics, par le biais de diverses actions, notamment en appuyant des stratégies impulsées par les pays et en tenant compte des besoins et des priorités des pays en développement parties. Cette mobilisation de moyens de financement de l'action climatique devrait représenter une progression par rapport aux efforts antérieurs.

4. La fourniture de ressources financières accrues devrait viser à parvenir à un équilibre entre l'adaptation et l'atténuation, en tenant compte des stratégies impulsées par les pays et des priorités et besoins des pays en développement parties, notamment de ceux qui sont particulièrement vulnérables aux effets néfastes des changements climatiques et dont les capacités sont très insuffisantes comme les pays les moins avancés, et les petits États insulaires en développement, eu égard à la nécessité de prévoir des ressources d'origine publique et sous forme de dons pour l'adaptation.

5. Les pays développés parties communiquent tous les deux ans des informations quantitatives et qualitatives à caractère indicatif ayant trait aux paragraphes 1 et 3 du présent article, selon qu'il convient, notamment, s'ils sont disponibles, les montants prévus des ressources financières publiques à accorder aux pays en développement parties. Les autres Parties qui fournissent des ressources sont invitées à communiquer ces informations tous les deux ans à titre volontaire.

6. Le bilan mondial prévu à l'article 14 prendra en compte les informations pertinentes communiquées par les pays développés parties et/ou les organes créés en vertu de l'Accord sur les efforts liés au financement de l'action climatique.

7. Les pays développés parties communiquent tous les deux ans des informations transparentes et cohérentes sur l'appui fourni aux pays en développement parties et mobilisé par des interventions publiques, conformément aux modalités, procédures et lignes directrices que la Conférence des Parties agissant comme réunion des Parties à l'Accord de Paris adoptera à sa première session, comme il est prévu au paragraphe 13 de l'article 13. Les autres Parties sont invitées à faire de même.

8. Le Mécanisme financier de la Convention, y compris ses entités fonctionnelles, remplit les fonctions de mécanisme financier du présent Accord.

9. Les institutions concourant à l'application du présent Accord, y compris les entités fonctionnelles du Mécanisme financier de la Convention, visent à garantir l'accès effectif aux ressources financières par le biais de procédures d'approbation simplifiées et d'un appui renforcé à la préparation en faveur des pays en développement parties, en particulier des pays les moins avancés et des petits États insulaires en développement, dans le cadre de leurs stratégies et leurs plans nationaux relatifs au climat.

Article 10

1. Les Parties partagent une vision à long terme de l'importance qu'il y a à donner pleinement effet à la mise au point et au transfert de technologies de façon à accroître la résilience aux changements climatiques et à réduire les émissions de gaz à effet de serre.

2. Les Parties, notant l'importance de la technologie pour la mise en œuvre de mesures d'atténuation et d'adaptation en vertu du présent Accord et prenant acte des efforts entrepris pour déployer et diffuser la technologie, renforcent l'action concertée concernant la mise au point et le transfert de technologies.

3. Le Mécanisme technologique créé en vertu de la Convention concourt à l'application du présent Accord.

4. Il est créé un cadre technologique chargé de donner des directives générales relatives aux travaux du Mécanisme technologique visant à promouvoir et faciliter une action renforcée en matière de mise au point et de transfert de technologies de façon à appuyer la mise en œuvre du présent Accord, aux fins de la vision à long terme mentionnée au paragraphe 1 du présent article.

5. Il est essentiel d'accélérer, d'encourager et de permettre l'innovation pour une riposte mondiale efficace à long terme face aux changements climatiques et au service de la croissance économique et du développement durable. Cet effort sera appuyé, selon qu'il convient, y

compris par le Mécanisme technologique et, sous la forme de moyens financiers, par le Mécanisme financier de la Convention, afin de mettre en place des démarches concertées en matière de recherche-développement et de faciliter l'accès des pays en développement parties à la technologie, en particulier aux premiers stades du cycle technologique.

6. Un appui, financier notamment, est fourni aux pays en développement parties aux fins de l'application du présent article, y compris pour le renforcement d'une action concertée en matière de mise au point et de transfert de technologies à différents stades du cycle technologique, en vue de parvenir à un équilibre entre l'appui à l'atténuation et l'appui à l'adaptation. Le bilan mondial prévu à l'article 14 prend en compte les informations disponibles sur les activités d'appui à la mise au point et au transfert de technologies en faveur des pays en développement parties.

Article 11

1. Le renforcement des capacités au titre du présent Accord devrait contribuer à améliorer les aptitudes et les capacités des pays en développement parties, en particulier ceux qui ont les plus faibles capacités, tels que les pays les moins avancés, et ceux qui sont particulièrement vulnérables aux effets néfastes des changements climatiques comme les petits États insulaires en développement, afin qu'ils puissent lutter efficacement contre les changements climatiques, notamment mettre en œuvre des mesures d'adaptation et d'atténuation, et devrait faciliter la mise au point, la diffusion et le déploiement de technologies, l'accès à des moyens de financement de l'action climatique, les aspects pertinents de l'éducation, de la formation et de la sensibilisation de la population, et la communication transparente et précise d'informations en temps voulu.

2. Le renforcement des capacités devrait être impulsé par les pays, prendre en compte et satisfaire les besoins nationaux et favoriser l'appropriation par les Parties, en particulier pour les pays en développement parties, notamment aux niveaux national, infranational et local. Il devrait s'inspirer des enseignements tirés de l'expérience, notamment des activités de renforcement des capacités menées dans le cadre de la Convention, et représenter un processus efficace, itératif, participatif, transversal et sensible à l'égalité des sexes.

3. Toutes les Parties devraient coopérer en vue d'accroître la capacité des pays en développement parties de mettre en œuvre le présent Accord. Les pays développés parties devraient étoffer l'appui apporté aux mesures de renforcement des capacités dans les pays en développement parties.

4. Toutes les Parties qui s'emploient à accroître la capacité des pays en développement parties de mettre en œuvre le présent Accord, y compris par des démarches régionales, bilatérales et multilatérales, font régulièrement connaître ces mesures ou initiatives de renforcement des

capacités. Les pays en développement parties devraient régulièrement informer des progrès réalisés dans l'application de plans, politiques, initiatives ou mesures de renforcement des capacités visant à mettre en œuvre le présent Accord.

5. Les activités de renforcement des capacités sont étoffées par le biais de dispositifs institutionnels appropriés visant à appuyer la mise en œuvre du présent Accord, y compris les dispositifs institutionnels appropriés créés en application de la Convention qui concourent à l'application du présent Accord. À sa première session, la Conférence des Parties agissant comme réunion des Parties à l'Accord de Paris examinera et adoptera une décision sur les dispositifs institutionnels initiaux relatifs au renforcement des capacités.

Article 12

Les Parties coopèrent en prenant, selon qu'il convient, des mesures pour améliorer l'éducation, la formation, la sensibilisation, la participation du public et l'accès de la population à l'information dans le domaine des changements climatiques, compte tenu de l'importance que revêtent de telles mesures pour renforcer l'action engagée au titre du présent Accord.

Article 13

1. Afin de renforcer la confiance mutuelle et de promouvoir une mise en œuvre efficace, il est créé un cadre de transparence renforcé des mesures et de l'appui, assorti d'une certaine flexibilité, qui tient compte des capacités différentes des Parties et qui s'appuie sur l'expérience collective.

2. Le cadre de transparence accorde aux pays en développement parties qui en ont besoin, compte tenu de leurs capacités, une certaine flexibilité dans la mise en œuvre des dispositions du présent article. Les modalités, procédures et lignes directrices prévues au paragraphe 13 du présent article tiennent compte de cette flexibilité.

3. Le cadre de transparence s'appuie sur les dispositifs relatifs à la transparence prévus en vertu de la Convention et les renforce en tenant compte de la situation particulière des pays les moins avancés et des petits États insulaires en développement, et doit être mis en œuvre d'une façon qui soit axée sur la facilitation, qui ne soit ni intrusive ni punitive, qui respecte la souveraineté nationale et qui évite d'imposer une charge excessive aux Parties.

4. Les dispositifs relatifs à la transparence prévus en vertu de la Convention, notamment les communications nationales, les rapports biennaux et les rapports biennaux actualisés, l'évaluation et l'examen au niveau international et les consultations et analyses internationales, font partie de l'expérience mise à profit pour l'élaboration des modalités, procédures et lignes directrices visées au paragraphe 13 du présent article.

5. Le cadre de transparence des mesures vise à fournir une image claire des mesures relatives aux changements climatiques à la lumière de l'objectif énoncé à l'article 2 de la Convention, notamment en éclairant et en suivant les progrès accomplis par chaque Partie en vue de s'acquitter de sa contribution déterminée au niveau national au titre de l'article 4 et de mettre en œuvre ses mesures d'adaptation au titre de l'article 7, notamment les bonnes pratiques, les priorités, les besoins et les lacunes, afin d'étayer le bilan mondial prévu à l'article 14.

6. Le cadre de transparence de l'appui vise à donner une image claire de l'appui fourni et de l'appui reçu par chaque Partie concernée dans le contexte des mesures prises à l'égard des changements climatiques au titre des articles 4, 7, 9, 10 et 11, et, dans la mesure du possible, une vue d'ensemble de l'appui financier global fourni, pour étayer le bilan mondial prévu à l'article 14.

7. Chaque Partie fournit régulièrement les informations ci-après :

a) Un rapport national d'inventaire des émissions anthropiques par les sources et des absorptions anthropiques par les puits de gaz à effet de serre, établi selon les méthodes constituant de bonnes pratiques adoptées par le Groupe d'experts intergouvernemental sur l'évolution du climat et convenues par la Conférence des Parties agissant comme réunion des Parties à l'Accord de Paris ;

b) Les informations nécessaires au suivi des progrès accomplis par chaque Partie dans la mise en œuvre et la réalisation de sa contribution déterminée au niveau national au titre de l'article 4.

8. Chaque Partie devrait communiquer des informations sur les effets des changements climatiques et sur l'adaptation à ces changements au titre de l'article 7, selon qu'il convient.

9. Les pays développés parties et les autres Parties qui apportent un appui devraient communiquer des informations sur l'appui fourni, sous la forme de ressources financières, d'un transfert de technologies et d'un renforcement des capacités, aux pays en développement parties au titre des articles 9, 10 et 11.

10. Les pays en développement parties devraient communiquer des informations sur l'appui dont ils ont besoin et qu'ils ont reçu, sous la forme de ressources financières, d'un transfert de technologies et d'un renforcement des capacités au titre des articles 9, 10 et 11.

11. Les informations communiquées par chaque Partie au titre des paragraphes 7 et 9 du présent article sont soumises à un examen technique par des experts, conformément à la décision 1/CP.21. Pour les pays en développement parties qui en ont besoin compte tenu de leurs capacités, le processus d'examen les aide à définir leurs besoins en matière de renforcement des capacités. En outre, chaque Partie participe à un examen multilatéral, axé sur la facilitation, des progrès accomplis conformément à

l'article 9, ainsi que dans la mise en œuvre et la réalisation de sa contribution déterminée au niveau national.

12. L'examen technique par des experts prévu dans ce paragraphe porte sur l'appui fourni par la Partie concernée, selon qu'il convient, ainsi que sur la mise en œuvre et la réalisation de sa contribution déterminée au niveau national. Il met en évidence les domaines se prêtant à des améliorations chez la Partie concernée et vérifie que les informations communiquées sont conformes aux modalités, procédures et lignes directrices visées au paragraphe 13 du présent article, compte tenu de la flexibilité accordée à la Partie concernée conformément au paragraphe 2 de cet article. Il prête une attention particulière aux capacités et situations nationales respectives des pays en développement parties.

13. À sa première session, en s'appuyant sur l'expérience tirée des dispositifs relatifs à la transparence prévus en vertu de la Convention, et en précisant les dispositions du présent article, la Conférence des Parties agissant comme réunion des Parties à l'Accord de Paris adopte des modalités, des procédures et des lignes directrices communes, selon qu'il convient, aux fins de la transparence des mesures et de l'appui.

14. Un appui est fourni aux pays en développement aux fins de la mise en œuvre du présent article.

15. Un appui est également fourni pour renforcer en permanence les capacités des pays en développement parties en matière de transparence.

Article 14

1. La Conférence des Parties agissant comme réunion des Parties à l'Accord de Paris fait périodiquement le bilan de la mise en œuvre du présent Accord afin d'évaluer les progrès collectifs accomplis dans la réalisation de l'objet du présent Accord et de ses buts à long terme (ci-après dénommé « bilan mondial »). Elle s'y emploie d'une manière globale, axée sur la facilitation, en prenant en considération l'atténuation, l'adaptation, les moyens de mise en œuvre et l'appui et en tenant compte de l'équité et des meilleures données scientifiques disponibles.

2. La Conférence des Parties agissant comme réunion des Parties à l'Accord de Paris procède à son premier bilan mondial en 2023 et tous les cinq ans par la suite sauf si elle adopte une décision contraire.

3. Les résultats du bilan mondial éclairent les Parties dans l'actualisation et le renforcement de leurs mesures et de leur appui selon des modalités déterminées au niveau national, conformément aux dispositions pertinentes du présent Accord, ainsi que dans l'intensification de la coopération internationale pour l'action climatique.

Article 15

1. Il est institué un mécanisme pour faciliter la mise en œuvre et promouvoir le respect des dispositions du présent Accord et en promouvoir le respect.

2. Le mécanisme visé au paragraphe 1 est constitué d'un comité d'experts et axé sur la facilitation, et fonctionne d'une manière qui est transparente, non accusatoire et non punitive. Le comité accorde une attention particulière à la situation et aux capacités nationales respectives des Parties.

3. Le comité exerce ses activités selon les modalités et procédures arrêtées par la Conférence des Parties agissant comme réunion des Parties à l'Accord de Paris à sa première session et lui rend compte chaque année.

Article 16

1. La Conférence des Parties, organe suprême de la Convention, agit comme réunion des Parties au présent Accord.

2. Les Parties à la Convention qui ne sont pas parties au présent Accord peuvent participer en qualité d'observateurs aux travaux de toute session de la Conférence des Parties agissant comme réunion des Parties au présent Accord. Lorsque la Conférence des Parties agit comme réunion des Parties au présent Accord, les décisions prises au titre dudit Accord le sont uniquement par les Parties à l'Accord.

3. Lorsque la Conférence des Parties agit comme réunion des Parties au présent Accord, tout membre du Bureau de la Conférence des Parties représentant une Partie à la Convention mais qui, à ce moment-là, n'est pas partie au présent Accord est remplacé par un nouveau membre élu par les Parties à l'Accord parmi celles-ci.

4. La Conférence des Parties agissant comme réunion des Parties à l'Accord de Paris fait régulièrement le point de la mise en œuvre du présent Accord et prend, dans les limites de son mandat, les décisions nécessaires pour en promouvoir la mise en œuvre effective. Elle exerce les fonctions qui lui sont conférées par le présent Accord et :

a) Elle crée les organes subsidiaires jugés nécessaires pour la mise en œuvre du présent Accord ;

b) Elle exerce les autres fonctions qui peuvent se révéler nécessaires aux fins de la mise en œuvre du présent Accord.

5. Le règlement intérieur de la Conférence des Parties et les procédures financières appliquées au titre de la Convention s'appliquent *mutatis mutandis* au titre du présent Accord, sauf si la Conférence des Parties agissant comme réunion des Parties à l'Accord de Paris en décide autrement par consensus.

6. Le secrétariat convoque la première session de la Conférence des Parties agissant comme réunion des Parties à l'Accord de Paris à l'occasion de la première session de la Conférence des Parties prévue après l'entrée en

vigueur du présent Accord. Les sessions ordinaires ultérieures de la Conférence des Parties agissant comme réunion des Parties à l'Accord de Paris coïncideront avec les sessions ordinaires de la Conférence des Parties, à moins que la Conférence des Parties agissant comme réunion des Parties à l'Accord de Paris n'en décide autrement.

7. La Conférence des Parties agissant comme réunion des Parties à l'Accord de Paris tient des sessions extraordinaires à tout autre moment lorsqu'elle le juge nécessaire ou si une Partie en fait la demande par écrit, à condition que cette demande soit appuyée par un tiers au moins des Parties dans les six mois qui suivent sa communication aux Parties par le secrétariat.

8. L'Organisation des Nations Unies, ses institutions spécialisées et l'Agence internationale de l'énergie atomique, ainsi que tout État membre d'une de ces organisations ou doté du statut d'observateur auprès de l'une d'elles qui n'est pas Partie à la Convention, peuvent être représentés aux sessions de la Conférence des Parties agissant comme réunion des Parties à l'Accord de Paris en qualité d'observateurs. Tout organe ou organisme, national ou international, gouvernemental ou non gouvernemental, qui est compétent dans les domaines visés par le présent Accord et qui a fait savoir au secrétariat qu'il souhaitait être représenté en qualité d'observateur à une session de la Conférence des Parties agissant comme réunion des Parties à l'Accord de Paris peut y être admis en cette qualité à moins qu'un tiers au moins des Parties présentes n'y fassent objection. L'admission et la participation d'observateurs sont régies par le règlement intérieur visé au paragraphe 5 du présent article.

Article 17

1. Le secrétariat créé en application de l'article 8 de la Convention assure le secrétariat du présent Accord.

2. Le paragraphe 2 de l'article 8 de la Convention relatif aux fonctions de secrétariat et le paragraphe 3 de ce même article concernant les dispositions voulues pour son fonctionnement s'appliquent *mutatis mutandis* au présent Accord. Le secrétariat exerce en outre les fonctions qui lui sont confiées au titre du présent Accord et par la Conférence des Parties agissant comme réunion des Parties à l'Accord de Paris.

Article 18

1. L'Organe subsidiaire de conseil scientifique et technologique et l'Organe subsidiaire de mise en œuvre créés par les articles 9 et 10 de la Convention font office, respectivement, d'Organe subsidiaire de conseil scientifique et technologique et d'Organe subsidiaire de mise en œuvre du présent Accord. Les dispositions de la Convention relatives au fonctionnement de ces deux organes s'appliquent *mutatis mutandis* au présent Accord. L'Organe subsidiaire de conseil scientifique et technologique et l'Organe subsidiaire de mise en œuvre du présent Accord

tiennent leur session en même temps que celles de l'Organe subsidiaire de conseil scientifique et technologique et de l'Organe subsidiaire de mise en œuvre de la Convention, respectivement.

2. Les Parties à la Convention qui ne sont pas parties au présent Accord peuvent participer en qualité d'observateurs aux travaux de toute session des organes subsidiaires. Lorsque les organes subsidiaires agissent en tant qu'organes subsidiaires du présent Accord, les décisions au titre dudit Accord sont prises uniquement par les Parties à l'Accord.

3. Lorsque les organes subsidiaires créés par les articles 9 et 10 de la Convention exercent leurs fonctions dans un domaine qui relève du présent Accord, tout membre de leurs bureaux représentant une Partie à la Convention mais qui, à ce moment-là, n'est pas Partie au présent Accord est remplacé par un nouveau membre élu par les Parties à l'Accord et parmi celles-ci.

Article 19

1. Les organes subsidiaires ou les autres dispositifs institutionnels créés par la Convention ou qui en relèvent, autres que ceux mentionnés dans le présent Accord concourent à l'application du présent Accord sur décision de la Conférence des Parties agissant comme réunion des Parties à l'Accord de Paris. Celle-ci précise les fonctions qu'exerceront lesdits organes ou dispositifs.

2. La Conférence des Parties agissant comme réunion des Parties à l'Accord de Paris peut donner de nouvelles directives à ces organes subsidiaires et dispositifs institutionnels.

Article 20

1. Le présent Accord est ouvert à la signature et soumis à la ratification, l'acceptation ou l'approbation des États et des organisations d'intégration économique régionale qui sont parties à la Convention. Il sera ouvert à la signature au Siège de l'Organisation des Nations Unies à New York du 22 avril 2016 au 21 avril 2017 et sera ouvert à l'adhésion dès le lendemain du jour où il cessera d'être ouvert à la signature. Les instruments de ratification, d'acceptation, d'approbation ou d'adhésion sont déposés auprès du Dépositaire.

2. Toute organisation d'intégration économique régionale qui devient Partie au présent Accord sans qu'aucun de ses États membres y soit partie est liée par toutes les obligations découlant du présent Accord. Lorsqu'un ou plusieurs États membres d'une organisation d'intégration économique régionale sont parties au présent Accord, cette organisation et ses États membres conviennent de leurs responsabilités respectives aux fins de l'exécution de leurs obligations au titre du présent Accord. En pareil cas, l'organisation et ses États membres ne sont pas habilités à exercer concurremment les droits découlant du présent Accord.

3. Dans leurs instruments de ratification, d'acceptation, d'approbation ou d'adhésion, les organisations d'intégration économique régionale indiquent l'étendue de leur compétence à l'égard des questions régies par le présent Accord. En outre, ces organisations informent le Dépositaire, qui en informe à son tour les Parties, de toute modification importante de l'étendue de leur compétence.

Article 21

1. Le présent Accord entre en vigueur le trentième jour qui suit la date du dépôt de leurs instruments de ratification, d'acceptation, d'approbation ou d'adhésion par 55 Parties à la Convention qui représentent au total au moins un pourcentage estimé à 55 % du total des émissions mondiales de gaz à effet de serre.

2. Au seul fin du paragraphe 1 du présent article, on entend par « total des émissions mondiales de gaz à effet de serre » la quantité la plus récente communiquée le jour de l'adoption du présent Accord par les Parties à la Convention ou avant cette date.

3. À l'égard de chaque État ou organisation d'intégration économique régionale qui ratifie, accepte ou approuve l'Accord ou y adhère après que les conditions fixées au paragraphe 1 du présent article pour l'entrée en vigueur sont remplies, le présent Accord entre en vigueur le trentième jour suivant la date du dépôt par cet État ou cette organisation de son instrument de ratification, d'acceptation, d'approbation ou d'adhésion.

4. Aux fins du paragraphe 1 du présent article, tout instrument déposé par une organisation d'intégration économique régionale n'est pas compté en sus de ceux qui sont déposés par ses États membres.

Article 22

Les dispositions de l'article 15 de la Convention relatif à l'adoption d'amendements s'appliquent *mutatis mutandis* au présent Accord.

Article 23

1. Les dispositions de l'article 16 de la Convention relatives à l'adoption et à l'amendement d'annexes de la Convention s'appliquent *mutatis mutandis* au présent Accord.

2. Les annexes du présent Accord font partie intégrante de celui-ci et, sauf disposition contraire expresse, toute référence au présent Accord constitue en même temps une référence à ses annexes. Celles-ci se limitent à des listes, formules et autres documents descriptifs de caractère scientifique, technique, procédural ou administratif.

Article 24

Les dispositions de l'article 14 de la Convention relatif au règlement des différends s'appliquent *mutatis mutandis* au présent Accord.

Article 25

1. Chaque Partie dispose d'une voix, sous réserve des dispositions du paragraphe 2 du présent article.

2. Dans les domaines de leur compétence, les organisations régionales d'intégration économique disposent, pour exercer leur droit de vote, d'un nombre de voix égal au nombre de leurs États membres qui sont Parties au présent Accord. Ces organisations n'exercent pas leur droit de vote si l'un quelconque de leurs États membres exerce le sien, et inversement.

Article 26

Le Secrétaire général de l'Organisation des Nations Unies est le Dépositaire du présent Accord.

Article 27

Aucune réserve ne peut être faite au présent Accord.

Article 28

1. À l'expiration d'un délai de trois ans à compter de la date d'entrée en vigueur du présent Accord à l'égard d'une Partie, cette Partie peut, à tout moment, le dénoncer par notification écrite adressée au Dépositaire.

2. Cette dénonciation prend effet à l'expiration d'un délai d'un an à compter de la date à laquelle le Dépositaire en reçoit notification, ou à toute date ultérieure pouvant être spécifiée dans ladite notification.

3. Toute Partie qui aura dénoncé la Convention sera réputée avoir dénoncé également le présent Accord.

Article 29

L'original du présent Accord, dont les textes anglais, arabe, chinois, espagnol, français et russe font également foi, sera déposé auprès du Secrétaire général de l'Organisation des Nations Unies.

FAIT à Paris le douze décembre deux mille quinze

EN FOI DE QUOI les soussignés, dûment autorisés à cet effet, ont signé le présent Accord.

Questions juridiques aux éditions L'Harmattan

Dernières parutions

QU'EST-CE QUE LE DROIT ?
Théorie syncrétique et échelle de juridicité
Barraud Boris
La définition du droit ici est d'abord lexicographique et scientifique. La théorie syncrétique réunit toutes les définitions du droit en vigueur, loin d'être concurrentes elles s'associent. Ne s'opposant plus, elles se complètent. La seconde partie interroge les dimensions du droit en mesurant le niveau de force juridique par l'application des critères de juridicité. Cette nouvelle forme de rationalité de la pensée juridique permet au juriste de s'ouvrir à tout type de normes sociales tout en sauvegardant l'autonomie conceptuelle du droit.
(Coll. Le Droit aujourd'hui, 25.50 euros, 242 p.)
ISBN : 978-2-343-13423-9, ISBN EBOOK : 978-2-14-005340-5

LA RECHERCHE DE L'ÉQUILIBRE CONTRACTUEL DANS LE CAUTIONNEMENT
Regards croisés entre le droit français et le droit OHADA
Dibangue Guy - Préface de Pascal Rubellin
Le cautionnement est actuellement la sûreté qu'exigent de préférence les banques des emprunteurs. Si le législateur français semble surprotéger la caution par rapport au créancier, c'est l'inverse qui a été retenu par le législateur OHADA. Dans les deux cas, c'est le déséquilibre entre la protection raisonnable de la caution et la préservation des intérêts des créanciers. Suivant les récentes évolutions législatives en France et en droit OHADA, cette thèse vise l'équilibre contractuel du cautionnement dans une démarche de modernisation et de rationalisation de cette sûreté.
(Coll. Droit aujourd'hui, 42.00 euros, 456 p.)
ISBN : 978-2-343-13159-7, ISBN EBOOK : 978-2-14-005369-6

LE DROIT ANIMAL
Morales Frénoy Cathy
Plus qu'un droit protecteur, le droit animal réglemente les différentes utilisations de l'animal par l'Homme. Il est un corpus juridique transversal, issu du droit international, européen et national, qui régit les rapports entre l'homme et l'animal sans toujours offrir une protection juridique souvent souhaitée. Ce guide juridique offre à tout lecteur une étude complète de cette nouvelle discipline.
(Coll. Bibliothèques de droit, 45.00 euros, 470 p.)
ISBN : 978-2-343-12873-3, ISBN EBOOK : 978-2-14-005223-1

QUESTIONS D'ACTUALITÉ EN ÉTHIQUE ANIMALE
Pelé Marie, Sueur Cédric
L'éthique animale qui désigne l'étude de notre responsabilité morale à l'égard des animaux, n'est pas une prise de position mais un questionnement en perpétuelle évolution avec notre culture et notre temps. Cet ouvrage présente plusieurs éléments de réponses aux récentes questions posées par la société sur notre rapport aux animaux. Experts et étudiants abordent onze questions d'actualité en éthique animale. Leurs échanges sont retranscrits.
(Coll. Le Droit aujourd'hui, 24.00 euros, 236 p.)
ISBN : 978-2-343-13489-5, ISBN EBOOK : 978-2-14-005382-5

JE PARLE AUX ANIMAUX
Peter Friedman
Samantha Khury écoute les animaux et leur parle. Grâce à ce dialogue, elle parvient à comprendre leur comportement et à trouver les mots qui les guérissent. Non seulement Samantha Khury comprend le langage de nos fidèles compagnons, mais, en plus, ceux-ci lui confient leurs malheurs. Des propriétaires d'animaux domestiques, des gardiens de zoo et des entraîneurs de chevaux qui l'ont consultée en sont convaincus. Nous la voyons au travail, à l'écoute d'un chat dépressif, d'un perroquet déplumé en manque d'amour ou d'une jument qui a besoin de liberté... « Dans cette Théma Arte sur les rapports entre les hommes et les animaux, *Je parle aux animaux* est le plus intéressant. Sans doute parce qu'il pose la question de la communication avec nos compagnons à quatre pattes. Peter Friedman livre des séquences étonnantes. » (*TéléObs*). « Ce documentaire étonnant parvient à nous convaincre que la frontière entre les espèces est bien mince. Quand on dit que l'homme n'est qu'un animal ! » (*Le Figaro*)
(20 euros)
ISBN : 978-2-336-31591-1

TRAITÉ DE DROIT CONSTITUTIONNEL CONGOLAIS
Esambo Kangashe Jean-Louis
Préface de El hadj Mbodji - Postface de Dodzi Kokoroko
Dans sa conception, son évolution et sa pratique, le droit constitutionnel a toujours eu du mal à s'affranchir de crises politiques. Droit de crises ou de gestion de crise, le droit constitutionnel est avant tout au service des normes, dont le respect par tous contribue au fonctionnement régulier des institutions. Placés dans le contexte congolais, les trois versants du droit constitutionnel, à savoir le droit normatif, celui institutionnel et la branche consacrée aux libertés n'ont pas toujours été en cohérence avec le constitutionnalisme.
(Coll. Études africaines, 39.00 euros, 410 p.)
ISBN : 978-2-343-12352-3, ISBN EBOOK : 978-2-14-005341-2

SUR LE CHEMIN DES SAISIES
L'huissier de justice d'hier à demain
Berthé Ibrahim
Qu'est-ce qu'un huissier de justice ? D'où vient-il ? À quoi sert-il ? Cet ouvrage tente de répondre à ces interrogations et, à travers l'histoire, de peindre les différentes facettes de ce personnage spécifique du rouage de l'appareil judiciaire dans le temps et dans l'espace, des rives de la Seine en France jusqu'au bord du fleuve Djoliba au Mali.
(25.00 euros, 270 p.)
ISBN : 978-2-343-13501-4, ISBN EBOOK : 978-2-14-005261-3

LES TECHNIQUES D'ENQUÊTE CRIMINELLE
Typologie des crimes et constatations médico-légales
Moutassi Jean-Pierre
L'adoption de la loi de Juillet 2005 portant sur la procédure pénale démontre la volonté du gouvernement camerounais à promouvoir un état de droit. Voici un outil fondamental pour les praticiens du droit criminel : un outil de formation pour les jeunes fonctionnaires, ainsi que pour leurs aînés qui n'auraient pas eu l'occasion de vivre l'expérience des enquêtes judiciaires.
(Harmattan Cameroun, 45.00 euros, 498 p.)
ISBN : 978-2-343-13126-9, ISBN EBOOK : 978-2-14-005224-8

LES CLÉS DES ENJEUX FINANCIERS DU DIVORCE
Rond Patrice - Préface de Laurent Hincker
L'amour s'est consumé, l'argent part en fumée ! À une époque où toujours plus de couples se séparent, la finance du divorce inquiète. Comprendre ses arcanes financières, c'est pouvoir anticiper en cas de conflit au sein du couple. Comment rétablir un budget ou encore évaluer une prestation compensatoire ? À l'aide d'exemples chiffrés, l'auteur indique comment recenser et évaluer les revenus et patrimoines, et présente des méthodologies pratiques pour établir les droits

respectifs des époux. L'ouvrage rend compréhensibles les procédures financières qui ont lieu dans le divorce.
(17.00 euros, 156 p.)
ISBN : 978-2-343-11633-4, ISBN EBOOK : 978-2-14-004942-2

LUTTER EFFICACEMENT CONTRE LA FRAUDE
Enjeux stratégiques et opérationnels
Sous la direction de Catherine Véret Jost et Nicolas Dufour
Lutter efficacement contre la fraude pour recycler 50 à 100 milliards d'euros par an dans la croissance économique en France, voici l'enjeu de cet ouvrage qui explicite les leviers d'actions pour y parvenir, avec des retours d'expériences de professionnels et d'académiques. Il s'adresse à tous ceux qui ont la volonté de relever ce défi.
(Coll. Perspectives organisationnelles, 38.50 euros, 392 p.)
ISBN : 978-2-343-13167-2, ISBN EBOOK : 978-2-14-005143-2

L'ENFANT EN PRISON
Sous la direction de Catherine Ménabé et Mathieu Martinelle
Depuis 1946, les femmes détenues ont la possibilité de garder à leurs côtés, en prison, leur enfant jusqu'à ses 18 mois, voire 2 ans. Si la situation est peu étudiée, et souvent méconnue, elle mérite de profondes réflexions. Quelles sont les conditions de vie de ces jeunes enfants au sein du milieu pénitentiaire ? Comment est assuré leur développement psychomoteur et affectif malgré les contraintes carcérales ? Comment l'univers carcéral s'adapte à la présence d'enfants, non écroués mais, de fait, privés de liberté ?
(Coll. Bibliothèques de droit, 27.00 euros, 274 p.)
ISBN : 978-2-343-13051-4, ISBN EBOOK : 978-2-14-005015-2

LES TRENTE ANS DE LA LOI LITTORAL
Sous la direction de Jean-Luc Pissaloux et Anne Rainaud
La loi Littoral a maintenant plus de trente ans. Loi d'avant-garde, elle vise à concilier la protection du littoral avec le développement économique. Souvent contestée comme trop protectrice, empêchant l'urbanisation, elle est aussi considérée comme un « laisser-construire » dans les zones saturées. Ses concepts sont difficiles à interpréter et appliquer. Les défis climatiques auxquels est confronté le littoral ont impliqué la participation de géographes. La protection des cordons littoraux s'avère aujourd'hui une nécessité.
(Coll. Grale, 39.00 euros, 418 p.)
ISBN : 978-2-343-13140-5, ISBN EBOOK : 978-2-14-004988-0

CICÉRON, PÈRE DE LA CODIFICATION DU DROIT CIVIL
Gilardeau Eric
Confronté à la crise subie par la République, Cicéron cherchait une réponse au chaos des lois et aux contradictions du droit civil. Il en élabora une véritable codification. Du «De oratore» au «De officiis», il critiqua la science du droit et la soumit à la loi naturelle, avant d'instituer une méthode de codification protectrice des droits civils, dont se rapprocheront les codes civils français et autrichien. Il faut attendre les réformes du Code civil allemand de 2001 et du Code civil français de 2016 pour rejoindre Cicéron sur le rôle de la bonne foi et de l'imprévision en matière contractuelle.
(Coll. Logiques Juridiques, 26.00 euros, 248 p.)
ISBN : 978-2-343-13327-0, ISBN EBOOK : 978-2-14-004994-1

DROIT DES SOCIÉTÉS COMMERCIALES OHADA
Akam Akam André, Voudwe Bakreo
Ce livre vise à exposer, expliquer, systématiser et critiquer les règles qui régissent la constitution, le fonctionnement et la disparition des sociétés commerciales. Il montre que le droit des sociétés commerciales OHADA vise la promotion, la protection et la société judiciaire des investissements, autant qu'il tend à protéger les intérêts particuliers. En outre, il met en exergue la richesse, la

variété et la modernité du droit des sociétés de l'OHADA, ainsi que l'abondance et la qualité des travaux de recherche des auteurs africains et d'ailleurs qui s'intéressent au droit OHADA.
(Coll. Dynamiques du droit OHADA, 55.00 euros, 752 p.)
ISBN : 978-2-343-12819-1, ISBN EBOOK : 978-2-14-005077-0

LA PROTECTION CONTRE LES ATTEINTES AUX DROITS SUR LES SIGNES DISTINCTIFS DANS L'ESPACE OAPI
Badou Charles
Les signes distinctifs confèrent à leur propriétaire un droit exclusif d'exploitation. Celui-ci bénéficie de règles dérogatoires au droit commun, qui ont pour vocation première d'assurer aux signes distinctifs une protection contre les atteintes dont ils peuvent être l'objet. Mais l'efficacité de la protection est toute relative. La protection contre les atteintes aux signes distinctifs exige donc de nouvelles solutions qui, prenant en compte la particularité du droit de la propriété industrielle, protègeront efficacement les signes distinctifs contre les violations des droits exclusifs de leur propriétaire.
(Coll. Études africaines, 42.00 euros, 468 p.)
ISBN : 978-2-343-11816-1, ISBN EBOOK : 978-2-14-005019-0

DROIT DU TRAVAIL SÉNÉGALAIS
Tagum Fombeno Henri-Joël - Préface de Isaac Yankhoba Ndiaye
L'auteur questionne le droit du travail sénégalais, analyse les textes récents et leurs apports au droit du travail, met en lumière les imperfections de la législation et les difficultés d'interprétation qu'elles suscitent dans la pratique. La compréhension de la matière est rendue aisée avec les illustrations et exemples pratiques, souvent utilisés par l'auteur et issus de son expérience professionnelle.
(Harmattan Sénégal, 48.00 euros, 506 p.)
ISBN : 978-2-343-13272-3, ISBN EBOOK : 978-2-14-004933-0

LA FUSION DES SOCIÉTÉS COMMERCIALES EN DROIT INTERNE ET INTERNATIONAL
Contribution à la notion de «contrat-organisation»
Kalaani Adrian
La fusion est l'opération par laquelle une ou plusieurs sociétés transfèrent, par la suite de leur dissolution sans liquidation, leur patrimoine à une société établie ou nouvelle. Ce transfert est possible par la distribution de parts sociales aux associés de la société dissoute. Cette définition française et européenne souligne les effets principaux de la fusion en restant silencieuse sur sa nature juridique. Donc la fusion est un contrat-organisation qui entraîne une mise en commun du patrimoine et des membres de chacune des sociétés fusionnantes au sein d'une seule société préexistante ou nouvelle.
(Coll. Logiques Juridiques, 55.00 euros, 638 p.)
ISBN : 978-2-343-10971-8, ISBN EBOOK : 978-2-14-004827-2

LE PRAGMATISME JURIDIQUE
Barraud Boris
Le pragmatisme invite à se concentrer sur le mode de production des connaissances et sur les actions plutôt que sur les pensées. Le pragmatisme juridique, attaché à l'effectivité des normes, permettrait d'accepter et expliquer les modes de régulation originaux du XXIe siècle. L'enjeu est de permettre au droit scientifique d'accompagner l'évolution du droit pratique. Sont surtout concernées la gouvernance du cyberespace, la protection de l'environnement et la responsabilité sociale des entreprises. Affinant le visage du pragmatisme juridique, voici un outil ouvrant des pistes pour l'avenir de la recherche en droit.
(Coll. Bibliothèques de droit, 33.00 euros, 334 p.)
ISBN : 978-2-343-13206-8, ISBN EBOOK : 978-2-14-004920-0

L'HARMATTAN ITALIA
Via Degli Artisti 15; 10124 Torino
harmattan.italia@gmail.com

L'HARMATTAN HONGRIE
Könyvesbolt ; Kossuth L. u. 14-16
1053 Budapest

L'HARMATTAN KINSHASA
185, avenue Nyangwe
Commune de Lingwala
Kinshasa, R.D. Congo
(00243) 998697603 ou (00243) 999229662

L'HARMATTAN CONGO
67, av. E. P. Lumumba
Bât. – Congo Pharmacie (Bib. Nat.)
BP2874 Brazzaville
harmattan.congo@yahoo.fr

L'HARMATTAN GUINÉE
Almamya Rue KA 028, en face
du restaurant Le Cèdre
OKB agency BP 3470 Conakry
(00224) 657 20 85 08 / 664 28 91 96
harmattanguinee@yahoo.fr

L'HARMATTAN MALI
Rue 73, Porte 536, Niamakoro,
Cité Unicef, Bamako
Tél. 00 (223) 20205724 / +(223) 76378082
poudiougopaul@yahoo.fr
pp.harmattan@gmail.com

L'HARMATTAN CAMEROUN
TSINGA/FECAFOOT
BP 11486 Yaoundé
699198028/675441949
harmattancam@yahoo.com

L'HARMATTAN CÔTE D'IVOIRE
Résidence Karl / cité des arts
Abidjan-Cocody 03 BP 1588 Abidjan 03
(00225) 05 77 87 31
etien_nda@yahoo.fr

L'HARMATTAN BURKINA
Penou Achille Some
Ouagadougou
(+226) 70 26 88 27

L'HARMATTAN SÉNÉGAL
10 VDN en face Mermoz, après le pont de Fann
BP 45034 Dakar Fann
33 825 98 58 / 33 860 9858
senharmattan@gmail.com / senlibraire@gmail.com
www.harmattansenegal.com

www.ingramcontent.com/pod-product-compliance
Lightning Source LLC
LaVergne TN
LVHW021151061026
849535LV00002B/428